La sonrisa del ultrafondo

La experiencia vital de una mujer corriendo 2010 kilómetros en 31 días

Alexandra Panayotou

Prólogos de:

Pere Alcober i Solans

Juan Porcar

COMTRIX
PRESS

La sonrisa del ultrafondo
La experiencia vital de una mujer corriendo 2010 kilómetros en 31 días

C. Mediterrani 4-8
08394 Sant Vicenc de Montalt
España

ISBN: 978-84-614-9830-7

Traducción del inglés: Josep Maria Antentas Altarriba, Alexandra Panayotou

Equipo de editorial: Carmen Botella Gregori, Ana Rey, Lluís Vila Prat, Frank Jensen

Ilustraciones: Estefi Climent Solans

Fotografía: Frank Jensen, Javier Marcet, Jaime Agustí Sennacheribbo, Maria del Mar Diestro Cordoba, Yanna Vrettou

Cubierta: Tactilestudio Comunicación Creativa
Foto portada: Jaime Agustí Sennacheribbo
Foto contraportada: Frank Jensen
Foto autor: Maria Pujol
Maquetación: Frank Jensen, Lluís Vila Prat

Reconocimientos para Alexandra Panayotou

"Me parece a mí que Alexandra no concibe una forma de vida sin plantearse retos trabajosos. Recuerdo que allá a lo lejos del horizonte se distinguía un punto fosforito en pleno movimiento. Cada segundo y en cada zancada avanzaba haciéndose todo más grande. Ese punto anaranjado transformado en Alex marchó a ritmo cansino hasta rebasar las puertas de Vitoria. La ultramaratoniana llegaba exhausta y a la vez feliz. Fue emocionante correr los últimos kilómetros por las calles de la ciudad.

Ha quedado patente su fortaleza física y la fuerza mental. Se requiere de un equilibrio - físico y psíquico - descomunal para recorrer en solitario 2010 kilómetros. Alexandra es un portento de la naturaleza.

Estoy seguro que este libro nos impregnará de vivencias apasionantes".

Martín Fiz
Campeón del Mundo de Maratón en Göteborg 1995

"Conocí a Alexandra en Barcelona con motivo de las 24 horas corriendo en la pista de Serrahima, después de ese día nos vimos en algún evento más de todos los grandes retos que ha realizado, para mí es un gran ejemplo de esfuerzo, superación, tesón, etc.

Personalmente estoy muy orgulloso de que fuera mi traductora en el 2.500 aniversario del nacimiento de la maratón en Atenas, Grecia es su tierra natal y ese día me hizo un gran favor que no olvidare.

Espero que siga disfrutando haciendo grandes retos y sobretodo creando valores y ejemplo a muchos jóvenes.

Sin más espero que nuestra amistad dure muchos años.

Un abrazo muy fuerte de tú amigo".

Abel Antón
Campeón del Mundo de Maratón en Atenas 1997 y en Sevilla 1999

Para Frank por creer tanto en mí, por haberme alentado y apoyado tras los kilómetros, las lágrimas y las risas, y por leerme cada vez que me despertaba durante las noches tortuosas. Tu amor, tu apoyo, tus ánimos y comprensión me han ayudado lograr todo lo que he hecho con la mayor alegría buena.

Contenido

Prólogo de Pere Alcober i Solans

Siempre recordaré cuando conocí a Alexandra por primera vez. Fue durante las 24 horas que hizo en solitario en el estadio municipal de Barcelona Joan Serrahima, en febrero de 2008. El reto, correr 165 kilómetros sin parar durante esas 24 horas, parecía como la mayoría de sus hazañas: absolutamente imposible. No obstante, con mi visita a la pista pude ver con mis propios ojos que lo estaba consiguiendo e incluso me convenció, con su contagioso entusiasmo, para que la acompañara durante las dos últimas horas de la prueba. Y así fue. Me puse el chándal y corrí a su lado. Ella tanto reía como lloraba, pero sobretodo reía, alegrando cada minuto de estos kilómetros finales con su carácter jovial y abierto. Parece mentira como alguien que se marca unas proezas tan duras no pierde nunca la sonrisa. Ni la fuerza. Pues en el último momento, cuando quedaban unos 400 metros hizo tal sprint que me dejó KO.

Este fue el inicio de una buena amistad y de nuestro camino de colaboración y admiración. Fue por este motivo que le prometí que, en su aventura de hacer el camino de Santiago desde Barcelona (1208 kilómetros en 21 días), yo estaría presente en Santiago de Compostela para recibirla cuando ella llegara. Me parecía increíble que una persona pudiera hacer esto, así que me sorprendí todavía más cuando días antes de lo previsto me llamó y me dijo “mañana por la tarde te espero en la plaza del Obradoiro que ya llego”. Me cogió totalmente desprevenido. Lo más gracioso de todo es que ella, que iba corriendo, llegó mucho antes que yo, que me desplazaba en avión desde Barcelona, y para llegar al mismo tiempo a la plaza tuvo que esperarme en una cafetería cercana hasta que yo aterrizase en la ciudad. Cuando finalmente nos encontramos fue, como siempre, sorprendente, pues Alexandra me recibió con una amplia sonrisa, sin signos evidentes de fatiga, y con el suficiente humor como para luego ir a cenar un delicioso pulpo *a feira*.

Éstos son sólo un par de historias sobre la dedicación y el entusiasmo que Alexandra brinda a todos y cada uno de sus retos deportivos. La verdad es que siempre ha demostrado tener una fuerza absolutamente única, a la vez que una fidelidad totalmente desinteresada hacia las iniciativas deportivas puestas en marcha desde Barcelona. Por ejemplo, los Europeos de Atletismo Barcelona 2010 no hubieran sido lo mismo sin toda la promoción que hizo a lo largo y ancho del territorio español. Corrió 2010 kilómetros por todo el Estado, parándose en todos los pueblos y ciudades, haciendo divulgación del evento y consiguiendo con su gran sonrisa que todo el mundo se sintiera parte de lo que iba a pasar en nuestra ciudad.

Por este motivo, debo agradecerle su energía y dedicación absoluta en todo lo que hace, que no es poco, puesto que aunque parezca inalcanzable ella siempre lo consigue, como si fuera la tarea más sencilla del mundo. Además, es un orgullo dar apoyo a sus proyectos, pues aparte de poner su trabajo a disposición de nuestra ciudad y de todo el país, destina a buenas causas la mayoría de sus desafíos deportivos, con lo que consigue que cada día seamos también mejores personas.

Pere Alcober i Solanas
Delegat d' Esports
Ajuntament de Barcelona
Presidente de los Campeonatos Europeos de Atletismo, Barcelona 2010

Prólogo de Juan Porcar

CORRE, SUFRE, LLORA Y AL FINAL, TOCA EL CIELO

En muchas ocasiones he reflexionado sobre los motivos que pueden empujarnos a escribir un libro.

Se han escrito libros por oportunidad, por un éxito pasajero, para ayudar a los demás, por buscar protagonismo, por odio, por venganza, por amor... Pero este libro es diferente, en sus palabras Alexandra ha volcado el alma con la misma intensidad con la que ha dirigido su vida de ultrafondista. Es un libro lleno de pasión, de la pasión que cambió su vida casi sin pretenderlo.

Para escribir un libro es preciso identificar perfectamente el motivo, el contenido, pero al mismo tiempo también saber cual es el momento adecuado para hacerlo.

Cuando uno hace una pausa después de haber vivido una experiencia de gran intensidad, de esas que quedarán grabadas a fuego en nuestras mentes, suele ocurrir que, primero llega el cuerpo, pero el alma tarda días en hacerlo. Con ella, con el alma, todo se sincroniza, se recuperan los recuerdos, las sensaciones, las emociones y la sensibilidad del corazón. Cuando se llega a ese momento, es el instante de la reflexión, del descanso, del ordenar ideas y en la mayoría de los casos, el de la melancolía por saber que algo muy importante en nuestras vidas se ha terminado.

Ese es el instante perfecto para escribir, sin prisas, saboreando cada palabra, cada línea, cada página, cada capítulo y esto es lo que ha sabido hacer Alex.

Ha sabido soñar, correr, sufrir, llorar y al final, sentir que tocaba el cielo en cada uno de sus grandes retos.

Nunca he conocido una mujer como ella, atractiva, dulce, simpática, inteligente, pero también con una voluntad ilimitada, una fuerza gigantesca y una capacidad de sufrimiento sobrehumana.

Cuando explico sus hazañas, casi nadie me cree, porque los seres humanos, los de a pie, esos que una carrera para coger un taxi nos desfonda, escuchar las hazañas de Alexandra es auténtica ciencia ficción. Ella ha escrito un libro en el que a través de sus experiencias, pueda ayudar a todos aquellos que un día soñaron con una ilusión y todavía no se han visto capaces de alcanzarla.

De la mano (libro) de Alexandra nos sentiremos estimulados para encontrar las fuerzas que nos permitan explorar nuestros propios límites y descubrir un nuevo universo que puede cambiar nuestras vidas.

Juan Porcar
Organizador de la Marató de Barcelona

Introducción

Soy un ejemplo de que nunca es tarde. De pequeña siempre fui muy aficionada al deporte en general; natación cuando tenía tres años, esquí en el mar y en la nieve cuando tenía siete años, y ya mostrando potencial en el atletismo a los ocho años, cuando gané la primera carrera que corrí. Vino con toda naturalidad, y me encantaba todo esto. Por supuesto ayudó que mis padres alentaran todas estas actividades al aire libre. Nuestro tiempo libre pocas veces lo pasamos dentro de casa; las tardes y los fines de semana casi siempre incluían algún tipo de aventura al aire libre, y los veranos, los pasábamos en el mar.

Cuando fui como interna en Irlanda, al Colegio de Sant Colomba, el deporte era obligatorio los primeros cuatro años casi cada día, y posteriormente, fue opcional. Para los niños que no tenían atracción natural hacia actividades al aire libre, eso tal vez fue algo negativo de la vida escolar, pero para mí fue una maravilla. Al mirar hacia atrás, reconozco que esos años fueron decisivos en mi vida.

No solo nos animaban en los deportes de nuestra elección, que en mi caso eran el campo a través, carreras de fondo, bicicleta, natación y gimnasia, teníamos además un programa de aventura al aire libre llamado "Columban Award Scheme (CAS)". En mi tercer año allí, participé en las marchas de larga distancia, lucha contra incendios y otras actividades similares, que me encantaban. Parece que había encontrado mi pasión, tanto que en los siguientes años, junto con un amigo, Hugo Smythe, conseguimos ser líderes del CAS, hasta que acabamos la carrera en mayo de 1987.

Mi padre jugó una parte importante en mi amor por correr, por el aire libre y la aventura, el mismo había sido alpinista y piloto, entre otras actividades de aventura que practicaba. Cuando tenía unos doce años, en las vacaciones de mitad de curso, me llevó a la meta del Maratón de Dublín. Allí me encontré rodeada de emoción pura, gente celebrándolo, llorando, saltando, o colapsados en el suelo, todos envueltos con las mantas térmicas de color plata. Me impactó tanto que juré que un día yo también correría una maratón. Lo que menos me imaginaba entonces era hasta donde este pensamiento me llevaría, casi treinta años después.

La semilla se había plantado, y se regó durante mis años de la escuela, pero con la llegada de la universidad, dejé todas mis actividades relacionadas con el deporte. Fui a Webster Universidad en Ginebra, y aunque triunfé en el entorno académico, lo hice también en el mundo de la fiesta. Aparté completamente el deporte, y en su lugar, empecé a fumar y salir de noche. Lo que no sabía era que al cortar el deporte y la aventura, estaba en esencia cortando un lado mío fundamental. Me deslicé a lo que llamo yo mi periodo oscuro; me sentía extremadamente desgraciada conmigo misma, sin objetivos y había perdido mi norte. Aunque terminé la carrera con matrícula de honor, entre las notas más altas del curso, por dentro estaba perdida.

Volví a Grecia, donde durante los años siguientes intenté encontrarme a mí misma. A la edad de treinta años, empecé a encontrar mi propio camino; tenía una escuela próspera de adiestramiento canino, y había empezado de nuevo a salir a andar un poco en las montañas y a nadar, después de unos trece años sin hacer realmente nada relacionado con el ejercicio o actividades al aire libre. Había empezado a reducir el consumo de tabaco, aunque no había conseguido dejarlo totalmente de momento. En diciembre de 1999, decidí hacerme socia de un gimnasio para perder peso y ponerme en forma de nuevo, después de haber decidido que los regímenes eternos no era un buen camino.

Allí, empecé a animarme mucho al comenzar a ponerme más activa de nuevo. Participaba en todas las clases que podía; body pump, body balance, aeróbic, y incluso un funesto intento en clase de baile! Pero en cierto momento durante el año 2000, me llamó la atención la cinta de correr, y subí para hacer un corto recorrido a trote. Durante las horas que iba comiéndome los kilómetros en la pobre máquina, recordé que una vez, muchos años antes, había sido realmente buena corriendo, y de hecho, había tenido el sueño de correr un día una Maratón. Allí en la cinta, en el pequeño gimnasio en Kifissia, en el norte de Atenas, me juré que aquel mismo año correría la Maratón que me había prometido. Apenas sabía entonces que la Maratón sería solo el comienzo. Mi camino me llevaría mucho más lejos que los 42,195 kilómetros de aquella distancia tan mítica.

Mientras estaba entrenando tres veces a la semana en la cinta, uno de los instructores me sugirió que podría ser un buen entreno para mí, ir a su pueblo en septiembre y correr allí en una carrera pequeña. Aproveché la oportunidad, y salí con mi amiga Delina hacia Litohoros, para participar en mi primera carrera. El pueblo resultó ser la base del Monte de Olimpo, hogar de los doce dioses, y la pequeña carrera, el Maratón de Montaña de Olimpo – 35 kilómetros llegando hasta 2700 metros, antes de bajar de nuevo al pueblo que está a 300 metros. Estaba horrorizada cuando me enseñaron por donde tenía que correr, y cuando miré hacia las nubes de la montaña majestuosa, se me enfrió la sangre. Pero había dicho que lo haría, Delina y yo habíamos venido hasta aquí, así que iba a correr; mi reto era terminar viva.

No solo terminé, sino que llegué la segunda mujer. Mi sorpresa me llevó al podio, donde me quedé estupefacta, agarrando el diploma y la medalla, sin poder digerir lo que había pasado, y sin saber cómo mis piernas todavía tenían fuerza para mantenerme de pie. Eso fue un momento decisivo para mí; puse la mira en la Maratón Clásica de Atenas, en noviembre, donde corrí, llegando también entre las primeras mujeres, a pesar de no tener ni idea de ritmos, zapatillas, entrenos o nutrición. Había decidido que quería hacerlo y parece que mi mente fue una herramienta suficientemente fuerte para lograrlo. La semilla estaba creciendo de verdad, había encontrado mi nicho.

Durante los siguientes años, corrí muchas maratones, leí todo lo que podía sobre correr y empecé poco a poco a mejorar. Cuatro años después de mi primera maratón, estaba viviendo en Barcelona, después de haberme trasladado allí el año anterior, cuando me encontré cruzando la línea de meta del Maratón de Barcelona en segundo lugar con un récord personal de 2 horas y 48 minutos. Había sido un año muy difícil para mí, y aquel día fue como una catarsis para mi alma, y una luz brillante en un periodo muy oscuro.

Tuve una ligera lesión, lo que me impidió intentar correr otra maratón con la esperanza de mejorar mi marca en seis minutos, lo suficiente para clasificarme para el equipo olímpico para Atenas 2004. Previo a esto, cuando la gente me decía que podía tener una carrera buena como corredora, no les había creído, pero la Maratón de Barcelona me lo mostró de forma diferente. Más tarde en el mismo año, llegué cuarta en los Campeonatos Nacionales de Grecia, lo que alimentó más aun mi determinación.

Durante los siguientes dos años, entrené por primera vez con entrenadores, pero desafortunadamente eso solo me llevó a lesiones y muchos meses sin poder correr ni un solo paso. Estaba completamente desmoralizada. Al final tomé la decisión de correr por placer y concentrarme en mi empresa de eventos que estaba creciendo. Eso fue en el verano de 2006. Empecé de correr de nuevo en julio, y en septiembre había decidido participar en la muy querida y venerada marcha, Matagalls-Montserrat (Mm), por una ruta de montaña muy dura, de 84 kilómetros. Llegué la primera mujer, y tuve una experiencia realmente estupenda. Había corrido puramente por sensaciones, y aunque estaba completamente exhausta, estaba más animada que lo que había estado desde cuando había corrido mi primer Maratón de Olimpo. Parecía que la aventura y las distancias extremas eran para mí.

Seguí corriendo y ganando varias carreras durante los siguientes años, incluso un segundo Mm, y en diciembre de 2007, corrí mi primera carrera de 24 horas, organizada por el grupo Corredors.cat, apoyando el evento benéfico, La Marató de TV3, que también gané. La experiencia tan ardua me animó a dedicar, el año siguiente, todas mis carreras de ultrafondo para ayudar a un grupo de gente discapacitada que querían hacer una expedición al Polo Sur. Llamé a esta iniciativa Pole Runner 2008 (Corredora del Polo 2008), y mi reto consistía en correr 2008 kilómetros en carreras o rutas oficiales durante el año, ayudando a recaudar fondos y reconocimiento para la expedición. Fue la primera vez que diseñé y corrí la primera serie de desafíos solitarios y solidarios de ultrafondo. Aquello fue un éxito redondo. A parte de ayudar al grupo, resultó como la base para mi carrera de desafíos extremos de ultrafondo.

En algún momento durante el año, me di cuenta que no solo estaba psicológicamente y físicamente echa para lo que estaba haciendo, sino que además parecía que había atraído la atención del público. Encontré que mi escritura y mis desafíos tenían mucho seguimiento; la gente estaba encontrando empuje e inspiración en lo que hacía. Al final del año sabía que ese era el camino que quería seguir, y de hecho había nacido para hacerlo.

Fue un camino que me cambió la vida, y uno que no solo me iba a guiar por mi propio viaje interior, mi experiencia vital, sino que también me dejaría ayudar a los demás en el proceso. No es suficiente para mí solo seguir mis propios intereses, por muy enriquecedores que puedan ser, yo creo que es importante ayudar a los demás siempre que podamos. Entonces si eso significaba correr desafíos solidarios, o simplemente, el hecho de compartir mis lecciones y filosofías con los demás, dejándoles aprovechar mis experiencias, sabía que había encontrado mi camino, mi vocación. Iba a ser un camino de correr, de escribir y de compartir.

Este libro no cuenta mi carrera como ultrafondista en solitario. Habrá tiempo para otro libro dedicado a eso. Aquí trato una aventura en particular, una que merecía su propio libro. Ven entonces, toma mi mano, y déjame compartir el desafío más grande que he realizado hasta el momento. Déjame llevarte por España, y juntos podemos sentir el dolor, las lágrimas, el calor terrible, las joyas humanas, el amor, la risa y la alegría, que viví durante treinta y un días.

¡A Kilometrar!

Preparación

Mi padre solía decir "Esto acabará en lágrimas", cuando me veía a mí, a mi hermano y hermana demasiado excitados y entusiasmados con alguna cosa. Casi siempre tenía razón. Teniendo en cuenta lo mucho que él, sin saberlo, ha llegado a influenciarme en mi gusto por la aventura, sería apropiado que él abriera este libro. Sus palabras llegan a mí ahora que empiezo a escribir este reto que comenzó y acabó entre lágrimas.

Para la mayoría de la gente, correr 70 kilómetros en un día está más allá de cualquier comprensión; qué decir de correr 70 kilómetros por día durante 31 días. Para hacerse una idea desde la perspectiva del corredor, significa hacer casi 48 maratones en 31 días, o lo que es lo mismo casi 2 maratones por día, teniendo en cuenta que los domingos era mi día de descanso, y no hacía más de 30 kilómetros. Para el profano, para el cual un maratón es una cosa muy larga, lo mejor es situarle en términos visuales: mi reto consistía en correr un total de 2010 kilómetros en 31 días. En otras palabras, como correr desde Berlín hasta Moscú. Sabía que tenía que correr entre 8 y 13 horas diarias – más que una jornada laboral, sin un solo día de descanso. Debería de hacerlo por media España, en la época más calurosa del año, cruzando más de 15 pasos de montaña, zonas desérticas, así como recorrer algunas de las carreteras más transitadas y peligrosas del país. Y todo ello por decisión propia...

La historia de cómo planeo estos desafíos tan grandes, sería tema para otro libro, aún así contaré cómo lo hice para esta aventura, que comenzó – y yo sin saberlo – dos años antes. Un año y medio antes de este reto, había empezado con mis experiencias en carreras en solitario. Jamás soñé, a comienzos de 2008, que 18 meses más tarde, me vería embarcada en una prueba de 31 días de tan grandes proporciones. Yo que ni siquiera había hecho antes una carrera de varios días. En aquellos días, no conocía apenas a nadie en el mundo del correr y mucho menos a nadie de los medios de comunicación o del Ayuntamiento de Barcelona. La única gente que conocía eran mis amigos, compañeros y clientes. Nunca pude imaginar que en menos de dos años partiría hacia una gran aventura, a través de las pobladas calles de Barcelona con la policía como escolta y acompañada por el Concejal de Deportes de la ciudad así como por varios corredores. Ni en uno de mis más locos sueños podía haber imaginado que durante un mes entero y cada día sería seguida por la prensa, por miles de personas "en vivo", vía GPS y cada tarde mi blog tendría una multitud de entradas. Quizás aún lo más inimaginable de todo es que estuviera promocionando el Campeonato de Europa de Atletismo de Barcelona, o B10 como también se le conoce.

La vida te lleva por caminos desconocidos y a veces llenos de obstáculos que pueden causarte tropiezos y caídas. Muchos se paralizan y paran después de caer una y otra vez. La única manera de crecer como seres humanos y alcanzar todo nuestro potencial, y a su vez vivir grandes momentos de alegría, es aprender a superar estos obstáculos, o aceptar que estos no pueden ser superados. Y así continuar hacia adelante en nuestro camino, haciéndonos más fuertes en cada nuevo giro que vivimos. Había caído muchas veces hasta llegar a junio del 2009, y estaba segura que lo iba a hacer muchas más durante el largo verano de mi 39 cumpleaños. Sin duda me encontraría más obstáculos durante mi reto, porque así es la vida. Tan segura estoy de que esto es cierto como cierto es que cada vez que caiga, me levantaré, limpiaré la sangre y las heridas y continuaré mi camino, mirando hacia adelante y siendo cada vez un poco más fuerte. Esta actitud frente a los obstáculos de la vida me había permitido llegar a este punto, donde me encontré en el verano del 2009; pero esto, como he dicho, sería para otro libro.

Me había preparado física y mentalmente para este reto. Con unos dieciocho meses de desafíos en solitario como base, había pasado tres meses preparando específicamente para la dura prueba que me esperaba. Durante las tres primeras semanas, subí el kilometraje de forma lenta, hasta alcanzar los 140 kilómetros semanales. A las que siguieron otras seis semanas de entrenamiento más intenso con dos de ellas de 150 kilómetros cada una, y dos más de 180 kilómetros para finalizar con dos más de 210 kilómetros. Mucha gente empalidecería al oír esto, ya que pocos lo hacen en sus coches en un mismo periodo de tiempo. Huelga decir, que estaba consumiendo comida y gastando zapatillas a un ritmo muy veloz.

Tres semanas antes a la salida, acorté progresivamente el kilometraje, aunque no de la misma manera que se hace antes de un maratón ya que lo mantuve a 120 kilómetros semanales. No quería descansar completamente antes de la salida, ya que mi plan no pasaba por tener un “pico” de forma para un día, como es el caso de una competición, sino correr el primer día de la misma forma que lo haría en el último (exceptuando que en el primero llevaría el miedo conmigo, mientras que en el último, llevaría euforia, o mejor dicho, miedosa euforia me llevaría a mí!). Me había preparado a mi misma para poder correr desde el alba hasta al anochecer durante un mes entero.

Yo soy mi propio entrenador (mi experiencia con entrenadores lo dejo también para otro libro); mi compañero Frank Jensen, se ocupa de la nutrición, es mi fisioterapeuta, jefe del equipo, y además, comparte mi corazón. Frank es mi hombre todo terreno; es mi complemento. Es necesario señalar aquí para aquellos que no conocen el mundo del correr, lo extraño que esto representa. Las esposas o parejas de corredores tienen un gran efecto sobre ellos, y desgraciadamente, en la mayoría de los casos de forma negativa. Mi caso es una de las excepciones a la regla, Frank influye mucho de forma positiva. No solamente me ayuda enormemente en mis desafíos, sino también me anima sin fin. Él apoya casi todas mis decisiones y disfruta quizás más que yo de mis éxitos. Juntos nos habíamos asegurado que estaba lo mejor preparada posible para enfrentarme a esta prueba de fuego que me esperaba. Tan preparada como es posible, porque no sabes nunca con lo que te vas encontrar cuando te embarcas hacia lo desconocido.

Logísticamente lo habíamos preparado tan bien como nos fue posible, considerando nuestro bajo presupuesto y nuestros limitados recursos. Esto, para muchos sorprendente, fue casi tan duro como la preparación física. La preparación logística nos llevó muchos días, necesitó de muchas revisiones, y se hizo mucho más exigente debido a la incertidumbre sobre lo que íbamos a encontrar durante el desafío mismo. No sabíamos lo que nos esperaba en términos de la ruta en sí misma, en su totalidad y en qué condiciones iba a estar. Tampoco teníamos idea de cómo serían los recibimientos al final de cada etapa, y no teníamos experiencia de la vida cotidiana en la autocaravana. Otra zona gris fue la conexión y accesibilidad a internet para nuestras comunicaciones con el B10, la prensa y el público. Incluso la preparación de las necesidades diarias en provisiones, atenciones médicas y suministro técnico no era muy clara. Estábamos enfrentándonos a muchas nuevas experiencias, y sabíamos que durante el camino, tendríamos que aprender y cambiar muchas cosas.

Y luego estaba la ruta... Había hecho una primera medición manual con la ayuda de un aparato de medir, para después medirlo usando un mapa interactivo. Finalmente comprobé todo ello con las distancias señaladas en un mapa en forma de libro. Dejadme decir, que siendo yo alguien que siempre ha odiado las matemáticas en cualquier forma, alguien a quien los números le producen palpitaciones en el corazón, esto significó una auténtica pesadilla. ¡Los entrenamientos por encima de los 150 kilómetros a la semana, durante seis semanas no eran nada comparado a las interminables horas dedicadas a las mediciones! No solo tuve que hacer esto una vez, sino varias veces, ya que cualquier cambio en la ruta requería un recálculo completo, algo que me dejaba sudando profusamente. Y no de buen humor, precisamente.

A causa de nuestro limitado presupuesto, no pudimos tener totalmente el apoyo de un equipo completo y tuvimos que hacer la mayor parte del trabajo nosotros mismos. Aunque pensamos que antes de la partida tendríamos más apoyo, la verdad fue que nos encontramos solos. Jacques, que acompañaba a Frank como parte del equipo, se fue retrasando en la finalización de su tesis y no pudo ayudar mucho. Esto hizo las cosas más difíciles, pero también nos dejó una gran experiencia, que nos será muy útil para próximos retos.

Mentalmente me había preparado muy bien. Durante las inacabables y solitarias horas de entrenamiento, había peleado contra el dolor, el calor y el agotamiento, sabiendo que me enfrentaría a ello y mucho más durante los 2010 kilómetros. Había visualizado muchos de los puntos clave del camino, y había "vivido" muchas veces mi llegada al Estadio Olímpico de Barcelona. Cada vez que visualizaba esto, mis ojos se llenaban de lágrimas. Esto era la fuerza de la visualización. Estaba preparada, pero nada te prepara frente a la realidad. Conocía esto de mis anteriores experiencias, de mis cinco desafíos en solitario que había conseguido, antes de llegar a este. Había aprendido del poder de la preparación mental, y también de que poco sirve en los momentos más sombríos, si no va aparejado con un deseo férreo y una gran determinación. En el curso de mi vida he desarrollado tal voluntad, tal determinación, que sin ellas no hubiera podido encontrarme en el lugar en el cual me encuentro. A pesar de saber esto todavía tenía miedo de todo lo que tendría que superar para conseguir esta dura prueba hasta completar los 2010 kilómetros y llegar como yo había visualizado, tantas veces, al Estadio Olímpico de Barcelona el 6 de julio del 2009. Tenía miedo de cuantas lágrimas me llevarían a él. Tenía miedo, pero ni una vez dudé.

Sabía que me estaba embarcando en un viaje de proporciones épicas, por varias razones. En distancia y en privaciones seguras, iba a ser el desafío más duro de todos los que había hecho hasta entonces. El año anterior, había corrido 1200 kilómetros de Barcelona hasta Santiago de Compostela a través del mítico camino de Santiago, en 21 días. Esta vez tenía que correr un promedio de 10 kilómetros más por día, y correr 10 días más que en esa primera experiencia de desafío multidía. Tenía que correr en pleno verano cuando solo "los perros locos y los ingleses aguantan el sol del mediodía", tal y como dice el refrán. No soy ni lo uno ni lo otro, pero sabía que las temperaturas extremas de España Central serían traidoras, así como el tráfico horrible que estaba segura encontraría en algunas de las carreteras.

Otro aspecto importante de este desafío es que era único en su forma. Correr 2010 kilómetros para promocionar Barcelona 2010. Era una campaña promocional uni-personal para Barcelona 2010; esto era una ayuda pero también un peso añadido. Sabiendo que el B10 estaba detrás, apoyándome, me ayudaría en los momentos más duros, pero al mismo tiempo, ello añadía presión y estrés, a lo que ya era una carga pesada. Pero ningún gran éxito llega de manera fácil. Ninguna gran alegría viene sin primero haber derramado muchas lágrimas. Estaba lista para verter tantas como fueran necesarias para superar los más penosos momentos y guiarme de vuelta a Barcelona, para saborear las lágrimas de alegría, que allí estaban esperándome.

Un libro vacío en mis manos

El viernes día 5 de junio 2009, Montjüic, Barcelona

Aunque todavía no había dado ni una zancada de estos 2010 kilómetros en el momento en que salimos de casa con la autocaravana – la cual sería nuestro hogar durante un mes – sentí que finalmente todo comenzaba. En lugar de haber disfrutado de días de relajación y centrada en el desafío, las semanas anteriores habían sido muy estresantes y colmadas de tareas. Aunque lo habíamos planeado y preparado todo, nos dimos cuenta que no era este el caso para todos los que estábamos involucrados. Muchas de las tareas o detalles que no dependían de nosotros no estaban resueltas. Así, los últimos momentos organizativos no fueron, precisamente, lo que yo necesitaba con vistas al enorme desafío que tenía frente a mí. En lugar de concentrarme en mi misma, alejada del mundo, descansando y preparándome para encarar el que iba a ser en mucho el reto físico y mental más duro de todos, me encontraba en una frenética actividad, haciendo malabarismos en tareas, las cuales eran responsabilidad de otros. Sabía que muchas no se harían si no las hacía yo, y por tanto no tenía otra opción que dedicar este valioso tiempo de última hora a reuniones y encargos. Las semanas previas fueron frenéticas, no solo me habían agotado cuando tendría que haber estado descansando, sino que encima, me habían dejado estresada hasta el límite. Creo que solo mi determinación para salir cuando habíamos previsto es lo que me dejó aguantar ese periodo sin caerme a pedazos. Pero como en cualquier cosa, cuando uno se esfuerza hasta su límite, al final pasa factura.

El programa de entrenamiento extremadamente duro y exigente, y el estrés extremo de tener que afrontar un reto como ese, no hubiera sido demasiado de soportar, si el resto de la preparación hubiera salido según lo planeado. Tener que hacer las tareas de otros, tratar con gente u organizaciones a las que tenía que perseguir a diario y el hecho de encontrarme al último momento con financiación incierta, era simplemente demasiado pesado además de la carga que ya llevaba encima. Necesitaba una descarga para poder sacar el estrés antes de embarcar en este, mi desafío más intimidante de momento. No se produjo una descarga, sino simplemente un "desbordamiento" mientras estábamos las preparaciones de última hora en el parking del Palau Sant Jordi, en Montjüic, Barcelona.

A las 6 de la tarde del 5 de junio, me encontré llorando a mares, manteniendo mi equilibrio precariamente sobre la camilla de masaje con un adhesivo de un metro de largo, medio pegado a la autocaravana, donde se suponía debía estar, y la otra mitad pegada a mí, donde indudablemente se suponía que no debía estar. Tendría que decir, aquí, que más que llorando estaba berreando. Si echamos la mirada atrás, esta escena debe haber sido muy divertida para los espectadores – toda una mujer balanceándose en la escalera de lo más raro imaginable, llorando a mares, medio atada a un enorme adhesivo promocional, mientras un hombre de pie la mira con una perpleja expresión en su cara, a punto de estallar en lágrimas también él mismo. Ahora cuando recordamos este momento, nos reímos los dos, pero entonces yo no podía encontrar nada gracioso en aquel aprieto.

A aquella hora se suponía que yo estaría cenando, ya que la autocaravana debería haber estado completamente preparada desde el día anterior, así como relajándome y centrándome en la aventura inmensa e inminente que me esperaba. Pero al no haber recibido los adhesivos de promoción hasta esa tarde, y debido a la falta de un equipo más amplio, me encontré en esta aparente divertida situación. La escalera que habíamos pedido, no había llegado, así que nosotros nos apañamos con la camilla portátil del masaje para pegar las pegatinas. Al ser la más ligera de los dos, era más seguro que fuera yo quien los colgara. Una hora antes, cuando nos entregaron los adhesivos, nos habían asegurado que esto era "pan comido Alex". No fue así. Afortunadamente tenía conmigo una regla (la verdad es que ahora no tengo ni de idea de porque había llevado una cosa tan rara), y con ella intentaba extender los adhesivos sin que quedasen atrapadas demasiadas burbujas de aire debajo de ellos. Imposible. Debimos quitar y tirar los primeros intentos, y el resto tampoco quedó muy bien, visto con mis ojos de perfeccionista. Había imaginado que esta autocaravana se parecería a los largos y brillantes camiones que vemos en los circuitos de F1, pero más bien comenzaba a parecerse a una camioneta de pacotilla, de las que se usan como churrería o ni eso.

Frank estaba al lado de la camilla de masaje y me miraba desesperado mientras yo no paraba de despotricar y quejarme. "¡Ahora yo no debería estar aquí! ¡Debería estar descansando, comiendo y preparándome para correr mañana! Tengo que correr 2010 kilómetros y ya estoy completamente agotada! No he descansado en absoluto, y estoy aquí medio enganchada a esta maldita camioneta pegando estos jodidos adhesivos. ¡Tenía que haber un equipo ayer haciendo esto! ¡Los adhesivos tienen un aspecto terrible con tantas burbujas, y encima, no están ni rectos! ¡Quería que la furgoneta estuviera perfecta para B10 y los esponsors, mira, ha quedado fatal!"

Seguí chillando con todas mis fuerzas, las lágrimas inundaban mi cara, mientras el pobre Frank se quedó allí incapaz de hacer otra cosa que murmurar, "Lo sé Alex, lo sé. Tienes razón, esto es totalmente injusto". También él, estaba a punto de llorar, porque a pesar de mi comportamiento melodramático, yo tenía razón en todo lo que estaba diciendo y él sabía mejor que nadie el estrés y el agotamiento enorme que llevaba encima. A él también le preocupaba esta situación. No se trataba de correr una maratón al día siguiente, algo considerado por muchos como un gran desafío, sino que se trataba de comenzar un reto que muy poca gente en el mundo es capaz de hacer; es más, que muy pocos ni siquiera han intentado. Quienes lo prueban, a menudo fracasan. Frank conoce mi fortaleza, pero este nuevo desafío era el más grande que jamás había intentado, y allí estaba, exhausta, desesperada, en medio de una crisis completa, cuando lo mejor hubiera sido estar relajada y tranquila, haciendo mi carga de hidratos, disfrutando del último día libre de dolor por un largo tiempo.

Por suerte, antes de que estuviera completamente desintegrada, apareció Mar Sanromá del B10 junto a su hijo. Rápidamente me sequé las lágrimas y les expliqué la situación. Mar, sin vacilar, me dijo que los adhesivos estaban bien, y que lo más importante era que los logotipos estuvieran bien visibles para los otros conductores, los fotógrafos y espectadores en los finales de cada etapa. Si tenían burbujas de aire o no estaban perfectamente rectos, carecía de importancia. Dicho esto, Mar comenzó a pegar pequeños adhesivos en la parte más baja de la furgoneta, mientras Frank y yo rápidamente, y sin tanta perfección nos ocupábamos de los adhesivos más grandes que iban en la parte superior. Una hora más tarde, mirando la autocaravana desde un poquito más lejos parecía un trabajo realizado por profesionales, a pesar del aspecto torcido de los logotipos. La vista de la autocaravana sería para mí, en los días venideros, un gran alivio, al verla al lado del camino esperándome, o cuando me pasaba y Frank de forma alegre hacía sonar la bocina. Sería mi refugio seguro, durante el mes que se avecinaba.

Justo cuando habíamos terminado, llegó Jacques para dejar su equipaje en la autocaravana, ya que quería estar una noche mas con su novia antes de comenzar con nosotros esta aventura poco común. Jacques estaba de acuerdo en formar parte del equipo durante un mes a cambio de hacer prácticas con su inglés. Acababa de terminar su tesis y estaba deseando pasar un mes con una familia inglesa. Le sugerí que se uniera a nosotros, y aparte de servirle como una práctica excelente para el inglés, al ser el contacto con los distintos ayuntamientos y la policía a lo largo de la ruta, podría usar esto para enriquecer su currículum vítae. Iba con mucha prisa, ya que había dejado todo para el último momento y todavía tenía muchas cosas por hacer, así que su visita fue breve. Pronto Frank y yo estábamos solos otra vez. Sheela, nuestra perra de raza rodesiana y lomo acanelado, estaba con nosotros, tendida bajo la mesa, en su cama. Vito, nuestro "golden retriever", se quedó con Jaime Agustí. Para Vito un mes en pleno verano, dentro de una autocaravana hubiera sido demasiado estresante, mientras que para Sheela un mes sin Frank le hubiera resultado impensable.

Mientras Frank preparaba la cena, su primera sesión de cocina a bordo de nuestro nuevo hogar, yo puse mi iPod en el altavoz portátil y me senté a escribir en mi blog. Por fin me sentía tranquila, muy cansada, pero liberada de toda la inmensa tensión acumulada durante los meses precedentes. No recuerdo, de lo que estuvimos hablando durante la cena, pero sí recuerdo la sensación de calma que se estableció en el aparcamiento, situado solamente a unos cuantos cientos de metros del estadio olímpico Lluís Companys, con vistas a Barcelona.

Cuando me metí en la litera, relajada para dormir, mi cabeza cerca de la ventana, miré por la ventana, y me sumergí en la oscuridad de la noche barcelonesa. Empezó a lloviznar. Las gotas de lluvia repiqueteaban suavemente sobre el tejado de la autocaravana, con un ritmo staccato, acompañando a la voz de Frank que, con su lectura, desvanecía mis últimos miedos. Finalmente, mis ojos se cerraron.

Los primeros pasos

1ª Etapa

Sábado, 6 de junio

Barcelona – Vilafranca del Penedes

53,1 km

7 horas 34 minutos

1 puerto de montaña

53 km recorridos en total

1.956,9 km por recorrer

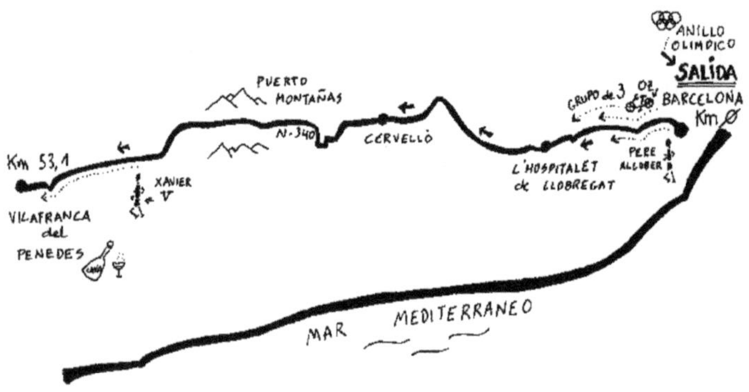

RUTA 1

Mis ojos se abrieron y por fin amanecía. Había dormido mal. Me había despertado muchas veces. Levantarme fue un alivio. Tenía tantos nervios y miedo por lo que iba a emprender que el poder comenzarlo era como una liberación. Ya no habría más trabajos ni encargos de última hora para hacer. Lo que no estuviera hecho ya no se haría. De ahora en adelante, me concentraría únicamente en la parte que dependía de mí al cien por cien: correr.

Con Frank compartí un tranquilo y acogedor desayuno, era demasiado pronto para ducharme y para mover la autocaravana hasta la entrada del Estadio

Olímpico, donde se encontraba la línea de salida. Sabía que una vez estuviéramos allí, la paz y la tranquilidad se habrían acabado. Había llegado el momento. Desde ahora y en adelante, debería estar en guardia y no bajarla hasta haber conseguido el desafío. Por experiencia sabía que desde el momento de la salida hasta el de la llegada debería de estar alerta. No había lugar para flaquezas, sensiblerías, o dudas. Tenía que cerrar las puertas a mi lado más débil y vivir los siguientes 31 días como una guerrera. Puede parecer exagerado, y sí lo es, pero era el único modo que conocía, para ser capaz de enfrentarme a las condiciones adversas que iba a encontrar noche y día.

Una de las cosas que hacen que mis desafíos sean diferentes a otros desafíos extremos de otras personas, es algo que a simple vista puede ser ignorado. En la mayoría de mis retos, cuando aparece el cansancio, cuando el dolor es continuo, y la desesperación se instala en mi cabeza, hacen que me sea muy difícil seguir. Lo que me lo hace más difícil aun es que casi nunca se trata de una cuestión de vida o muerte. Yo no me encuentro en situaciones en la cuales parar, signifique peligro de muerte, y en donde la única manera de sobrevivir es seguir hacia adelante. No importa la dureza de las condiciones, ni importa cuanto sufrimiento tengo que aguantar, abandonar simplemente es hacer una llamada por teléfono. En mi caso abandonar, sería simplemente sentarme al lado de la carretera, llamar a mi equipo y esperar, llorando desconsoladamente hasta que me vinieran a recoger. Así de sencillo. Esto, en sí mismo, es terriblemente difícil, y es la razón por la cual desde el momento crucial de la salida, debo de "esconder" mi lado más vulnerable.

Así mientras recorríamos los 800 metros, desde el parking hasta la entrada del Estadio, yo seguía en mi propia transformación privada. Para cuando llegamos a la entrada, ya la mujer que estaba saludando con sus manos desde la ventana de una autocaravana llena de una llamativa publicidad, era una mujer muy diferente de la que media hora antes, había estado sentada con Frank tomando café.

Salté de la autocaravana y comencé a saludar a mis amigos. Oz Massana, su novia Mar, y Quim Massana, fueron los primeros en subir a bordo, a los que rápidamente, se unió Josep María Antentas, vicepresidente de la Federación Catalana de Atletismo y buen amigo. Todos estaban nerviosos, parecían mucho más nerviosos que yo. Josep María (de aquí en adelante, lo llamaremos JMA o Antentas) deambulaba por la autocaravana, mientras murmuraba para sí mismo "¡Oh, es bonita, pero es pequeña! ¿Y tú tienes que dormir aquí? ¿Después de correr 70 kilómetros al día? ¡Joder!".

Les entregamos a cada uno la camiseta oficial del desafío de color naranja fluorescente ya que de una manera u otra cada uno participaría como parte del equipo, y después salí de la autocaravana. El arco de salida, ya estaba colocado y poco a poco, fueron llegando más amigos, periodistas, representantes del Ayuntamiento así como del B10, junto a Barni, la gran mascota blanca del Campeonato. Yo, por mi parte había colgado una en miniatura a mi mochila, junto con muchas otras que había acumulado durante años y que las llevaría conmigo por parte de España.

Después de una entrevista para las emisoras de radio y televisión, saludé a todos.

Abundaban abrazos, sonrisas, besos y unas cuantas lágrimas. Tal vez el abrazo más duradero fue para Vito, nuestro Golden Retriever, al cual Jaime había traído consigo para ver mi salida. Al mismo tiempo que lo apretaba fuerte, sabiendo que no lo vería durante un mes entero, yo respiraba su cálido y suave olor, y dejé las últimas lágrimas de mi lado más sensible. Ya era tiempo de partir.

JMA cogió el micrófono, flanqueado por Pere Alcober, Concejal de Deportes del Ayuntamiento de Barcelona y presidente del B10) y por mí misma. Mientras hablaba miré los rostros de la gente, a la cual y durante el último año y medio había tratado y tomado cariño. Mi sonrisa se reflejaba radiante en cada uno de ellos, era emocionante. Pere tomó el micro y habló de mis anteriores desafíos, que él había compartido conmigo, así como dedicó algunas palabras sobre la enormidad de lo que yo estaba a punto de intentar, y de cuanta importancia tenía para el B10. Cuando llegó mi turno, todo mi nerviosismo desapareció, y era casi tan sencillo como estar charlando con mis amigos en el sofá de mi casa. Parecía como si no estuviera a punto de empezar un viaje diabólicamente duro, que me llevaría por la mitad de España.

Primeros pasos con Barni, Alex, Albert, Christina, Pere, Oz y Joan

En los últimos minutos antes de la salida fui a dar un abrazo a Barni. A la vez que la apretaba y sonreía para las cámaras, la voz de Berta se deslizaba de su interior hacia su voluminoso exterior, deseándome suerte y diciéndome que estaría esperándome en el Estadio, 31 días más tarde.

JMA con su maravillosa e inimitable manera se despidió de mí. Partí acompañada por Pere y Oz (este en su bicicleta), ambos vestidos con la camiseta anaranjada, la cual iba a ser tan emblemática en este viaje. Una vez abandonamos el área de salida se nos unieron Joan del B10 así como Albert Ferré y Cristina Ibañez de Correcats. Cuando nos metimos en la calle que rodea Montjüic e iba a dirigirnos hacia la Plaza España, dos policías en moto se nos unieron, seguidos de cerca por Frank y Jacques en la autocaravana, y por Quim y Mar en su coche. Como en una pequeña procesión bajamos la montaña aplaudidos por la gente que encontrábamos a nuestro paso y constantemente animados por Quim haciendo sonar el claxon con alegría.

Oz Massana, Alex Panayotou y Pere Alcober

Todos charlábamos alegremente, comentando el viaje que yo apenas había comenzado. Mientras charlábamos era consciente de que me sentía alejada del desafío. A pesar del hecho de que ya por fin había empezado, y que era completamente consciente de toda la dureza de lo que me esperaba, no podía aferrarme a esa realidad. Trotando y charlando con este pequeño grupo, y sintiéndome viva y descansada en cierto modo me bloqueaba el poder digerir la realidad de mi situación. En la plaza de España me pasaron Frank y Jacques sonando el claxon alegremente y aceleraron hacia Sant Just en donde me esperarían. Sería la primera de las muchas paradas para avituallar que tendría durante los 2010 kilómetros.

Esta sensación surrealista continuaría y crecería por nuestra ruta en Barcelona, a través de algunas de las calles más abarrotadas, con la policía parando el tráfico. Me resultaba todo tan familiar que era imposible evaluar ese gran desconocido que me esperaba. Pronto llegamos al Parc Cervantes, donde Oz y yo teníamos que despedirnos de los acompañantes y continuar, dejando Barcelona.

Pere se volvió hacia mí "¡Aquí tengo que dejarte ya que es el límite oficial de la ciudad y no puedo ir más lejos!", me dijo riendo, y bromeando mientras me abrazaba y despedía. Nos intercambiamos más abrazos, antes de que con Oz nos despidiéramos del grupo de corredores, de la policía y de Asensi y del fotógrafo, el cual nos había seguido de cerca en su bicicleta tomando las instantáneas, de nuestro variopinto grupo, al atravesar Barcelona.

Una vez llegamos al final de las escaleras, nos volvimos y saludamos de nuevo, al pequeño grupo que quedaba debajo, "¡No hay dolor! ¡No hay cansancio! ¡A kilometrar!". Este se ha convertido en mi grito de guerra (o a veces mi susurro de guerra) desde que corrí de Barcelona a Santiago, y ha continuado desde entonces, hasta llegar a ser el sinónimo de mis desafíos. El pequeño grupo se hizo eco de la llamada; les saludamos otra vez y entre sonrisas y lágrimas, les dejamos a ellos y a la ciudad tras nosotros.

Oz y yo seguimos por rutas ya conocidas hacia Sant Just (viví en Sant Just durante mis cinco primeros años en España), donde Frank nos estaría esperando. Seguimos hablando animadamente sobre esta nueva aventura, ambos cómodos en compañía del otro. Oz no necesitaba expresar sus dudas y preocupaciones, ya que me había dicho todo durante mis entrenamientos largos, en cambio, me animaba todo lo que podía, sabiendo que pronto me encontraría sola.

Conocí a Oz unos cuantos años antes, y desde entonces ha surgido una fuerte amistad. Esta amistad se fortaleció cuando el año anterior, él se unió en las últimas etapas de mi reto hacia Santiago de Compostela. Por los accidentados caminos de Galicia, me había acostumbrado a correr mientras él rodaba a mi lado con su bicicleta. Había formado parte de mi equipo en todos mis desafíos y aunque esta vez no podía unirse a nosotros en el equipo oficial, fue apropiado que compartiese conmigo parte de este primer día. Pasando por delante de mi antiguo apartamento, lo miré y me vinieron buenos recuerdos y pensé en lo lejos que había llegado desde que llegué aquí, seis años antes. Dejándolo atrás pronto llegamos a la autocaravana.

Mientras Frank y Jacques rellenaban mi mochila y me pasaban un bocadillo, intercambiamos más abrazos y besos con Oz, Mar y Quim, a los que no volvería a ver hasta bien pasado la mitad de mi reto. Éramos observados e inmortalizados tras de la lente de la cámara de Javier Marcet. Él nos había seguido en esta primera etapa en compañía de su colega, Gabriela

Mihailescu, y resultó gozoso tenerle aquí. Partí de nuevo, no sin antes girarme por última vez mientras ellos me saludaban y gritaban "¡A kilometrar!". Se me hizo un nudo en la garganta que duró todo el camino hasta llegar a Sant Feliu, las lágrimas amenazando con caer, impidiéndome ralentizar mi paso y así comer mi primer bocadillo de este largo viaje en el cual me había embarcado.

De la misma manera que la autocaravana se alejó con Frank y Jacques haciendo sonar el claxon, moviendo sus manos de manera frenética, apareció la cruda realidad. Estaba sola. Este enorme e incierto desafío había comenzado. No había marcha atrás. Había hecho los primeros pasos y cubiertos los primeros kilómetros. Las despedidas se habían hecho, y ahora el largo camino se extendía delante de mí serpenteando en la distancia. Lo que estaba delante de mí era incierto. Todo lo que podía ver en mi cabeza eran caminos sin fin, llanos y uniformes, tal y como estaban en los mapas. Sabía que estos caminos me llevarían a lugares donde nunca había estado, me traerían nuevas caras, nuevos amigos tal vez, aunque, también me traerían grandes dolores, agotamiento y malestar. Con la adrenalina de la despedida tan emotiva todavía corriendo por mis venas, no dejé que anidaran en mí los aspectos más sombríos de este desafío, dejando que mi mente se anticipara a mis piernas, para dejar paso a los aspectos más estimulantes, aunque un poco aterradores, de esta aventura. Sentía una gran ayuda de mis amigos que se quedaban en Barcelona, los del B10, el Ayuntamiento y la Maratón de Barcelona y de toda la gente que me seguía en España así como mi familia y amigos en todo el mundo, que lo hacían a través de la web.

En un aspecto más personal sabía que este desafío sería una experiencia de crecimiento personal para

Frank y para mí como pareja. Nuestra relación tenía solo un año de existencia entonces, pero habíamos compartido más cosas en este año que muchos en diez. Compartir este reto iba a probar, forzar y al final, profundizar nuestra relación. No tenía ninguna duda que cualquiera que fuera el final de esta experiencia enriquecería nuestro vínculo. Tenía plena confianza en Frank para dirigir el equipo y como gestionar todos los obstáculos que se presentaran.

Desde este momento toda mi parte en la logística, planificación y negociación había terminado. Ahora le tocaba a Frank tomar el timón literal y figurativamente. Quizás estaba más nervioso que yo, ya que nunca se había encontrado en una situación como esta, y tanto él como yo sabíamos que iba a ser un trabajo estresante y agotador. Mi seguridad y bienestar estaban en sus manos y era su tarea prever y solventar los problemas antes de que se presentaran. Yo ya tenía bastante con manejar el dolor, el agotamiento, la tensión y las lágrimas, simplemente con completar los 70 kilómetros diarios, y por tanto él tenía que procurar que no hubiera ningún problema innecesario delante de mí.

Si bien otras personas estaban implicadas en este desafío, Jacques nos acompañaría en la autocaravana; mi madre se incorporaría en los últimos diez días y sin duda, otros amigos vendrían a echarnos una mano durante la ruta, la verdad es que todo dependía de Frank y de mí. Frank es coherente, responsable y perfeccionista cuando se trata de entrar en detalles, lo cual en un desafío como este, es imprescindible. Anteriormente, con desafíos más pequeños, ya había puesto a prueba su total capacidad para resolver problemas imprevistos. Frente a los cambios repentinos, se adapta rápidamente a la situación y se hace cargo de ellos. Él tiene algo que pocos tienen y que es esencial cuando se está dirigiendo un equipo, la habilidad de tomar decisiones en el momento que son necesarias, sin pensar en los detalles más pequeños y de relativa importancia. Mi bienestar estaba en sus manos. Sabía que haría todo lo posible para garantizar mi seguridad, y me iba a preocupar con detalles solo y cuando fuera absolutamente necesario. Este mes iba a ser una experiencia memorable, que pocas parejas pueden tener la esperanza de compartir.

Continué, dejando atrás barrios conocidos. Javier y Gabriella me seguían como una sombra. La primera vez que conocí a Javier, fue una hora antes de comenzar mis 24 horas en solitario y de esto hacía un año y medio, cuando estaba apoyando a un grupo de personas discapacitadas que querían hacer una expedición al Polo Sur. Había ido a entregar las camisetas y tomar unas cuantas fotografías, pero terminó pasando horas allí, en la primera tarde para después volver un poco después al amanecer del segundo día. Sentí como si fuese un ángel de la guarda, observándome detrás de su cámara. Más adelante en "mi Camino" él estuvo en el inicio, en la mitad y en el último día, para celebrar e inmortalizar mi llegada a Santiago. Cuando corrí contra un caballo, y gané, otra vez él estaba allí; siguiéndome muy de cerca y enviándome toda su energía positiva. Todo ello a través de su cámara fotográfica.

Su trabajo es maravilloso. Tiene la facultad de hacer unas fotos de acción, nítidas, y llenas de color, al mismo tiempo que capta la emoción, el dolor y la alegría que conlleva todo momento deportivo. Y más importante aún, se ha convertido en un amigo, algo que para mí tiene un valor incalculable. Me ayudaba saber que él estaba cerca de mí, al menos en este primer día.

Me despedí de Javier y Gabriella al final de un bonito sendero, sombreado con árboles perfectamente alineados. Había acabado de comer mi primer bocadillo; troté hacia ellos para intercambiar abrazos y decir adiós a las últimas personas, que habían venido a apoyarme en mi salida. Les prometí que les volvería a ver 31 días más tarde en el Estadio Olímpico, de la misma manera que lo había prometido a muchos otros, al comienzo de la mañana. No me permití tener ninguna duda, o al menos no me consentí pensar en dudar de que fuera capaz de mantener mi promesa. Había guardado bajo llave, todas mis incertidumbres y no iba a permitir que estas asomasen para susurrarme ni una palabra de sus mensajes malignos.

Crucé por encima la autopista y aunque había dejado oficialmente Barcelona en el Parc Cervantes, fue entonces cuando me di verdadera cuenta que la había dejado. Al atravesar el puente, en mi cabeza estaba cruzando los límites de la ciudad, dirigiéndome hacia las colinas, por carreteras totalmente desconocidas, y detrás de las cuales se ocultaba mi desafío enseñando sus dientes.

De nuevo, mis chicos me pasaron velozmente haciendo sonar el claxon de forma jovial. La escena se iría sucediendo a lo largo de los días dándome una sensación de alivio, del mismo modo que mi sufrimiento aumentaba. Frank, todo sonrisas, pasaría como un relámpago con nuestro Hogar ribeteado con los logotipos. B10 sería mi piedra de toque como lo sería el Maratón de Barcelona, cuyos logotipos en azul oscuro y el anaranjado del reto serían del todo visibles para mí, cuando los muchachos me esperaban en los puntos acordados, o cuando me pasaban zumbando, el azul, naranja y blanco dándome una fuerza extra para seguir hacia adelante.

La Maratón de Barcelona había patrocinado mi reto anterior. Fue cuando corrí la ruta original de la Maratón de Catalunya, siguiendo los 140 kilómetros que distan de Palafrugell a Barcelona para enlazar con la salida de la Maratón, y totalizar de esta forma 220 kilómetros. Ambos habíamos quedado muy satisfechos de esta colaboración, así que ellos decidieron participar en este nuevo desafío, lo cual hacía que yo les estuviera muy agradecida. Este apoyo, como hizo el B10 fue más allá de un patrocinio y sería una gran ayuda en mis peores momentos.

De la misma manera que la ruta lentamente se alzaba delante de mí, lo hacía la temperatura y el ruido. Miré hacia adelante y me di cuenta que tenía que pasar por delante de una gran turbina, que debido a su enorme tamaño estaba irradiando calor a todos los alrededores. Finalmente estaba en un territorio totalmente desconocido para mí. Seguí adelante, parando en la autocaravana en busca de más agua y bocadillos, antes de proseguir subiendo la montaña.

Pronto estuve fuera de las áreas densas y pobladas y seguí subiendo por caminos ondulados dejando atrás pueblos pequeños. En uno de estos, Frank hizo una parada de asistencia y me dijo que ellos irían directamente a Vilafranca y que, como a unos 15 kilómetros encontraría a Xavier Varias para acompañarme. Ya habían hablado con él y estaban de acuerdo que le dejarían agua y bocadillos. De esta forma ellos llegarían a Vilafranca con tiempo más que suficiente para preparar la llegada. Como era su primer día en la autocaravana, estaban algo nerviosos respecto a tener que pasar con cuidado por las estrechas calles del pueblo.

De la misma manera que la ruta se hacía cada vez más ascendente, yo iba dejando los pueblos atrás. A lo largo del camino la gente, que sabía de mi aventura, me animaba. Esto me sorprendió igual que me alentó, y me ayudó a no sentirme tan sola. Mientras la ruta seguía subiendo, me di cuenta que una cosa es planear sobre un mapa un recorrido y cuan diferente es este en la realidad. Aunque había visto que este primer día tendría que pasar por uno de los muchos puertos de montaña del desafío, y aunque tengo experiencia en montañas, me sorprendió lo empinada que era la carretera en realidad. Todavía me encontraba llena de lozanía y adrenalina y aproveché esta sensación de bienestar, sabiendo que cada día que pasara se haría cada vez más duro a medida que mis niveles de agotamiento fueran en aumento.

Al final superé el puerto, muy cerca del punto de encuentro con Xavier. Xavier me había apoyado durante todo el año en mis retos, a través de mi web y también por la web muy popular entre los corredores de corredors.cat. Había estado muy activo en mi blog y este iba a ser nuestro primer encuentro cara a cara. Aunque sinceramente, cuando me encuentro corredores, corriendo, aparte del par de besos iniciales, es más un encuentro de uno al lado del otro, no de cara a cara, ya que al correr paralelamente hace que a veces no los reconozcas cuando los tienes frente a ti. Así, en efecto, mi primer encuentro con Xavier fue un encuentro de “uno al lado del otro”. Al pasar por una elevación en la carretera, cercana a un pueblo, vi a lo lejos a una figura vestida con tejanos que me esperaba y me saludaba con la mano. “No puede ser él. ¿Va a correr con tejanos? ¡Seguro que no lo es!”, me dije a mí misma. Pero al aproximarme, vi más lejos a otras tres personas haciéndome señas, una con una camiseta de un verde fluorescente, y lo que parecía una mochila en su espalda. La primera figura resultó ser una persona muy entretenida haciendo fotos de mi paso.

Intercambiamos besos y abrazos. Llené mi mochila con agua mientras Xavier hizo algunos ajustes en la suya. Comenzamos andando, ya que era la hora de mi bocadillo. Después de haber masticado todo el bocadillo, cambiamos el paso y comenzamos a correr al lento y tranquilo ritmo que había llevado hasta entonces.

Notaba que Xavier estaba nervioso. Meses más tarde, ya convertidos en amigos y habiendo compartido otras aventuras, me lo confirmó. Me dijo que había estado terriblemente nervioso al conocerme, "Tal vez incluso más nervioso que lo que tú estuviste en todo el desafío!", me comentó con una sonrisa avergonzada. Tenía la sensación que él quería hablar sin parar, pero no estaba seguro si esto podía molestarme. En realidad cuando se están haciendo esta clase de aventuras, una buena compañía y mucha conversación es un gran placer. Y como tenía sumo cuidado en no coserme a preguntas, fui yo la que comencé a charlar como si lo conociera de toda la vida. No recuerdo todos los detalles de nuestra primera conversación, pero sí de cómo los kilómetros pasaron y nos íbamos acercando a Vilafranca por las sinuosas colinas del Penedés, en el corazón del País del Cava. Xavier había dejado atrás su nerviosismo y hablaba animadamente. Nos reímos mucho aquel día, mientras buscábamos un rodeo para añadir unos kilómetros extra a la ruta. Esta primera etapa me hizo darme cuenta de una cosa que me atormentaría casi cada día: que la medición de los mapas, el DVD interactivo y mi GPS Polar, diferían en sus mediciones. Muchas veces tendría que añadir algunos kilómetros para llegar a los 70 planificados de cada día. Así que nos encontramos con Vilafranca a la vista a unos 4 kilómetros delante de nosotros, dando un rodeo hacía un pueblecito muy bonito, tomando la ruta "panorámica" un poco más larga.

A estas alturas estaba en contacto telefónico con Frank intentando calcular la hora de mi llegada. Esto llegaría a ser muy agotador, y a veces irritante y un ritual no deseado, ya que según fuera el protocolo con las autoridades, algunas veces tenía que moderar mi paso y otras aumentarlo para coincidir con los actos oficiales previstos. Cuando se está corriendo sin parar entre 9 y 13 horas diarias, día tras día, es absolutamente devastador estar presionado por un límite de tiempo. El solo hecho de finalizar cada día es ya tan enorme, como para estar acosada con límites de tiempo, lo que se añade enormemente a la ya alta carga de estrés. Esto me llegaría a preocupar más adelante, pero este día me encontraba todavía con fuerza, con una compañía excelente y al haber programado solamente para este día 53 kilómetros debido a que la hora de salida fue más tarde, hacia que todo resultase divertido.

A medida que nos aproximábamos a la pequeña ciudad, ninguno de los dos sabíamos entonces que llegaríamos a ser amigos, y que Xavier (ahora conocido como V), sería un visitante asiduo a nuestro hogar – Can Kilometrar. Simplemente estábamos riendo, disfrutando de la agradable tarde soleada, compartiendo estos 20 primeros kilómetros de nuestra amistad, mientras descendíamos, al encuentro de un pequeño grupo que nos esperaba a la entrada de la ciudad.

Allí, estaba para llevarnos a la Plaza Mayor, la policía y un grupo de corredores jóvenes. Frank me había dicho que habría un grupo de atletas que me acompañarían hasta la línea de llegada y por tanto esperaba ver a un grupo de adolescentes. Mi sorpresa fue cuando me encontré con ese grupo de niños, vestidos para correr y esperándome, llenos de nervios. Mientras corríamos el mayor de ellos, una niña, comenzó tímidamente a hablarme, mientras los más pequeños corrían detrás de nosotros, sin poderse aguantar la risa nerviosa. Rápidamente todos ellos perdieron su timidez y al igual que nosotros seguimos al coche de policía que nos escoltaría hasta la Plaza, formamos una línea horizontal, y corrimos hasta el centro sonriendo y saludando efusivamente a los espectadores.

Alex, Xavier Varias y los jóvenes atletas de Vilafranca de Penedès

Lo había logrado. Había finalizado la primera etapa y me sentía bien. El desafío estaba ahora en plena danza. La recepción fue estupenda. Emilia Torres, la teniente de alcalde y el Concejal de deportes nos dieron la bienvenida, junto a un grupo de niños y de adultos. Me obsequiaron con un pequeño trofeo muy emblemático de Vilafranca. El grupo esperaba mientras me hacían una entrevista para la televisión, y después mientras estiraba y me ponía algo de hielo sobre las piernas y mordisqueaba fruta, me hicieron toda clase de preguntas. De verdad fue un final de esta primera etapa magnífico, y mientras me sentaba allí rodeada por la gente cálida y acogedora, Barcelona me parecía muy lejana. Toda la tensión de las últimas semanas parecía pertenecer a otro mundo. Ya no pertenecía a mi vida rutinaria del día a día; ahora pertenecía a esto, a los caminos de España en un verano caluroso. Pertenecía a este desafío.

Nos aconsejaron mover la autocaravana hacia un lugar más tranquilo, ya que la plaza era el centro de la vida nocturna de Vilafranca, así que una vez que finalicé con el hielo, recogimos todo, dijimos adiós a Xavier, a Emilia y a todos los demás. La policía nos guió a través de las estrechas calles hacia las afueras de la población, donde nos preparamos para pasar la noche.

Mientras Jacques se fue a correr, me senté junto a Frank delante de una taza de café y de unas galletas, para repasar los acontecimientos del día. Fue la primera y última vez que disfrutamos tanto de una tarde tan relajante, ya que cada día que pasara, me faltaría más energía y más tiempo. Mientras charlábamos me comenzó a doler la cabeza. Este dolor fue a más, de manera que una vez duchada y con Frank haciéndome los masajes encima de la litera (la temperatura había bajado demasiado para montar la camilla fuera), se convirtió en un dolor de cabeza insoportable.

Escribía mi blog, mientras Frank preparaba la cena, e intentaba ignorar las punzadas en mi cabeza, que no cesaban a pesar de haber tomado medicación homeopática. Cuido mucho lo que como, bebo o tomo. Lo cual no quiere decir que yo esté siempre a dieta, todo lo contrario; me encanta comer. Pero con el paso de los años, y principalmente en los dos últimos, he empezado a evitar todo lo que me puede perjudicar. Mis vitaminas y minerales no contienen aditivos y están libres de substancias químicas, y por otra parte evito en todo lo posible toda medicación farmacéutica.

Sospechaba que con todo el entusiasmo de la salida, y con la emoción con la cual dejé Barcelona, no había sido muy cuidadosa con lo que había bebido. Había tomado varios bidones de agua, pero considerando que el día había sido muy caluroso, era probable que estuviera algo deshidratada. Estaba en muy buena forma física pero sabía que hasta una ligera deshidratación podía afectarme mucho. La mayoría de las atletas, y de hecho la mayoría de las personas subestiman la importancia de beber suficiente agua. No soy una de ellas. Estoy muy concienciada en beber suficiente agua, en mi vida, en el día a día y especialmente en mi vida como atleta. Mi capacidad de seguir sin lesiones durante muchos años es en parte resultado de eso y seguiré así. Me preocupaba que el dolor de cabeza me continuara hasta el día siguiente, en el que tenía que hacer mis 70 kilómetros programados para llegar a Tarragona capital. Antes y después de cenar bebí mucha agua para recuperar la pérdida ocurrida durante el día y esperaba así, que por la mañana me encontraría mucho mejor. Quizás el dolor de cabeza era consecuencia de un inesperado adelanto en una semana de mi menstruación, que me había llegado aquella misma mañana, añadiendo más tensión a este primer día.

El dolor de cabeza abatió un poco mis ánimos, de manera que después de la cena, me deslicé hacia la litera (a la cual la bauticé como El Nido), para pasar la noche, mientras Frank y Jacques hacían la limpieza y preparaban las cosas para el día siguiente. No habíamos programado una salida muy temprana, ya que nos teníamos que encontrar con Toni Mof, el entrenador de atletismo de Vilafranca, que me acompañaría durante 20 kilómetros con su bicicleta. Entre la tardanza en la salida y el hecho de tener que mover la autocaravana se hizo más tarde de lo previsto; era por tanto tiempo de dormir, para recuperar y estar lista para el largo día que me esperaba y que me llevaría por la región del cava para bajar hacia la costa, camino de Tarragona. Prometía ser un recorrido llano, aunque largo, y por tanto quería estar bien descansada.

Pronto Frank subió para estar a mi lado y abrió el libro; el mismo que me había comenzado a leer la noche anterior. Sé que cuando no puedo dormir, debido a los nervios, o en este caso a causa del dolor de mi desafío, me ayuda hacerlo que alguien me lea. Supongo que esto me viene de las historias que me contaban a la hora de dormir mi padre, mi madre o Mare, mi querida niñera, que llegó a ser como un miembro más de nuestra familia. El ritmo relajante de una voz querida tiene un efecto balsámico, me sumerge en un sueño profundo de la misma manera que les sucede a los niños. Habíamos descubierto este secreto y Frank lo utilizaba en mis desafíos. Pronto la noche cayó sobre los viñedos del Penedés y me dormí.

Blog – 1ª Etapa

Por fin he empezado. La salida ha sido muy bonita, estaba contentísima de tener a todos vosotros allí.

Salí acompañada por Pere Alcober, concejal de deportes de BCN, Oz, Juan de B10, (quizás estoy equivocada, con los nervios mi memoria esta jugando conmigo...) y una pareja de Corredors.cat, y claro, la policía. Con Pere hemos compartido varios trozos (varias partes) de mis desafíos, y ha sido un gran placer compartir esta salida tan especial e importante con él.

Fue un "paseo" por BCN muy bonito, pasando por Plaza España, Entença y saliendo por Diagonal. Nos despedimos en el Parque de Cervantes, y salimos Oz y yo muy contentos y animados. Fue la mejor manera dejar Barcelona, con cariño y muy bien acompañada.

Dejé a Oz con Quim y Mar en Sant Just Desvern, muy cerca de mi casa antigua.

Fue un primer día estupendo, buenas sensaciones, buen tiempo, y muy animada.

Pasando por Vallirana tenía muchos ánimos de las señoras – durante todo el camino estaba animada, y aunque iba sola, no me sentía sola.
Después de pasar mi primer puerto de montaña, Ordal, conocí por primera vez de cara a cara a Xavier Varias, que esta apuntado aquí como xavierv. Me esperaba con unos amigos, e hicimos los últimos 20 kms juntos. Fue un último trozo de mi primer día, estupendo. A la entrada de Vilafranca, me esperaba la policía y un grupo de niños que nos acompañaron kilometrando hacia la plaza del ayuntamiento.

Acabé mi primer día con una llegada muy calurosa y especial. Emilia Torres, teniente del alcalde, y concejal de deportes, me esperaba, entre más gente, y me entrego un escultura de los Castellers de Vilafranca, famoso por sus castillos humanos. Mientras estiraba y ponía hielo, charlaba con ella y mucha gente de Vilafranca.

Ahora después de cenar, me siento muy cansada (una parte es el estrés de los últimos días), pero muy bienvenida aquí en Vilafranca.

Siscu (el apodo de Frank) y Jacques han sido estupendos hoy, manejando el trabajo del equipo y la autocaravana por primera vez. Tenían todo listo, preparado y todo con sonrisas, tengo mucha suerte en tenerles. Nos hemos embarcado en una aventura increíble y única hoy.

Como necesito guardar fuerzas, no escribiré mucho siempre, a veces muy poco, y poco responderé a emails y mensajes. Pero quería decir que todos los mensajes me llegan y todos me llenan con cariño, y me ayudan en afrontar ese desafío tan grande.

Gracias a todos por haberme apoyado tanto hoy, en la salida, durante el camino, y en la llegada, y más que nada, a mis chicos estupendos.

¡A Kilometrar!

Bajando hacia la costa

2ª Etapa

Domingo, 7 de junio

Vilafranca del Penedès – Tarragona – pasando cerca de El Vendrell y Valls

70,81 km

10 horas 46 minutos

123,91 km recorridos en total

1.886,09 km por recorrer

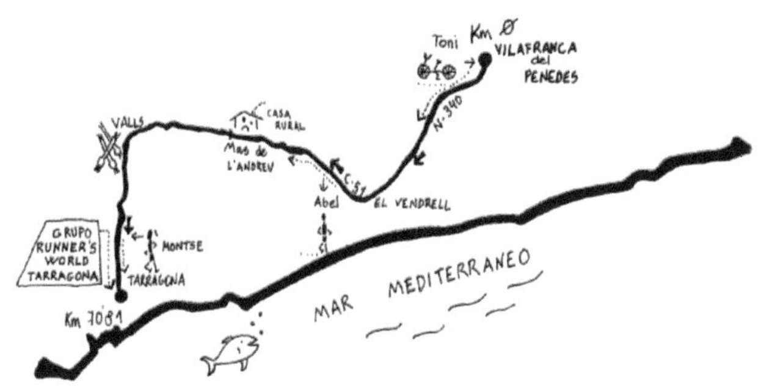

Y entonces amaneció el segundo día, frío pero soleado. Después de encontrarme con Toni en la plaza del Ayuntamiento para intercambiar mi camiseta, con la de su club Esportiu Penedès – Atletisme Vilafranca, donde él entrena a niños, salimos en dirección a Tarragona. Toni se disculpó y me pidió si podía hacer unas cuantas fotos, entonces mientras él iba con su bicicleta hacia delante y hacia atrás, saltando de la bici, con su máquina a pleno rendimiento, yo encontré mi "velocidad de crucero", que llegaría a ser automática en los días venideros, desde el alba hasta el crepúsculo.

Rápidamente estuvo conmigo y comenzó a ametrallarme a preguntas, ya que Toni había explicado a Frank por teléfono, el día anterior que él estaba escribiendo un libro y que le gustaría incluir en él mis aventuras. La conversación derivó poco a poco y fácilmente hacia otros temas y mientras lentamente avanzábamos por la carretera larga y recta camino de la costa, nos perdimos en nuestra conversación.

Toni me explicó la lamentable historia de la carretera por donde corría. Durante los últimos días de la Guerra Civil, los refugiados civiles utilizaron esa carretera para huir de los franquistas. Imágenes de esa masa humana están inmortalizadas en las fotos de Robert Capa. El día 15 de enero de 1939, el fotógrafo húngaro salió de Barcelona para documentar la tragedia que estaba desarrollándose. Viajó hasta Tarragona por las comarcas del Tarragonès del Baix Penedès, Alt Penedès y Garraf por la carretera que ahora es la Nacional 340. Allí fue testigo del bombardeo continuo de la aviación franquista en toda la zona. Las fotos de Capa han quedado en la memoria trágica para los miles de catalanes que perecieron ese día. Perdida en ese viaje histórico, los kilómetros pasaron desapercibidos.

Detuvimos nuestra conversación solamente para hacer los "pit stops" en la autocaravana. Pasaba el tiempo también, y sin apenas darme cuenta me encontré diciéndole adiós a mi compañero, ya que regresaba a Vilafranca para trabajar y yo hacia el cruce de carreteras, donde Frank me esperaba para darme mi bocadillo y las instrucciones para la ruta.

Tan pronto como divisé el mar, tuve que dejarle para seguir por el interior hacia Valls, y así llegar a mi ración diaria de kilometraje. Con el mar a mi espalda seguía corriendo contenta. Las primeras horas me habían pasado volando, sin ningún rastro del dolor de cabeza del día anterior. Para mi sorpresa en estas rutas interiores me encontré con la primera sobredosis de tráfico de mi desafío. La carretera estaba saturada de "domingueros", mejor dicho de agresivos y estresados domingueros. El contraste con los primeros 20 kilómetros fue brutal ya que pasé de encontrarme con conductores que me animaban a encontrarme con una horda de exaltados, que casi no me dejaban espacio para correr, y en muchas ocasiones me chillaban e insultaban a través de las ventanillas abiertas de sus coches. Todos parecían dirigirse a un mercadillo de domingo de un pequeño pueblo y parecía que no iban a detenerse ante nada para llegar allí rápidamente.

Traté de evadirme de los ruidos y de los humos con mi iPod, pero sin éxito. Todas las buenas sensaciones de las primeras horas de la mañana habían desaparecido, para dejar paso a una repentina sensación de agotamiento y desesperación. ¿En qué me había metido? ¿Y por qué? Sabía que las cosas se deteriorarían cada nuevo día, y allí, en esta mañana de domingo mientras me tenía que defender de los insultos y de olas de negatividad, me sentía derrumbada. Era solo la segunda etapa, tenía 29 días por delante y esto me pasaba en carreteras secundarias, sin todavía haberme enfrentado a las nacionales que cruzan toda España. Estaba desesperada y deseaba que mi próxima parada no estuviera muy lejos, pero estaba a 10 kilómetros y de la manera que me sentía me llevaban a la exasperación.

En este momento la música no parecía ayudarme. Necesitaba otra herramienta para liberarme de mi bajón físico y mental. Me fui a un lugar interior donde me refugio cuando las cosas se ponen difíciles, en el cual puedo ver mi vida como un todo y al mismo tiempo puedo ver de que está hecha. Miré hacia mi interior y en él vi mi vida, vi quien soy, lo que tenía en mi vida, y lo más importante, a quien tenía. Entonces escuché mi alma. No quería cambiar nada en mi vida, ni tampoco donde me encontraba, ni el porqué. Estaba en una aventura que me cambiaría para siempre, no importaba como acabase. Me enriquecería, me ayudaría a crecer con cada nueva etapa, en cada paso, en cada tropiezo, en cada caída, y cada vez que fuera capaz de levantarme otra vez.

De alguna manera conseguí distanciarme del momento, y ver la escena como si yo estuviera por encima. Lo que vi era una yuxtaposición de imágenes extremadamente contradictorias. El escenario: una preciosa, tranquila y soleada mañana de un domingo en el prelitoral de Catalunya, con los árboles cargados de fruta, la hierba verde y exuberante, sin estar aun expuesta al abrasador sol del verano. La naturaleza estaba en todo su esplendor. Rompiendo este idílico panorama de forma violenta, estaba una estrecha carretera enjambrada de una masa de “humanidad”, ruidosa y enfadada y todos estaban aborrajados en sus vehículos.

"¿Quién está en peor situación?", me pregunté. ¿Estas hordas sudorosas, estresadas y enojadas, que salen con sus familias a estropear su día, o yo, una mujer a punto de cumplir 40 años con una pesada mochila y un sueño de 2010 kilómetros avanzando con determinación apoyada y cuidada por gente cercana y lejana?. La respuesta estaba clara. No cambiaría nada de mi objetivo, excepto mi foco, que ya lo había hecho. Porfié hacia delante lentamente, para finalmente dejar detrás de mí a toda aquella horda humeante y enfurecida.

En un desafío de muchos días, los domingos resultan raros. Por lo general, yo escojo el domingo como mis días de descanso, si tengo alguno, en el cual hago menos kilómetros. No obstante al ser ésta solo mi segunda jornada, iba a correr todos los 70 kilómetros. Lo que hace que los domingos y los sábados sean sorprendentemente difíciles, es puramente psicológico. El hecho de ver gente yendo por ahí a disfrutar (o no) de sus fines de semana, mientras yo sigo adelante penosamente sin fin, a pesar de que día es, me deja con una sensación de confusión. Es un aspecto más que me deja alejada y separada del resto del mundo. Me deja una sensación de aislamiento, y muchas veces compadeciéndome de mí misma. Es uno más de los obstáculos menos obvios que tenía que superar. Tendría que afrontar cinco fines de semana durante mi desafío. En un estado bastante alejado, continué mi camino por la ruta ya mucho más tranquila.

La ruta comenzó a empinarse y con ella mis preocupaciones. Estaba convencida que tomaría la misma carretera que Frank y yo, habíamos recorrido cuando nos desplazamos a Valls para recoger nuestra autocaravana. Era muy recta y llana. Después de telefonear a Frank, siempre trotando hacia adelante y hacia arriba, me di cuenta que me había equivocado, y si bien estaba en la carretera correcta, estaba equivocada sobre la llanura de la ruta. Otra vez constaté como un mapa puede engañar, o más bien cómo hay que estar de atento al planear una ruta. Aunque los mapas marcan una cierta cantidad de relieve (encontrar mapas más detallados había sido imposible, debido a la escasez de tiempo para preparar el reto), no suelen mostrar los detalles, y sin un perfil de mis rutas diarias, me imaginaba de alguna manera que todo sería llano, incluso en los días que tenía que atravesar varios puertos de montaña. Tal vez, esto, se debía a mi vista romántica del desafío, la que aseguraba que me embarcaría en este reto, no dejándome desalentar por las ciertas dificultades que en él existían. Cualquiera que fuera la razón, sacudí mi cabeza, hice una mueca mitad divertida y mitad temerosa, pensando en lo que me esperaba una vez dejase la costa en Valencia, de aquí a unos días, y me adentrase hacia las montañas y desiertos del centro de España, para seguir con las del País Vasco. Me estremecí y me puse a reír, porque solo yo era la culpable, y echar la culpa es inútil, sin importar si esta dirigido a uno mismo o a los demás, no sirve en ningún caso, y solo puede impedir tu progreso. Por otra parte, el humor es una herramienta que funciona de maravilla. Siempre que es posible lo empleo para desenredarme de situaciones que no puedo cambiar.

Así, algo más animada, y cantando en voz alta con mi iPod, seguí por la carretera que iba serpenteando, subiendo esta inesperada colina. De pronto, en una de las curvas, y detrás de mí, oí la voz de un hombre por encima del ruido de su moto "¡Vamos Alex!, lo estás haciendo muy bien, ¡ánimo!". El motociclista llevando casco y vestido de cuero negro, se acercó y redujo su velocidad a la de mi paso, ya de por sí fue una hazaña de equilibrio, debido a la subida y a que mi paso era muy pesado. Me pregunté si le conocía, ya que era imposible saberlo debido a toda su vestimenta de protección. Me dijo que me había visto en las noticias del día anterior y me había seguido la pista a través del GPS en mi web, durante toda la mañana. Me preguntó si me importaría que me acompañara durante unos kilómetros, más adelante en mi ruta. Ya era evidente que no lo conocía, pero le contesté que estaría muy contenta de que compartiera conmigo estos kilómetros, ya que había venido expresamente para darme ánimos en mi camino. Con un último "¡Ánimo Alex!", dio gas a su moto y se fue, evidentemente disfrutando de las curvas que le ofrecía la carretera. Mientras le estaba mirando como serpenteaba delante de mí, vi el Hogar(el nombre de autocaravana lo encuentro demasiado largo y el de camioneta demasiado genérico, para describir nuestro pequeño refugio sobre ruedas), aparcado, posado en el punto más alto, debajo la sombra de un gran árbol. Una gran sonrisa iluminó mi cara, tenía ganas de hacer una parada de descanso de 30 segundos.

Me acerqué a Frank que estaba fuera. Estaba preparando su bicicleta, Sheela estirada a su lado tomando el sol. Jacques dormía, se nos uniría más tarde. Después de parar solo unos segundos, continué corriendo pasando la cima. Frank puso a Sheela de nuevo dentro, cogió mi sándwich y agua de la nevera, y cerró la puerta. En menos de 5 minutos, oí a mi lado el suave rumor de la bicicleta que anunciaba nuestro primer trecho de ruta compartido de esta aventura. Durante nuestra relación, habíamos compartido muchos kilómetros, marchando en paralelo o uno detrás del otro, corriendo los dos, o él acompañándome con la bici. Todo eso habíamos compartido, y nunca me había aburrido con su compañía, siempre me daba mucho placer y consuelo.

Juntos y rápidamente descendimos entre los ondulados viñedos, donde pronto divisamos a una alta y delgada figura, ahora vistiendo unos pantalones cortos y una camiseta de un color amarillo brillante con una mochila de correr en su espalda – muy distinta del motorista vestido en cuero negro que había encontrado una hora antes. Abel, mi motociclista misterioso, se nos unió y se adaptó fácilmente a mi "velocidad de crucero".

Los tres charlamos confortablemente mientras proseguíamos la ruta que transcurría por tranquilos viñedos. Abel, nuestro improvisado guía por esa zona encantadora nos iba señalando cosas por el camino, destacando los sitios más importantes para él mismo: el pueblo en el que vivía con su esposa Montse, y la renovada Masía (la tradicional casa de campo catalana, construida en piedra), Mas de l´Andreu, la cual había comprado y acababa de restaurar, y que alquilaban para turismo rural.

Fotógrafo: Frank Jensen

A unos 8 kilómetros, a la entrada de un pequeño y apacible pueblo, encontramos a Montse, que había venido para recoger a Abel y regresar a su casa. Cuando Abel anunció que intentaría llegar conmigo hasta Tarragona, 24 kilómetros más adelante, yo esperaba que Montse reaccionaría como hacen muchas de las esposas de corredores: enfadadas, preocupadas y un poco celosas. Así que para mí fue una sorpresa muy agradable cuando su sonrisa creció más aún y su rostro se iluminó de deleite con la idea. "Perfecto, te recogeré allí, entonces", exclamó mientras nos saludó con la mano, entró en su coche y se marchó otra vez. Reflexioné sobre la suerte que tenían ambos en su elección de pareja.

Dejando atrás este paraíso rural, nos acercábamos a Valls y encontramos el Hogar aparcado en una zona industrial, con Jacques sentado y leyendo en el exterior, esperándonos. Sheela dormía a sus pies. Él nos había pasado hacia un rato, una vez hecha su siesta y nos había dicho que nos esperaría más adelante y así tener un poco de tiempo para estudiar. Salté al interior de la furgoneta para usar el lavabo, ya que suponía que escaseaban los arbustos y los árboles, y mi estómago revuelto desde el día anterior volvía a hacer de las suyas.

Salí unos minutos más tarde y me enteré que Frank y Jacques habían decidido cambiar sus papeles, ya que Jacques quería hacer un poco de ejercicio, y por lo tanto me acompañaría en bicicleta. Frank, por lo tanto, otra vez al volante. Parada completa y de nuevo a salir, esta vez, algo más débil que al comienzo, pero feliz con la compañía de Abel. Como si fuéramos viejos amigos, nuestra conversación fluyó de manera muy fácil. Eso me ayudó a superar el malestar de mi trastocado estómago, el cual no hacía más que aumentar mi cansancio al forzarme a parar casi a cada kilómetro en busca de algunos arbustos.

Afortunadamente, me sentí lo bastante cómoda con Abel para reírme a gusto de esta embarazosa situación, no es lo que quieres cuando es la primera vez que alguien te acompaña. Él reía conmigo, y varias veces me ayudó a desenredarme de los arbustos mientras luchaba para volver a la carretera, ayudándome en sacar los pinchos y plantas que se habían pegado a mis mallas y zapatillas. Allí, en la larga, recta y accidentada carretera que nos conduciría a Tarragona, creamos un lazo afectivo de amistad que sospechaba que iba a durar durante mucho tiempo después de esta cansada e incómoda tarde de domingo.

Los kilómetros pasaban muy lentamente y mi cansancio iba en aumento, pero por fin Abel señaló unas colinas, diciéndome que escondida detrás de ellas estaba Tarragona. Al acercarnos, nos dio mucho alegría a encontrar a Montse que trotaba hacía nosotros. Había aparcado en Tarragona, se había cambiado de ropa y había salido corriendo para unirse con nosotros. Esta inesperada visita me dio el empujón que necesitaba de cara a los últimos kilómetros. Pronto encontramos a la escolta de la policía para el tramo final. En el momento de entrar en la ciudad, se nos juntaron cuatro corredores, dirigido por Juanan, de la tienda/club Runnersworld de Tarragona. Juntos entramos a la ciudad y nos dirigimos hacia la plaza donde nos esperaba un cálido recibimiento.

La policía nos acompañó a la larga plaza, llena de cafés. Con un gran suspiro por mi parte, vi al fondo el Hogar, así como a un pequeño comité de bienvenida, que nos esperaba. Corrimos hacía ellos en línea, seguidos por las miradas alegres de la clientela de los cafés, para detenernos por fin delante del grupo.

Fotografías, estiramientos y hielo vinieron a continuación, mientras charlaba con el pequeño grupo. Tras una jornada fatigosa, una reconfortante bienvenida, por pequeña sea, es un gran consuelo al final de un día agotador. Sienta muy bien para recargar las pilas con vistas al día siguiente.

Nos íbamos enfriando, así que nos despedimos del grupo y prometimos mantenernos en contacto con Abel y Montse. Recogimos las mesas, sillas y el hielo, y con Frank entramos a la caravana, mientras Jacques se entrenaba a las pistas de atletismo. Frank comenzó a preparar mi mochila para el día siguiente y yo tomé una ducha. Una vez más la sesión de masaje fue en el nido y después, mientras escribía en mi blog, Frank preparó la cena.

Cenando en la mesita al lado de la ventana, mirábamos a fuera a toda la gente que nos rodeaba en los cafés, comiendo, bebiendo y observándonos como se observan a los peces dentro de un acuario.

Cuanta menos luz había afuera, más gente se reunía. Trepé hacía el nido, agotada. Al día siguiente me tocaba la N-340, camino de l´Ampolla, lo que representaba mi último día en Catalunya. Iba a entrar en un territorio totalmente desconocido para mí como iba a dejar los lugares que había visitado durante mis 6 años de estancia en España. Estaba ilusionada y más que un poco temerosa.

Había sido un día largo y duro, pero la sorpresa del encuentro con Abel y Montse había garantizado que mis recuerdos de ese domingo serían de amistad, y no de cansancio y agotamiento.

Blog – 2ª Etapa

Estoy muy cansada y es bastante tarde, así que el blog será breve.

Salida de Vilafranca: acompañada por Toni Mof, vestido con la camiseta de la maratón de Atenas en mi honor. Toni es el entrenador de atletismo en Vilafranca, pero ayer le resultó imposible acompañar a los niños en la entrada de Vilafranca. Pasamos casi 20 km charlando, riendo, y compartiendo muchas experiencias. Fue una salida excepcional, perfecta para empezar la segunda etapa de mi aventura.

Mi punto bajo: Justo pasado El Vendrell con un viento de cara, mucho tráfico yendo para comprar en el mercado allí cerca, llegué a tener hasta insultos aunque estaba kilometrando en el lado legal, contra dirección. Después de una hora y media, mi cabeza maligna empezó a susurrar "...Aaaaaalex, Aaaalex, ¿ha sido de verdad tu idea esto?" Es cuando me di cuenta de la realidad de lo que he empezado, entre esa realidad y los domingueros que no querían mover sus coches ni medio metro, tuve mi primer bajón.

Me lo saqué de encima rápido como un abrigo mojado. Seguía escuchando música y disfrutando de la montaña inesperada en mi ruta, paisajes tranquilos y relajantes.

Para todos hoy que me habéis saludado y animado desde vuestros coche, os abrazo. Para todos los que me queríais sacar de la carretera, ruego que entréis aquí en mi blog de vez en cuando para aprender quizás una visión más alegre y optimista de la vida. Domingo a las 12, saliendo al mercado con la familia, yendo a la playa o al restaurante, es un momento para celebrar, relajar y disfrutar, es mejor dejar el estrés y mal rollo muy lejos.

La sorpresa: Abel Aguadé, me vio anoche en las noticias, y entro en la web a ver la ruta. Siguiendo el GPS, vio que iba a pasar muy cerca y salió con su moto a saludarme y preguntar si me podía acompañar kilometrando unos kms conmigo. "¡Claro que sí!" dije yo. Sus "unos kms" se convirtieron en 30 – más que había hecho jamás. Además vino su mujer a Tarragona, dejó su coche y salió para encontrarnos.

La policía nos esperó unos 4 kms a las afuera de Tarragona, y entramos, nuestro grupo creciendo cuando 4 corredores de Runnersworld Tarragona se juntaron también.

La entrada: muy divertido y con mucha ilusión, nos esperaron Siscu y Jacques (que otra vez se han lucido hoy con su trabajo increíble, son estupendos) con el Concejal de deportes José Cosano Cano.

Huésped no invitado: mi regla vino ayer una semana adelantada, supongo del estrés. Ayer me dio un migraña terrible y hoy dolores, mal de estomago y barriga hinchada – ¡ah, las alegrías de las mujeres!

Estoy muy cansada, pero muy bien, bien cuidada y cómoda con mis chicos.
Ahora estoy sentada, con el blog justo acabado, y a punto de cenar!

¡A Kilometrar!

Montse, Juanan, Abel, Alex y dos corredores de Runnersworld Tarragona

Escribiendo el blog en la plaza del ayuntamiento justo antes de cenar

Ultima noche en Catalunya

3ª Etapa

Lunes, 8 de junio

Tarragona – L'Ampolla

71,53 km

11 horas 09 minutos

195,44 km recorridos en total

1.814,56 km por recorrer

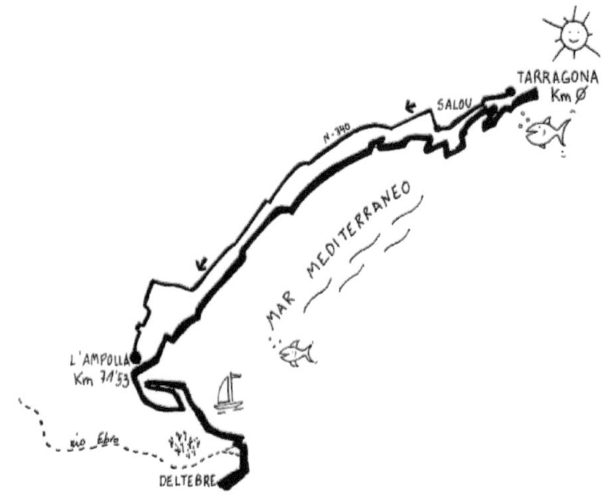

Este fue el primer día que pude salir temprano. A las 07:15 ya estaba corriendo para poder recorrer las complicadas calles de la ciudad y sus afueras, y llegar a L'Ampolla bien por la tarde. Dejando Tarragona, estaba pasando la fábrica de la BASF, cuando miré mi reloj y vi que era un poco antes de las 8. Era la hora que Abel comenzaba a trabajar. Pensé en él y en Montse, esperando que a ambos les volviera a ver el 6 de julio a mi llegada a Barcelona. Ese día parecía tan lejano, y lo que surgiera entre medias prometía ser tan duro, que casi no me atrevía a pensar en ello.

Interiormente dije adiós a Abel deseándole lo mejor, mientras coches y motos pasaban volando en el intenso tráfico de una mañana de lunes. No sabía entonces que una de estas motos, era en realidad Abel, que solo tuvo tiempo para saludarme a golpe de bocina y con la mano, llegando a su lugar de trabajo.

Durante las primeras horas, tuve mucho apoyo de conductores, algunos de ellos saliendo de su coche para animarme. Las noticias corren rápido, parece, y daba la sensación que la gente estaba atraída por la magnitud de este reto. Estos ánimos me ayudaban a defenderme del cansancio matinal.

Encontré la autocaravana que me estaba esperando en el primer pueblo fuera de Tarragona. Una vez "repostada", les seguí por donde creíamos que era la entrada que nos llevaría hasta la N-340, pero era una autovía y estaba prohibido a los peatones, y era muy peligroso. Esto complicaba un poco nuestros planes, pero rápidamente rehicimos la ruta, para enfilar hacia Salou, en donde proseguiría durante 10 kilómetros por la costa, hasta que pudiera acceder a la carretera nacional, que me llevaría hasta Valencia, en mi sexto día.

Este tramo, me resultó sorprendentemente tranquilo y hermoso. La idea que yo tenía de Salou era de una serie de parques de atracciones, enormes hoteles, bares, restaurantes chinos y hordas de turistas, en bañador y quemados del sol y sudando. Pero no podía estar más lejos de la realidad y mientras corría por el paseo marítimo, mi ánimo subía con el sol de junio. Llamé a Carlos Martín del B10, utilizando los auriculares para hablar. Se sorprendió que pudiera correr y hablar al mismo tiempo, pero le expliqué que a primeras horas de la mañana todavía tenía fuerza para hablar, y de hecho me gustaba contactar con el mundo "real". Estas charlas matinales con Carlos, al igual que con JMA, se convertirían en una tradición, ya que me ponía en contacto con ambos cada mañana y casi cada tarde después de haber llegado.

En una de las paradas, los chicos me dijeron que necesitaban encontrar una tienda para hacer fotocopias. Jacques se había atrasado mucho con su tesis y no había entregado, todavía, su trabajo. Tenía que terminarlo rápidamente, imprimirlo y enviarlo por mensajero en los días siguientes. También necesitaban encontrar un camping para hacer la colada, lo que significaba que pasaría un buen tiempo sin que les volviera a ver. Mientras corría, pensaba en cómo solucionar los problemas de Jacques.

Cuando había recorrido la mitad del paseo marítimo, me paró alguien para hacerse una foto conmigo. Hablé con él unos minutos, y me aconsejó seguir corriendo por el paseo, en lugar de dirigirme directamente hacia la N-340, ya que era una ruta mucho más bonita. Acepté su consejo, pero pronto me di cuenta que esto significaba añadir unos cuantos kilómetros a la ya de por sí larga ruta. Por tanto decidí acortar, atravesando una multitud de campings, pequeños hoteles, y de pequeñas casas de veraneo, hasta encontrar la carretera más pronto.

A medida que serpenteaba por este laberinto, sentía el gusto de la aventura, el gusto por lo desconocido, siempre esperando que los muchachos no hubieran acabado demasiado pronto y hubieran pasado por la N-340 sin verme. Mientras bajaba un puente, a unos pocos metros de la N-340, vi una autocaravana pasando zumbando en frente de mí. Reconocí los logotipos al instante ¡por un pelo no les había perdido! Llamé, rápidamente a Frank, y él, riendo por la coincidencia, aparcó unos pocos kilómetros más adelante. Habían localizado un camping y pararían en él para lavar, justo después de que empezara a correr de nuevo. Así que llené mi mochila completamente de agua y llevé suficientes bocadillos conmigo para varias horas.

Mientras las horas pasaban, la carretera, llena de tráfico subió, serpenteando, adentrándose hacia los collados, alejándome de los pueblos y de posibles sitios para reponer el agua. Esta se iba terminando, y llamé a Frank. Por primera vez en este desafío, parecía completamente estresado. Me dijo que venía para encontrarme. Pasé casi una hora sin agua, hasta que en una larga y desértica recta, Frank me alcanzó. La carretera no tenía ni arcenes, ni lugares para pararse, así que tuvo que seguir 5 kilómetros más, hasta poder detenerse en un extremo de la misma. Llegué nerviosa y con sed, y subí, para utilizar el baño mientras me rellenaban el contenedor de agua. La autocaravana se movía violentamente cada vez que pasaba un camión, haciendo aumentar el estrés general.

Salí y comencé a andar y comer al mismo tiempo, mientras Frank se puso a mi lado por unos cientos metros y me explicaba el motivo del retraso. Durante horas había estado recibiendo llamadas y correos con respeto a mi patrocinador más pequeño. Este se quejaba que no había recibido fotografías del día anterior, y nos exigía que las fotos de cada una de mis llegadas las tuviera no más tarde de las 5 de la tarde. Se quejaba de que nosotros no habíamos puesto sus banderas promociónales, en la plaza, en mi llegada a Tarragona. Su lista de quejas continuaba. Se tiene que decir que este patrocinador no se había reunido conmigo antes de mi salida, como lo habían hecho todos los demás. Además, solo estaba dispuesto a patrocinarme un tercio de lo que habíamos pactado al principio. ¡Y ahora nos exigía una lista de requerimientos, en mi tercera etapa del desafío! Hasta el momento no había conocido al patrocinador, ni había visto un contrato, a pesar de haberles hecho todo lo posible para promocionarles, sin haber visto nada por su parte. A pesar del hecho de que estábamos muy apretados con nuestro presupuesto, decidí rechazar su patrocinio allí mismo, ya que suponía poner más presión sobre nosotros de lo que era aceptable.

Frank volvió a la autocaravana y yo continué, enojada debido al giro que habían tomado los acontecimientos. Normalmente Frank, no me molestaría con los problemas diarios que afrontaba cada día, sabiendo que cualquier estrés puede afectar al éxito del desafío. Sin embargo, esta vez tuvo que hacerlo ya que concernía a unos de mis patrocinadores y por tanto, yo tenía que tomar las últimas decisiones. Durante la media hora siguiente en lugar de correr por la ruta cuesta arriba, me puse a andar y escribí un largo correo con mi Blackberry, a nuestro contacto, el que nos había encontrado este patrocinador. Le comuniqué que era totalmente inaceptable esta situación y por tanto no tenía ningún interés en continuar la hasta entonces colaboración unidireccional. Y todo ello, lo hice en la mitad de una jornada de 70 kilómetros. Estaba tan trastornada, que apenas podía correr. Cuando lo conseguí, lo que hacía era arrastrar mis pies, sintiendo un agotamiento completo. Me sentía totalmente agotada. Era incapaz de comer, estando tan disgustada que mi estómago no admitía ni el sencillo bocadillo de queso y tomate, que normalmente me gusta tanto.

Todo esto puede parecer una exageración para algunos, pero no lo es. Cuando uno está bajo un agotador y exigente estrés, día tras día, sus barreras normales y sus límites de paciencia bajan. La presión física y mental es tanta que queda poco sitio para cualquier tipo de estrés añadido.

Seguí por ese paisaje montañoso y solitario. Con cada kilómetro que pasaba me sentía más débil y mi energía disminuía rápidamente al igual que mi paso. Pasé la autocaravana una vez, y luego ellos tardaron mucho en reunirse conmigo. Ya entonces estaba muy alterada, y resultó que ellos también lo estaban. Frank, me puso al corriente de todo, pero los dos estábamos nerviosos y tensos, lo que nos llevó a discutir en vez de hablar. Dejé la autocaravana, exhausta y llorando y le pedí a Frank que no me acompañara con la bicicleta, aunque eso era algo que yo había estado deseando todo el día. Arrastrando los pies, sollozando y solo a base de fuerza de voluntad, pude continuar. Sabía que si me paraba, las horas pasarían rápidamente, y al final tendría que seguir igual, pero resultando que llegaría demasiado tarde, sin tiempo para descansar.

Pronto, oí un cariñoso grito detrás de mí, y vi a Jacques que se me acercaba rápidamente en su bicicleta. Frank lo había enviado, ya que él necesitaba tiempo para tranquilizarse y también para acabar todo con los patrocinadores. Después de haber estado todo el día encerrado en la autocaravana, estudiando y preparando su tesis y a la vez siendo testigo de desagradables conversaciones por teléfono, Jacques ahora estaba encantado de estar liberado para salir y esparcirse. Estaba lleno de energía, y con ganas de hablar – exactamente lo que yo necesitaba para sacarme la crisis de encima.

Cuando la tensión se combina con el cansancio y la ira, quedo totalmente exhausta y destrozada. Pero esta manera de avanzar no es forma para llegar al final de una etapa, ni que hablar de seguir durante casi todo un mes más. Este día sería solo uno más de los muchos, en los cuales me debería enfrentar a obstáculos inesperados. Si me dejaba llevar por ellos, me iban a ahogar, y tal vez me llevarían a aun más impedimentos. Así que una vez solventado, la única solución es dejarles atrás y mirar hacia adelante. Me di cuenta de que eso es lo que tenía que hacer ese día. La situación se había resuelto. Había llegado la hora de dejarlo. Más tarde, cuando todo hubiese terminado, ya analizaría las cosas una por una para asegurarme que no se volvieran a producir en el futuro.

Jacques a mi lado, campante y feliz, era lo que necesitaba para centrarme y olvidarme de un problema que ya estaba solucionado, aunque esa solución significaba que teníamos que bajar nuestro presupuesto que ya era pequeño. Siendo fuerte de mente y determinada, dejé las lágrimas y la rabia, y pronto me uní al parloteo de Jacques. Cuando alcanzamos a Frank en la mitad de la larga bajada hacía L'Ampolla, ya había recuperado mi habitual sonrisa, aunque eso sí, estaba agotada y exhausta.

Cargaron la bicicleta en la autocaravana, mientras yo seguía corriendo. Me pasaron antes de entrar en L'Ampolla, y siguieron hacia el pueblo para preguntar cómo llegar hasta el ayuntamiento, donde nos habían dado permiso para pernoctar. Frank salió kilometrando para encontrarme y me guió hasta allí. Juntos, entramos en la bonita plaza, llena de flores. Era tarde, estaba agotada, pero feliz de estar en el Hogar.

Aunque era festivo, y por tanto no tuvimos ninguna recepción oficial, la policía nos ayudó a instalarnos. Esto nos permitió obtener electricidad desde sus dependencias, ya que nuestro suministro, a través de batería, era limitado.

Por primera vez, y después de estirar y ponerme hielo, pudimos poner la camilla para el masaje en el exterior porque hacía más calor en la costa. Antes de ducharme, Frank masajeó mis músculos doloridos para sacar toda la tensión acumulada. Sheela, correteaba alegremente, disfrutando de la plaza tan tranquila, mientras Frank trabajaba a gusto en mis piernas. Por primera vez desde cuando salimos de Barcelona, él podía hacer el masaje en buenas condiciones, no estaba doblado como cuando lo hacía en nuestro pequeño nido.

No recuerdo si aquel día Jacques fue a entrenar, o no, porque entonces estaba tan cansada que casi ni podía escribir en mi blog. Frank, rápidamente, se encargó de la cena, ya que íbamos más tarde de lo planeado y tan pronto como pude y con todo el cuerpo machacado, me acurruqué en el nido. Leí los correos del día, los mensajes de texto, y los del Facebook, todos ellos dándome ánimos, lo que supuso un gran aliento para mí. Había empezado a temer a las noches, ya que el hecho de poder conciliar el sueño se hacía más difícil cada noche, debido al dolor y al estrés. Cada vez que me despertaba, Frank se despertaba también, me leía hasta que volvía a caer dormida. Mientras le esperaba en el nido, pensaba en el próximo día que me llevaría a Benicarló. No tenía ni idea de lo que me encontraría por el camino, pero esperaba que no fuera tan difícil como el día que había terminado.

Blog – 3ª Etapa

Hoy Jacques iba a escribir porque estoy agotada, pero después de todo lo que ha pasado, creo que una entrada corta es necesario.

Este desafío es no solo difícil – es brutal. El cansancio y agotamiento van subiendo, y es imperativo que mi equipo y yo estemos orientados a que salga todo bien.

*No puedo tener a Siscu y Jacques perdiendo horas, y estresados con cosas que no pertenecen al logro de este desafío. Los dos están trabajando desde las **05:30** hasta la noche, sin descanso, y siempre sonrientes. No pueden tener molestias y trabajo no necesario que les deja sin tiempo para hacer el seguimiento que yo necesito.*

Hoy entre problemas del GPS, y gente pidiendo demasiadas cosas (que no hace falta explicar ahora),me he quedado 2 veces sin agua por las montañas de la costa, y en la llegada casi no tenían tiempo para preparar todo, para empezar la recuperación.

Ni voy a explicar como se estropeó todo cuando después de unas 8 horas corriendo por la nacional, tenía que empezar a hablar de cosas que están completamente fuera de plazo ahora que estoy en medio del desafío. Me rompió completamente. Es tan fuerte lo que tengo que hacer cada día, que no hay espacio para más estrés del que estoy llevando.

Hoy hubiera sido un día muy bueno, pero ha llegado a ser terrible, y no por temas del cuerpo.
*Todo el apoyo positivo que estamos recibiendo de **B10**, Ayuntamiento de BCN, La Federación Catalana de Atletismo, La Maratón de Barcelona, Runnersworld tiendas, Ottec, Zona Vip y muchos más, es una gran ayuda. A toda la gente que salís para correr conmigo o solo animarme de*

vuestros coches y camiones, os lo agradezco desde mi corazón, sois estupendos.

No me gusta hacer una entrada como esta, pero como siempre hablo del corazón, hoy no puede ser diferente.
Tengo suerte en tener dos chicos como Siscu y Jacques, entre los tres, hacemos posible el reírnos, a pesar del día que hemos tenido.

¡Sigo kilometrando, y seguiré kilometrando!

Saludando a los conductores que me animaban

Adaptación

4ª Etapa

Martes, 9 de junio

L'Ampolla – Benicarló vía Calig

70 km

11 horas 30 minutos

31° C

265,44 km recorridos en total

1.744,56 km por recorrer

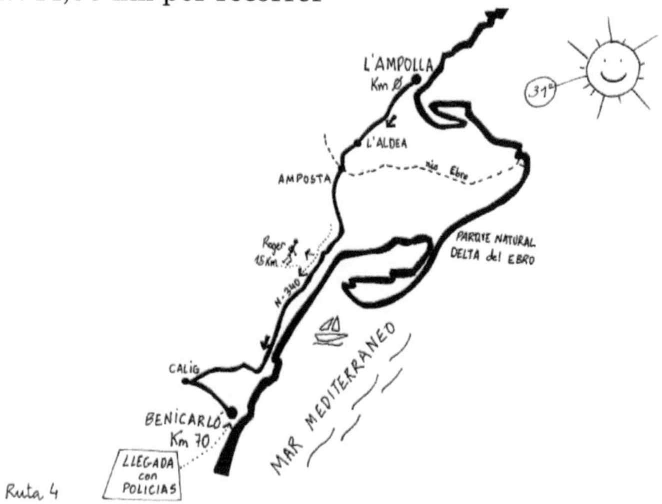

No había dormido bien por la noche. De hecho no volvería a dormir bien hasta que se hubiera acabado toda esta dura prueba. Me desperté temprano, sintiéndome algo mejor que el día anterior, desayuné de forma rápida y salí corriendo desde la plaza. Al doblar la esquina oí a Frank chillándome. Había olvidado mi GPS, y él corrió para atarlo a mi mochila. Rehice los pasos de la tarde anterior, y de nuevo me encontré en la N-340. Eran las seis y media de la mañana, pero incluso a esa hora el tráfico ya era denso y se incrementaría cada vez más.

Cuando planeé la ruta, no imaginaba que esta carretera sería tan concurrida, tan ruidosa, tan polvorienta y tan peligrosa. El tráfico era intenso, industrial, rápido y continuo. Hubo momentos en los cuales diez camiones cargados hasta los topes, me pasaban a toda velocidad, sin casi un metro entre ellos, sus turbulencias, casi parándome en seco con sus estelas de viento. Los camiones venían sin cesar en convoys interminables durante todo el día, unos tras otros, sin aminorar la marcha, siempre dejando tras su paso, una fuerte pared de viento. Aprendí que tenía que bajar la cabeza cada vez que me pasaran para evitar que mi gorra volase por los aires. No escribí mucho sobre estas cosas en mi blog porque no quería que la gente se preocupara en exceso, pero la verdad es que fue realmente terrible y muy peligroso.

Esta carretera, por la cual había estado corriendo con el tráfico de cara, me agobiaba, agotándome tanto como los kilómetros mismos. Aun subiendo el volumen de mi música, no podía sacarme de encima el ruido intenso y constante del tráfico. El polvo, el calor y los camiones comenzaban a ponerme de los nervios. Aquella mañana, seguramente debido a los problemas del día anterior, la encontré muy dura de sobrellevar. Con "Los Miserables" sonando fuerte, avanzaba paso a paso por la larga recta carretera y mi desesperación subía con los kilómetros.

De vez en cuando algún camionero hacía sonar su claxon, y gritaba, dándome ánimos a la vez que mostraba su pulgar hacia arriba. Esto me ayudaba, de alguna manera, a soportar la tensión que sentía corriendo por esta ruta tan frenética. No me dejaba de asombrar cuantos conductores estaban al día de las noticias deportivas. Parecía algo surrealista; estaba tan lejos de casa, corriendo contra ese convoy tan violento, y aun así era reconocida y animada por muchos conductores. Cada vez que esto ocurría me brotaba una sonrisa.

De árboles y arbustos había pocos, y esta sería la tónica general durante varios días, principalmente a primeras horas de la mañana cerca de los pueblos o las ciudades. Tenía un sistema con los chicos. Durante las primeras horas del día, ellos se adelantaban unos 5 kilómetros aproximadamente, parando donde pudieran, para que yo utilizara el baño. Después empezaban su propia carrera; de repostar, vaciar las aguas "grises", reponer con agua fresca, vaciar el lavabo, comprar el pan y comida cuando esto fuera necesario, hacer los bocadillos para todo el día y estar listos y en sus puestos para mis propias paradas de reabastecimiento. Todos nos habíamos acostumbrado a esta rutina, y de momento todo iba relativamente sin problema.

Aquella mañana tenía que acompañarme un corredor que se llamaba Roger, al cual debía encontrar en algún punto entre Aldea y Amposta. Estaba todavía disgustada por todo el estrés vivido el día anterior y la verdad es que hubiera querido que esto no se hubiera programado. No tenía ganas de hablar con nadie. Quería sentarme en la cuneta de la carretera y ponerme a llorar. Pero Roger lo había preparado con la mejor de sus intenciones y no quería disgustarle.

Al mismo tiempo que la N-340 se adentraba a Aldea un escalofrío sacudió mi cuerpo al ver la cantidad de tráfico que bloqueaba mi camino. ¿Cómo sortear este caos? Las aceras estaban bloqueadas con coches aparcados, o simplemente no existían. Para un pueblo, aquella recta parecía interminable, disminuyendo aun más mis ganas de compañía. Una vez pasada la Aldea, y a un kilómetro aproximadamente, observé una figura esperando al lado de la carretera. Paré la música y me obligué a mi misma a sacudirme toda la negatividad almacenada, y cuando llegué corriendo a Roger, ya era todo sonrisas. Todos mis temores y recelos desaparecieron, sabía que eran producto de las tensiones del día anterior y del consiguiente agotamiento. A pocos minutos de conocerle, estábamos charlando cómodamente.

Juntos cruzamos el puente sobre el río Ebro, del cual en sus bonitas y pintorescas orillas está asentada Amposta. La compañía de Roger me resultó fenomenal, me divertí mucho en los 15 kilómetros que compartimos. Me había ayudado a liberarme de la oscura nube que me había rondado desde el día antes, y era reemplazada por mi optimismo habitual. Hice una breve pausa para saludar a su compañera y a su hija que habían venido para recogerle. Até a mi mochila un ramillete de flores que la niña había recogido para mí. Después de abrazos, besos y adioses empecé a correr de nuevo, subiendo una breve cuesta y girando una vez para despedirme definitivamente haciendo un gesto con la mano, antes de que volviera a encender mi música para continuar el camino.

Roger me había ayudado a superar un par de horas y disfruté de su compañía. Reanudé mi "ritmo de crucero" y seguí sola. Durante toda la mañana, me había molestado una sensación de reflujo ácido y ahora se incrementaba, por lo que me resultaba prácticamente imposible comer. Además notaba que el dolor aumentaba en mi cuerpo. A cada kilómetro esta sensación lacerante se agudizaba y después de unas cuantas horas, comenzaba a ser insoportable.

Había esperado esto, sabía que llegaría; incluso había hablado de ello en la rueda de prensa del miércoles anterior. Temía esta parte del desafío. Suponía que me atacaría en la cuarta o quinta etapa y lo había clavado. En 2009, cuando corrí desde Barcelona a Santiago de Compostela, me pasó durante el cuarto día. Empecé a sufrir dolores punzantes que me duraron, por lo menos, hasta la décima jornada. Sabía que iba a suceder lo mismo durante los 2010 kilómetros, ya que tenía un considerable aumento de kilómetros diarios. Desgraciadamente no estaba equivocada.

Aunque iba sumamente bien preparada para este reto, mi cuerpo no estaba acostumbrado a correr entre nueve y trece horas al día sin parar. Haciéndolo todo más difícil aun, fue el hecho que parecía que el verano ya había llegado fuerte y las temperaturas habían empezado a aumentar. Mi cuerpo necesitaría un cierto periodo de adaptación para acostumbrarse a esta rutina. Esta adaptación sería brutal, y justo había empezado. Me dolía casi cada parte de mi cuerpo. Las plantas de los pies y la parte superior chillaban de dolor a cada paso que daba. El dolor de mis músculos iba en aumento incluso el de los brazos y hombros. Todo era sufrimiento, y lo peor era que iría a peor durante muchos de los días venideros.

Durante las tres primeras etapas, agradecí que el tiempo fuese inesperadamente frío para la época del año, aunque sabía que no duraría mucho más. Aquel día iba a ser el primero de otros muchos en los que el calor añadiría más dificultades al desafío. A medida que pasaban las horas, aumentaba la temperatura, lo que dificultaba mi marcha todavía más. Seguí luchando, y pronto vino Frank en su bicicleta para acompañarme durante unas tres horas. Acordamos que lo mejor sería que corriera sola desde el comienzo del día, – cuando me sentía más fresca – hasta el mediodía. Después Frank se reuniría conmigo, siempre y cuando su trabajo de traductor se lo permitiera, mientras Jacques me acompañaría durante las últimas horas del día, cuando estaba más débil.

Justo al acercarnos a Benicarló, dejamos la carretera nacional y nos dirigirnos hacía el interior. Lo habíamos planificado de esta manera para poder cumplir con la cuota de kilómetros a correr cada día. Instantáneamente el tráfico disminuyó. El camino, ahora, transcurría entre tranquilos árboles frutales y campos verdes hasta alcanzar un pequeño pueblo del prelitoral. Desde allí y a través de otra ruta bajaría hasta el mar, para finalizar en Benicarló, donde pasaríamos la noche. Jacques sustituyó a Frank durante la última hora, e igual que el día anterior, rebosaba de buen ánimo, zumbando de un lado al otro de la carretera rural, siempre parloteando y riendo.

Esta paz, después del caos que había supuesto la N-340, fue como un elixir para mi maltrecho cuerpo así como para mi mente. A pesar del dolor y de la asquerosa acidez en mi garganta, me relajé y disfruté de este agradable cambio de escenario. Lo respiré y lo saboreé, sabiendo que al día siguiente me esperaba, otra vez, la maldita carretera camino de Castellón.

En el pequeño pueblo de Calig, los chicos cargaron la bici y marcharon hacia Benicarló, que estaba a unos 10 kilómetros. Les seguí, contando cada kilómetro, con la música en mis oídos y con la vista fija en el mar.

En las inmediaciones de Benicarló, Frank me llamó para decirme que estaba prohibido en toda la ciudad aparcar la autocaravana. A pesar de que estaban informados de nuestra llegada, el alcalde y el Concejal de deportes no estaban dispuestos a forzar las normas y les enviaban directamente a la policía para resolver el problema. Mientras Jacques telefoneaba a la policía, Frank me vino a buscar para llevarme a donde habían aparcado de forma ilegal. Nos llevó unos 15 minutos cruzar la ciudad y llegar a la carretera de la costa, en donde estaba el Hogar. Durante el trayecto, Frank me explicó la poca amabilidad por parte del Ayuntamiento hacia nuestra llegada. Una vez en el Hogar, me di cuenta que había recorrido solo 68 kilómetros, me faltaban dos para completar la jornada, así que me puse de nuevo a correr, haciendo un kilómetro de ida y otro de vuelta, con la esperanza de que durante este tiempo el problema de la estancia se hubiera solucionado, sin perder un tiempo precioso – y necesario para el descanso – en buscar otro lugar para la autocaravana.

Al acercarme a la autocaravana, vi los uniformes azul y amarillo fluorescente de dos policías hablando con los chicos. No podía ver sus rostros, lo que hacía que no pudiera calibrar la situación. Esperaba lo peor, estaba a punto de hacer un poco de teatro y echarme a llorar, pero de pronto todos se volvieron sonriendo y comenzaron a aplaudirme y a animarme. ¡Jacques había utilizado sus dotes diplomáticas y la cuestión se había resuelto.

Saludando a Jaime y Paco

Como dicen los americanos, "hemos estado de suerte". Los dos policías, Jaime y Paco, rápidamente llamaron a su superior – que es triatleta – para que se reuniera con nosotros. Fascinado con este desafío, unos minutos más tarde, acompañado de un cuarto policía, me rodearon mientras yo estiraba y me aplicaba hielo para bombardearme a preguntas, todo en una atmósfera muy festiva. Avisaron a la prensa y nos prometieron que les darían todos los detalles, a cambio de que nosotros les enviásemos algunas fotografías. Indicaron a Jacques la dirección de las pistas de atletismo, dándole un libre acceso a la piscina.

Pasé una hora muy agradable con ellos, compartiendo sus bromas, mientras Frank me daba el masaje. Esta vez no era nada relajante, se había vuelto desagradable y doloroso, pero era una parte necesaria de cada día. Aún estaban con nosotros los dos policías a los que despedimos hasta la mañana siguiente, ya que nos aseguraron que volverían a primera hora para acompañarme en la salida de Benicarló y llevarme hasta Peñíscola, la próxima población.

Aquel día, el primero en mi periodo de adaptación, aunque duro, se salvó gracias a la sorpresa maravillosa que había llegado con la gente que me había encontrado. Para mí, lo más importante en la vida es la gente con la que la comparto. Aunque paso mucho tiempo sola debido a mis entrenamientos y retos, y disfruto de mi propia compañía, siempre me gusta tener la posibilidad de compartirla con los demás. Todo mejora cuando es compartido; los momentos difíciles o los problemas se hacen más llevaderos, y los buenos momentos, los de celebración, se enriquecen.

Al comenzar esta aventura, sabía que iba a encontrar todo tipo de personas. No tenía dudas que muchas de ellas sobresalían de las demás, son las que yo llamo joyas; joyas humanas. Con algunas compartiría kilómetros, otras las encontraría al final de las etapas. Algunas de estas personas acabarían siendo amigas, pero todas permanecerían en mis recuerdos. Esta era una de las bellezas de esta gran aventura. Vendría cargada con problemas y obstáculos, "demonios" en todas sus formas: humanos, técnicos, físicos o naturales que me pondrían a prueba, zancadilleándome y llevándome a mis límites. Las más grandes sorpresas, o mejor dicho los mejores premios, serían las personas con las que compartiría esta aventura.

Jacques había encontrado algunas de estas joyas humanas, que suplieron a aquellos que habían obstaculizado nuestra llegada. De un salto, subí al Hogar para ducharme, escribir mi blog y comer antes de descansar y prepararme para el largo camino hacia Castellón, en mi quinto día del desafío. Estaba cansada, todos lo estábamos, pero nos sentíamos en cierto modo recuperados después de nuestro sorprendente y enriquecedor final de tarde en la playa con una compañía tan agradable.

Blog – 4ª Etapa

Fue un día muy bueno pero durísimo. Tenía compañía perfecta (en la forma de Roger, un chico estupendo con afición de correr, las montañas, y mucho mas), desde cerca de Amposta y durante unos 15 kilómetros. Su pareja e hija nos esperaron para recogerle y la niña me dio un ramito de flores, que había recogido. Roger había cogido vacaciones por la mañana para acompañarme – un gran gesto por su parte.

Fue mi día de acidez y de adaptación. Casi todo el día tenía mucha acidez, algo que me dejó sin poder comer mucho. Teníamos que adaptar la nutrición para que pudiera tener las calorías necesarias.

Mi cuerpo ahora ha decidido quejar de estar de "vacaciones" por España, y aunque no tengo nada mal, todo duele: las plantas de los pies, el parte arriba de los pies, los tobillos, los gemelos, los cuádriceps, mis brazos, mis hombros...vaya, todo! Es normal, y lo esperaba, pero no lo hace más fácil...

*El desvío hacia Calig, que se veía por el GPS, no fue una equivocación, como muchos de vosotros habéis pensado, fue para cerrar los **70** kms. Dio un respiro después de **50** kms por la carretera nacional con más tráfico de España.*

Aunque no esperábamos recepción, la Policía de Benicarló merece una mención especial. Son increíbles, nos han dado una bienvenida maravillosa, y además mañana saldrán a kilometrar conmigo! Ellos mismos allí cuando estaba con los pies en un cubo de agua del mar y hielo, estaban gestionando la prensa – de verdad ha sido una sorpresa inesperada y muy cálida.

*Me siento cansadísima pero mucho mejor que ayer, ya que he tenido un día tranquilo sin estrés. Con una bienvenida como he tenido, tan inesperada, y con la policía tan animada para ayudarnos y a la promoción del Campeonato Europeo de Barcelona **2010**, ¿cómo no puedo estar bien? Además estamos a **1** metro de la playa, vista al mar – mejor no puede ser.*

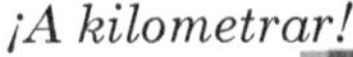

¡A kilometrar!

La larga ruta hacia Castellón

5ª Etapa

Miércoles, 10 de junio

Benicarló – Castellón

73,5 km

11 horas 9 minutos

36° C

338,94 km recorridos en total

1.671,06 km por recorrer

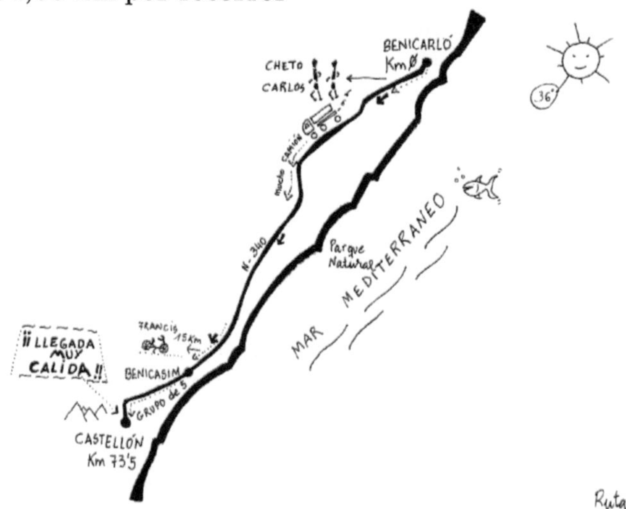

Dejé Benicarló muy bien acompañada. Como habían prometido, Cheto y Carlos, dos de los policías, llegaron al amanecer para acompañarme en mi salida del pueblo. Fue la manera perfecta de comenzar el día y me sirvió para darme ánimos en una mañana en la cual la ruta prometía una ruidosa monotonía gracias al intenso tráfico, la mayor parte de camiones.

Durante las primeras horas, mantuve el dolor a raya, pero hacia el mediodía empezó a manifestarse a cada zancada que daba. Tras pasar por un pequeño pueblo que quedaba a mi derecha y que parecía de otra época, con las casas polvorientas y adormiladas con una iglesia cuyo campanario se enfilaba hacia un sol abrasador, vi la silueta familiar del Hogar esperándome en una gasolinera. Una vez recargué mi mochila y recogí mi bocadillo, pedí a los chicos si alguno podía acompañarme durante unas horas. El dolor, la monotonía de la ruta, el calor que apretaba y el agresivo e incansable paso de los camiones hacía que mi marcha fuera una tortura. Tras cinco horas escuchando mi iPod, un poco de compañía era muy necesario. Sabía que me ayudaría a quitar de mi cabeza el cansancio y la desesperación.

Jacques me acompañó durante un par de horas, charlando cuando nos dejó el tráfico. Desde que abandonamos la costa, la carretera había subido casi continuamente, y nos encontrábamos en una larga e interminable cuesta, que no tenía ni diez centímetros de arcén. En la parte opuesta, la situación era aún peor, sin arcén y sin visibilidad con los camiones uno detrás de otro a toda velocidad. Aquí, de verdad, daba miedo porque sabía que nuestra supervivencia era realmente una cuestión de suerte. “Si mi novia supiera lo que estoy haciendo, ¡no le gustaría en absoluto!", gritaba Jacques nervioso. Fue horrible, pero no tenía otra opción que la de continuar, aunque la circulación de peatones debería estar prohibida en esa carretera. Alejé cualquier tipo de peligro de mi mente y con la música en mis oídos, continué luchando hacia adelante, con Jacques detrás de mí.

En fila india, llegamos al final de una bajada donde la carretera se ensanchaba. En este tramo reanudamos la conversación. Aliviados, llegamos hasta donde estaba Frank en el siguiente avituallamiento. Me dijo que me acompañaría hasta llegar a Benicàssim y esto me dio muchísima alegría.

En ese momento, el sol estaba en su punto más alto y la temperatura había aumentado. Sentía cada vez más molestias, todo mi cuerpo se había hinchado debido al calor. A media tarde, hasta mis dedos estaban hinchados y parecían segregar una sustancia viscosa. En una de las paradas probé de lavarlos para deshacerme de ella, pero sin éxito. Mis manos seguían hinchadas y pegajosas.

Con Frank seguimos haciendo nuestro camino, sobre un asfalto abrasador y cada vez más caliente aun, debido al incesante y estruendoso paso de camiones. Estaba bañada de sudor, de suciedad, y el dolor era constante. Intenté mirar hacia adelante a través de la reverberación del calor, buscando Castellón, como una manera de aliviar mi desesperación. Pero nada se veía en la distancia, solamente otro puerto de montaña para atravesar. Otra vez, mis mapas me traicionaron, según ellos, este día – aunque largo – sería relativamente llano.

Enfrente de mí, veía una enorme estatua metálica, que parecía a Poseidón, el dios del mar de los griegos antiguos. Se erguía sobre la carretera, con su corona, sus brazos en alto sosteniendo entre ellos un tridente por encima de su cabeza. Al pasar debajo de él, le saludé imitando su gesto y empecé a subir.

Veía que la carretera ascendía abruptamente delante de mí. Una interminable fila de camiones venía directamente hacia nosotros. A medida que avanzábamos, la carretera seguía aumentando siempre su inclinación. El ya por sí estrecho arcén se hizo más estrecho aun, hasta que, como el de esa misma mañana, acababa por desaparecer, lo que nos dejaba a Frank y a mí en una situación muy peligrosa. Había aprovechado la subida para bajar mi ritmo y andar para comer el bocadillo, lo que hacía que nuestro progreso fuera más lento aun. Cuando se aproximaban uno por uno los camiones, nos podían ver y desplazarse hacia el centro de la carretera para adelantarnos de una forma más segura. Pero cuando venían en convoy, no teníamos más remedio que pararnos y pegarnos a las vallas protectoras de la carretera, para no ser atropellados.

Esta espantosa marcha servía al menos, para una cosa, al margen de acercarnos a Castellón, y es que me permitía, en parte, olvidarme del dolor y del cansancio que estaba sintiendo. Como siempre, trataba de sacar algo positivo de la situación.

Al llegar a la parte más alta de la cota, tomamos la bifurcación de la derecha y comenzamos el descenso. Por alguna inexplicable razón los que diseñaron la carretera habían decidido ampliar los arcenes para hacer más segura la circulación. Ni decir tiene, que toda nuestra conversación había girado, con mi siseo continuo, sobre la horrible situación de la carretera. Todo ello no me ayudó demasiado en mi marcha, pero sí que me fue útil para sacudirme la tensión, en este tramo difícil y peligroso.

Había pocos sitios para que Jacques pudiera parar, así que decidió ir directamente hacia Benicàssim. La distancia hasta Castellón iba disminuyendo, pero la marcha me resultaba muy dolorosa, así que Frank me acompañó hasta allí, si bien eso significaba que tendrían menos tiempo para preparar mi llegada. Parecía estar corriendo por el infierno, pero tener a Frank a mi lado era muy importante. Cuando estas acostumbrada a pasar horas luchando sola, defendiéndote de la fatiga, del cansancio, del dolor, del miedo o de la duda, es de gran ayuda tener una compañía, particularmente si ésta comprende totalmente lo que te está pasando.

Esta aventura estaba siendo una gran prueba para nosotros, como pareja ya que estábamos experimentado tantas cosas: problemas, incomodidades y tensiones, pero por otra parte, la positiva, conocer a nuevas personas y en ocasiones, tener buenas sorpresas. Viviendo eso, y creciendo tras eso, tan próximo el uno del otro, era tan enriquecedor como exigente. Para mí, tenerle allí apoyándome en todo, sin desanimarme en ningún momento, sin mostrar jamás la más mínima preocupación, (aunque no tengo dudas que la tuviera) me dejaba ver otro aspecto de él. Las condiciones en que vivíamos serían difíciles para cualquier persona, pero la mayoría de personas no serían capaces de superarlas con éxito. Nunca tuve dudas de la capacidad de Frank para dirigir un equipo, pero viviéndolas con él, supe que era verdaderamente ejemplar.

Por fin, una vez pasamos Benicàssim, pude ver y no lejos, Castellón, "elevándose" mientras nos acercábamos. Aunque en cualquier momento del día podía saber cuántos kilómetros quedaban, me resultaba más fácil cuando ya tenía un contacto visual con mi objetivo. Esto, de alguna manera, me ayudaba a seguir corriendo, centrada menos en contabilizar el número de kilómetros y más en llegar a mi destino.

Un ciclista nos saludó desde la otra parte de la carretera y cuando tuvo espacio la cruzó, poniéndose a nuestro ritmo, que para entonces era realmente muy lento. Se presentó diciéndonos que vivía en Benicàssim, que había seguido mis pasos, y aunque no podía acompañarnos hasta la llegada, como pensaba, nos propuso compartir los kilómetros que faltaban hasta Castellón. La aparición de Francis fue perfecta. Para empezar, su compañía era muy agradable, y además permitió a Frank subir al Hogar y dirigirse directamente a Castellón para preparar la llegada junto a las autoridades, que me darían la bienvenida. Jacques me aseguró que la policía nos estaría esperando en la salida de Castellón Norte y nos escoltaría. Se alejaron, en la distancia, los logotipos del B10 y del Maratón de Barcelona, los cuales se habían convertido en mi piedra de toque, me impulsaban hacia adelante.

Con Francis hablamos tranquilamente de nuestras pasiones sobre el correr, el ir en bicicleta, así como de la montaña. Me señaló la cordillera que estaba a mi derecha (el agotamiento no me había permitido fijarme en ella), explicándome todas las carreras de montaña que se organizaban allí. Uno de las motivaciones de esta aventura era conocer nuevos lugares, paisajes espectaculares y aprender lo máximo sobre la tierra adoptada. Catalunya es increíblemente bonita, y muy rica en contrastes y por eso, durante mis seis años en

España, la mayoría de mis itinerarios habían sido dentro de Catalunya. Hasta entonces, en las cuatro etapas anteriores a esta, después de dejar los bonitos parajes entre Vilafranca y Tarragona, no había podido disfrutar mucho del paisaje. Machacada por las condiciones horribles de la ruta, corriendo en condiciones físicas que iban empeorando, confieso que se me hacía muy difícil "ver", y lo más importante "apreciar" el lento cambio del panorama. Francis me ayudó a sacarme las anteojeras autoimpuestas, aunque solo fuera por unos kilómetros. Esos kilómetros pasaron volando a pesar del dolor terrible que sentía al correr. Él me llevó hasta la entrada de Castellón, donde nos separamos, dándonos con la mano. Corría, sumando otra joya humana a mi colección que seguía creciendo.

Tal y como habían prometido, la policía estaba allí esperándome, con dos corredores luciendo camisetas de su tienda y club, "42 y pico". Empezando a correr, me dijeron que me quedaban todavía unos 4 o 5 kilómetros. Sentí un estremecimiento para mis adentros, a la vez que me preguntaba cómo diablos podría ser capaz de seguir corriendo, ya que llevaba 69 kilómetros aquel día y mi cuerpo estaba gritando de dolor. Pero aun así continué corriendo, pero ofreciéndoles muy poca conversación. Ellos me preguntaron si conversar me molestaba, y si quería que dejaran de hablar. "¡Por Dios, no paréis, es magnífico oíros! Solo perdonad mi silencio, estoy tan agotada que soy yo la que no puedo hablar con el dolor terrible que tengo". Se preguntaban entre ellos cómo era posible hacer lo que yo estaba haciendo y eso los dejo casi en silencio. Afortunadamente para mí, cuando tres nuevos corredores se les unieron, ellos siguieron con sus chanzas, y mientras yo gemía internamente y me arrastraba por el camino, me distraía escuchándoles, aunque sabía que esa tarde poca cosa iba a recordar de aquella conversación.

Al aproximarnos al centro, se incorporó un fotógrafo al grupo: Toni Losas. A medida que avanzábamos por calles sinuosas y sombreadas de la ciudad, mi cuerpo pareció suspirar de alivio, al dejar atrás – por fin – el sol abrasador. Avanzábamos lentamente, mientras Toni tomaba algunas fotos. Cuanto más avanzábamos, más espectadores salían para animarme; esto y la sombra refrescante me ayudaron a seguir adelante. Los corredores comenzaron a guiarme verbalmente. Comenzaron una cuenta atrás sobre los kilómetros que quedaban, ya que habían visto el lamentable estado en el que me encontraba. Pronto atravesamos un cruce, donde creí ver una escultura en el centro (mis recuerdos son muy borrosos), giramos a la derecha hacia una larga avenida. Un poco más adelante se encontraba un grupo que nos estaba esperando y animando. De este grupo, saltaron dos personas vestidas con las camisetas color naranja ¡Imposible no verlas¡ Frank y Jacques estaban encantados de que al final había llegado. Los dos sabían lo duro que había sido el día. Subí mi ritmo, con una sonrisa de oreja a oreja. Estaba eufórica. Había sobrevivido a una etapa durísima.

Me condujeron a los campos de deportes del Patronato de Deportes de Castellón. Jacques vino corriendo para echar agua sobre mis manos. Tenía una casi obsesiva fijación con mis manos, ahora muy hinchadas y con una inexplicable y pegajosa segregación. Quería mostrar, al menos, que estaba lavando mis manos para que este líquido tan viscoso y "anfibio", no fuera motivo de repulsa para las pobres almas, a las que tenía que estrechar la mano. Me dieron la bienvenida el Concejal de Deportes, Vicent Sales Mateu; Juan Violeta , presidente del Patronato de Deportes de Castellón, junto a Toni Losas y Raúl Rubio, en representación de la prensa local, así como varios atletas y espectadores. Las muestras de hospitalidad recibidas de la gente de Castellón fueron maravillosas, hicieron que ese día, largo y desgraciado, valiera la pena.

Frank me dio una botella de bebida isotónica, especialmente preparada. Jacques me acercó una pequeña escalera de tijera para que empezara a estirar. Mientras tanto, yo seguía charlando con el grupo de corredores. Después y con ayuda, me instalé en la silla plegable y comencé con un masaje a mis punzantes rodillas, tobillos y dedos.

Poco a poco el grupo se fue dispersando. Solo había quedado Raúl Rubio, disculpándose por no dejarme descansar, pero quería hacerme un interviú. Una de sus preguntas – muchas veces repetida – fue: "¿Cómo es posible qué después de haber corrido casi 74 kilómetros, después de hacer la misma cosa durante cinco días, con tu cuerpo sufriendo de manera terrible, puedas estar aquí sentada y sonriente, con toda tu amabilidad, sin estar hundida?" Mi respuesta fue instantánea. "Tengo que correr durante 31 días, y mañana me tocan 75 u 80 kilómetros. Este es el único momento durante el día en el que puedo disfrutar, en cierta manera, así que tengo que aprovecharlo. Después de comer volverá el dolor y así toda la noche. Si pensara, ahora, en todo lo que he hecho y en lo que tengo que hacer, no sería capaz de dar un solo paso más. Me pararía aquí. De modo que ahora y aquí tomando el sol disfruto del momento de esta maravillosa bienvenida".

Mientras él finalizaba la entrevista, Frank seguía con el masaje en la camilla, en el exterior de la autocaravana. El título del artículo de Raúl, que aparecía en el periódico Las Provincias al día siguiente, inspiró el título de este libro: "La sonrisa del ultrafondo llega a Castellón", y su contenido era fiel a mis palabras: *Parece imposible, que después de haberse "zampado" 70.000 metros por las carreteras de la provincia, bajo un calor sofocante, muestre una sonrisa de oreja a oreja. "A todo el mundo le sorprende. ¿Pero qué voy a hacer? ¿Llorar? Me sobran motivos para ser feliz: la gente que me acompaña, la que me espera en cada ciudad..."*

El resto de su artículo fue cálido, divertido e igual de fiel a mis palabras – nos dio a todos un buen subidón leyéndolo el día siguiente.

Despidiéndome de Raúl, subí con rigidez al Hogar para ducharme y quitarme el sudor y la suciedad de ese día tan duro. Una vez seca y vestida con unas prendas más cómodas, alguien llamó a nuestra puerta. Al abrirla nos encontramos con Francis, su esposa y sus dos preciosas hijas. Había pensado que no iba a verle otra vez, y estaba encantada de estar mucho más relajada para saludarle a él y a su familia. Fue un final perfecto para una sincera bienvenida que me elevó la moral.

Estaba tan cansada para escribir en mi blog, que Jacques lo hizo por mí. Mientras Frank preparaba la cena, yo me estiré en el nido, con rampas por todas mis piernas e intentaba olvidarme de ellas, leyendo los mensajes que habían llegado a mi Blackberry. Este era uno de los mejores momentos del día, que procuraba dejarlo para el final, como los postres. Estos correos que provenían de todas las partes del mundo siempre me levantaban el ánimo. Los leía en voz alta, ya que eran mensajes que iban a su vez para los chicos.

Hasta ahora, tenía tanto miedo a las noches casi como a los días. Y cada vez iba a peor: no solo el dolor me interrumpía el sueño sino que las pesadillas me atormentaban. Cuando llegaba la oscuridad a nuestro apretado hogar, temblaba solo de pensar en la noche que tenía ante mí y más aun en lo que me esperaba al día siguiente, camino de Valencia, lo más lejano hacía el sur que iba a llegar en este viaje que resultaba cada vez más difícil.

Blog – 5ª Etapa (escrito por Jacques)

A las 6:55 de mañana, cómo un reloj, aparecieron Cheto (triatleta) y Carlos, dos de los cuatro policías locales que nos recibieron la tarde anterior. Su idea era acompañar a Alex unos cuantos kilómetros hasta la salida de Benicarló. Perfecto! (cómo le gusta decir a Frank). Esto nos dio, a Frank y a mí, tiempo para poder buscar una gasolinera para llenar el depósito del agua de la caravana. Lo curioso, era ver, una Caravana que deambulaba por las calles desérticas de Benicarló. Pues, a parte del agua, nuestra misión era comprar pan, la prensa local. Lo conseguimos. Era imprescindible. Necesitábamos preparas los preciados bocadillos de Alex. Cada dos horas se le cae la baba con los bocadillos de queso, tomate, mantequilla y mermelada que le preparamos (para alguien que está acostumbrado al pan con tomate, aceite y sal, cuesta asimilar estos sabores propios de la Europa de la mantequilla!!) .

Todo ello, debíamos hacerlo contra reloj, pues Alex necesita reponer la mochila de agua al menos cada hora, no había mucho margen. Tuvimos suerte, y pudimos hacer todo bastante rápido. Conectamos de nuevo con Alex, nos despedimos de Cheto y Carlos, le dimos agua, y un bocadillo. Parecía que Alex iba bien.

Teníamos 1 hora y media de tiempo antes de volver a conectar con Alex, así que nos desviamos a un pueblito, Alcalá de Xivert (fue la primera vez que nos dimos cuenta que habíamos salido de Catalunya!!). Su calle principal se llamaba Av. Héroes de Moros!!! Aparcamos, hicimos las compras en el supermercado, y al volver a la caravana una gentil vecina nos invitó a retirar el vehículo de debajo de su balcón:
"Pueden entrar a robar saltando del techo de la caravana al balcón".
Yo no sé que pensar, o que estábamos en un pueblo de cuidado, o que el miedo era el compañero habitual de la señora. Desde luego parecía un pueblo tranquilo.

De vuelta a la carretera, conectamos de nuevo con Alex, agua y sándwich. Necesitaba compañía, así que me calcé las zapatillas, y a andar con la bici. Llevaba todo lo necesario, agua y bocadillos. Así, Frank pudo adelantarnos 12 kilómetros (2 horas). El sol nos daba la bienvenida, y hacía que el termómetro subiera. A las 13 horas el sol debía estar a 33 grados. Alex soportaba el dolor con valentía. Sufría con el sol (36 grados) y la tremenda subida (larga y constante).

Frank cogió mi relevo, aproveché para comer un poco, y me entretuve contactando con los ayuntamientos y demás, 2 horas de margen hasta cuando contactamos de nuevo, hacía un sol abrasador, parecía que Alex estuviera corriendo en los fuegos del mismo infierno!! Pero seguía, sabía que faltaban 15 kilómetros, e intentaba convencer al dolor que no se pusiera nervioso. Frank y yo dejamos a Alex en manos de un atleta local que se sumó a la aventura en Benicàssim. Seguimos directos a Castellón, la policía local nos esperaba a la entrada. Llegamos al Patronato de Deportes de Castellón, y preparamos la llegada. 1 hora más tarde llegaba Alex, acompañada por atletas locales y la policía local. El regidor de deporte del ayuntamiento de Castellón y el presidente del Patronato, junto a la prensa local la esperaban para darle la bienvenida.

Alex, no dejaba de sonreír, dar las gracias, y responder a las preguntas. Sin embargo, por dentro sufría unos dolores tremendos, cada minuto de pié significaba un esfuerzo tremendo. Pero ella, seguía allí, al pie del cañón.
El sufrimiento es muy egoísta, no puede compartirse, y se lleva por dentro. Si bien Frank y yo intentamos que lo comparta, el sufrimiento es capricho. Cada uno soporta el suyo. Enhorabuena Alex, has vuelto a lograr lo imposible! Ahora viene lo mejor del día, la cena!!

¡A Kilometrar!

Con Cheto y Carlos antes de salir de Benicarló

Saltar de la sartén y dar en las brasas

Etapa Nº 6

Jueves, 11 de junio

Castellón – Valencia

75 km

11 horas 30 minutos

36º C

413,94 km recorridos en total

1.596,06 km por recorrer

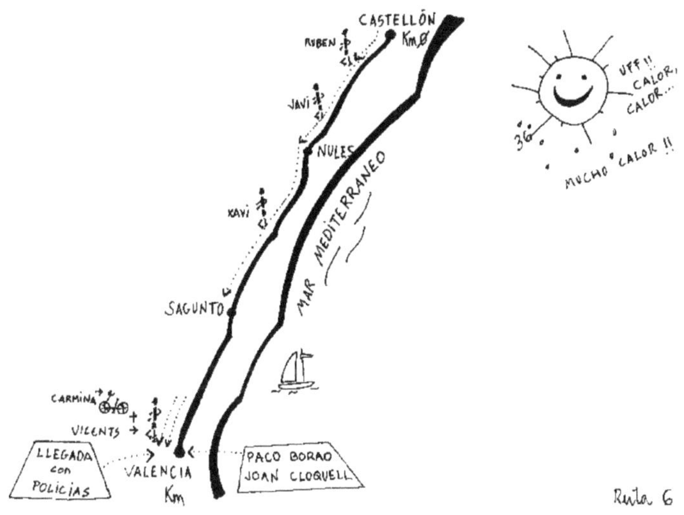

¡Qué día! Tuvimos que madrugar, y lo hice completamente destrozada. Todos estábamos cansados. La falta de descanso comenzaba a hacer mella en Jacques. Las mañanas se le hacían difíciles al tiempo que su energía iba disminuyendo. Un desafío como éste es duro para un equipo, por las horas, por el trabajo que se tiene que hacer, por la actividad constante y por la responsabilidad.

Comencé antes del alba, ya que el asistente del Concejal de Deportes de Valencia, había dicho que tenía que llegar antes de las 6 de la tarde, para que pudieran darme la bienvenida oficial. Desde el inicio del reto había dejado claro al equipo, a B10 y al resto de patrocinadores, que era imposible darles una hora exacta de mis llegadas. No es difícil de imaginar que correr 70 kilómetros al día durante un mes entero es demoledor y que además de tener que batallar contra el calor, el dolor, y un sinfín de obstáculos imprevistos, seguir un horario preestablecido está totalmente fuera de lugar. Pero Valencia es la tercera ciudad más grande de España, el hogar de muchos corredores y uno de los lugares en los que el B10 estaba muy interesado en promocionar el Campeonato, y yo estaba de acuerdo. Así que dije a Jacques que se pusiera en marcha para organizar mi llegada con ellos. Era un destino muy importante, y a pesar de mi deteriorado estado físico y el constante aumento de la temperatura, me propuse a misma llegar a la hora fijada. El resultado de dicha decisión fue que el día iba a ser infinitamente más duro de lo normal.

Como dije anteriormente, cualquier tensión añadida a un reto, tan difícil e incierto como este, puede ir en detrimento de la persona y del éxito del mismo. Había aceptado este extra de estrés a favor de la gran publicidad que daría al Campeonato de Europa de Atletismo.

Partí con Rubén, un corredor joven del club 42 y Pico. Yo llevaba mi frontal, ya que el sol todavía no había salido, y así seguimos muy despacio al Hogar, que nos guió por las tranquilas pero complicadas calles de Castellón. Me sentía terrible, agotada, y me dolía el estómago. El día se presentaba extremadamente duro. Y así resultaría, ya que me llevó once horas y media cubrir los 75 kilómetros hasta Valencia. Fue un día penoso, estresante y desconcertante.

Rubén fue de gran ayuda. Él se había enterado de mi llegada el día anterior demasiado tarde como para unirse al resto de corredores, y llegó justo a tiempo para estar en mi llegada a Castellón. Esa mañana no pudo acompañarme hasta más lejos que a las afueras de la ciudad, porque tenía que volver a casa cambiarse e ir a la escuela. Su presencia me ayudó a alejar mis demonios que, como una plaga, habían aparecido muy temprano aquel día.

Otra vez estaba en la N-340, la carretera que me había puesto a prueba de manera continua durante los últimos cuatro días. Tomé la dirección de Valencia, parándome a menudo en la autocaravana, a causa de mi estómago. Estos problemas gástricos iban a conseguir que el dolor llegara mucho antes que de costumbre. Comencé el día escuchando "Los Miserables". Lo consideré particularmente apropiado por su título y también por ser mi musical favorito.

La música me ha entusiasmado siempre, en particular, los musicales. Desde que mi padre puso por primera vez "Sonrisas y lágrimas", en nuestro tocadiscos, cuando yo debía tener unos tres años. Más adelante vería innumerables veces la película en su compañía, la de mi madre y la de Mare – muy querida por mí y casi un miembro más de nuestra familia. Los musicales fueron probablemente mi primer amor. Más tarde, mi padre me llevó a ver "Los Pirates de Penzance" y consiguió que me aficionara todavía más. Mi amor por los musicales no se desvaneció ni con la llegada de la pubertad, ni tampoco más tarde con llegada a la edad adulta. Los musicales fluyen por mis venas, ahora mucho más que antes, al haber descubierto los actuales; de Cameron Macintosh y de Andrew Lloyd Webber, solo por nombrar a unos pocos.

También me gusta cantar. Lo hacía en el coro de la escuela para internas – St Columba's College en Irlanda – y también, en la ducha durante mis años universitarios en Ginebra. Más tarde, ya de vuelta en Grecia, me uní a los HAMS, un grupo musical amateur. Me gusta toda la música en general, así que cuando mi pasión por el correr se combina con la de la música y la del canto, me queda una agradable y alegre sensación de sentirme bien, y puedo correr durante interminables horas cantando a plena voz. Esta fase de tiempo me sirve para llegar a vivir la vida en toda su plenitud, mientras que en las horas más bajas, me traslada a otra dimensión, donde no existe el dolor ni el cansancio, solamente la canción. Durante estas horas sombrías, la mayoría del tiempo mi canto no es más que una farfulla disonante, pero es suficiente para transportarme a este lugar en en el que el dolor no existe.

Y así en este largo y duro viaje, mis días tomaban una cierta forma musical, o quizás la música misma moldeaba mis días. Casi siempre comenzaba y acababa con música.

Este día tan peculiar, empezó, como he dicho con "Los Miserables". Supongo que en algún momento temprano, yo debía haber llamado a Carlos Martín y a JMA, como hacía a diario. Pero el dolor había llegado de golpe así que cualquier trabajo innecesario quedaba fuera del programa. Constantemente, tenía en mi cabeza el reloj y el miedo a no poder cumplir con el horario previsto. Muy a primera hora tuve la compañía de Javi, un corredor de Villarreal, y con él hice 15 kilómetros. Más adelante sería su amigo Xavi quien se uniría para acompañarme, alargando así su cooperación, que sería perfecta para mí.

Corrimos juntos a lo largo de la ruta, convirtiéndose Javi en mi guía turístico, señalándome las fábricas de porcelana y explicándome cómo distinguir las que usaban arcilla blanca o arcilla roja. ¡¿Cómo diablos puedo recordar estos detalles ahora, si fue un día en el cual mi condición física era horrible, con trastornos estomacales, que suponían constantes paradas y con un dolor que iba en aumento?! Su compañía fue un auténtico alivio. Mientras corríamos me contó su vida y la del Celtic Submarí, una peña que comenzó para animar al equipo de futbol, pero que con el tiempo incluyó un club de running. Al entrar en Nules por la transitada N-340, Javi me indicó que la autopista ahora quedaba libre, sin peajes, así que casi todo el tráfico pesado daba un giro, dejando la N-340 en una tranquilidad relativa. ¡Qué alegría! ¡Qué alivio! ¡Qué felicidad! De verdad, cuesta mucho explicar lo duros que fueron estos cuatro días y medio, y que por fin, al menos temporalmente, este tormento hubiera terminado.

Cruzando Nules, tuve que ayudar a Frank y Jacques a volver a la ruta correcta, ya que ellos de forma automática habían seguido el flujo del tráfico hacía la A-7. Una vez Nules quedó atrás, nos reunimos para una parada técnica, hacer las presentaciones y actualizar la parte logística. Siguieron carretera abajo, donde habían planeado encontrarse con Xavi, mientras yo continuaba con Javi. Avanzábamos de forma lenta, con un calor cada vez más creciente, pero acompañados por los cantos de los pájaros, algo que de forma inconsciente había descuidado en los días anteriores, ahogados por el constante rugir de los camiones. Un poco más adelante, creo que la mujer o una compañera de Javi se acercó para recogerle. Son detalles que se me escapan ahora, ya que el sufrimiento de aquel día, borró estas pequeñas cosas. Continué sola unos pocos kilómetros, hasta divisar en la distancia el brillo del Hogar. Fuera de él vi a tres figuras, lo que significaba que Xavi había llegado. Una vez más me salvaría de la dolorosa soledad.

Aquí tengo que añadir que, ese día, debido a mi lamentable estado, mezclaba continuamente los dos nombres, sabiendo claro que se trata del mismo nombre, Javi en castellano y Xavi, en valenciano y catalán. ¡Menos mal que los nombres empezaban con una letra diferente, si no hubiera estado completamente confundida!

La compañía de Xavi fue más que una simple bienvenida, juntos compartimos muchos kilómetros. No he contado cuántas horas pasamos corriendo a través de huertos de naranjos abandonados. El tiempo se hizo borroso con el calor y el dolor. Los naranjos que están medio cubiertos por la vegetación, habían sido abandonados por sus propietarios a causa del poco beneficio que les reportaba cultivarlos, debido a los altos costes de producción. Por toda la región los agricultores habían abandonado sus naranjos, y a la vista estaba su decepción. Ni que decir tiene que esta información no proviene de mi propia fuente de sabiduría, sino de la de mi segundo guía del día, que mantenía mi atención, mientras me "guiaba" a través de esta región tan diferente de la de Catalunya.

Muy pronto tuve que pedirle disculpas por mis frecuentes paradas, ya que los problemas continuaban en mí estómago. Xavi al igual que Abel en el segundo día lo entendieron rápidamente. Es un gran consuelo ya que estas situaciones no son agradables y menos con personas que no conoces, y en momentos en que el agotamiento y el malestar físico se hacen presentes.

La ruta dio un giro a la izquierda, dirigiéndose hacia la costa, y en ella, aparcados en una gasolinera, estaban los muchachos comiéndose un helado. Todo lo que yo quería hacer entonces, era: pararme, unirme a ellos y volver a casa, lo que por supuesto no hice. Era feliz de verles cómo disfrutaban. Frank me dijo que tenía que volver a Castellón, ya que se había dejado el tapón del bidón del agua en la gasolinera, cuando había ido a repostar. Jacques se haría cargo de los bocadillos y del agua y nos acompañaría con su bici.

Con Xavi partimos hacia la costa a través de una sorprendente y bien equipada carretera con su propio carril para bicicletas y peatones, pavimentada en rojo. Podía ver a lo lejos en el asfalto el reflejo del calor abrasador. Recuerdo que corría quejándome del dolor de pies, dedos, tobillos y rodillas a cada paso que daba. A lo lejos y en lo alto veíamos Sagunto, y a sus pies el puerto del mismo nombre. Xavi me mostró más de la cultura de la región, o mejor dicho la falta de cultura; explicándome que el cemento había cubierto lo que fueron las antiguas ruinas romanas y por tanto, había desaparecido todo vestigio histórico de la región. Jacques había llegado a nuestro lado, después de reparar un pinchazo, y juntos seguimos avanzando en medio de un calor terrible, parando solamente para consultar el mapa de la ruta, el cual me acompañaba cada día.

Acercándonos a Sagunto, nos separamos de Xavi. Él tenía que tomar el tren para regresar a Villarreal. Un poco más adelante, en un tramo largo, recto y con un calor sofocante, nos pasó zumbando Frank, haciendo sonar la bocina alegremente; la "Operación Tapón del Agua" había acabado bien. Siguió un kilómetro más y nos esperó con rodajas de naranja bien preparadas para que me ayudaran a hidratarme y a equilibrar las pérdidas que había tenido debido a los problemas de mi estómago. Frank ocupó el puesto de Jacques en la bici, y este se quedó atrás en la autocaravana, estudiando, durmiendo y ocupándose de las llamadas del día y de las de los días siguientes.

Seguí penosamente, en un silencio cómodo con Frank siempre a mi lado. Cuando el sufrimiento era casi insoportable, cuando corría llorando, él me animaba a que me pusiera mi iPod y me dejara llevar por la música, mientras él me guiaba en mi camino hacia Valencia. Una vez más esperaba ver la ciudad frente a mí y una vez más me desilusionaba. Las poblaciones crecían cuando más cerca estábamos de la ciudad, y aparecían más a menudo, bloqueando la ciudad de nuestra vista.

La entrada a Valencia era una interminable línea, casi del tipo de autovía, con numerosas rotondas. Después de una de estas Jacques se paró, dejándome utilizar una última vez el lavabo. Frank cargó su bici en la autocaravana, porque los dos iban a ser necesarios para atravesar esa ciudad desconocida a bordo de un vehículo grande. Pensé que los volvería a ver en un santiamén.

Este "santiamén" se alargó a medida que pasaban los kilómetros y cuanto más me acercaba a la ciudad, más agresivos eran los conductores. Pronto empezaron los insultos, como sucedió en mi segundo día camino de Tarragona, solo que esta vez mi agonía y debilidad hacían que mi habitual buen humor que me ayudaba a seguir, no existiese. Corría bañada en lágrimas y no tenía control sobre ellas. Me arrastraba tan rápido como me era posible, sabiendo que tenía un tiempo límite para mi llegada.

Frank me llamó para saber dónde me encontraba y para decirme que la policía me estaría esperando en Tavernes Blanques. Me dio direcciones y seguí levantando mis pies como podía, con la desesperación amenazando apoderase de mí, mientras el tráfico se hacía cada vez más denso y las calles cada vez más estrechas. Podía correr solo por la carretera, mi dolor me impedía subir y bajar de las aceras, que, de todos modos, estaban muy concurridos con los peatones y coches aparcados. Mi música estaba a todo volumen para no oír los insultos de algunos conductores y corría casi a ciegas. Tropecé, cuando por fin, vi en una gasolinera a la entrada a Tavernes Blanques, a dos policías motorizados que me estaban esperando. Me saludaron con sus manos, mientras un hombre al que no conocía, vino hacia mí corriendo, y saludándome a gritos a modo de bienvenida. El corredor se presentó como Vicent García y me abrazó.

Esperando con la policía, se encontraba una cuarta persona, Carmina, que se uniría a este pequeño convoy en su bicicleta. Uno de los policías era una mujer, también corredora. Ella era casi tan entusiasta como Vicent y Carmina y me animaba mientras yo corría. Los dos no pararon de charlar o de animarme, me hablaron de su club, y de la carrera que organizan cada noviembre. Me pidieron disculpas por la falta de corredores, pero como yo había llegado antes de las seis de la tarde, todos estaban todavía trabajando.

Su energía y entusiasmo fueron contagiosos, y a pesar de que me dolía el cuerpo entero y quería apagarse, de algún modo conseguí aumentar mi ritmo, con una zancada más ligera, y por fin con un corazón mucho más ligero también. Los últimos kilómetros fueron penosos, pero libre de las tensiones pasadas, ya que los dos vehículos de la policía nos abrieron paso a través de un denso tráfico, en esta tarde de jueves. Pasando una rotonda en una carretera, grande y con mucho tránsito, vi a lo lejos a dos personas, saludándome con mucha energía; reconocibles solo por sus camisetas de un fluorescente color naranja. Por fin había llegado. Había sido un día muy duro, que empeoraba a medida que avanzaba y al final, había terminado.

Si el tiempo puede volar mientras corres por el infierno, entonces, aquel día es lo que pasó, en cierto sentido, mientras corría acompañada. Aunque los kilómetros pasaban arrastrando, igual que yo me arrastraba por el agotamiento y el dolor, el excelente acompañamiento que tuve hizo más soportable la larga y tórrida ruta hacia Valencia.

Mientras Frank y Jacques pararon el tráfico ayudados por la policía, yo salté por encima de la acera central y me fui hacia la izquierda, esquivando la circulación, para enfilar hacia el Hogar. Este estaba aparcado en un pasaje cubierto de césped entre dos edificios residenciales. Había tardado once horas y media. Eran las 17:30 horas. ¡Lo había conseguido! A pesar de haber tenido un día infernal, había llegado antes de las 6, tal y como había prometido.

Un pequeño grupo me esperaba y para mi satisfacción estaba Paco Borao. Ya me había prometido JMA que Paco vendría para saludarme. Lo hizo con un gran abrazo y una ancha sonrisa. Juan Cloquell, la réplica de JMA, como vicepresidente de la Federación Valenciana le acompañaba. Los dos parecían contentos y llenos de preguntas que hacerme. Respondía a sus preguntas mientras comenzaba mi ritual de estiramientos bajo el trabajo silencioso de tres fotógrafos, que me habían saludado también a mi llegada. Vicent y Carmina estaban hablando de forma entusiasta con Frank y Jacques acerca de nuestra aventura de pasar por las ocupadísimas calles de la ciudad.

Estiramientos y charlando con Paco Borao y Carmina

De las autoridades municipales, ni rastro. Jacques había intentado llamarles durante toda la tarde, pero como nos dijo más tarde, sin éxito. Lo único que había conseguido es que una secretaria le diera el nombre de la calle; Avenida de los Naranjos, y nada más. Sin poder contactar con el Concejal de Deportes y tras haber llamado a la policía, que desconocían mi inminente llegada, hicieron lo que pudieron. Encontraron sitio, en el campus de la Universidad, para aparcar y llegar justo a tiempo para saludarme.

La buena diplomacia de Jacques había funcionado con la policía, a la cual explicó el reto de correr 2010 kilómetros como acto promocional del Campeonato de Europa de Atletismo. Impresionados y respetuosos con este esfuerzo, actuaron rápidamente, y me proporcionaron esta escolta tan acogedora. Sin ellos allí, mi llegada a Valencia hubiera sido un desastre. Con lo cansada que estaba, con lo complicada que era la ruta, y en mi batalla con el tráfico tan intenso, estoy segura que me hubiera perdido por las calles de la ciudad.

Me importó un comino que no hubiera una representación oficial de la ciudad en aquel momento. Estaba tan hecha pedazos, que el solo hecho de parar y recibir la calurosa acogida de los que si habían venido, era más que suficiente para mí.

Una vez acabados los estiramientos, comencé con mi sesión de hielo. Me despedí de Paco y Juan. Charlé un poco más con Vicent y Carmina y les regalé a cada uno una camiseta. Menos mal que nos vinimos con unas cuantas de más, ya que muchos corredores las querían. Estaba emocionada y encantada con estos gestos de apoyo. Cuando ellos se fueron, quedaba solamente un periodista, Fernando Miñana de "Las Provincias". Había estado esperando pacientemente para hacerme una entrevista que habíamos acordado previamente. Aunque mis energías estaban casi al límite, estaba encantada de pasar media hora hablando con él.

Mientras hablamos, Jacques se fue. Dijo que quería comprar un filtro para el café, para sustituir el que se había roto hacía unos días. La verdad es que no hacía falta ya que habíamos hecho un apaño, pero no le dijimos nada, ya que pensábamos que necesitaba hacer una pausa. Habíamos empezado a darnos cuenta de que el estrés le estaba afectando. Cada día que pasaba, se le hacía más difícil, y al final de cada etapa, había empezado a quejarse de agotamiento.

Frank comenzó a preparar la cena, mientras yo charlaba agradablemente con Fernando. Pronto vino un guardia para decirnos que no se permitía aparcar en aquel lugar y que tendríamos que dejarlo. Frank le contestó que hasta que no hubiéramos comido y Jacques no hubiera vuelto, no iríamos a ninguna parte. Pensé para mí que sería mejor que el guardia no insistiese demasiado, lo que sería beneficioso para él.

Después de la decepción del Ayuntamiento, de toda la tensión que había tenido para llegar a la hora, en un día ya de por sí duro y que me había dejado hecha polvo, sólo me faltaban más tiranteces. El instinto de protección de Frank estaba listo para inflamarse a la más ligera provocación. Sea por esto o por lo que fuera, el guardia dio media vuelta y se marchó, murmurando que volvería más tarde para comprobarlo.

Fernando me preguntó cómo podía estar allí, sentada, sonriendo, saludando a todos, y dispuesta a hablar, después de todo lo que había pasado. El Ayuntamiento no había cumplido ni una de sus promesas: una recepción oficial, una escolta policial y un aparcamiento. Encima, habían insistido en que llegara a una hora concreta después de correr 75 kilómetros con un calor sofocante. Le contesté que solo quería concentrarme en lo positivo. Le dije que si yo me dejaba caer en el pozo sin fondo de la ira, de la acusación, de la culpabilidad, y de la autocompasión, no sería capaz ni de contemplar el continuar el desafío. "Sí, ¿pero cómo puedes parecer tan feliz?" Me preguntó, otra vez. "Estoy feliz," le contesté, "de estar aquí hablando contigo, después de esta cálida bienvenida. Puede que no haya sido la que esperaba, pero quienes vinieron lo hicieron con el corazón y los brazos abiertos. Esto es lo importante."

El correr en solitario estos desafíos de gran resistencia, me ha enseñado muchas cosas y sin duda seguirá enseñándome muchas más. Una de las más valiosas es que me ayuda no solo a superar estos retos sino, más importante aún, que me ayuda también en la vida, en el día a día. Simplemente es eso: siempre procuro concentrarme en lo que yo tengo, no en lo que me falta. En una situación como esta, puede ser tan sencillo como valorar este grupo de gente que ha venido a Valencia, llena de buenas intenciones, en vez de centrarme en la inmensa decepción (la cual nos causaría más problemas, más tarde), del Ayuntamiento. Es mucho más beneficioso poder centrarme en el hecho que no tenía lesiones, y que era capaz de intentar algo que muy poca gente en el mundo puede hacer, en lugar de estar centrado en la agonía y el cansancio que estaba viviendo. En la vida, esta actitud es aun más vital que en el deporte. Me ha ayudado a valorar verdaderamente lo que yo tengo en mi vida, cuando lo tengo, así como a superar obstáculos y decepciones con relativa facilidad. Procuro mirar solo hacia adelante cuando las cosas van mal. Sigo avanzando e intento dejar atrás los problemas, las peleas y toda la negatividad posible. Cuando un problema puede ser resuelto, lo hago al momento, y cuando no, lo acepto y lo dejo marchar.

Parece fácil, pero obviamente no lo es. Si fuera fácil, la mayoría de la gente no perdería su tiempo echando la culpa a los demás y discutiendo, en vez de solucionar los problemas cuando surgen. La gente valoraría todo lo que tiene, cuando lo tiene e intentaría sacar lo mejor de todo lo que tiene en vez de lamentarse de todo lo que les falta. Puede ser sencillo, pero no es fácil. Nunca me cansaré de decirlo...¿Quién nos dijo que la vida será fácil? He visto en mis 41 años un gran cambio en mí misma, en mi actitud, en mi habilidad para aceptar, y en mi habilidad para rehacerme después de una caída, limpiar la suciedad y la sangre y continuar. No siempre fue así. Mi familia solía censurarme constantemente de mis quejas y de estar continuamente a la defensiva. Solía revolcarme en mi autocompasión si las cosas no salían a mi modo. Un buen amigo mío de la escuela en Irlanda, Roderick Perceval (Percy le llamaba en aquella época), vino, una vez – al final de nuestros años escolares – y me dio un largo sermón. En aquel momento, me irritó pero sus palabras se quedaron conmigo toda mi vida. Él me dijo lo que me estaba bloqueando, lo que me impedía disfrutar de cada momento y dar sentido a mi vida. Percy me dijo que debería intentar ser más optimista, probar de ver no siempre el lado negativo de las cosas, y ver en su lugar todo lo que era positivo. Me acusó de estar siempre quejándome, de seguir con los problemas aunque estos se hubieran resuelto, o pasado. Recuerdo que me hizo sentir muy disgustada, de modo que mi naturaleza a la defensiva estalló. Me sentí indignada y muy desconcertada. No puedo recordar cuál fue mi reacción hacia él, ni tampoco lo que le dije, o, – conociéndome como era entonces – de qué le acusé. Sus palabras jamás las he olvidado, fueron dichas por un amigo verdadero, que se preocupaba por mí.

Me llevó 20 años lograr lo que él me había advertido, a finales de 1986 o a principios del 1987. Percy había visto entonces lo que me haría caer, lo que muchas veces me amenazaría en ahogarme y que me llevaría casi a la autodestrucción. No sé si él sabía entonces, el regalo que acababa de hacerme. Sospecho que no, porque aunque tenía una madurez mayor de la de su edad, entonces él solo tenía 16 ó 17 años. Fuera lo que fuera, y tras años de luchar contra mis demonios internos, me he encontrado a mi misma pensando en su "sermón", su regalo, que definitivamente se introdujo en mí. En aquel momento no tenía ni idea de qué se necesitaría para llevarme a donde estoy ahora. Tampoco tenía idea que el trabajo más grande lo haría mientras corría, mientras batallaba contra el dolor, físico y mental, para llevarme a ser quien soy hoy.

Hoy, encuentro que el pesimismo en mí ha dejado paso al optimismo. Intento ver todo lo que tengo en mi vida diaria y apreciarlo en toda su extensión. Me concentro poco en los problemas que no puedo resolver, simplemente procuro trasladarlos y asegurarme que no van a volver a repetirse. Esto no es siempre fácil, a veces yo misma bajo la guardia y me deslizo hacia mis viejos hábitos, pero esto me ocurre raras veces y enseguida me doy cuenta de ello. Rápidamente los elimino y los reemplazo por una visión más constructiva de mi vida diaria.

No dije todo esto a Fernando. No le conté historias de hace muchos años; no pasé horas viajando por mi pasado. Pero creo que durante la larga hora en la que hablamos, sí conseguí transmitirle algo de lo que hace posible que supere los obstáculos, que siempre siga avanzando, que agarre los buenos momentos y los guarde como tesoros.

Al mismo tiempo que nos despedíamos y yo me levantaba entre dolores, camino de la ducha, del masaje y de la cena, otro guardia se nos acercó. Esta vez era una mujer y nos crearía problemas. Sheela había estado durmiendo tranquilamente debajo de mi silla. La mujer comenzó a decirme que debería de haberla atado detrás de la autocaravana, ya que suelta podía poner en "peligro" a la gente (la perra dormía bajo mi silla). La guardia siguió y siguió, y de repente, sin previo aviso, todo el dolor, polvo, trastornos e insultos de todo el día cayeron sobre mí. Rompí a llorar, recogí a Sheela poniéndola en la autocaravana, me disculpé con Fernando y trepé con dificultad a la autocaravana pensando para mí, "¡Vaya, tanto he hablado de realzar el lado bonito de las cosas y mírame!". Dejé que mis lágrimas corrieran libremente, tras cerrar la puerta a un día que había sido terriblemente largo y duro.

Blog – 6ª Etapa

Salí a las ***06:00*** *acompañada por Rubén de Castellón, corredor de 42 y pico. A partir de Villareal, me acompaño Javi un buen rato, seguido por Xavi su amigo, los dos corren con el grupo de Celtic Submarin. Xavi se quedo conmigo no se por cuantas horas, y con un calor tremendo, los 3 me han ayudado un montón.*

No puedo escribir mucho como estoy en la peor parte de este desafío y escribir me cuesta y me quita tiempo de recuperación.

Ayer por la noche tuve mi primera noche infernal, con sudor y dolor, hasta mi pelo esta mojada, lo mismo que pasó el año pasado cuando estaba corriendo de BCN – Santiago de Compostela. Supongo que es el cuerpo subiendo la temperatura intentando recuperar...no se pero no me deja tranquila por la noche, eso seguido con trastornos del estomago todo la mañana fue una salida y un día muy difícil.

Hoy la ola de agotamiento llego muy temprano, a km 20. Lo llevé hasta Valencia, poca sorpresa después de la noche que tuve.

Por fin dejé el tramo de Tarragona – Nules donde el volumen de tráfico por la nacional era casi insoportable.

El calor fue tremendo, como kilometrando en un sartén, veía el calor adelante subiendo de la carretera, hora tras hora. No puedo quejar del calor, es junio, es lo que hay...pero si que es duro.

La entrada a Valencia fue muy difícil, pero a partir de Tavernes Blanco me llevaron la policía, Vicente García, Carmen de club "Es Posible", en muy buena compañía, hasta mi llegada donde esperaban Paco Borao (amigo de JMA, que le conocí el año pasado en Grecia), presidente de

"Correcaminos", y Juan Cloquell , vicepresidente de la federación de atletismo, también del "Correcaminos".

Estoy bien pero muy, muy cansada. A veces es difícil mantener el moral cuando hay tantos obstáculos a parte de solo correr 70 kms que hoy han habido bastantes hasta mi llegada para el equipo, parking, y más inconvenientes. Ellos están intentando tener todo organizado, pero a veces la logística, con tantos obstáculos es muy difícil. Están haciendo un trabajo estupendo.

Leo todos los emails, todos los mensajes, y el foro, y me animan más de lo que puedo decir. No puedo responder por agotamiento y falta de tiempo, pero estáis todos conmigo en mi corazón y vuestros ánimos me ayudan en las horas más infernales de la noche y del día.

¡A Kilometrar!

Cambio de ruta

7 ª Etapa por la mañana

Bonrepós y Mirambell

Viernes, 12 de junio

Mis aventuras del día anterior no acabaron allí, con nuestro aparcamiento "ilegal", en la Avenida de los Naranjos, en Valencia, sino que continuaron y finalmente, nos llevaron a unos 10 o 15 kilómetros a las afueras de la ciudad, a un pequeño y somnoliento pueblo: Bonrepós y Mirambell.

Después de mi entrevista con Fernando Miñana, subí con mucho dolor las escaleras de la autocaravana. Mis lágrimas no cesaban y me dije: "Bien, Alex, por mucho que hables acerca de ser positiva y de sonreír a todo el mundo, a la que llega una guarda de seguridad con ganas de pelea y ansia de ser "alguien", y a la que no le agradan los perros, te disuelves en una ruina de llantos". Durante unos minutos, me revolqué en la rabia y en la autocompasión, ahogada por la dureza del día y de los cinco anteriores, hasta que Frank pudo calmarme.

Por optimista y positiva que yo sea, no podía escaparme del hecho de estar frente a un reto de proporciones tales que estaba desafiando cada parte de mi cuerpo, alma, mente y espíritu. El infrecuente "berrinche" era inevitable, y de hecho probablemente catártico cuando ocurrió al final del día, ya que me ayudó a liberarme de la tensión acumulada.

Las lágrimas cesaron y se secaron, y de forma automática seguí con mis fases de recuperación, para finalizar escribiendo en mi blog. No quise ni criticar ni atacar a nadie en el blog. No era necesario, ya que serviría para poner todavía más tensión en mí.

Mientras escribía, Frank preparaba mi mochila para el día siguiente y cocinaba la cena. Jacques, finalmente regresó con algún tipo de cafetera y nos dijo que se había parado unas horas a leer en una biblioteca que había encontrado. Tan pronto como él volvió, Frank cerró el Hogar y maniobró para salir de los terrenos de la Universidad y encontrar un lugar donde aparcar. Yo estaba en mi nido, leyendo los mensajes y los correos, en la única posición que entonces era cómoda para mí. Incluso el sentarme me resultaba difícil al final del día. Una hora después de mi llegada, los dolores de la recuperación comenzarían, y me dejarían retorciéndome, incapaz de encontrar una posición cómoda para tomar asiento.

Desde mi posición en el nido fui testigo de nuestro agitado traslado, así como de la salida de la transitada avenida, para finalmente aparcar en el único espacio disponible. Dejé el nido y me arrastré hasta donde estaba Frank sirviendo la cena. Mientras comíamos, éramos abofeteados por los coches que nos pasaban con gran estruendo. Procurábamos sonreír, hablando, y rumiando los acontecimientos del día. Apenas podía comer, había perdido el apetito, en parte debido al agotamiento, en parte a la tensión del día y en parte a la agonía que vivía a causa del dolor que estaba perforando mis piernas. Con poco más de un pequeño plato de comida, me arrastré a mi nido.

Después de que Frank recogió los platos y Jacques los fregó, decidimos que era la hora de intentar dormir un poco. Sabía que sería una noche en blanco para mí. Con el ruido y el zarandear de nuestra pequeña casa, añadido a mi cansancio, dormir sería un lujo y tendría poco de él, aquella noche. Diez minutos más tarde la caravana empezó a moverse de forma más violenta, y de pronto Jacques gritó desde el fondo de su litera. "¡Nos están robando las bicis!". Frank y Jacques salieron disparados para comprobar que realmente estaban intentando forzar las bicis, pero afortunadamente para nosotros, el intento había sido infructuoso. Mientras aseguraron los candados, se dieron cuenta, de repente, que en el coche de al lado una pareja estaba haciendo el amor sobre el capó. Estaba claro que el Ayuntamiento nos había enviado al peor lugar para pasar una noche segura.

Tal vez en otro momento, todo este escenario nos hubiera resultado divertido, pero aquella noche, ni con una cuarta parte del gran reto hecho, teníamos poco humor para ello. Eran casi las once de la noche y nuestro tiempo de descanso estaba consumiéndose muy rápidamente. Nos dimos cuenta que la zona era muy mala. Sin duda, por allí deambulaban borrachos y drogadictos, para los que nosotros seríamos un fácil objetivo. El tráfico en la avenida no había disminuido en absoluto y nos dimos cuenta de que tendríamos poco o ningún descanso si nos quedábamos allí. De modo que por decisión unánime nos marcharíamos inmediatamente de Valencia y buscaríamos un lugar más seguro fuera de la ciudad. Perderíamos algo de tiempo en el traslado, pero al menos una vez en la nueva ubicación, podríamos dormir tranquilamente. Después de una rápida ojeada al mapa, los chicos escogieron un pueblo, y rápidamente prepararon la marcha.

Permanecí en el nido mientras Frank y Jacques buscaban el mejor camino para dejar la ajetreada ciudad. Desde mi pequeña ventana, observé cómo la vida nocturna pasaba como una visión borrosa, y pronto se deslizaba en la distancia. Una vez llegados, los muchachos encontraron fácilmente un lugar para aparcar en un lado de una plaza, en una zona muy tranquila (yo no vería nada de esto, hasta la mañana siguiente). Por fin, nos pusimos cómodos para descansar. Frank me leyó en voz baja hasta que me dormí.

Otra noche infernal se apoderaría de mí, el dolor no me permitía dormir. Los sudores nocturnos me dejaban tendida sobre unas sábanas húmedas y desagradables. Mis demasiadas y frecuentes visitas al incómodo baño, me resultaban dolorosas y peligrosas, ya que mis piernas apenas me sostenían al bajar uno por uno los travesaños de la escalerilla.

Al mismo tiempo que el despertador sonó antes de la aurora, la terrible y ya conocida realidad diaria me hizo trizas, otra vez. Las mañanas eran espantosas. Frank saltaba de la cama, bajaba por la escalera, hacía un brebaje parecido al café en un improvisado filtro para desayunar. Jacques había comprado algo, pero no era exactamente lo que necesitábamos para la autocaravana. Yo me estiraba en la cama, paralizada por unos momentos, ante lo que me esperaba aquel día, y los siguientes. A veces venían lágrimas, otras veces las mantenía a raya, bloqueando la difícil situación de mi mente para comenzar mi rutina matinal como un robot.

Esta mañana en concreto, me sentía particularmente desgraciada. La verdad es que todos nos sentíamos así. También estábamos extremadamente enfadados con los funcionarios de Valencia. En efecto, nos habían mentido, dejándonos sin ningún apoyo y rechazando contestar a nuestras llamadas por teléfono. Días antes de llegar a Valencia, les habíamos explicado claramente, que podíamos no parar en la ciudad si había algún inconveniente para que nos atendieran y dieran la bienvenida. Su comportamiento había sido inaceptable, y nos habían dejado, a la mañana siguiente, exhaustos, estresados e incapaces de comenzar temprano. Después del desayuno, que en mi caso fue prácticamente nada, ya que mi estómago estaba totalmente bloqueado, tuvimos que preparar y medir una nueva ruta. Deberíamos llegar esa tarde a Altura, un pequeño pueblo a los pies de unas elevadas montañas en dirección al centro de España.

Logramos crear una nueva ruta, aunque no estábamos seguros de cuantos kilómetros serían. Tenía un trabajo más, antes de partir hacia Altura. Tenía que escribir una entrada no planeada para mi blog, y también para la web de B10 (que seguía diariamente mi recorrido), explicando por qué mi GPS comenzaría rastreando mi ruta tan lejos de la llegada del día anterior. Con tanta gente siguiéndome, era importante ponerles al corriente, para evitar preocupación y a su vez clarificar mis movimientos para la prensa y para los atletas que quisieran acompañarme. Estábamos de acuerdo que aunque estábamos disgustados sobre la falta de colaboración del Ayuntamiento de Valencia hacia nosotros y hacia el Campeonato de Europa, Barcelona 2010, y sobre los muchísimos problemas que nos habían causado, mejor sería no hablar mucho de ello en el blog. No quería verme involucrada en críticas públicas o políticas. Así que lo dejaría de lado y seguiría corriendo lo mejor que pudiera. Poniendo un pie delante del otro, poniendo lo mejor de mí misma.

De hecho, al final de la jornada, cuando Jacques compró el periódico Las Provincias, vimos que Fernando Miñana tenía claro lo que yo no quise escribir en mi blog. Él lo hizo:

"Su imagen de marca no son sus piernas, las que van a correr 2010 kilómetros en un mes. Ni su cabeza, prodigiosa. El símbolo de Alexandra Panayotou (Dublín, 1970) es su sonrisa. Innegociable. Da igual que acabe de correr 12 horas, de cubrir 75 kilómetros,

de Castellón a Valencia, que le duela hasta el alma, que no la reciban más de seis personas y que, encima, obliguen a desalojar su caravana de la zona universitaria, en la Politécnica. Su sonrisa es sagrada". Y más adelante, siguió:" Para esta mujer apátrida, que ha partido su vida entre Dublín, Atenas, Ginebra y Barcelona, da la espalda a todo aquello que tenga una connotación negativa. Un reto como este, para ella, es una bendición. 'Me permite superar un desafío y, al mismo tiempo, inspirar a la gente', apostilla en un discurso cargado de positivismo.

Panayotou, licenciada en filosofía y psicología, atleta capaz de correr un maratón en menos de 2 horas y 50 minutos, ultra fondista que ha unido Barcelona y Santiago de Compostela (1.208 km) en 21 días, está en este mundo para repartir "buen rollo". Siempre hay un motivo, dice para hacerlo.

'Si no lograra reír, mañana no podría salir a continuar". Esa es su filosofía. Por mal que esté algo, siempre habrá bueno en lo que pensar. "Hoy he pasado muchos momentos malos, pero sé que si supero esto, llegaran momentos más duros en la vida que podré sacarlos adelante.".

La entrevista seguía, pero él había captado la esencia y lo había hecho por sí mismo, sin dedos acusadores, dejaba claro que no estaba impresionado por la recepción o mejor dicho por la falta de ella.

Mientras el reloj avanzaba mi ansiedad subía, igual que el sol. Cuanto más tarde saliera, más tarde llegaría y menos tiempo tendría para recuperarme y dormir. Una vez en la meta no podía saltarme ninguna fase de la recuperación si no quería poner en peligro mis posibilidades de éxito. La habilidad para continuar machacando mi cuerpo día tras día, sin lesiones, venía por una parte, por mi fuerza mental sobre mi recuperación, una parte debido a mi preparación, y también tenía mucho que ver con mi escrupulosidad en cumplir mi recuperación después de haber acabado cada etapa. Esto me ocupaba casi dos horas diarias. Sabía que hoy sería otra jornada que acabaría muy tarde, y eso sin conocer qué clase de obstáculos inesperados tendría que superar hasta llegar a Altura.

Una vez acabada con la nueva ruta y el blog, puse en marcha mi GPS y, mientras éste estaba localizando los satélites, eché una mirada a mi reloj. Eran casi las ocho de la mañana, unas dos horas más tarde de lo previsto para salir. Me esperaba un día muy largo.

Un blog adicional – 7ª Etapa por la mañana

Ayer teníamos prohibido aparcar donde habíamos llegado. Nos permitieron aparcar en Avenida de los Naranjos, a unos 50 metros – claro, si podíamos encontrar nosotros mismos sitio de parking. Después de la llegada y las entrevistas, cerramos todo y buscamos parking.

La avenida fue como un Nacional, sin los camiones, los coches pasando a alta velocidad, y el tráfico era intenso. A las 23:00 todavía seguía el tráfico. Cada coche que pasaba hacía tambalear toda la autocaravana., Eso junto con el ruido era señal que no íbamos a descansar mucho.
Cuando vimos que intentaron robarnos las bicis de detrás, tomamos la decisión de trasladarnos fuera de Valencia, a Bonrepós y Mirambell.

Hemos tenido que retrasar la salida, para reorganizar mi ruta del día con los kilómetros correctos, y para que pueda escribir esta entrada, tal y como el GPS mostrara una salida diferente de la que esta en el itinerario.

La gente que conocimos ayer en Valencia (de la Federación, Correcaminos, Es Posible y la prensa) nos dio una muy buena impresión, y se lo agradecemos.

Lo que hemos decidido es que de ahora en adelante, si los ayuntamientos de las ciudades grandes no nos garantizan un aparcamiento seguro, tenemos que saltar esa ciudad. Algo que estaba muy claro cuando hablamos de la etapa con llegada en Valencia. Jacques les había dicho que si no querían organizar una llegada correcta, íbamos a pasar Valencia, sabiendo el peligro e inconveniente de tener que entrar en una ciudad grande, sin tener ni un sitio para aparcar. Sin embargo no tuvimos la ocasión de conocer a ninguna representación del Ayuntamiento.

No puedo arriesgar no descansar suficiente otra vez, tampoco puede el equipo, tanto estrés que tienen.

Dicho esto salgo ahora – muy cansada – con una nueva ruta hecha, que no tengo idea como es, solo que es más o menos 70 km

¡A kilometrar!

Del caos al paraíso

7ª Etapa

Viernes, 12 de junio

Bonrepós y Mirambell (Valencia) – Altura

Montaña desértica y paso de montaña, L'Oronet.

72,33 km

12 horas 25 minutos

820 metros desnivel positivo

1.245 metros desnivel total

39° C

486,27 km recorridos en total

1.523,73 km por recorrer

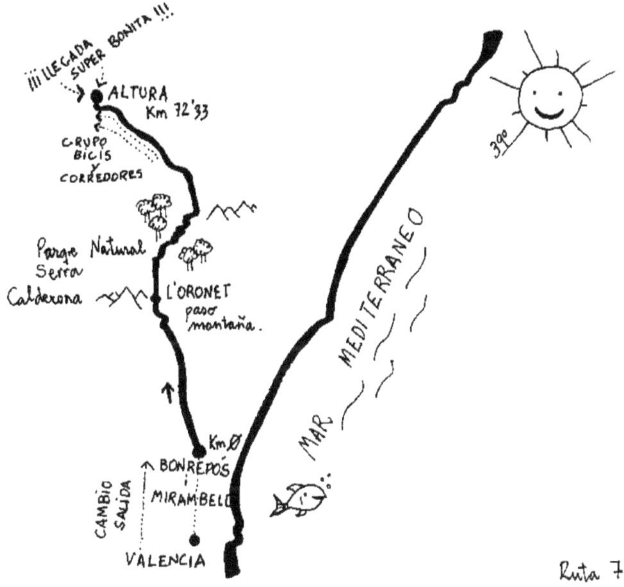

Dejando Bonrepós, que curiosamente significa buen descanso en francés – y así fue, ¡aunque no lo suficiente! –, miré hacia atrás para ver Valencia. La ciudad, a luz de las primeras horas de la mañana, se perfilaba en el horizonte, su catedral alzándose orgullosa, contemplando lo que se extendía a sus pies. Estaba contenta de tenerla detrás mí, muy contenta. Me volví hacía las montañas, viendo como el Hogar desaparecía de mi vista, en una esquina. Sacudí mi cuerpo del mismo modo que lo hace un perro, después de un desagradable encuentro con otro con peores intenciones (uno de los comportamientos favoritos de Vito, que procura a toda costa evitar la agresividad). De esta forma conseguí deshacerme del insoportable peso que la visita a esta capital de provincia me había causado. No podía permitirme arrastrar cualquier carga del todo innecesaria, ya que el éxito de este desafío dependía de correr libre de las cadenas de la rabia, de la amargura o del estrés.

Cuando pienso en aquel maldito día y sus consiguientes problemas de logística, no me quedo con los momentos más agrios, de promesas no cumplidas, me quedo con los recuerdos de las horas pasadas con la excelente compañía de Javi y Xavi, de la calurosa bienvenida por parte de la policía, de Vicent, Carmina, Paco, Juan, Fernando y otros miembros de la prensa local. Su energía positiva superó todo el resto de mi encuentro estresante, decepcionante y perturbador con Valencia. A pesar del hecho que el daño que se hizo hubiera podido llevar el desafío al fracaso, preferí no pensar en ello, cuando tenía tanto todavía delante de mí. Como he dicho antes, y seguramente voy a repetir más veces, prefiero centrarme en lo que tengo, no en lo me falta. La culpa sirve de poco aparte de perder el tiempo. Lo importante es reaccionar rápidamente e intentar resolver los problemas que se presentan y no hundirse en la autocompasión o en culpar a los demás.

Mi movimiento canino tuvo su efecto, y mi humor y zancada se animaron mientras cogía mi ritmo "de crucero". Comencé a trotar hacia donde se habían ido los chicos. Me llevé conmigo solamente las experiencias positivas de Valencia y así cubrí los primeros kilómetros de lo que iba a ser un día muy largo y difícil.

Tendría que pasar a través de varios pueblos rurales, antes de dirigirme hacia la zona escasamente poblada del montañoso del Parque Natural de la Sierra Calderona. A causa del cambio de ruta, no tenía muy clara la dirección, así que hasta que no pasara estos pueblos, los chicos iban a quedarse cerca intentando asegurarse de que no me iba a perder. Y aun así en uno de estos pueblos me perdí, ya que ellos no podían parar debido a la estrechez de las calles y del mercadillo agrícola. Debí malgastar una media hora en ello, pero aun así mi ánimo estaba alto, ayudado por los ánimos que me daban tanto los aldeanos como los conductores, quienes sin duda sabían de mi desafío por lo publicado aquel día o días anteriores en la prensa.

Pronto estábamos dirigiéndonos hacia las montañas, y cuando pasé a los chicos, repostando, rellenando y vaciando la autocaravana, ellos me mostraron la dirección por donde tenía que correr, ya que estarían un tiempo allí. Frank quería limpiar el interior de la autocaravana, dejándola en condiciones habitables, porque después varios días comenzaba a no serlo.

Nos encontrábamos en el séptimo día, y la autocaravana estaba sucia por dentro y por fuera. A pesar de que los platos estaban lavados después de cada comida, no habían tenido ni el tiempo ni la oportunidad para limpiarla a fondo. Así mientras Jacques se dedicaba a estudiar, Frank intentaría limpiarla rápidamente. Teníamos la esperanza de que por la tarde encontráramos una lavadora en el camping de Altura, donde nos habían prometido un sitio. Teníamos la ropa sucia de cuatro días, la mía por supuesto era la principal culpable y la situación se hacía insostenible. No habíamos caído en la cuenta, antes de partir, de lo desagradable que sería esto, pero la verdad es que lo fue. Para los que tenéis un carácter más delicado quizás os estáis llevando las manos a la nariz, pero este libro es la crónica de un reto, su realización y todo lo que se superó durante esos 31 días. El efecto que el calor estaba teniendo en la ropa verdaderamente roñosa de los últimos cuatro días, dejó la autocaravana con un ambiente nauseabundo, principalmente para los chicos. Yo estaba tan destrozada que me afectaba poco, aun sabiendo que era mi ropa la que peor olía, pero no podía deshacerme de este mal olor cada vez que entraba en ella.

Corría, por la larga y solitaria recta, con la música en mis auriculares; por primera vez en mucho tiempo, una paz se apoderaba de mí. No obstante la pendiente subía, el calor aumentaba y el dolor crecía, pero podía apreciar plenamente que había dejado atrás la infernal N-340. Por fin estaba corriendo por carreteras normales, fuera de las ciudades, y lejos del pesado tráfico industrial que había sido mi constante compañero desde Tarragona.

Mientras dejaba atrás lentamente los kilómetros, saludaba, siempre sonriendo, a los conductores cuando me saludaban ellos. El día prometía ser abrasador, así que desenganché mi gorra de la mochila, la ajusté a mi cabeza, me puse las gafas de sol y me prometí ponerme mucho protector solar en la próxima parada. El sol era otro enemigo más, al que tenía que enfrentarme cada día. Me quemaba la piel, me cegaba con su fulgor y me mareaba a veces con su calor tan sofocante. Por lo tanto tenía que ir bien cubierta, bien protegida y lo más importante, hidratada constantemente.

Una correcta hidratación es algo que muchas veces pasan por alto los atletas de largas distancias, y estoy segura que la resultante deshidratación es la causa de muchos desafíos fallidos, lesiones, y por supuesto, problemas físicos a largo plazo. No podía permitirme deshidratarme aunque fuera una sola vez, si quería salir airosa del reto. Un día de deshidratación, aunque fuera mínima, necesita de tres a cuatro días para que el cuerpo se recuperara y estuviera de nuevo al máximo rendimiento. Evidentemente, sería un desastre si esto pasara. Tenía que ser consciente de beber constantemente, no importando lo débil que me sintiera por la fatiga. No importaba lo disminuida que estuviera mi capacidad de pensamiento, tenía que seguir bebiendo. Cuando Frank estaba conmigo, él me lo recordaba, comprobando el nivel de agua de mi mochila cada vez que la rellenaba, pero no podía confiar en eso, tenía que ser responsable de mi misma, y no podía olvidarme de beber. Tomaba un sorbo cada diez minutos, más o menos, lo que suponía beber un promedio de un litro y medio de agua cada hora y media. En la mayor parte de las paradas técnicas, en particular, después del mediodía, bebía un poco de isotónico, todo de un trago, y al final de cada etapa bebía un litro de nuestra mezcla especial de bebida rehidratante, y luego seguía bebiendo agua toda la tarde-noche.

Era consciente de que con la temperatura en aumento tenía que ser mucho más cuidadosa. Se hizo automático. Cada diez minutos, más o menos, una pequeña voz en mi cabeza coreaba "Bebe…bebe…bebe…" y yo la obedecía. Tomaba tabletas isotónicas, cada hora para reemplazar los minerales que perdía con mi sudor, y comía un bocadillo cada dos horas. Seguí corriendo, pendiente arriba, con la ardiente ruta que se levantaba delante de mí.

Pasé una base militar que se extendía durante varios kilómetros, y recuerdo estar pensando en lo afortunada que era al estar allí afuera y no confinada entre sus muros. Aunque estaba viviendo malos momentos, una maldita existencia, la había escogido yo y sobre todo ahora que había dejado el caos detrás de mí, me sentía extrañamente libre en mi dolorosa soledad.

Al oír el ya familiar bocinazo del Hogar, me volví, justamente cuando éste me adelantaba con Frank al volante, llevando una abierta sonrisa y saludándome a través de la ventana. Le seguí sus pasos, dejando la base atrás y seguí corriendo. Unos cuantos kilómetros más adelante, entré en una zona residencial, y ahí estaba el Hogar, esperándome. Los dos estaban fuera preparando la bicicleta de Jacques. Me explicaron que habiendo hecho algún trabajo de reconocimiento, habían encontrado que la parte siguiente de mi ruta discurría por un parque natural, y que no era accesible para la pesada y torpe autocaravana, así que Jacques rodaría en su bici a mi lado, mientras Frank haría el gran rodeo al parque, para encontrarnos en el otro lado.

Mientras saltamos la valla de la carretera y nos adentramos por un polvoriento sendero, Frank dio media vuelta y se fue en dirección por donde habíamos venido. Con el sol casi en su cenit, el calor se disparaba. Agradecía el cambio de superficie, al pasar del abrasador asfalto al seco y polvoriento camino de montaña. No me lo esperaba y a pesar de que la pista serpenteaba hacia arriba, estaba encantada. Las montañas me inspiran, y después de tantos días luchando por la costa, esto era lo que necesitaba para aclarar mi cabeza.

Seguía corriendo y me echaba a caminar en los tramos más empinados. Jacques se fue hacia adelante, claramente disfrutando en este entorno tan tranquilo. Aquí el ir en bicicleta era divertido, no como en las carreteras muy transitadas donde el progreso era lento y monótono. Los kilómetros iban discurriendo, y parecía que el dolor se había mitigado un poco entre estas cuestas áridas y secas. Este paisaje casi desértico me daba, de forma inesperada, un alivio a mi sufrimiento.

Quedamos sorprendidos cuando nos pasó un ciclista que luego se detuvo, se quitó el casco y resultó ser un hombre que había indicado la ruta a Frank y a mí misma, el día anterior, cuando nos acercábamos a Valencia. Tanto él como yo nos alegramos de la coincidencia y nos señaló el camino para llegar al lugar donde Frank nos estaría esperando. Continuamos, y algo más tarde, giramos hacia la izquierda y en la bifurcación de la pista comenzamos el largo ascenso de una cuesta que nos llevaría a la parte más interior de la montaña. Al acercarnos a la cima, y justo antes de coronar la cresta, oímos un grito, y nos volvimos para ver a Frank gesticulando frenéticamente desde abajo de la larga colina.

Por suerte, Frank, después de mucho buscarnos, había encontrado al mismo ciclista, el cual le indicó más o menos desde dónde debíamos de estar viniendo. Frank, sabiendo que las colinas estaban plagadas de diferentes senderos, y conociendo a Jacques, muy propenso a despistarse, tenía miedo de que nos fuéramos a perder, lo que representaría hacer una ruta más larga de la que habíamos planeado. Frank había cogido su bici para buscarnos ya que no había podido contactar conmigo a través del móvil por falta de cobertura. Nos había visto, justo a tiempo, antes de que desapareciéramos de la vista coronando la cresta, en la dirección equivocada. Ya más tranquilos, nos dirigimos todos hacia donde se hallaba el Hogar.

A Jacques no le estaba gustando la ruta, así que cuando llegamos al Hogar – que estaba aparcado en una frondosa zona cerca de una fuente – recogió bocadillos y agua, y rápidamente me alcanzó, antes de que de nuevo el camino se elevara hacia las montañas. Seguimos por una carretera de montaña de una belleza cautivadora, atravesando tupidos, frondosos y verdes túneles formados por altos y frescos castaños, salpicados por el verde más oscuro de las coníferas, de alta montaña.

Era realmente mágico. Estaba triste por no poderlo compartir con Frank, porque sabía que le hubiera gustado tanto como a mí. No me cabía ninguna duda que iba a disfrutar muchísimo de su paseo por allí en la autocaravana, pero sabía que hubiese preferido estar a mi lado. Estaba haciendo la mayor parte del trabajo de la autocaravana, y bien se merecía un descanso. Aunque la aportación de Jacques respecto al contacto con los ayuntamientos y con la prensa era maravillosa, y aunque algunas veces me había ayudado a salir de un pozo de dolor y autocompasión, la situación era preocupante. Estaba olvidando muchas de las cosas que tenía que hacer, o cometiendo errores cuando las hacía, lo que obligaba a Frank a tener que hacer constantes comprobaciones, o rehacer lo que había hecho, añadiendo así más trabajo a su ya completo programa.

Se suponía que Frank podría empezar a trabajar un poco sobre sus traducciones después del fin de semana, y había contado con Jacques para compartir las tareas. Pero nosotros dos estábamos empezando a darnos cuenta que esto sería un problema para él, debido a su fatiga y a la preocupación por la presentación de su tesis. Nos había dicho, varias veces, que en los próximos días no podría hacer mucho trabajo de contacto con los ayuntamientos (labor que debería haber hecho, antes de nuestra salida de Barcelona), ya que debía de preparar su presentación. Él volvería a Barcelona el viernes día 19 para una comida familiar y se quedaría allí hasta su presentación el lunes día 22. Al principio, nos dijo que se iría dos días para la presentación, pero al sentirse muy cansado y sabiendo que su novia tenía la comida familiar el sábado, decidió marcharse el viernes y volver el martes o miércoles siguiente. Cuánto más se acercaba la fecha, más nervioso se sentía y más sentía la necesidad de estudiar. Nos dijo que él siempre dejaba las cosas para el último momento, por tanto no estaba lo suficiente preparado.

¿Qué podíamos decir a esto? Aunque cuando llegaba medio muerta al final de un día durísimo, era difícil no comentar nada, cuando él se quejaba de estar exhausto y decía que para mí, esto resultaba diferente y no era tan difícil. Tanto Frank como yo, sabíamos lo importante que era la presentación de su tesis, así que no insistíamos en lo que desde un principio se había acordado: compartir las tareas. Esto acarreaba una gran carga de trabajo para Frank y una gran cantidad de estrés añadido, y comenzaba a sentir sus efectos. Quería que Frank, pudiera tener al menos el placer de ver algo de esta hermosa ruta de montaña. Pero no dije nada, ya que no quería meterme en algo que en efecto no era asunto mío.

A medida que avanzábamos a través de las montañas, charlando con Jacques, intentaba mantener el dolor bajo control. Pero aunque la belleza del paisaje me distraía algo de la agonía que tenía por todo mi cuerpo, estaba empezando a sufrir demasiado. Todavía me quedaban 30 kilómetros para llegar a Altura y ningún paisaje por bonito que fuera podía evitar que estuviera exigiendo a mi cuerpo que fuera más allá de sus límites.

Dejando el oscuro y frondoso frescor de la estrecha carretera de montaña, y enlazando con la carretera principal de la montaña que nos llevaría al puerto, vimos no muy lejos de nosotros un pequeño pueblo. No se pudo aparcar el vehículo pesado en las muy empinadas calles de la villa así que Frank nos esperaba justo a la entrada. Jacques quería estudiar, de modo que Frank me acompañaría con su bici, dejando a Jacques tiempo para adelantarse, buscar un lugar fresco para detenerse y destinar unas horas a la preparación de su trabajo.

Les dejé atrás y me encaminé hacia el centro del pueblo, bajo un sol ardiente – el más abrasador de momento – para arrastrarme en la increíblemente empinada cuesta que atravesaba la pintoresca aldea. Todas las ventanas del pueblo estaban con las persianas cerradas para no dejar entrar el tórrido calor de la tarde. No había nadie por la calle, y el único signo de vida, eran los gatos, inmóviles, durmiendo plácidamente en los portales.

Seguía avanzando. En mi cabeza estaba ya en la otra parte de la montaña, visualizando en donde dejaría esta ruta, para unirme a una vía verde, un sendero señalizado que me llevaría a Altura. Calculaba que una vez en esta vía verde, me quedarían por correr solo unos 12 kilómetros. Pronto oí unos jadeos que se acercaban y con gran alegría por mi parte, vi a Frank, en la cuesta, inclinado hacia adelante, sudando a tope del esfuerzo para alcanzarme, su sonrisa amplia y animando. Jacques fue el siguiente en pasarnos, y nos saludó efusivamente mientras se alejó en búsqueda de un lugar para pararse.

Le encontramos unos kilómetros más adelante. Necesitaba utilizar el baño ya que mi estómago empezaba a quejarse, y la empinada ruta, con sus precipicios abruptos, no me ofrecía ningún sitio fácil para esconderme. Frank me ayudó a subir a la autocaravana, literalmente empujándome por mi trasero, ya que el peldaño de acceso no funcionaba y no lo podíamos bajar. Encontramos a Jacques profundamente dormido. Se despertó, y nos dimos cuenta que no solo la escalera era lo que no iba, sino que el convertidor de 220v, que cargaba los portátiles, los móviles y el GPS se había quemado. Les dejé llamando a la empresa que nos había alquilado la autocaravana, y seguí la cuesta hacía el paso de montaña.

Una vez lo superé, comencé, el descenso muy contenta. Justo en el momento en que oía el zumbido de unas ruedas, se unió Frank conmigo una vez más. Jacques tenía que avanzar con la autocaravana y esperarnos antes de la entrada de la vía verde, mientras Frank continuaba intentando contactar con la empresa a través de su móvil. Seguí corriendo despacio, bajando la larga y sinuosa carretera. Frank se quedó atrás ya que por fin había contactado con el propietario de la empresa. Unos quince minutos más tarde, Frank ya a mi lado, me dijo que Carlos, el propietario de la empresa, se dirigía a Tarragona para comprar un convertidor nuevo y nos lo enviaría por mensajería. Pero no nos llegaría antes del lunes por la mañana, porque justo ahora comenzaba el fin de semana. Por lo tanto necesitábamos encontrar algún sustituto, y arreglarnos de esta manera hasta el lunes. Frank decidió que me acompañaría un rato, una vez en el sendero natural, hasta llegar al primer cruce con la carretera principal para reunirse con Jacques, y juntos recorrer la corta distancia que quedaba hasta Altura. Por el camino intentarían comprar un convertidor en una gasolinera, el único sitio para encontrarlo en esta región montañosa y tan tranquila.

Empezamos a preocuparnos al acercarnos a la autovía y a la rotonda, justo antes de la entrada de la vía verde, donde teníamos previsto reabastecernos de agua y bocadillos, ya que Jacques todavía no nos había pasado. Estaba completamente vacía de agua, me había bebido toda la que Frank se trajo consigo, aunque la idea de comer me repelía ya que una vez más tenía el estómago revuelto. En el momento que Frank estaba sacando su móvil para llamarle, Jacques nos pasó, para pararse a un lado de la rotonda. Se había vuelto a dormir, para despertarse, justo a tiempo para alcanzarnos.

Comí media naranja – todo lo que mi estómago aceptó – y reabastecida con agua, partimos por el polvoriento camino. Me sentía aliviada al tener de nuevo mucha agua, e incluso más aún al saber que en unas dos horas como mucho llegaría a Altura.

Comenzaba a desesperarme con la fatiga, bajo un sol que todavía me estaba machacando sin piedad, y con mis paradas para el baño que se hacían cada vez más frecuentes al pasar los kilómetros. El verde y estrecho sendero, transcurría paralelo a la transitada autovía, que se dirigía, a través de mesetas desérticas y montañosas, a Zaragoza, en donde teníamos que llegar hacía el final de la siguiente semana. No la podíamos ver, pero de vez en cuando oíamos el tráfico por entre los árboles y arbustos. Avanzábamos muy despacio, mi ritmo de crucero había decrecido hasta convertirse en un puro arrastre doloroso de los pies. Atravesamos un pequeño cañón, reminiscencia de muchas películas del Oeste, y por los pocos minutos que necesitaba para pasarlo medio cojeando, nos bañamos en la fresca sombra, bromeando acerca de enemigos imaginarios, escondidos y preparados para atacarnos. Mis propios enemigos no eran imaginarios, estaban conmigo constantemente, mordiéndome mis talones, hundiendo sus dientes en mis pies, sus dedos como cuchillos se clavaban en mis rodillas, caderas e ingle, para aposentarse con todo su insoportable peso en mi espalda, ridiculizándome y burlándose de mí.

Continué concentrada solo en la cuenta atrás de los kilómetros que hacía en mi cabeza. Me movía hacia adelante como borracha con Frank tranquilo a mi lado, animándome cada equis minutos, lo justo para ayudarme a seguir, no demasiado para no añadirme más cansancio. Seguimos, con la esperanza de ver en cualquier momento, aparecer Altura detrás de la próxima colina, pero no importaba cuantas colinas pasamos, el pueblo escurridizo se quedó escondido. No veíamos ninguna señal de Altura y empezaba a preocuparme, porque según mis cálculos debería hallarse a unos 6 o 7 kilómetros como máximo. Algunos kilómetros más adelante, encontramos un cartel que nos indicaba que nos quedaban otros 12 kilómetros. Me derrumbé y las lágrimas empezaron a caer. Sin poder pararlas, seguí arrastrándome, mascullando silenciosamente, desesperadamente, que no podía ser verdad, que no podía ir más lejos. Pero siempre, a pesar de todas mis protestas, seguía a tropezones, casi a ciegas. Tal vez hubiera sido mejor andar, pero de alguna manera ir tambaleándome y mi desaliñado paso me daban la apariencia de que corría, al menos en mi mente.

Era vagamente consciente de que Frank había contestado a su teléfono. Jacques estaba preocupado de que todavía no hubiésemos llegado al punto de encuentro. Nos dijo que un grupo de ciclistas de montaña de Altura iba hacia nuestra dirección para reunirse con nosotros y acompañarme lo que quedaba de camino hasta el pueblo – el esquivo oasis, al final de una etapa muy dura.

Estaba justo dando una ojeada a mi reloj, cuando oí a Frank decir a Jacques que iba a llegar tarde. Me paré en seco ¡era ya casi de noche! Comprobé, con horror, que no iba a llegar hasta muy pasadas las ocho, y por tanto, esto me garantizaba otra vez el acostarme muy tarde. No sería de capaz de poder descansar lo suficiente y todavía me quedaba otra jornada de 70 kilómetros antes de llegar a los ansiados 30 kilómetros reservados para el domingo. Nuevamente comencé a llorar con abatimiento, mientras reanudaba mi renqueante paso. Frank solo musitó palabras reconfortantes, como se haría a un animal herido. Seguimos, arrastrándonos, penosamente lentos.

De pronto vimos a cuatro ciclistas que se acercaban. Pedí a Frank que me disculpara ante ellos, por el estado que presentaba y que les explicara que normalmente hubiera mostrado mi alegría de su apoyo, pero tal y como estaba, casi no podía ni hablar. Se unieron a nosotros y proseguimos, ahora un poco más rápido, ya que mis ánimos se habían recuperado debido a la vibrante energía, entusiasmo y ánimo que daban los recién llegados.

Al fin llegamos a donde se encontraba Jacques, sentado encima de una roca, al lado del camino. Sheela saltó hacia nosotros contenta de vernos, lo que supuso un nuevo impulso a mi moral, mientras ella, alborozada, saltaba para lamerme la cara. El pequeño grupo comenzó a charlar, y yo me precipité entre los matorrales una última vez, ya que no quería pedir a los ciclistas parar, una vez que estuviera sola con ellos. Me sentía avergonzada de mi estado tan lamentable, y no quería degradarme más, deteniéndome debido a mis problemas estomacales.

Frank me besó y me abrazó fuertemente, antes de encararme hacia Altura y suavemente me empujó, alentándome a reempezar mi dolorosa marcha. En ese mismo momento decidí que no volvería a caminar, ni en los tramos con más pendiente. Conservaría mi dignidad como una capa protectora. No me avergonzaría más de mi misma.

Era extraño que me hubiera apoderado este sentimiento de vergüenza, porque los cuatro ciclistas estaban de verdad asombrados de lo que estaba haciendo. Parece que cuanto peor estaba físicamente, más exigente era conmigo misma, y más despiadada me volvía. Me forcé hacia delante aumentando mi paso a un trote cojeado.

Otro ciclista se nos unió, y más tarde, a 4 kilómetros de Altura lo hizo un pequeño grupo de corredores.

Avanzaba aturdida, viendo solo los metros que tenía justo delante de mí, y concentrándome solo en mi próxima parada, casi ajena a mi pequeño séquito, pero a la vez muy agradecida por su presencia, mientras ellos me guiaban hacia el final. Pedí al ciclista que estaba más próximo a mí, que me dejase espacio amplio, ya que era incapaz de controlar mis pasos, y no quería precipitarme como si estuviera bebida sobre él.

Los corredores me señalaron Altura y ésta por fin apareció delante de nosotros: Pero en este momento estaba en tan mal estado que no podía hacer más que sonreír, fijando la mirada en el pequeño pueblo, utilizando toda mi fuerza de voluntad para llegar.

Gruñí al comenzar la última cuesta fuerte, rechazando reducir mi paso, y en su lugar lo aumenté a medida que me acercaba a la cima. Al pasar por el punto más alto, la ruta planeaba y vi enfrente al coche de la policía esperándome, la policía fuera, delante de del coche tomando fotos mientras nos aproximábamos. Saltó de nuevo al interior del coche, gritando palabras de ánimo y nos acompañó hacia el grupo de gente que nos esperaba al final de la pista, aplaudiéndonos y tomando fotografías.

Les pasé y seguí con mi pequeño troupe hasta la entrada del camping donde nos estaba esperando un último grupo. Me paré delante de ellos, retorciéndome de agotamiento, pero me rehíce suficientemente para mirarles, sonriendo tras lágrimas de emoción, por la maravillosa bienvenida que me ofrecían, después de un día tan duro. Depositaron en mis manos un gran ramo de flores. Llamé a Frank y a Jacques, que estaban esperándome dentro del camping, sin saber el lugar exacto de mi llegada. El grupo se reunió a mi alrededor para darme apoyo y la fuerza necesaria para permanecer de pie. Yo estaba con una sonrisa de oreja a oreja.

Me regalaron una bolsa llena de productos y recuerdos de la zona, y mientras todos nos alineábamos para las fotos, pensé en la distancia increíble que me separaba desde donde había estado la tarde anterior. Era muchísimo más que los 70 kilómetros entre entonces y ahora. No digo eso para quitar importancia a la bienvenida calurosa que me dieron los que habían venido para apoyarme en Valencia, sino más bien para explicar como, a nivel oficial, la "importancia" de una gran ciudad puede a veces, ocultar su humanidad. Y digo "puede" porque por mi amplia experiencia con la ciudad de Barcelona y su delegación de deportes siempre ha sido muy positiva. Ellos me recibieron con los brazos abiertos, y no lo digo ahora que soy conocida. Ha sido así desde el desde el principio, exactamente desde hace dos años cuando empezaba mi carrera con los desafíos de gran resistencia en solitario. Mi única explicación al tratamiento que tuve (exigencia en la hora de la llegada, ningún representante del Ayuntamiento, ni incluso un lugar seguro para aparcar, y la recomendación de hacerlo en un lugar de gran inseguridad), no se debió a una falta de un complejo deportivo con un lugar adecuado para aparcar, o a la falta de una calle tranquila y segura, sino a la auto absorción en un mundo, en el cual la sensibilidad y la solidaridad se desdibujan en el olvido.

La bienvenida cálida en Altura

Allí estaba recibiendo la bienvenida, con un retraso de más de tres horas del tiempo previsto de nuestra llegada, del alcalde, que había sobrepasado largamente su jornada laboral, así como de otros representantes del Ayuntamiento, como el delegado de deportes que había venido a buscarme en bicicleta. Estaba tan conmovida que no tenía palabras. Su humanidad, su solidaridad y su cálida bienvenida les hizo, y les hace, un honor a ellos mismos, y para su pueblo, un pequeño pueblo rural pegado a la ladera de la montaña, un paraíso después de un día largo y agotador.

Permanecí de pie hablando con el alcalde, Rafael Rubio, con Ana, con Roberto Garnes, todos representando al ayuntamiento; y con Adrián, Carlos, Miguel, Manolo, Pinos y Elisa, que me habían acompañado en los últimos kilómetros de la etapa. Les expliqué las dificultades del día y los del desafío en general. Les agradecí la extraordinaria bienvenida; la sorpresa de las flores y los regalos, y lo más importante, su calidez.

Comenzaba a marchitarme y lo advirtieron. Los esfuerzos del día me pesaban, y ellos mismos me llevaron a donde se hallaba el Hogar, en un tranquilo y apacible lugar en los terrenos del camping, donde nos invitaron a pasar la noche. Teníamos todos los servicios gratis a nuestra disposición, pero solo Jacques aceptó el ofrecimiento de bañarse en la piscina, ya que Frank y yo teníamos casi dos horas para la recuperación, masaje, ducha, escribir en el blog, y preparar la cena, todo ello antes de poder ir a dormir.

Mientras estaba sentada afuera del Hogar, con mis piernas levantadas, hielo en las rodillas y tobillos, envuelta en una chaqueta, (el frío comenzaba a dejarse sentir en mi cuerpo) Frank me explicó que durante las maniobras de aparcar había roto la luz trasera de la autocaravana, y que no había podido encontrar un convertidor nuevo. Todo eso me parecía insignificante, después este día penosamente largo. Era un simple lujo poder sentarme, charlar tranquilamente después de la magnífica manera en que había sido recibida. Nos dejaron tirar un cable para tener electricidad, así que el subministro para este día estaba asegurado. El día siguiente, sería eso: otro día. Saboreaba este pequeño lujo que me rodeaba aquella tarde de viernes en Altura. Casi ni quería pensar lo que me pasaría el siguiente; un sábado con otros 70 kilómetros por delante. Al final de este séptimo día estaba agotada, era tarde y el tiempo que tenía para dormir sería limitado, y aún así, por unos minutos más, me quedé sentada allí, respirando todo lo que significaba Altura: verde, naturaleza, humanidad y un carácter cálido y acogedor.

Blog – 7ª Etapa

Físicamente ha sido el día más duro y largo, prácticamente sin descansar anoche. Aunque tenía que cruzar la sierra y una montaña que obstaculizaba mi paso, ha sido el mejor día hasta ahora. Estuve acompañada por tres ciclistas (club de BTT de Altura) durante los últimos 14 km Jacques me esperaba con Sheela para darme algunos ánimos, geles y agua cuando faltaban 8 km. Más tarde, en los últimos 5 km varios corredores locales me acompañaron hasta el final. Aunque llegué unas dos horas más tarde de lo previsto, me estaba esperando el alcalde y tres concejales. Uno de ellos era uno de los corredores que me habían acompañado – ¡qué privilegio! La policía local también estaba allí.

Me recibieron con regalos, flores y una parcela en el camping de Altura: tranquilidad y descanso asegurado; aunque el regalo más importante fue la calidez y el cariño de la recepción. Después de atravesar el infierno, con mi cuerpo chillando a cada paso, me encuentro con las baterías recargadas psicológicamente (espero que Frank logre arreglar mis piernas con el masaje, y así seguir disfrutando del desafío). ¡Esta llegada fue maravillosa!

Altura, su gente, Ayuntamiento y policía, son un ejemplo a seguir, además de una motivación extra para volver .No olvidemos que existen varios viajes: el primero para conocerse y conocer, los siguientes para volver y saborear.

¡A kilometrar!

El largo camino por el infierno

8ª Etapa
Sábado, 13 de junio
Altura – La Puebla de Valverde
Terreno montañoso, desértico
70,8 km
12 horas y 53 minutos
1.175 m desnivel positivo
1.660 m desnivel acumulado
39° C
557,07 km recorridos en total
1.452,93 km por recorrer

RUTA 8

A las cinco y media en punto sonó el despertador, y al mismo tiempo, algo sonó en mi interior. No podía hacerlo otra vez. Había dormido pocas horas en total – el dolor me penetraba como agujas que pinchaban mis piernas, despertándome cada treinta minutos más o menos. Y cada vez, Frank tenía que leerme para que volviera a conciliar el sueño. Mis visitas frecuentes al baño eran en sí mismas una verdadera tortura. Tenía que ponerme de cuatro patas en el apretado nido, con mi frontal puesto para poder ver alguna cosa. Me daba la vuelta y bajaba hacia atrás muy lentamente por la escalera, los músculos chillaban de dolor, las piernas amenazaban con ceder, y una vez abajo, mis pies apenas podían sostenerme hasta el baño. Una vez allí, subía arrastrándome al váter, temblando. De vez en cuando veía mi reflejo en el espejo, y la mujer que me miraba era desconocida, demacrada, con un rostro gris, ojerosa, y con el frontal dándole el aspecto de una minera. Bajo la luz de los fluorescentes, los kilómetros estaban claramente anotados en mi cara. No era una imagen agradable.

Medio sentada, estaba sumida en la desesperación. Comencé a llorar. Frank me miraba, desde donde preparaba el desayuno. Se acercó, subió hasta la mitad de la escalera y me abrazó hasta calmarme. Sin hablar, me agaché hacia donde había dejado mi ropa para el día, me puse el sujetador de correr, una camiseta limpia, y después de bajar la escalera, con mucho dolor, me puse las mallas y los calcetines. Me recogí el pelo con una cola de caballo y luego la trencé, y finalmente, me coloqué la cinta de color naranja fluorescente, para completar el conjunto. Todavía abatida, en silencio, me senté en la pequeña mesa, y Frank puso el desayuno delante de mí. Lo miré, agarré el acuoso y granuloso brebaje, bebiendo a sorbos el caliente líquido. Miré el cuenco de muesli, sabiendo que no sería capaz de tragarme nada. Me había pasado igual los últimos dos días y sus noches. Casi no había sido capaz de comer nada del plato de pasta; apenas los huevos revueltos y una pequeña ensalada, fue todo lo que pude tolerar. Hasta ahora, había podido comer algunos bocadillos durante el día. Éstos y las bebidas isotónicas, me aportaban una parte de las calorías que necesitaba para continuar corriendo, aunque estaba lejos de ser suficiente. Estaba perdiendo peso rápidamente, algo a lo que tenía que poner remedio, si quería continuar corriendo tres semanas más.

Jacques acababa de sentarse y echarse sus copos de salvado con chocolate en polvo, cuando me levanté con dificultad del asiento, dejando mi desayuno casi intacto, excepto el acuoso café que ya había bebido. Frank sabía que no debía presionarme. Soy muy "tiquismiquis" con la comida. Si decía que no podía comer, la cosa iba en serio – no estaba siendo difícil.

Intercambiamos unas pocas palabras. Temía al momento en el que tenía que empezar a correr. Esto, combinado con el agotamiento y el fiasco del día anterior me causaba una pérdida de tiempo que retrasaba mi salida. Era un poco más de las siete cuando renqueante, empecé a correr por el camino, alejándome del camping. Frank montado en su bicicleta me acompañaría en el inicio de esta etapa. Al cruzar Altura nos dimos cuenta que encontrar la vieja carretera nacional sería mucho más complicado de lo que nos había parecido. Frank se dio cuenta demasiado tarde, aún iba en chancletas y tenía que hacer un buen trecho en la bici.

Después de dirigirnos en la dirección hacia donde había venido el día anterior, llegamos al siguiente pueblo. Durante media hora preguntamos a diferentes personas y nadie parecía saber la respuesta. ¡Es increíble, pero mucha gente no tiene ni idea de donde está la carretera nacional de toda la vida hacia Teruel, en un pueblo tan pequeño! Finalmente, Frank paró a un coche de la policía y les pidió ayuda. Otra vez, la policía iba a prestarme auxilio, algo que me había sorprendido grata y repetidas veces, desde mi salida de Barcelona. Se ofrecieron a sacarme del pueblo, y después de explicarles que tenían que conducir muy lentamente, acepté aliviada de no tener que perder más el precioso tiempo, antes de enfrentarme con los 70 kilómetros que me esperaban aquel día.

Dándoles las gracias, dejé la población detrás de mí, y siguiendo sus instrucciones, encontré con facilidad, la carretera que tenía que seguir durante muchos kilómetros aquella mañana. Me puse en camino, sabiendo que pasaría bastante tiempo hasta que Frank y Jacques me alcanzaran, ya que ellos tenían que hacer una colada, aprovechando los servicios del camping, para solucionar nuestro problema creciente de la ropa sucia.

Pasó más de una hora, antes de que oyera el conocido bocinazo del Hogar, justo antes de de llegar a Jérica. Cuando me pasaron, les saludé alegremente con la mano. La desesperación matinal parecía haber desaparecido. Estaba aprovechando al máximo este alivio del casi continuo sufrimiento y fatiga, cubriendo tantos kilómetros como me fuera posible antes de que volviera la ola inevitable de sufrimiento. Por primera vez en muchos días disfrutaba realmente. Saboreaba cada momento mientras trotaba contenta por la carretera que serpenteaba, subiendo poco a poco, hacia la meseta, a la cual llegaría algo más tarde.

Esta interrupción del dolor duró poco, ya que unas horas más tarde, en una larga y solitaria recta en una carretera medio abandonada, sentí que volvía. Y esta vez más fuerte que antes. Vi el Hogar un poco más adelante, y cuando me arrimé a su lado, abrí la puerta y me arrastré hacia dentro en busca de unos segundos de aire frío. El día se hacía caluroso por momentos, y unos momentos en el interior, mientras los chicos me explicaban el siguiente tramo de la ruta, fue suficiente para recargar las pilas que había perdido tan rápidamente.

Pronto iba a dejar la carretera en la que había comenzado el día, para empezar a subir por otra larga y sinuosa cuesta hacia la meseta. Esto fue una sorpresa para mí, ya que no contaba con tanto ascenso para esta jornada. Giré hacia la izquierda, cruzando un puente y me enfrenté a la subida empinada – que por suerte, era sombreada – a la vez que Jacques se ponía a mi lado, contento de estar fuera en bici un rato. Estaba exultante. Esto era un gran alivio para mí mientras subía trabajosamente la larga cuesta. Cuando por fin salimos sobre la línea de los árboles, oí un sonido fuerte y sibilante (como una ráfaga de viento continuo), que venía por encima de nosotros. Pronto vimos las enormes estructuras de las turbinas de viento, que antes había visto a lo lejos, arriba en las montañas. Jamás había imaginando que llegaría a su altura aquel día. Mi reloj me marcaba que estábamos a casi a 1200 metros de altitud. No era lo que había esperado aquel día.

El calor se hacía más intenso, desacatando la lógica, que dice que cuanto más alto más frío. Corría junto a las turbinas de viento altísimas y me sentí, minúscula e insignificante frente a su poderosa presencia. Cuando al fin pasamos la cima, se nos presentó una visión verdaderamente surrealista. Un batallón de turbinas de viento, se cuadraron en formación, contemplando orgullosamente su territorio, y siempre cantando su canción acompasada. A sus pies aparecía un árbol solitario, dando poca sombra a este mediodía abrasador. Al lado del árbol, estaba aparcado el Hogar, que me llamaba con su brillante blanco y sus fuertes colores. Entre el Hogar y el árbol, de una cuerda colgaba alegremente la ropa lavada, en gran parte compuesta por nuestras camisetas de color tan estridente. El único movimiento, aparte de las hélices moviendo perezosamente allá arriba sobre nosotros, era el suave balanceo de las prendas con la insinuación de una brisa que pasaba como un respiro por ellas.

Abrí la puerta y encontré a Frank, casi en la oscuridad, ya que él había cerrado las persianas reflectantes para no perder el aire frío del aire acondicionado. Estaba poniéndose al día con sus traducciones, pero lo tenía todo preparado para mi llegada. Me sentí afortunada y mientras chupaba el zumo de un cuarto de una naranja, él rellenaba la mochila. Rápidamente y antes de que el confort derribara mi determinación para continuar, me sacó del asiento y salí nuevamente con mi dolor al exterior. La oleada de aire bochornoso me envolvió, sofocándome. Me echó para atrás la constatación horrible de que aún me quedaban 40 kilómetros por correr antes de llegar a La Puebla de Valverde. Me puse a andar para poder comer mi bocadillo, con hambre por primera vez aquel día. Engullí el riquísimo sándwich de queso y tomate, todavía frío de la nevera, y pronto empezó un corto descenso, donde me eché a trotar lentamente otra vez.

La ruta hizo una curva hacia la derecha, y la vista que nos ofreció fue espeluznante. Esperaba ver colinas y montañas, pero en su lugar aparecía frente a mí, una extensión inacabable de altiplanicie, que se extendía sin límite en la distancia. La carretera era como una cinta resplandeciente atravesando el seco y desértico paisaje. Pronto Jacques llegó junto a mí, pedaleaba alegremente arriba y abajo, maravillándose del calor tan extremo y la hipnotizante y monótona llanura. Pasado un rato se cansó de esta ruta y se marchó hacia adelante, en busca de Frank, que se encontraba a unos 6 kilómetros, esperándonos.

Como Jacques estaba tan cansado, estresado por la presentación de su tesis, y demasiado exhausto para su entreno cuando llegaba al final del las etapas, Frank y yo habíamos tomado una decisión el día anterior. Siempre que fuera posible, Frank cargaría su propia bici con las provisiones necesarias, y enviaríamos a Jacques directamente a destino, para que pudiera estudiar, dormir y entrenar. No queríamos ser responsables de que no saliera adelante con su tesis. A su vez, él me estaba transmitiendo su tensión y esto me pesaba mucho, añadiéndolo a mi carga. Las únicas cosas que él tendría que hacer sería preparar la bebida isotónica y la fruta para mis llegadas, comprar hielo en el bar local y tener el agua caliente a punto para no perder tiempo. Además, nunca sabíamos de antemano con qué obstáculos nos encontraríamos por el camino, pudiendo retrasar mi llegada. Frank se ocuparía de todo lo demás; simplemente, tendría que estar seguro de que lo esencial estuviera listo antes de que llegara. Él mantendría a Jacques informado de mi marcha, para que supiese a qué hora llegaríamos.

Hice una parada breve, antes de continuar, y Frank no tardó mucho en unirse conmigo. Charlamos tranquilamente, poniéndonos al día de los asuntos del día hasta ese momento. Mientras Frank me comentaba las noticias que se sucedían en el mundo exterior, nos dimos cuenta de que la carretera en la que nos encontrábamos, era en realidad una carretera nacional, pero muy distinta – por lo casi vacía que estaba – de la caótica ruta que me había llevado a Valencia. En todo aquel día, cruzando la meseta, solamente nos pasaron unos 20 vehículos. A nuestra derecha, a lo lejos y paralela a nosotros, discurría una nueva autopista, que – menos mal – había absorbido todo el tráfico pesado, que años antes, sin duda pasaba por la que ahora estábamos nosotros, dejando nuestra carretera completamente limpia de tránsito. Pasamos por delante de un local abandonado para camioneros. Fantasmagórico en su abandono, su enorme cartel todavía chillaba su nombre: Club Las Vegas – Cócteles y Chicas. Al lado y no menos llamativo estaba el Asador. Ambos antros (no se les podía llamar de otra manera), pertenecían a otro tiempo. Ahora estaban abandonados, en ruinas y olvidados, pero nos hacía pensar en cómo debía ser su aspecto antes de que la autopista les usurpara su clientela, esa que paraba allí, cansada y hambrienta, después de horas interminables de camino, buscando reposo y otras delicias.

Poco después nos encontramos con otra parada de camiones en un cruce, éste con algo más de vida que la anterior, pero con la misma fachada de mal gusto. Giramos a la izquierda y cruzamos un pequeño grupo de casas, talleres, y un bar, al que entró Frank para comprar agua. Jacques todavía no nos había adelantado en su camino hacia La Puebla de Valverde y no queríamos quedarnos sin ella. Seguí corriendo. Mi estado se deterioraba rápidamente, pero sabía que cada paso, no importaba lo lento que fuese, me llevaba cada vez más cerca del final de esta etapa.

El estómago comenzaba a molestarme mucho, pero al menos, corriendo por esta carretera tan vacía, era más fácil encontrar sitios para parar que en los tramos más transitados, aunque en este seco y desértico paisaje escaseaban los arbustos y los árboles. Jacques nos pasó, y al ver que no necesitábamos nada, siguió hacia nuestro destino. Avanzábamos de manera lenta, y el día empezaba a ser agobiante. Del asfalto se levantaban oleadas de calor, creándonos una sensación de mareo. Había pocos puntos de referencia en el paisaje, salvo una enorme escultura que indicaba nuestra entrada a Aragón. Por un corto periodo de tiempo, esta extraña escultura, con su gran aparcamiento, en medio de la nada, rompió la aburrida monotonía, dándonos algo en que centrarnos en lugar de la larga y resplandeciente ruta, y los salvajes estériles campos que se extendían más allá de donde la vista podía alcanzar.

El dolor envolvió mi cuerpo. Cada paso era un martirio. Mis pies ardían sobre el asfalto abrasador. Me fui hacia el centro de la carretera para evitar el irregular borde de la misma. El tráfico era casi inexistente, así que el único peligro que teníamos era caer poco a poco en trance, dejándonos ajenos al poco tráfico que había. Cosa que no era tan improbable. Mientras corría de forma renqueante, arrastrando el paso, avanzando muy poquito a poco por los kilómetros, Frank me acompañaba. De repente él empezó a farfullar, tratando de que cambiara su paso. El calor, la hipnotizadora carretera interminable, mi lentísimo paso y su propio cansancio hacían que literalmente se durmiera mientras pedaleaba. No me cabía ninguna duda que este maldito día no era mucho mejor para él que para mí.

Luchaba para seguir. Mi reloj mostró que los kilómetros avanzaban a paso de tortuga. El calor era sofocante, mi dolor insoportable y cada paso otra agonía. Me fui a trompicones hacia la valla metálica que estaba al lado de la carretera. Necesitaba descanso. Me medio senté, agarrándome con las manos, pero al instante me alejé de ella de un salto. Ardía; descansar allí era imposible. Me desplomé sobre el asfalto quemante. Me senté allí, con las rodillas dobladas, el cuerpo encorvado y comencé a llorar. Quería dejarlo. Quería que terminara todo. Hacía horas que había perdido el apetito debido a mi estómago cada vez peor, pero Frank insistió en que tenía que comer algo y me puso un plátano en las manos. Ahogué el llanto, comí el ya tibio plátano – que pude tragar, a duras penas – con un poco de agua tan caliente como él. Estaba desesperada, no sabía qué hacer.

Debía ser un cuadro lamentable: tendida a un lado de la carretera, bajo un sol implacable, con Frank y su bicicleta a mi lado. Un coche se detuvo. El conductor sacó la cabeza a través de la ventana para preguntarnos si necesitábamos alguna ayuda. Debió quedarse muy sorprendido y confundido cuando Frank, cortésmente le rechazó, asegurándole que de verdad, todo iba bien, mientras yo seguía llorando sobre mis rodillas.

No tengo idea de si pasaron diez minutos o media hora, pero cuando el calor ardiente del asfalto hacía que estar sentada fuera tan insoportable como estar de pie, me levanté de modo muy inestable. Miré el reloj los kilómetros marcados, y las lágrimas empezaron de nuevo. Sabía que mi llegada estaba todavía muy lejos. Empecé a andar. Era todo lo que podía hacer por el momento. Frank caminaba a mi lado, arrastrando su bici. Me alentaba a usar mi iPod para que me ayudara a apartar de mi mente todo lo demás. Lo hice y después de un tiempo, la música me levantó el ánimo, y de andar lentamente pasé a trotar. Por fin, estábamos en el buen camino.

Mientras pasaban penosamente las horas y los kilómetros, el paisaje cambiaba poco. Nuestro progreso era muy lento. Era como cuando sobre una cinta, con esa sensación de que nunca llegas a ningún sitio. Seguí tropezando, y cada diez minutos más o menos gemía "¡Pero esto no se acaba nunca! ¡Es el puro infierno! ¡Mis piernas no pueden más!", para continuar luego en silencio, solo roto por mi pesada respiración.

Por fin, después de horas en este inacabable e infernal tramo de carretera, había una curva. La ruta bajaba de manera espectacular hacia la izquierda, para subir de nuevo más adelante hacia un pueblo colgado en la parte opuesta al otro lado de este pequeño cañón, que rompía la monotonía del paisaje. Mis pulsaciones aumentaron al igual que mis esperanzas, pero pronto se difuminaron al comprobar en el mapa, que el pueblo no era el final de la etapa.

Sarrión, era el último pueblo antes de llegar a la Puebla de Valverde. De hecho, era casi el único pueblo por el que había pasado o cruzado, después del de Jérica, al inicio de la jornada, cuando los chicos se reunieron conmigo por primera vez. Había pasado por algunos núcleos urbanos – estos no podían considerarse pueblos sino más bien, poblados o asentamientos – en esta larga, abrasadora y poca transitada N-234.

Con dificultades enfilé hacía Sarrión, cojeando, parando cada dos por tres para apoyarme en la valla para aliviar algo del dolor de piernas. Estaba raspando mis últimos esfuerzos para cualquier esperanza de poder llegar a mi destino final. Seguía preguntando desesperadamente a Frank cuanto faltaba para llegar a La Puebla, con la esperanza de que por arte de magia, los kilómetros hubieran desaparecido. Evidentemente esto no pasó.

Bordeamos la parte derecha del pequeño pueblo, y la autopista que nos había acompañado a lo lejos durante el mayor parte del día, ahora de repente se encontraba muy cerca. Miraba con curiosidad al pueblo, como si fuera un sueño. Estábamos pasando por lo que parecía una ciudad fantasma, las casas destartaladas y polvorientas, los coches aparcados y oxidados, parecían tan abandonados como las casas. No recuerdo haber visto ni una persona. Dejamos correr nuestra imaginación, pensando que había detrás de cada contraventana atrancada, quizás unos ojos siniestros nos estaban observando. No necesitaba palabras de ánimo para conjurar toda clase de truculencias, y por un breve tiempo olvidé de mi malestar, en nuestro divertido mundo imaginario. Nuestros cinco minutos de risas sirvieron para dejar atrás Sarrión. Cualquier manera de escapar de mi agonía era bienvenida, ya que a estas alturas, avanzaba automáticamente, consciente de pocas cosas más que de mi dolor.

Estaba tambaleando por la fatiga. Lo único que me empujaba a seguir era la idea del descanso que tendría una vez finalizada la etapa. No pensaba ni por un momento en la meta final, en los 2010 kilómetros. Esto quedaba mucho más allá del maldito infierno en que me encontraba. En realidad, durante varios días ya había sido incapaz de pensar lo que tenía por delante y lo que me faltaba por correr. El calvario que tenía ante mí, era demasiado grande para contemplarlo en su totalidad. Cada día, por sí mismo, era un desafío extenuante. Para ser capaz de enfrentarme a una nueva jornada, tenía que concentrarme solo en el siguiente destino. Y cuando esto ya era demasiado, cuando el dolor alcanzaba cotas inimaginables, me centraba solamente en llegar al próximo pueblo, a la cima de la próxima subida, al próximo árbol, y al final, al próximo paso.

De esta manera me arrastraba, vagamente consciente de que el sol ya no caía a plomo de manera implacable, para retirarse con la llegada de la tarde noche. Estaba nublado, aunque tampoco era muy consciente de eso. Paso a paso. Nuestro camino pasó a ser una carretera de servicio de la autopista, recta, que subía y bajaba sin rastro que indicara La Puebla. Frank paró a alguien para preguntar cuánto faltaba para La Puebla, pero la respuesta fue vaga. Jacques nos llamó por segunda vez, preocupado por la llegada de la noche.

Seguimos. No puedo decir cómo superé aquel día tan horrible. Sé, que lo hice porque al fin estábamos cruzando la autopista, bajando hacia la otra parte – aunque aun no habíamos visto nada más excepto un cartel que indicaba que ya estábamos cerca. Frank pidió a Jacques que viniera en bici para unirse con nosotros y así evitar cualquier confusión. Pronto apareció y nos explicó, rebosante de energía, como había pasado su día. Después de haber dormido, decidió renunciar a todos sus otros planes, y había pasado toda la tarde al fresco del bar local, leyendo los periódicos y hablando con el dueño. Su parloteo y energía me ayudó a "tirar de mí" en los últimos 2 kilómetros.

Mi alivio fue inmenso, aunque casi no se advertía. Estaba hecha trizas. Apenas podía hablar, mi sonrisa fue breve, disolviendo en lágrimas cuando por fin, entramos en una calle estrecha y vi el Hogar, brillante y acogedor en el atardecer sombrío. Mientras me inclinaba en él, estirando, no podía contener el llanto. Me di cuenta que empezaba a llover y que comenzaba a temblar de frío.

A menudo, esto me pasaba al final de la etapa y una vez me había enfriado. El agotamiento se apoderaba de mí, y aun y a pesar de que las tardes hubieran sido calurosas, empezaba a temblar, necesitando la chaqueta, mientras los demás estaban en camiseta y pantalones cortos. Pero esta tarde en concreto fue peor que nunca, ya que era de hecho fresca. Observada con curiosidad tanto por los niños como por sus madres, seguí con mis estiramientos, temblando y llorando, embutida en mi anorak de color naranja.

Jacques había olvidado comprar hielo, así que tuvo que volver al bar. Llevó con él mi GPS, porque al no tener convertidor de 220 voltios, ni tampoco un suministro de electricidad cerca, teníamos que cargarlo. Preguntaría a su amigo, el dueño del bar, si podía dejarlo allí cargando hasta la hora en que nos fuéramos a la cama. Me senté en el interior temblando y esperé que llegara con el hielo. Temía la próxima, fría parte (aunque muy necesario) de mi recuperación.

Frank comenzó a preparar la cena, aunque ese día, al menos Jacques había preparado la ensalada. Yo simplemente me senté allí, picoteando sin ganas el plátano que estaba delante de mí, todavía incapaz de hablar. El hielo fue mi siguiente tormento, y una vez terminado, cojeando, fui a ducharme. Debía ser una ducha breve, pero hoy necesitaba el agua caliente. Me desprendí de la ropa nauseabunda, dejándola caer en el cesto que estaba fuera, entré en la ducha, y cerré la cortina intentando evitar la fría y húmeda cortina. Di el agua y esperé los 30 segundos para que estuviera caliente. Ésta no llegó. No había opción. Tenía que lavar mi ya helado cuerpo con agua fría. Las pocas fuerzas que tenía se desvanecieron y empecé a aullar. Lavé mi cuerpo y también el pelo con champú, todo ello llorando. Mientras me secaba me miré en el espejo. El rostro que me miraba era un horror que jamás había visto. Nunca antes lo había visto así. Mi vida "real" parecía lejana, en otro mundo. Mi vida ahora, aquí, estaba desprovista de cualquier comodidad, o de cualquier tregua del incesante agotamiento, del incesante dolor.

Me tapé con ropa térmica y me arrastré al nido para el masaje. Medio cubierta por mi saco de dormir, me estiré allí, todavía sin hablar, mientras Frank masajeaba suavemente mis malparadas piernas. Él estaba sudando en el espacio reducido, mientras yo temblaba debajo de mis muchas capas de ropa. Sentía aún más frío con la crema refrescante que impregnaba y relajaba mi musculatura.

Era imposible sentarme de manera normal para comer – mis piernas me dolían tanto – que la zona donde estaba la mesa, la habíamos convertido en un sofá. Intenté comer en mi regazo, con las piernas estiradas delante de mí, pero las agujas de dolor punzante pasaban por las piernas, dejándome retorcida de dolor. La última opción fue gatear hasta el nido, y comer poniéndome boca abajo con el plato de comida delante de mí encima del colchón. Con una cuchara grande recogía lo poca comida que podía tolerar. Estaba experimentando una regresión a mi infancia, dándome de comer con cuchara a mí misma. Jacques me miraba y comentaba que estaba totalmente irreconocible. El veía lo que yo había visto en el espejo del cuarto de baño. Apenas comí unas cuantas cucharadas y me cubrí otra vez con mi saco de dormir. Mientras Jacques lavaba los platos, Frank puso en marcha el portátil y le dicté unas líneas para el blog. No podía verbalizar nada de este doloroso y eterno día. Ni yo misma lo podía digerir, todavía.

Mientras estaba envuelta y tendida en la cama, un poco de calor por fin penetrando mi malparado cuerpo, leí los correos y mensajes de mi teléfono. Encontré consuelo en las palabras, y por primera vez en muchas horas fui capaz de hablar, leyendo en voz alta a los chicos, algunos de los mensajes. Frank llamó de mi parte a Carlos Martín, para ponerle al corriente de las cosas, ya que a mí, no me quedaba fuerza para hacerlo. Carlos me había llamado antes, como siempre solía hacerlo, y quedó sorprendido de que estuviera todavía corriendo. Lo mismo, había pasado el día anterior. No necesitó demasiadas explicaciones para entender en qué condiciones me encontraba. Solo al oír a Frank hablarle, me aliviaba. Su apoyo iba mucho más allá de lo que esperaba por su posición de jefe de comunicación del B10. Sentía la energía que me enviaba desde Barcelona – que ahora me parecía tan lejana. Otras personas también me emocionaron mucho: JMA, que no dejó pasar un día sin llamar para saber cómo estaba; nuestros amigos Oz y Mar siempre con nosotros y por supuesto, mi familia: mi hermano desde Suiza, mi padre, mi madre, mi hermana, mi sobrina y mis sobrinos y mi amigo Ben desde Grecia. Todos estaban cerca mío, aunque en la distancia. Otros también consiguieron transmitirme su energía y respaldo aunque apenas les conocía hasta ese momento: Xavier Varias, Abel Aguadé y Montse, Estefi de Lleida y José Rodríguez de Almería.

Ellos, y otros muchos me escribían regularmente, casi cada día, ya fuera comentando en mi blog, por correo electrónico o en mi página del Facebook. De la lejana Australia me llegaba el apoyo de mi amiga del colegio, Vanesa Breese, mi prima, Alexandra Souvlis, sus hermanas, y su cuñado, Jeremy Ingall. Sentía un consuelo constante por su parte, y de todo lo que estaba recibiendo de tantos desconocidos.

Estirada allí, al final de ese día verdaderamente brutal, me estaba fortaleciendo con la lectura de todos los mensajes. Por un lado me sentía desesperadamente sola en mi sufrimiento, pero por el otro, me sentía rodeada por todos aquellos que me querían, aquellos que apoyaban mi reto, y por personas que les parecía increíble lo que estaba haciendo y que me apoyaban del único modo que les era posible, con palabras.

Había acabado el día más duro que había tenido de momento, si bien parecía que cada día era peor que el anterior. ¿Cuántos más días así podría superar? No podía empezar a comentar con Frank lo terrible que había sido, ya que ambos estábamos destrozados. Aunque él no estaba corriendo, hacía malabarismos con muchas tareas del reto. Tenía toda la responsabilidad y no descansaba desde las cinco y media de la mañana hasta altas horas de la noche. Hoy había sido un desafío que lo habíamos superado juntos. Mañana sería domingo. Solamente 30 kilómetros me separaban de mi siguiente destino. Este dato lo había tenido muy presente durante el largo día, lo había guardado como un mantra en alguna parte del inconsciente, una muleta por así decirlo, un rayo de esperanza para llevarme al fin de la jornada. Caí en un sueño profundo, pensando solo en el regalo del domingo.

Blog – 8ª Etapa

El desierto de montaña y una nacional – la N-234 – completamente vacía – inmensa calor y monotonía...

*Hoy ha sido el desafío más duro de mi vida. El estrés de los últimos días juntos con la acumulación de kilómetros – el calor del desierto y el puerto de montaña de **1200** metros y estomago revuelto – no hace falta poner más palabras... Pero lo he acabado y una etapa más conseguido. Estoy destrozada – mañana domingo – dia de descanso – solo 32 km*

¡A Kilometrar!

“Solo” 30 kilómetros

9ª Etapa

Domingo, 14 de junio
La Puebla de Valverde – Teruel
Terreno montañoso y desértico
30,4 km
4 horas 42 minutos
250 m desnivel positivo
35° C
587,47 km recorridos en total
1.422,53 km por recorrer

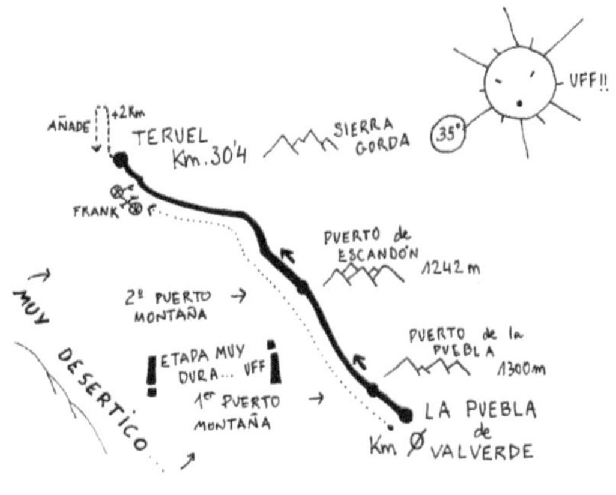

RUTA 9

Si la mañana anterior ya había sido difícil para mí, ésta – la del primer día de descanso de mi desafío – fue brutal. Apenas había podido dormir. Me había acostado con fiebre, y había pasado la noche atormentada por los pinchazos, como si tuviera alfileres en las rodillas y en los pies. Los cuatro días precedentes sí que me habían pasado factura, machacándome el cuerpo hasta el límite. El calor del sol y del asfalto me había dejado un terrible sarpullido en el parte superior de los pies, en las piernas y en el pecho. La parte de las piernas expuestas al sol (menos mal que no mucho, ya que sabiamente, había escogido unas mallas hasta media pierna, en lugar de pantalones cortos), estaban casi en carne viva. Había mantenido mi piel constantemente protegida con protector solar, y no me había quemado. Estaba claro que todo aquello era una reacción al calor mismo. Casi no podía tocar la piel; me dolía cualquier movimiento contra las sábanas, añadiendo más malestar.

Me sentí completamente abatida cuando el despertador sonó. A pesar de que nos habíamos permitido dormir una hora más, no hubo ninguna diferencia No había descansado en absoluto. Pensaba que aquella mañana sería agradable, como lo habían sido mis días de descanso cuando corrí de Barcelona hasta Santiago, pero estaba totalmente equivocada. Mientras alcanzaba mi ropa desde el sofá de abajo, para subirla y empezar a vestirme, comencé a llorar, otra vez. Frank no podía decir nada para ayudarme, y afortunadamente, Jacques seguía durmiendo. La idea de compartir esta "humillación privada" con él no me gustaba. Vestirme fue un calvario. Mi piel, en carne viva, rechazaba el contacto con la ropa y cuando me di la vuelta para bajar por la escalera, mis pies hinchados y mis maltrechas rodillas casi cedieron. Apenas podía calzarme las chancletas, y mientras iba cojeando hacia el baño, me preguntaba, cómo me las arreglaría para correr hasta Teruel, ¡si no podía ni andar dos metros!

Otra vez, con desgana, piqué algo de pan y de miel, ya había dicho que no tenía ningún sentido ni siquiera probar de comerlo; ya que solo esa idea me hacía sentir mal. Estaba agotada y el día no había ni comenzado. Bebí el café, mientras Jacques se acercó hasta la mesa arrastrando sus pies, para colarse en el asiento, gimiendo. Él alcanzó sus cereales y su chocolate en polvo, realizaba movimientos automáticos; apenas estaba despierto. Parecía casi tan destrozado como yo. Me di cuenta de que a partir de ahora, incluso si él conseguía superar la siguiente semana, antes de volver a Barcelona, yo tenía que cambiar los planes. Había hablado de esto con Frank, en algún momento de la pesadilla que fue el día anterior. Él era consciente, igual que yo, del deterioro de su estado y de sus preocupaciones sobre su tesis.

Por fin recuperé la voz y le expliqué lo que habíamos acordado Frank y yo. Cada día yo saldría temprano, sola. Esto le daría tiempo para despertarse y junto con Frank, se encargarían del agua, repostarían gasolina y vaciarían el váter químico (esta última y menos agradable tarea, la haría Frank). Si él quería, podía acompañarme durante un rato, pero luego hacia las doce del mediodía como máximo, cogería la autocaravana – dejando a Frank conmigo – y se iría directamente al destino final del día. Esto le permitiría hacer todo lo que necesitaba o quería, y también le daría tiempo para descansar, y después, con un poco de suerte, estar listo para ayudarme en mi llegada, la cual, parecía, se le hacía cada vez más difícil.

Me preparé para la salida, aunque hoy sería un poco diferente, al ser una jornada corta. Frank iba a acompañarme en bici todo el camino, lo que en teoría sería perfecto para Jacques, que tendría prácticamente todo el día para él. También, no tenía idea de donde iba a sacar las fuerzas para llegar a Teruel, y la única compañía que quería ese día era la de Frank.

Antes de partir y como de costumbre, eché una ojeada a la ruta, y me di cuenta de que necesitaría unos kilómetros extras para completar la cuota diaria. Salí con Frank y en lugar de girar hacia la derecha en la dirección en la cual habíamos venido ayer, y que nos llevaría a la carretera de servicio de la autovía, nos fuimos hacia la izquierda en dirección a Valbona.

La tranquila carretera serpenteaba su camino, por un paisaje ondulado de impresionante belleza; agreste, pero a la vez precioso. Aquí, a este lado de la colina, detrás de por donde transcurría la autovía, el paisaje era diferente. Había desaparecido la llanura y el pelado desierto de ayer, y en su lugar y de forma sorprendente había un terreno verde y montañoso. Mi plan era correr unos 3 kilómetros de ida y vuelta, para completar los treinta que tocaban ese día.

Saliendo, esta idea me resultaba desalentadora. ¿Cómo 6 kilómetros de más puede ser desalentador cuando alguien suele correr setenta al día? podrían preguntarse algunos con cierta perplejidad. Pero todo es relativo, y aquella mañana, exhausta, después de haber sudado toda la noche con fiebre y dolor, incluso esos seis pequeños kilómetros extras resultaban demasiados. Quizás fuera el hecho de que en lugar de salir directamente hacia Teruel, tenía que empezar en la dirección opuesta; dándome la sensación de que no avanzaba.

Lo que es necesario recordar, es que después de ocho días de correr, 70 kilómetros al día casi sin interrupción, y después de superar las terribles condiciones de los últimos cinco, mi estado mental era muy delicado. Los detalles importaban. Importaban mucho.

En mí día a día, he aprendido que los detalles tienen poca importancia. Me estoy refiriendo a los detalles tales como tener que hacer un poco más en una sesión de entrenamiento, no tener agua cuando lo necesito, un bocadillo que no está como a mí me gusta, una ducha fría al final del día..., en resumen, no tener las cosas exactamente como a me agradan. Pero, en un desafío como el que estaba tratando de conseguir, en algún momento, conforme iban pasando los días, los detalles empezaban a importar muchísimo. Un sándwich que no me gustase implicaba que no me lo pudiera comer, y así, no conseguir la suficiente alimentación. El retraso en hidratarme podía llevarme a la deshidratación. Una ducha fría podía causar en mi ya sobrecargado cuerpo estar consumida de fiebre y, unos kilómetros extras podían romperme psicológicamente. Yo no soy puntillosa en general, ni siquiera en mis desafíos. Sólo pido pocas cosas, cosas simples, pero las que pido son de gran importancia para mí, en estas situaciones.

Mientras corría a un paso absurdamente lento, charlaba tranquilamente con Frank. El cambio del paisaje me ayudó a levantar un tanto mi ánimo, y pronto nos tocó volver hacia atrás. Regresando hacia La Puebla, nos pasaron los motociclistas de fin de semana – uno de los aspectos menos agradables de las rutas de montaña de España, en los fines de semana. Nos pasaron con un estruendo, con sus motores ruidosos rompiendo la tranquilidad. Pero pronto habían desaparecido otra vez; dejando una estela, sólo quedó el humo desagradable de sus motores, mientras la paz se restableció en esa mañana de domingo. Pronto pasamos La Puebla, después de haber repostado agua con Jacques, que estaba preparándose para ir a Teruel, nos dirigimos otra vez hacia la autovía.

Nuestra ruta iba paralela a la autovía, hasta poco antes de llegar a Teruel, por un terreno interminablemente ondulado y desértico. Volvería a ser un día con paisaje monótono, sin ningún punto de referencia que ayudara a marcar los kilómetros que iban pasando, incluso no había ningún pueblo ni aldea. Aunque el día era más fresco que el anterior, me sentía agobiada. Desde los primeros pasos estaba dolorida.

Esto no cedería, sino solo empeoraría mientras me acercaba a la pequeña ciudad, escondida como dentro de un cráter, en el áspero paisaje.

Corrí la mayor parte de la ruta en piloto automático, escuchando mi música la mayor parte del tiempo. Me centré exclusivamente en llegar a Teruel; creé mi propio túnel de visión. Era el único modo de continuar corriendo. Seguí corriendo, siempre con la vista fija en el horizonte, buscando, esperando que apareciera, esta pequeña capital de provincia, saliendo del desierto. Pero nunca apareció. Ni cuando la carretera bajó de golpe, pasando un camping, algunas casas y algunos edificios industriales. Incluso, cuando llegamos al aparcamiento delante del Polideportivo Municipal, en donde se encontraba el Hogar, no pudimos ver la ciudad.

Necesitaba 2 kilómetros más para cubrir mi cuota, así que subí una pista que iba en paralelo a la carretera, la cual nos había llevado aquí. Un kilómetro de ida y otro de vuelta. Pasé de correr a andar al acercarme a la autocaravana, donde Frank y Jacques estaban hablando con un policía y un guarda de seguridad. Aunque no tuvimos una recepción allí, estábamos encantados ya que nos ofrecieron las instalaciones y el permiso para poder aparcar.

Decidimos quedarnos delante del edificio principal, ya que pese a no haber ninguna sombra, podíamos conectar los cables con la red principal. El guardia de seguridad tenía que cerrar pronto el polideportivo, así que lo mejor era ducharme primero, antes de ponerme el hielo en las piernas. Cogí mis cosas y entré cojeando al edificio. Bajé las escaleras hacia donde el guarda indicó que era mi vestuario particular, el que estaba reservado para los controles antidopaje, me explicó con orgullo mientras abrió la puerta. Allí, en una ducha, grande y cómoda, incliné mi cuerpo dolorido contra la pared, dejando el agua caer por él, para que se llevara no solo el sudor y la suciedad, sino también, algo de la tensión y de la desesperación de los últimos días.

Vestida con unos cómodos pantalones cortos y un top sin mangas, salí otra vez al sol, tranquila. Había acabado ese día, podía descansar más horas. Soplaba un viento fuerte, azotando el aparcamiento y sacudiendo el Hogar en el proceso. Montamos la mesa y las sillas fuera y me puse cómoda para poner el hielo antes de que pasara demasiado tiempo. Jacques se había olvidado de comprar el hielo, así que Frank saltó sobre su bici, y por fortuna, encontró una gasolinera para comprarlo. Me recosté en el sol, relajándome, con los pies y las rodillas envueltas en hielo, disfrutando de esta parte del día, por primera vez desde que había salido de Barcelona.

Frank montó la camilla de masaje fuera. Fue la primera vez desde Castellón que no tendría que ejecutar esa tarea en el apretado nido. Mientras el viento amenazaba con llevarnos con él, masajeaba mis castigados músculos, un poco más fuerte de lo habitual, ya que ese día tendrían suficiente tiempo para recuperarse. Jacques, que había salido a entrenar después de nuestra llegada, volvió, entusiasmado por el camino que había encontrado. Se duchó y decidió ir a buscar la biblioteca de la Universidad para pasar el resto del día estudiando.

Después del masaje, Frank y yo nos sentamos dentro para comer. El viento lo hacía imposible afuera. Nos servimos una ensalada, queso, patatas chips y pan, y por primera vez desde hacía muchos días, me volvió el apetito. Jacques regresó. La biblioteca estaba cerrada ya que era domingo. Como Frank tenía que ponerse al día con mucho trabajo, y yo quería descansar, Jacques podía estudiar en la autocaravana. Repté al nido con un paquete de galletas con pepitas de chocolate, y después de engullir más de la mitad, caí en un profundo sueño.

Cuando me desperté, eché una ojeada a mi reloj. Habían pasado dos horas. No había dormido mejor desde que salí de casa, estaba renovada y descansada más de lo que pensaba posible con solo dos horas de sueño. Supongo, que mi cuerpo, tan desesperado por un descanso, reaccionó inmediatamente a este sueño profundo. El tener, asimismo, la mente relajada, había influido en mi recuperación. Frotándome los ojos, alcancé el portátil, para escribir el blog, antes de que perdiera la noción del tiempo, siempre soñando con el helado que me iba a comer, tan pronto como terminase de escribir.

Frank y yo cruzamos lentamente el aparcamiento, pensando que encontraríamos helados en el extenso parque temático de dinosaurios que estaba cerca; pero no encontramos nada de eso. Seguimos paseando, pasamos frente a otras muchas caravanas ocupadas por gitanos – que daban la sensación que estaban allí, aparcados permanentemente – y nos dirigimos a la gasolinera. Allí escogimos tres helados, y contentos regresamos al Hogar, para comerlos juntos con Jacques. Me invadía la felicidad con este dulce y frío gusto. Durante muchos días no había tenido ni un minuto de confort. Esta tarde sin hacer nada en particular, era exactamente lo que me hacía falta.

Llamé a mis padres. Habían pasado días desde la última vez que lo había hecho, no porque no quisiera hacerlo, sino debido a mi lamentable estado. Sabía que no les iba a poder esconder mi terrible condición, y no quería preocuparles, más de lo que ya lo estaban. Mi madre vendría con nosotros hacia el final del desafío, para ayudar en las tareas domésticas del Hogar, así que ella ya iba a tener su propia cuota de días fuertes.

Pero en este punto, yo no veía ninguna razón para preocuparles innecesariamente.

Mi padre también estaba muy preocupado por lo que me había comprometido. Él tiene un historial no exento de aventuras. Se crió en África del Este, participando en rallys por el desierto, así como en deportes acuáticos extremos. En sus años universitarios fue el primero en volar en solitario desde Dublín (Irlanda) hasta Nairobi (África del Este). Pero sin embargo, su amor más grande ha sido siempre la montaña. Ha pasado muchos años como alpinista, e incluso tiene una ruta de montañismo con su nombre en Dublín. Con los años, el alpinismo dio paso al senderismo, y ha recorrido la mayor parte de las cordilleras de Grecia, casi siempre solo. El esquí ha sido otra manera para él de disfrutar de las montañas, y ha pasado muchos inviernos disfrutando de las nevadas pistas de Europa. Aun ahora, a sus más de ochenta años, y de forma regular, camina por las colinas cerca de su casa, en las afueras del norte de Atenas. No hace faltar ni decir que mi amor por la vasta naturaleza, y en particular las montañas, proviene de él. Supongo también, que él es en parte "culpable" de mi sed de aventura, tras pasar horas explicándonos sus aventuras en África o Europa. Creo que probablemente por su experiencia él conoce los riesgos a los que me enfrento, y las molestias por las cuales estaba atravesando, y por tanto estaba tan preocupado por mí.

De modo que, aquella tarde tuve la oportunidad de llamar a Grecia, y hacer saber a mis padres, que si bien había tenido días bastantes malos, ahora me encontraba mucho mejor. Me resultó reconfortante hablar con ellos y estaba contenta de poder darles buenas noticias. Sabiendo que a pesar del hecho, o quizás a causa del hecho que no habíamos hablado desde hace días, eran muy conscientes de que lo estaba pasado mal. Colgué, y llamé a Carlos Martín y a JMA para darles mi informe diario. No les había ocultado mi estado, y cuando estaba tan rota para hablar, era Frank quien les ponía al día de mis avances. Estaban encantados de oír que iba algo mejor, y nuestras charlas, alegres, dejándome con una sonrisa, una vez que había colgado.

Se acercaba la hora de la cena, y Jacques se dio cuenta que no había comprado el pan, así que salió a por él, mientras Frank se ocupaba de la comida. Regresó con el pan, y sorprendentemente con ketchup. Durante la tarde había hablado del tema de que no podía comer más que unos bocados de pasta cada noche. Estaba perdiendo peso rápidamente, y aunque podía permitírmelo – ya que había empezado con algo de sobrepeso – ahora estaba en el punto en que seguir adelgazando comenzaría a ser un problema. Había cavilado si el ketchup me ayudaría, ya que lo había suprimido y sustituido completamente por salsas caseras.

Esparcí algo de ketchup sobre la pasta, y por primera vez en muchos días, vi que podía comer los carbohidratos, tan importante para el ultrafondo. Tomé dos platos de pasta cubierta con la dulce salsa roja, lo que me llevó a recordar mi infancia, cuando mis padres nos dejaban, de vez en cuando, olvidarnos de las salsas caseras en atención de ésta universalmente famosa. Todos mis prejuicios sobre el ketchup desaparecieron, y lo que fue más importante es que comía, no lo que significa ese producto en concreto. Normalmente soy muy cuidadosa con mi nutrición, pero ahora había dejado el pan moreno a favor del blanco, había desdeñado mi favorita pasta de trigo integral para pasarme a la pasta blanca corriente, incluso torcía la nariz a las galletas integrales con azúcar de caña, que me han encantado desde que llegué a Barcelona en el 2003. Había hecho una regresión de años en términos de alimentación, probablemente debido al gran estrés al que estaba sometiendo a mi cuerpo, a mi mente y a mi alma. No sé si los cambios físicos registrados en mi cuerpo, tenían algo que ver con estos cambios tan drásticos en mis preferencias, o si era simplemente un mecanismo de defensa, regresándome a unos gustos, más en consonancia con la chica de ocho años de edad que había sido, y no acordes con una mujer de treinta y nueve años, tan consciente de su salud, como soy ahora. Cualquiera que fuera el caso, estaba comiendo, y esto era muy importante no solamente para mí, sino también para Frank que había empezado a estar preocupado de cómo podría continuar si no era capaz de reponer las calorías que había quemado cada día.

Subí al nido, relajada, para leer los correos y mensajes que habían llegado durante el día. Frank, después de recoger, subió a mi lado, y empezó a leerme, haciendo que rápidamente me quedara dormida.

De golpe, nos despertamos todos de un sueño profundo, por un fuerte y penetrante sonido. Saliendo fuera, los chicos descubrieron que había saltado la alarma del Polideportivo. Esperamos, no podíamos dormir con el jaleo, pero pasaron diez minutos y nadie había venido para pararla. Decidimos que sería mejor llamar a la policía, alertándolos del problema. Nos dijeron que esperásemos, que ya nos interrogarían cuando llegaran. Jacques les aseguró que no íbamos a esperar; éramos invitados del Ayuntamiento, y esperar quería decir que no descansaríamos, con lo cual ponía en peligro la larga etapa del día siguiente. Eran pasadas las doce y media cuando los chicos movieron la autocaravana de sitio y la reubicaron al lado de la gasolinera, con lo cual el agudo sonido de la alarma era apenas audible. Terminado el follón, volvimos a nuestras camas, algo alterados por la pérdida de descanso, pero listos para recuperar el sueño de nuevo lo antes posible.

Blog – 9ª Etapa

Descanso, la posibilidad recoger unos trozos de mi misma, y recomponerme.

Día de descanso – menos mal, nunca he estado tan mal al despertarme. La noche fue una pesadilla que no acababa, fiebre y dolores como agujas en los pies y las rodillas, y un sarpullido en mis pies, piernas, pecho...

Empezar esta mañana fue casi más de lo que podía hacer, pero no me quedaba otra opción. Teruel era el reto, y Teruel es lo que miraba con visión de túnel. Llegué y me duche en una ducha grande en el pabellón de deportes municipal – que lujo!

Una comida, masaje y he dormido dos horas – mejor que cualquier noche desde cuando he empezado. Ahora un helado, cena y a dormir...

¡A Kilometrar!

El huésped inesperado

10ª Etapa

Lunes, 15 de junio

Teruel – Escucha

Terreno montañoso – desértico

70 km

11 horas y 23 minutos

2 pasos de montaña de 1.300 m y 1.408 m

710 metros desnivel positivo

657,47 km recorridos en total

1.352,53 km por recorrer

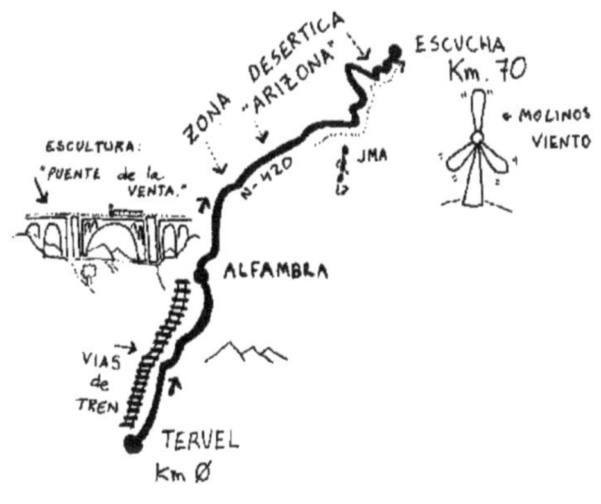

RUTA 10

A las cinco y media, sonó el despertador. Después de haber tenido unas cuantas mañanas malísimas, despertarme y no sentirme como si estuviera al borde del abismo, fue un maravilloso alivio. Me vestí en el nido, y bajé por la escalera, moviéndome mucho más ligera que hacía días.

Como Jacques tenía que enviar el juego de llaves de su casa a su novia por mensajería, decidimos que él se quedara en Teruel, hasta la apertura de la oficina. Al mismo tiempo pasaría por la comisaría de policía para recoger el nuevo convertidor que Carlos nos había enviado (él lo había enviado a la comisaría porque era el único sitio donde estábamos seguros de que habría alguien para recibirlo). Así que para no perder tiempo, Jacques conduciría hasta el punto de salida, a las afueras, mientras que Frank y yo tomaríamos el desayuno, con lo cual saldríamos temprano y aprovecharíamos las horas más frescas del día. No era lo ideal para Jacques, porque significaba que él tenía que estar despierto y funcionando temprano con nosotros, pero era la mejor solución.

Eso de estar moviéndonos arriba y abajo, por las estrechas y empinadas calles de una ciudad todavía dormida, en la hora anterior al amanecer, mientras comía, pan con miel y sorbía el café era una sensación rara. Tenía hambre y lo aproveché al máximo: me comí media baguette. Pronto llegamos a la carretera nacional. Encendí mi frontal, me despedí, con la mano, de un muy somnoliento Jacques, y con Frank en bici a mi lado, salí trotando suavemente, hacia la oscuridad.

Al llegar el alba, empalmamos con la N-420, que nos llevaría hasta Escucha. Desconectamos y nos quitamos los frontales, y dejamos Teruel a nuestra espalda. Me encontraba cansada, pero mucho mejor después del día de descanso, y fácilmente me puse a mi ritmo de crucero con la esperanza de que pudiera completar el día de una manera cómoda, por una vez.

La ruta matinal nos llevaría por el paisaje más impresionante, hasta ahora, de todo el desafío. El montañoso y desértico escenario había cambiado drásticamente, dejándonos en lo que yo puedo describir solo como una escena de una película del Oeste. Atravesamos anchos barrancos de tierra de color rojo oscuro. Nos rodeaban colinas rojas, que recordaban escenas de Arizona, dándonos la sensación de que habíamos sido transportados a través del Atlántico, a principios del siglo pasado. En estas primeras horas del día, el paisaje cambiaba constantemente, mientras que la carretera serpenteaba hacia arriba sin cesar, envuelta en colinas secas y rojizas.

Atravesamos por pueblos desmoronados que intentan desesperadamente retener algo de sus días de gloria, cuando eran los emplazamientos de las estaciones de la proyectada línea de tren que uniría Teruel con Alcañiz – unos 270 kilómetros hace ya muchos años. Las obras habían comenzado en 1927 bajo la supervisión del ingeniero Bartolomé Esteban, prometiendo empleo a unos 2.000 trabajadores, muchos de ellos procedentes de diversas regiones españolas para participar en la obra. En 1930 empezaron a producirse una serie de atrasos, por diversas razones, probablemente de naturaleza política. Esto dejó cientos de empleados en cada uno de los pueblos a lo largo de las líneas férreas, sin cobrar. Muchos de ellos pasaron largos periodos de hambre y muchos de ellos perdieron sus casas.

La guerra civil dejó un rastro amargo en esta región, haciendo añicos sus esperanzas. Las obras nunca se llevaron a cabo, dejando la línea y sus edificios a medio construir o cayendo en pedazos, en decadencia, junto con los pueblos vecinos. Hasta el día de hoy, los habitantes que residen en ellos han luchado para mantener las construcciones y la línea viva. En los últimos años, el municipio de Alfambra consiguió reparar el tramo entre Alfambra y Teruel. En la actualidad, trabajan en un proyecto para conectar Teruel con Zaragoza, a través de una vía verde – una senda –, uniendo parte de la vía del tren que nunca se terminó con la obsoleta vía minera que va de Utrillas a

Zaragoza. La vía verde que se propone tendría dos partes: Teruel – Escucha y Utrillas – Zaragoza.

Pasando Alfambra atrajimos las miradas curiosas de los vecinos. Les saludaba, sonriendo, mientras corría. Vimos algunos signos de renovación en los desmoronados edificios de la estación, que van a ser reconvertidos en hoteles rurales para el turismo que la región espera captar, a través de esta nueva ruta verde. Pasamos también por delante de una fila de esculturas metálicas de tamaño natural. Estas forman parte de una serie llamada "El Sueño", encargadas por un historiador involucrado con la región, Juan José Barragán, y realizadas por el herrero local, Dámaso Fabre. El simbolismo del nombre se refleja en las esculturas, las cuales observamos al pasar.

La primera escultura, a la izquierda de la carretera, al lado de las ruinas de la estación, describe un grupo de gente esperando al tren, cuatro adultos y dos niños. Representa una escena tranquila, común, cotidiana. Exactamente esto es lo que la hace especial, porque conociendo como sé ahora la historia de la región, es imposible no conmoverse frente a ella. La segunda, realmente espectacular, está a unos 3 kilómetros más adelante. A la izquierda de la carretera habían reconstruido un puente, un viaducto modernista. Este puente es conocido como Puente de la Venta. La escultura, también metálica, es de un tren que circula en dirección a Teruel, cruzando el puente, tirando de un vagón con unos cuantos pasajeros. La simplicidad de esta escultura, con su telón de fondo un agreste, precioso paisaje, me dejó encantada.

Siento amor por la escultura. Me puedo pasar horas admirando obras. Incluso las que no me gustan. La escultura me cautiva, especialmente las obran grandes, las que están en los exteriores, cuyas formas o figuras se reaniman para mí, en sus entornos naturales. Aquí, quería detenerme, para admirar el tren desde la lejanía, para después subir al puente, y disfrutar más de cerca su belleza. No hice nada esto. Simplemente continué corriendo, llevando esta imagen pegada en mis ojos: este símbolo del pasado, honra de esperanzas rotas, que hoy es una ventana abierta a los sueños de la restauración.

Fotógrafo: Frank Jensen

Estiré el cuello para echar la última ojeada, me volví, y sintiéndome más enriquecida, seguí corriendo. Pronto la carretera llegó a una larga planicie, que se extendía en la lejanía por los dos lados de la carretera. El paisaje aquí había cambiando espectacularmente, la única característica que quedaba era la tierra de color rojo intenso. Había una considerable extensión de tierra de labranza, los cuadrados y rectángulos verdes de tierra cultivada, destacaba contra los tonos rojizos oscuros de las superficies recién aradas.

Me encontraba en este punto, pasado el mediodía, cuando a la altura de Orrius nos adelantó Jacques. Nos dio alegremente un sonoro bocinazo y siguió su camino. Le encontramos unos kilómetros más adelante, esperándonos en una gasolinera, justo antes de Perales del Alfambra. Había enviado las llaves a su novia, recogido el convertidor, y ahora estaba impaciente por estirar las piernas. Todas las ideas sobre estudiar habían desaparecido. Tenía la bicicleta ya preparada cuando llegamos a su lado.

Después de una breve parada para el lavabo, seguí, y poco después Jacques se reunió conmigo. Él estaba muy entusiasmado por la preciosa ruta que le había llevado a estas llanuras, y juntos seguimos charlando y comentando, sobre el inusual terreno. Empezaba a sentirme con más fatiga, por lo que pedí a Jacques que parase a Frank cuando nos pasara, para que éste le diera alguna bebida isotónica que Jacques pudiera llevar en su bici, lo que me permitiría beber a sorbos durante el camino. Frank se paró en una pequeña parada de descanso, un poco antes de llegar a un cruce, a la izquierda de lo que parecía una fábrica o un silo de cereales. Yo seguí, intentando conservar mis fuerzas. Acababa de ajustarme a mi ritmo crucero, y estaba corriendo aturdida, cuando de repente me di cuenta que estaba mirando directamente a los ojos del conductor del coche que venía en dirección contraria. Con un chispazo de alegría, reconocí al conductor. ¡Antentas! Viéndole allí, en medio de aquel páramo de montaña, tan lejos de casa, era surrealista y a la vez increíble devolviéndome las fuerzas. Saltaba de alborozo, literalmente, y él se precipitó del coche para darme un abrazo.

Este emotivo reencuentro, atrajo la atención de Frank, que rápidamente corrió hacia nosotros, para fundirnos con nuestro amigo en un abrazo enorme. Jacques, vino también y por unos momentos, charlamos animados. JMA nos contó sus peripecias para encontrar Escucha, y a nosotros – todo sin avisar a nadie de su llegada. Miré mi reloj, y vi que debía empezar a correr de nuevo, si quería llegar a Escucha a una hora razonable. Aun me quedaban unos 30 kilómetros y sabía que no iba a pasar mucho tiempo hasta que el cansancio me envolviera, retornando de nuevo a la lucha. Quería avanzar lo máximo posible mientras todavía me encontrara relativamente fresca.

Tomé unos tragos de la mezcla isotónica y empecé a trotar, más animada en ritmo y espíritu. Antentas es un amigo de verdad, y su presencia allí fue una sorpresa y un gran regalo. Él es generoso en extremo, siempre a punto para ayudar, y siempre listo con una sonrisa. Desconocía lo que me podía suceder en los próximos 30 kilómetros, pero sabía que me sentiría bastante mejor al tener la inesperada presencia de nuestro amigo, dándome mucha más energía, de la que él mismo pudiera imaginarse.

En breve Jacques se unió a mí de nuevo, y me acompañaría hasta unos 15 kilómetros antes de Escucha. Toda la fuerza que había tenido yo durante la primera parte de la jornada, se evaporó rápidamente, dejando paso a una agobiante lucha mientras subimos las llanuras para llegar al primer collado montañoso, para descender otra vez en donde Jacques cogería la autocaravana y se iría hasta el final de la etapa. Frank nos había adelantado, diciéndonos que el seguiría hasta encontrar una gasolinera para repostar y preparar la autocaravana para el día siguiente, antes de que me acompañara en bici desde Mezquita de Jarque, para cubrir los últimos 15 kilómetros.

Cuando alcanzamos a Frank, estaba ya agotada, aunque fue un consuelo saber que estábamos tan cerca a nuestro destino. Salimos, siguiendo la carretera que volvía a subir hacia las montañas. JMA había dejado su coche en Escucha y venía corriendo en dirección opuesta, para encontrarnos en algún punto del recorrido. Los últimos kilómetros me habían dejado muy débil y mi paso era lento. Iba a un paso lentísimo. De repente el corto tramo que quedaba me parecía un reto enorme. Cada paso me agobiaba.

Fue fácil divisar a JMA desde unos cuantos kilómetros antes, ya que llevaba la chillona camiseta de color naranja, que ya formaba parte de este desafío. Desde abajo le podíamos ver fácilmente mientras avanzaba. Al acercarnos, nosotros subiendo una fuerte cuesta, él se paró debajo de un árbol, buscando el aire fresco y la sombra. Nosotros nos sentamos un momento; tenía necesidad de reunir todas las fuerzas que me quedaban para atacar el segundo y último collado del día. Reanudamos la marcha, y mentalmente me enganché a JMA, mientras él charlaba, acribillándonos con preguntas, y explicándonos su decisión espontánea de venir a visitarnos. En los últimos días, se había dado cuenta, a través de mi blog o por las conversaciones que a diario tenía conmigo o con Frank que me encontraba en mal estado. Intuía que yo estaba peor de lo que nosotros admitíamos en público. Quería verlo de primera mano. Al despertarse aquel lunes y ver que no tenía planificadas reuniones ni trabajo específico que hacer hasta la tarde del martes, tomó una súbita decisión. Metió cuatro cosas en una pequeña bolsa, sin olvidar las de correr y la camiseta del desafío, dio una ojeada al mapa y salió a toda prisa hacía Escucha.

Aunque llevaba mi cansancio como una pesada carga sobre mis hombros, intentaba no hacerle caso, mientras me concentraba en la charla y las bromas, riendo con facilidad, mientras a duras penas seguíamos progresando montaña arriba. Una vez en la cima, me paré para buscar unos arbustos. Mi estómago lo estaba pidiendo. De nuevo, molinos de viento se alzaron sobre nuestras cabezas como lo habían hecho ayer y más temprano en la jornada de hoy en el primer paso de montaña. Renqueante fui hacia abajo, donde Frank y JMA me esperaban. Parecíamos enanos, debajo de aquellos indolentes molinos, siempre vigilantes.

Atravesamos el túnel de San Just. Saliendo al sol de la tarde al otro lado, JMA nos señaló Escucha muy debajo de nosotros a lo lejos. Aunque pocos kilómetros nos separaban del final, a mí me parecía muy lejos, con cada kilómetro castigándome más que el anterior, haciendo el progreso casi insoportable.

Kilometrando y charlando con JMA

Una vez más, me dejé llevar por la energía positiva que estaba recibiendo de Frank y JMA. Desde hace tiempo soy capaz de captar la energía de otros, pero no ha sido hasta estos últimos años que he sido consciente de ello. Y esta consciencia me hace más sensible. Tanto la energía positiva como la negativa son casi tangibles para mí, y es algo que ciertas situaciones o elementos parece que lo aumentan. Las llamadas telefónicas curiosamente parecen que amplían cualquier energía que los demás están mandando, quizás debido a la ausencia de estímulo visual, el cual puede encubrir las vibraciones fundamentales. Empezaba a darme cuenta de que mientras corría distancias extremas, era particularmente sensible a los cambios de energía de los demás, y que eso me afectaba mucho más que bajo circunstancias normales. Esto podía favorecerme o todo lo contrario. Si la energía del otro no se complementaba con la mía, me perjudicaría severamente agotando mis reservas y llevando al límite toda mi resistencia. Sin embargo, como era el caso con JMA, la energía era positiva, o complementaria a la mía, me daría un subidón, inyectándome un plus de fuerza, ayudándome, en lugar de ponerme trabas.

Así es como estaba otra vez luchando para mantenerme a flote, me sentí animada, apoyada de la energía combinada de Frank y de JMA. Nos reímos con ganas, de la absurda coincidencia de JMA, por haber escogido este día para hacernos una visita. Cuando estaba planificando la ruta, unos meses antes, en casa, le había mencionado algunas ciudades y pueblos. JMA, hay que decirlo, aparte de ser Vicepresidente de la Federación Catalana de Atletismo, un respetado presentador de muchas de las más grandes carreras de Catalunya, y un atleta de toda la vida, es todo un carácter. Sus opiniones, su humor y su queja burlona de todas las cosas que hay bajo el sol, es una marca de la casa, igual que lo es su micrófono. Así cuando leyó la relación de las 31 llegadas del desafío, hacía un jugoso comentario continuo a cada una de ellos. "¿Escucha?", aulló, "¡Esto no existe!".

Su observación me hizo reír mientras le afirmé que no solo existía, sino que me aseguraría que Frank hiciera muchas fotos para demostrar su existencia. Me pareció muy adecuado, que aquel día en particular se despertara y de forma espontánea se metiera dentro de su pequeño coche rojo y viniera a hacernos una visita. Nos reímos de su avergonzada expresión cuando a regañadientes aceptó que Escucha existía.

Antes de lo que pensé posible, nos estábamos aproximando al pequeño pueblo minero de Escucha. Faltaban unos kilómetros para completar la cuota del día, así que otra vez tuve que añadir algunos más, antes de acabar. Con JMA tomamos una pista que subía hacia las montañas, para hacer un par de kilómetros de ida y vuelta y marcharnos hacia donde nos esperaba Frank para plasmar nuestra llegada con su cámara. Una fina lluvia, que nos había amenazado durante más de una hora, empezó a caer.

A la entrada de la población, delante de un pequeño bar, un grupo de personas nos saludaba y animaba así como un puñado de niños se nos unía para correr unos metros con nosotros. Parecía que Jacques había podido contactar al fin con el Ayuntamiento. Frank nos guió hasta donde estaba Jacques esperándonos en un tranquilo estacionamiento en las afueras del pueblo.

El alcalde de Escucha, Javier Carbó, había venido para darnos la bienvenida con alguien más del Ayuntamiento. Fue una sorpresa y me encantó; no esperábamos nada especial, porque Jacques no había podido contactar con nadie los días previos. Me encontraba bastante mejor aquella tarde que en cualquiera de las llegadas de los últimos días. Allá en el polvoriento terreno, con una casi imperceptible lluvia, todos nosotros charlábamos tranquilamente, celebrando que habíamos completado con éxito otra etapa. Hice estiramientos, y con gran placer me senté para ponerme hielo en las piernas. Ese día Jacques tenía todo preparado. Comí unos trozos de fruta, sabiendo lo importante que es recuperar todos los carbohidratos perdidos, lo antes posible.

Frank montó la camilla del masaje fuera, ya que habíamos terminado relativamente temprano, y la lluvia parecía haber parado. Abrigada con mi anorak seguí hablando con el pequeño grupo. Un tercer hombre, que venía del Museo Minero, se unió a nosotros, trayendo regalos para los tres. Nos obsequió con tazas y llaveros para el deleite de todos nosotros. Esta bienvenida, que no esperábamos, fue justo lo que necesitábamos aquella tarde de lunes.

Cuando llegó la hora de mi ducha, nos despedimos del alcalde y de sus dos acompañantes. JMA se dirigió hacia la pensión donde se alojaba. Jacques salió para entrenar, y Frank empezó a preparar la cena, mientras yo me fui a la pequeña cabina para darme una ducha rápida, de agua benditamente caliente, y poder lavarme y sacarme de encima toda la suciedad de esta décima etapa.

Escalé hacia mi nido, rendida, para ponerme a escribir en mi blog rápidamente. Quería haber terminado para cuando JMA hubiese vuelto y así poder disfrutar completamente de su compañía. Regresó con refrescos, unas cuantas cervezas, patatas chips y algunas galletas. Jacques acabado de llegar se metió en la ducha, para salir poco después, relajado y hablador, disfrutando de las delicias que JMA había traído. Otra vez mis dolores me impedían comer en la mesa, así que lo hice en el nido, tendida boca abajo, observando a los tres hombres cómo comían y charlaban. Pasta, huevos revueltos y ensalada fue el menú, una vez más, al que añadimos haloumi (un queso exquisito de Chipre) a la parrilla, en honor a nuestro inesperado huésped. A pesar de estar deshecha y de pensar que todavía me quedaban veintiún días para terminar, lo pasé bien aquella tarde, sin pensar en lo que me esperaba al día siguiente. Prefería escuchar y participar de vez en cuando en aquella conversación tan animada.

La cena acabó pronto. JMA recogió sus cosas para no retrasar mi descanso y nos despedimos con un buenas noches para encontrarnos otra vez a las seis menos cuarto de la mañana siguiente. Jacques lavó los platos, Frank ordenó y preparó la mochila para el día siguiente, comprobando que el GPS y el móvil estaban cargando.

Tan pronto como terminó, subió al nido, abrió las ya familiares páginas de "La mujer del viajero del tiempo". Como siempre, no acabó de leerme ni una página entera. Había caído profundamente dormida.

Blog – 10ª Etapa

Por primera vez en 5 días me he encontrado un poco más como soy yo misma, y menos como una sombra de dolor. Después del descanso de ayer ha sido un respiro, no sufrir tanto.

Además en el km 40 hemos tenido una sorpresa increíble – Josep Maria Antentas ha venido a ver como estaba. Al escucharme ayer, quería asegurar que todo iba bien – menos mal que no había venido el sábado, el aspecto de cómo iba kilometrando, y como llegué mejor no verlo. Mejor regalo no podía haber hoy.

La llegada en Escucha ha sido bonita con el alcalde y varias personas de Escucha – regalos para todos y un sitio tranquilo para dormir.

Una etapa más, menos agotada, Antentas, una bienvenida cálida, y un sitio tranquilo a dormir....perfecto!
Ahora a descansar.

¡A Kilometrar!

Una yuxtaposición del pasado con el presente

11ª Etapa
Martes, 16 de junio
Escucha – Belchite
72 km
11 horas y 43 minutos
28° C. Llovizna
729,47 km recorridos en total
1.280,53 km por recorrer

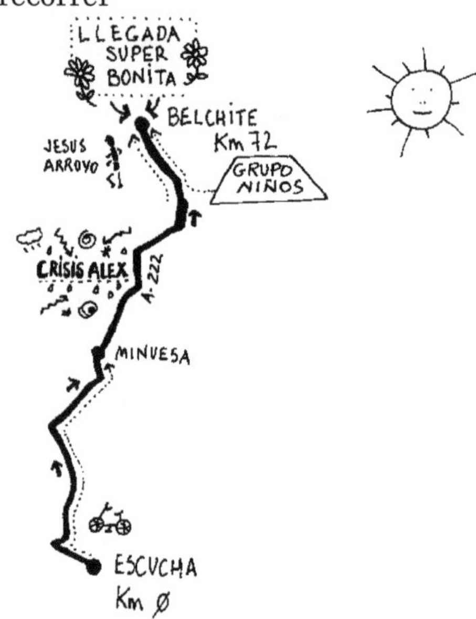

Después de otra noche infernal, sonó el despertador mucho antes de que amaneciera. Levantarme era casi un alivio, después de haber aguantado tanto sufrimiento durante la noche. No podía dormir ni una hora seguida, antes de que el dolor me despertara otra una y otra vez. Deseaba la llegada del alba. Era una solución sin salida, el tiempo entre el momento de acostarme y la hora en la que sonaba el despertador me resultaban insoportables, pero a la vez, sabía que con la mañana, vendrían 70 kilómetros de sufrimiento, agotamiento, dificultades y algunas veces, desesperación. Cada amanecer era una noche menos para aguantar y cada llegada un día menos para sufrir. Había poca tregua en esta tortuosa rutina; algunos días no había ninguna.

Aquella mañana, mi buen humor de la noche anterior había desaparecido. Cuando JMA llegó, me observó en silencio. Por norma es un hombre muy hablador, pero esta vez estaba sorprendentemente silencioso. Su expresión me decía que él sabía de mi mala noche, y que estaba lejos de encontrarme bien. Preferí no hablar del tema, pero si lo hizo Frank, mirándome de reojo de vez en cuando, como si mentalmente tomara nota de mi silencio, de mi incapacidad para comer y de mi rostro demacrado.

Sentada, picoteando el desayuno, me aferré a la taza de aquel caliente y granuloso café; intentando absorber toda la energía positiva y el buen humor que podía, antes de salir para Belchite. Jacques se había unido a nuestro pequeño grupo y daba la sensación de estar más despierto que la mayoría de las mañanas. La energía de JMA, evidentemente le estaba afectando a él también, de forma positiva. Yo seguía sin participar en la conversación, mientras me hacía fuerte para el largo día que se avecinaba.

Frank me tocó suavemente con el codo, como indicando que era el momento de ponerme en marcha. A regañadientes, me levanté, y con mucho dolor, sujeté mi mochila mientras él comprobaba que el GPS funcionaba. Tras abrazarme con JMA y desearle un buen retorno a Sabadell, me fui en busca de la calle principal del pueblo, y pronto me alejaba de él. Poco antes de empezar la N-420 tuve que parar, noté que el agua estaba bajando por mis piernas. Debí volver a cerrar el depósito y resellarlo. Al empezar la larga bajada de Escucha los chicos me adelantaron.

Se podía ver todo el valle desde este punto, con la sinuosa carretera atravesándolo bien abajo a lo lejos. Era una manera bonita de empezar el día, en bajada, pero no sentí ningún alivio en particular. Sabía, que allá abajo, una vez pasado el pueblo minero de Utrillas, me esperaba la inevitable cuesta que de nuevo me llevaría a los altiplanos muy por encima de estos profundos valles. JMA me pasó, mientras trotaba lentamente hacia abajo, saludándome con la mano y sonriéndome. Su visita me había subido la moral, y me había dado un estímulo que tanto necesitaba. Fue triste verle marchar.

La mañana era fresca y ligera, caía una suave llovizna y había algo de neblina. Puse música para encontrar mi ritmo de crucero. Esto era difícil después de la noche que había pasado. Dejé atrás a los chicos. Frank estaba repostando, rellenando y vaciando, las ineludibles tareas de cada mañana. Jacques, que descargaba la bicicleta de la parte trasera de la autocaravana, me gritó desde el otro lado de la carretera, para decirme que me iba a acompañar. Avanzaba con ritmo lento por la carretera que se curvaba hacia abajo en dirección a Utrillas hasta que se unió Jacques. Juntos atravesamos esta población minera, famosa por su lignito. Pasamos por monumentos que recordaban la riqueza de sus minas, y aunque este pueblo se acurrucaba en las profundidades del valle, parecía no afectarle la penumbra de las imponentes montañas que lo rodeaban.

Pasado Utrillas, seguimos por la ya estrecha carretera que nos conducía bordeando un desfiladero, dejando el río abajo a lo lejos, a nuestra derecha. Encontramos a Frank, aparcado en una pequeña zona de descanso, y salté al interior de la autocaravana. Con la roca encarada a nuestra izquierda y el acantilado a la derecha, no había manera de encontrar unos matorrales adecuados en donde esconderme. Al bajar, Frank me dio el bocadillo que acababa de prepararme. Continuamos hasta dejar el desfiladero a lo lejos a la derecha, para cruzar una gran y vacía rotonda, antes de entrar en la A-222, una larga, ancha y relativamente nueva carretera, que nos adentraría en las montañas. Frank nos pasó, gritando que nos esperaría en la cima.

Como la cuesta empezó a subir abruptamente, reduje mi ritmo hasta ponerme a andar y aprovechar la pendiente para comer mi bocadillo. Aunque por lo general mis dos primeros sandwiches del día eran de queso y de mermelada de frambuesa – algo que me encantaba por la mañana en general – en los últimos días, mi estómago los había rechazado. Sabiendo que no podía arriesgarme a no comer, hice un esfuerzo para acabarlos, diciendo a Jacques que solo pediría bocadillos de tomate y queso para el resto del día. Frank me llamó desde arriba, para advertirnos que la cuesta que parecía empinada, pero no muy larga, era de hecho sumamente larga. Me dijo que había unos 6 o 7 kilómetros, que subía abruptamente, para llegar hasta arriba a la meseta. Él se quedaría allí esperándonos, por si necesitábamos alguna cosa, para después marchar a comprar el pan.

Frank no había exagerado, la cuesta parecía no acabarse nunca. Cada vez que pensaba que iba a llanear después de pasar un punto alto, simplemente volvía a subir. Seguí nuestro muy lento progreso a través de mi GPS, haciendo una cuenta atrás de los kilómetros. Jacques me hablaba de la tesis que presentaría el lunes siguiente en Barcelona, y me explicaba que había reservado un billete de tren, para la última hora de la mañana del viernes desde Logroño. Estaba preocupado por haber olvidado llamar a alguien para que le trajese una caja para empaquetar la bici. Se reprendía a si mismo, como otras tantas veces, de ser tan exageradamente despistado. Esta manera de ser, de autodesaprobación, me hizo reír aquel día, a pesar del hecho de que su actitud tan distraída nos había traído ya varias dificultades.

Por fin, rodeamos una colina más, esperando ver otra subida frente a nosotros, pero en su lugar, tuvimos la visión colorista del Hogar esperándonos al lado de la carretera, a unos metros delante de nosotros. Para nuestra satisfacción, no había más montañas a la vista. Seguimos adelante después de parar solamente para saludar a Frank, quien intentaba hacer algo de su trabajo profesional.

Le dejamos y seguimos por esta ruta ligeramente accidentada al principio, antes de que empezara a bajar vertiginosamente bajo nosotros. Jacques se paró al lado de la carretera para hacer unas llamadas, mientras yo empecé, agradecida, el descenso hacia un pequeñísimo pueblo que estaba amontonado en el fondo de la bajada. Al aproximarme a La Hoz de la Vieja, oí detrás de mí, un grito de entusiasmo de Jacques que venía volando con su bici lleno de júbilo por la velocidad. Hablaba efusivamente sobre el magnífico paisaje y el pintoresco pueblo. Justo antes de entrar, Frank nos pasó volando, aparcó, saltó afuera y comenzó a fotografiarnos. Mientras miraba a mi izquierda, a las casas pequeñitas hechas de piedra, de otra época, deseaba estar disfrutando de un viaje en coche en lugar de este bestial desafío. Me atraía aquel laberinto de calles, igual que los numerosos caminos que conducían hacia las montañas.

Pasando La Hoz de la Vieja

En este decimoprimer día, con el cansancio invadiendo todo mi cuerpo, deseaba transportarme a una fecha en el futuro, en la con que junto a Frank pudiéramos, tal vez, alquilar una autocaravana y transitar por esta ruta por puro placer. En mi fantasía, nos detendríamos aquí, como en otros muchos lugares por los que hemos pasado y los visitaríamos durante unas horas. Nos pararíamos en los pueblos, villas y ciudades, donde había sido recibida tan calurosamente, pudiendo compartir con la gente su alegre compañía, en lugar de encontrarme a punto del colapso por agotamiento. Me llevó el ensueño, y pronto estaba dejando el pueblo tras de mí. En una sacudida advertí que todavía me faltaba completar este día, y otros veinte más. Este pensamiento casi me paralizó, y descorazonada, seguí arrastrándome.

No tenía otra alternativa que seguir corriendo. Busqué algo positivo en donde agarrarme y que me levantara los ánimos. Pensé en el día siguiente, cuando llegara a Zaragoza, un lugar por el que ya había pasado durante mi Camino, el año anterior. Estaba segura que tendría un bonito recibimiento en esta capital de provincia, ya que Jesús Arroyo, el presidente de la Federación Aragonesa de Atletismo, estaba planeando algo. También estaba esperando la llegada de alguien del B10. Me habían dicho que me recibirían en esa ciudad importante. Jesús me había comunicado que hoy intentaría estar en Belchite, aunque no esperaba ninguna llegada extraordinaria.

La villa de Belchite, a unos 46 kilómetros al sureste de Zaragoza, no una villa cualquiera del mapa. Tiene una trágica historia, conocida en toda España. Todos, antes de salir, al saber que pasaría por Belchite, me dijeron que no esperara un gran recibimiento en Belchite, ya que el pasado había dejado unas huellas imborrables en las relaciones que la ciudad tenía con muchas otras zonas españolas.

A Belchite, que cuenta en la actualidad con unos 1600 habitantes, no le resulta desconocida ni la guerra ni la destrucción. El 15 de junio de 1809, se libró, muy cerca de ella la batalla de María, durante la Guerra de la Independencia. En 1937 en la Guerra Civil Española, lucharon las fuerzas republicanas y las nacionales en la llamada Batalla de Belchite que tuvo lugar entre el 24 de agosto y el 7 de septiembre. La confrontación, una serie de ataques y contraataques, tuvo lugar fuera y dentro de la villa, dejándola completamente en ruinas. Después del final de la Guerra Civil Española, se construyó un nuevo Belchite, al lado del viejo pueblo, el cual permanece hasta el día de hoy como una conmemoración a la guerra.

La villa tiene una historia tan triste para tantas personas por toda España que esperaba ver esta tristeza reflejada en las ruinas, intactas desde el fin de la guerra y en los habitantes de Belchite mismo. Aunque tenía ganas de conocer a Jesús, poca cosa más aguardaba a mi llegada.

Todos estos pensamientos me ayudaban poco a levantar el ánimo. Seguí pesadamente, si bien aliviada en parte, porque la tierra parecía llana, dejando atrás las montañas y valles. Jacques me alcanzó para darme un bocadillo y preguntarme si podría ayudarle a encontrar un embalaje para su bicicleta. Llamé a una tienda en Barcelona, que pensaba que tendrían este tipo de cajas, y me aseguraron que si su hermano pasaba a recogerla, se las darían gratis. Él tendría que entregarla al B10 y éstos nos la podrían llevar a Zaragoza. Le di a Jacques la dirección y el número de teléfono de la tienda, así como el de B10, recordándole que lo primero que tenía que hacer era llamar a su hermano, y después al B10 para pedirles este favor. Todo esto hice, mientras avanzaba lentamente por esta larga ruta, que me llevaría directamente hasta Belchite aquella tarde.

Comí el bocadillo, apenas tolerando su dulce relleno (Frank no había sabido que yo no quería más este tipo de sandwiches) mientras murmuraba que solo quería los de tomate y queso para más tarde. Me compadecía mucho de mi misma, y, cuando el teléfono de Jacques sonó, y se quedó atrás, me puse los auriculares, ahogando mi propia voz interior con la música.

La carretera se extendía adelante por un terreno ligeramente accidentado. En mi cabeza, esta carretera se volvía interminable, y empezaba a desesperarme.

Esperaba que Frank, viniera pronto para acompañarme. De algún modo, eso me ayudó a avanzar. Vi al Hogar, aparcado y cerrado en las afueras de un pueblecito a la derecha de la carretera. Cortes de Aragón, adormecía soñolienta en el sol de la última hora de la mañana. El poblado consistía en unas cuantas casas colgadas sobre una pequeña colina rocosa – muchas de ellas construidas en las mismas rocas. La torre de la iglesia echaba un vistazo tímidamente por encima de los edificios deteriorados por el tiempo, cuyos tejados rojos y ventanas cerradas, les daba un aspecto cauteloso y uniforme. De Frank no tenía señales. Suponía que había ido a por pan.

Al pasar Cortes de Aragón, Jacques se unió a mí, para parar de nuevo por otra llamada telefónica. Murmuró algo como que no le dejaban en paz, antes de contestar a quien le llamaba, que debía de ser de Belchite o de Zaragoza. Seguí corriendo, mis fuerzas disminuían por momentos. Me centré en cuando vendría Frank, lo que me permitió, por un tiempo olvidarme de los muchos kilómetros que todavía me separaban de la meta del día. Volvía a la segmentación, rompiendo el día en “trozos”: cada ciudad y pueblo, cada sandwich, cada kilómetro o aun, como hacía ahora, concentrándome en el momento de cuando Frank llegara. Cuando nada más funcionaba, simplemente elegía un punto en la lejanía y me concentraba en llegar a él. Tenía mi reloj para ver la hora y el tiempo transcurrido. No quería saber nada de kilómetros aún – sería demasiado desmoralizante sabiendo cuantos tenía para recorrer todavía.

Me había dado cuenta que concentrarme en mi progreso en términos de kilómetros demasiado pronto en el día bajaba la moral, así que intentaría esperar hasta las primeras horas de la tarde, para comprobar mi reloj. De este modo, confiaba en que sería capaz de evitar algo de la desesperación que en la mayoría de los días, empezaba muy pronto. En todas las jornadas anteriores estaba atenta a los kilómetros desde el comienzo y comprobaba el progreso cada pocos minutos. Pero me había dado cuenta de que esto me beneficiaba poco, a primeras horas del día, y incluso quizás añadía más estrés y agotamiento. Saber que no había cubierto ni un tercio de la ruta, tras correr varias horas, cuando mi cuerpo ya estaba dolorido, me machacaba. Por lo tanto intentaría resistirme de mirar el kilometraje, hasta que pensara que ya había hecho al menos la mitad del trayecto.

Jacques me alcanzó y me puso al día sobre las llamadas que había hecho o recibido. Cada vez estaba más y más preocupado con su regreso a Barcelona, y a la presentación de la tesis que se acercaba. A pesar de que desde Valencia, cada día le habíamos enviado directamente a las llegadas, para así estudiar, descansar y entrenar, poco de ello había hecho, prefiriendo muy a menudo ponerse al día leyendo el periódico o durmiendo, en lugar de dedicarse a su trabajo. Seguimos charlando, él estaba preocupado de cómo podría llegar a la estación el viernes desde El Villar de Arnedo, en donde dormiríamos la noche del jueves, y cómo transportar su bici. Me dijo que volvería en algún momento del martes siguiente, y que simplemente saldría en bici de cualquier estación a la cual hubiera llegado para encontrarnos en algún punto de la ruta o al final de la etapa.

Mientras le escuchaba, mi cabeza empezó a divagar. Me preguntaba cómo se las iba a arreglar Frank para apoyarme solo durante cinco días, teniendo que contactar con los ayuntamientos, teniendo que preparar las llegadas, todo sin ayuda. Me preocupaban en particular ciudades como Logroño o Vitoria, porque de momento, las ciudades habían resultado problemáticas o difíciles para desenvolverse dos personas. Pero poco podíamos hacer. Contactamos con Oz, para ver si podía venir aquel fin de semana, pero no fue posible. Estábamos demasiado lejos y debido a su horario de trabajo, solo podía estar con nosotros, un día como máximo.

Un bocinazo me despertó de mis pensamientos. Acercándose Frank, saludaba con alegría con la mano desde la ventanilla. Aunque debería haber venido antes, se había atrasado por culpa de la búsqueda del pan. Algo que había pensado que iba a estar garantizado por toda la España rural – las panaderías – parecían escasear. Esta situación me chocó, ya que en Grecia, cada panadería local todavía se enorgullece de hacerse su pan del día, fresco, no precocinado y congelado. De donde provengo, el pan es un alimento básico en cada casa; cada pueblo, por pequeño que sea, tiene su propia panadería. El pan de molde industrial es poco utilizado; los Griegos, afortunadamente, todavía prefieren pan del día, incluso para los sandwiches. El pan del día se sirve en gran cantidad en cada restaurante o taberna. Pan congelado no es habitual, excepto en los supermercados. En las panaderías más grandes, siempre hay una gran variedad de pan, y en general, es riquísimo, puede durar varios días (eso, claro, ¡si no es zampado inmediatamente!). Hasta ahora el que he comido en España es casi siempre hecho de masa congelada. Había pensado que encontraría "auténtico" pan en abundancia, fuera de las ciudades. Estaba profundamente equivocada. Los chicos habían encontrado, desgraciadamente, que las gasolineras o supermercados eran los lugares más probables para encontrar pan. Muchos pueblos no tenían ni siquiera una sola panadería.

Aquel día la búsqueda de pan fue incluso más difícil que muchos otros. En las primeras horas de la mañana, en Utrillas, las tiendas habían estado cerradas, y desde entonces Frank no había podido encontrar pan en ningún sitio, ni en Cortes de Aragón. Me dijo que había un pueblo más grande a unos 9 kilómetros más adelante, y que confiaba solventar el problema allí. Y para allá se fue, dejándome con mi pobre paso, mi cuerpo dolorido y mis piernas palpitando por el sarpullido que todavía no había desaparecido.

Cuando llegamos a Muniese, Frank acababa de volver, triunfante, al haber comprado tres grandes y calientes panes del pueblo. Sorprendentemente y para nuestro deleite, no era pan precocinado, era pan de verdad, del día, recién hecho. Su aroma exquisito me dio la bienvenida cuando subí a la autocaravana para usar el baño. Fue un empuje a mi menguante apetito. Aunque la temperatura era mucho más baja que en días anteriores, aún fue un alivio disfrutar de unos momentos, del delicioso frescor del interior, y aun más del tentador y agradable olor del pan fresco. Era peligroso relajarme demasiado cuando todavía tenía más de la mitad de la distancia por cubrir, así que rápidamente salí de nuevo a la larga y ligeramente ondulante carretera.

Frank había colgado la bicicleta de Jacques y estaba preparando la suya, cuando salí trotando de nuevo en dirección a Belchite. Estaba cansada y me sentía débil. Parecía que cualquier energía que había tenido por la mañana, había desaparecido. Quería saber por mi reloj cuántos kilómetros había hecho, pero no me atreví. Sabía que ver que todavía me quedaban unos 40 kilómetros para correr, me desanimaría más aun. Intentaría esperar lo máximo posible para mirar los kilómetros. La música ayudaba poco, pero al menos murmurando, tarareando las canciones, me distraía algo de la aparente carretera sin fin.

Este desafío resultaba ser mucho más penoso de lo que había imaginado. Me estaba exigiendo más que lo que pensaba posible, tanto en el aspecto físico como en el mental. No estaba ni en la mitad y no tenía ni idea de cómo llegaría a Belchite, por no hablar de los 1300 kilómetros que me faltaban para completar el reto. Con el paso de los días las cosas iban a ponerse más duras aún. Afortunadamente, aquella jornada, peleando por la A-222, por algunos de los sitios más trágicos de la historia de España, no tenía idea que lo peor estaba por venir. Bastante tenía con poner un pie delante del otro.

Antes que haber avanzado mucho, Frank se reunió conmigo, diciendo que había pedido a Jacques que preparase los bocadillos. Le pedí que lo llamara para asegurar que solo los quería de tomate y queso, cosa que Frank hizo. Odio ser quisquillosa o difícil, especialmente cuando dependo de otros, pero de la manera que me encontraba, no había otro remedio. Había llegado a un punto en el que solo podía comer determinadas cosas, y aún estas no siempre me sentaban bien.

Poco después, nos pasó Jacques. Iba a ir más adelante para parar y poder estudiar, antes de proseguir hacia Belchite. Llegamos a la autocaravana, pero yo no me detuve. Lo estaba pasando mal aquel día y era muy importante continuar avanzando. Frank paró para recoger los bocadillos para el resto del día. Cuando comprobó uno, se dio cuenta de que era de mermelada. Sin querer causar problemas, como las cosas ya estaban un poco tensas, dijo a Jacques "Ella solo los quería de tomate y queso…" La respuesta fue corta y cortante "Pues, los hice así". Frank no dijo nada. Fue directamente a buscar el resto del pan para hacer unos nuevos, y también uno para él, pero el pan se había acabado. "Tenía hambre, así que me lo comí todo", dijo Jacques. Sin responder, como en aquel momento ya estaba enfadado, Frank se fue, cogiendo unos cuantos plátanos antes de salir. Justo antes de bajar las escaleras, volvió hacia Jacques y le pidió que comprara pan, tan pronto como él llegara a Belchite, ya que se había comido el que necesitábamos para la cena y para el desayuno del día siguiente también.

Yo no sabía nada de todo lo que había sucedido en la autocaravana. Aunque había pasado aproximadamente una hora desde cuando debería haber comido, no tenía hambre en absoluto. Me dolía todo el cuerpo, no tenía fuerzas y la sola idea de comer me repugnaba. Al menos iba a comer un bocadillo de tomate, pensé yo, cuando oí a Frank que venía con su bici, detrás de mí. Al explicarme lo que había pasado, mi sonrisa se desvaneció junto con la poca fuerza que había guardado. Sabía que tenía que comer, así que de mala gana, decidí al menos probar uno de los bocadillos. Desenvolví el papel de aluminio, solo para encontrar que la bolsa que estaba dentro parecía llena de mermelada. Todo estaba pringoso, incluso el exterior del mismo bocadillo, la bolsa, y mis manos al intentar sacarlo.

Bajo cualquier situación normal mi reacción hubiera sido de incredulidad a la indiferencia completa de Jacques, y a la vez hilaridad ante la situación tan cómica. Pero esa no fue cualquier situación normal... No podía controlarme a mí misma. Toda la fatiga y la tensión acumulada salieron a chorro. Mis lágrimas eran incontrolables. Solté un torrente de blasfemias, siempre aguantando el bocadillo en mis pegajosas manos, blandiéndolo de acá para allá delante de las narices de Frank, sollozando y farfullando. Estaba histérica. El hecho de que un tercio del pan ya se había utilizado para hacer esta monstruosidad, me ponía más furiosa. El ofensivo bocadillo era enorme, ¡más grande que cualquier otro que había comido en todo el desafío! Dándome cuenta que era riquísimo pan de pueblo, en lugar del prefabricado, me hacía sollozar más aun, haciendo que mis palabras fueran ininteligibles. Frank, simplemente se quedó allí, mirándome abatido, murmurando algo de manera reconfortante.

Intenté quitar la mermelada, pero solo conseguí pringarme más aun. Aparte de mis manos pegajosas, tenía un rastro de pegotes de frambuesa, por toda mi ropa, incluso hasta mis zapatillas. Me puse como una fiera. Rompí lo que quedaba de la pegajosa bolsa, la metí con rabia en el bolsillo para basura, pringando mi mochila, y arrojé a los matorrales y lo más lejos posible, al pobre bocata. Me volví, todavía berreando como una cría y me fui disparada por la carretera, corriendo coja pero a un ritmo más rápido, que lo que había podido hacer durante todo ese día.

Frank, pronto me alcanzó sin decir nada, mientras yo seguía despotricando. Puedo aceptar errores, dije yo, puedo entender que no todos tienen la energía que se necesita para apoyar en un reto como este, pero lo que no puedo aceptar – rugí – es una pura indiferencia egoísta. Seguía, apenas respirando entre frases. Lo que no era correcto, era que Frank tuviera que hacer o rehacer casi todo.

"Esto no es un maldito trabajo de equipo; esto es peor que si tu y yo fuéramos solos. Y es peor que eso" sollozaba "como todos estos errores, me ponen con más estrés aun. ¡No puedo mucho más!".

A este punto nos pasó el Hogar, y le pedí a Frank, mientras rápidamente intentaba secar mi cara, que no dijera nada en absoluto a Jacques. Éste aceleró y pronto se perdió en la distancia.

Seguí corriendo, y finalmente me calmé lo suficiente como para hablar adecuadamente. Estaba en un estado terrible. Mi reacción había sido excesiva, fruto de un cúmulo de cosas que me habían llevado hasta ahí. El ambiente en la autocaravana se había deteriorado y no era un ambiente beneficioso para nadie. Sabíamos y entendíamos, que Jacques no podía con madrugar tanto, que no había preparado suficientemente su tesis y que estaba preocupado por su presentación. Esto era el porqué de nuestra insistencia en los últimos cinco días, que a las últimas horas de la mañana se fuera directamente al final de la etapa, que no siguiera con la autocaravana como apoyo, ni acompañándome en bici durante horas, como fue el plan original. Aunque esto le había dado entre cuatro y ocho horas libres al día, daba la sensación de que había empeorado y no se había puesto nada al corriente en sus estudios. Parecía que simplemente desperdiciaba todo el tiempo libre que tenía. Pero eso era su problema.

Lo que sí empezaba a ser un problema mayor para nosotros, era el aumento de errores que cometía. Con el nuevo plan que habíamos diseñado, que le dejaba solo durante la mayor parte del día, sus tareas eran pocas y sencillas: ayudar a Frank a repostar combustible y agua, y vaciar el agua al principio de la jornada. Al llegar a destino, lo único que debía hacer era, comprar hielo, cortar la fruta, encender el agua caliente y de vez en cuando, preparar la ensalada. Demasiadas veces se había olvidado de hacerlas, o las había dejado hechas a medias. Además tenía que contactar con los ayuntamientos, de las poblaciones siguientes a las que íbamos a llegar. Este trabajo específico hubiera sido mucho más sencillo, si lo hubiera hecho antes de comenzar el desafío, como le habíamos pedido. No lo había hecho con ninguno, antes de salir. Ese día era el primer día, en mucho tiempo, que le habíamos pedido que nos hiciera los bocadillos. Por alguna razón inexplicable había decidido hacer exactamente los mismos que sabía que antes me había costado tanto comer, después de que Frank y yo le habíamos explicado que no podía tolerar más de ese tipo.

No era una situación agradable. Para mí, los retrasos en las llegadas suponían una pérdida de tiempo precioso para la recuperación, y las incidencias como las de los bocadillos de ese día, añadían estrés, aumentando la dificultad del desafío. En un reto de estas características los obstáculos son inevitables, y han de ser encarados y superados, sin pensar dos veces. Pero cuando estos obstáculos son totalmente innecesarios, y provocados por alguien cuyo trabajo es de apoyo, y no de entorpecer, puede ser una gran preocupación. Caí en la cuenta de que iba más fresca cuando estaba sola o cuando tenía a Frank a mi lado.

Pusimos el problema sobre la mesa y hablamos de ello. Veía que Frank asumía más responsabilidades de las pactadas e iba muy cansado, aunque no decía nada. Casi no había podido hacer ninguno de sus trabajos como traductor. De entrada, una de las razones principales que nos impulsó a tener a Jacques con nosotros, era poder repartir el trabajo de manera que Frank pudiera trabajar al menos cuatro horas al día. De las pocas tareas que Frank delegó a Jacques, la mayoría se quedaron sin hacer.

Jacques salía conmigo en su bici cuando estaba aburrido de estar dentro, lo cual supongo, fue la razón, debido a mi horrible estado, que me frenaba más, que no me ayudaba. Esto no era lo que había experimentado un año antes con Oz, cuando tomó parte conmigo en las últimas etapas de mi Camino. Entonces no tenía, incluso, que pedirle nada, él automáticamente empezaba a ayudarme, después solo de estar un día conmigo y conocer la programación de las cosas. A pesar de que entonces también estaba agotada, sufriendo mucho y a veces, desesperada al final de las etapas, siempre charlábamos y reímos mucho, compartiendo las experiencias del día. Aquello me había enseñado de verdad el valor del trabajo de equipo.

Pero sin embargo, el trabajo en equipo también depende de los componentes del mismo. No toda la gente se lo pasa bien trabajando en grupo, y no todos los caracteres son complementarios. En un desafío extremo, es imperativo que los miembros del equipo tengan amor por la aventura; tienen que ser capaces de arreglárselas con dormir poco, ser alegres, eficaces y competentes, sin necesidad de tener que controlar continuamente su trabajo. El equipo tiene realmente que apoyar al atleta, y tiene que creer firmemente en la causa. La verdad, mirándolo retrospectivamente, nosotros nos tendríamos que haber dado cuenta, de que quizás nos habíamos equivocado, incluso antes de salir de Barcelona. Aun y a sabiendas de que Jacques estaba muy emocionado y entusiasmado con la idea de la aventura, él no logró prepararse para ella. Solo había venido conmigo una vez, para acompañarme con su bici, durante nueve horas, para un entrenamiento muy lento, tras lo cual no había sido capaz de funcionar en los dos días siguientes. No había hecho los contactos previos con los ayuntamientos más importantes, tampoco había venido a la reunión que tuvimos cuatro días antes de partir, en la cual hicimos un repaso de lo que tendríamos que hacer cada día: bocadillos, reponer lo necesario en la mochila, junto con la revisión de las tareas de cada uno. De hecho él solo vino para ayudarnos unos veinte minutos el día que cargamos la autocaravana, y no nos echó una mano en absoluto el día antes de la salida, cuando ultimábamos la preparación. A decir verdad, su primera presencia real fue media hora antes de la partida. Tal vez lo más revelador de él, fueron sus constantes jocosas referencias a su despiste – "¡Soy un desastre!" nos decía irrisoriamente, una y otra vez...

Habíamos pasado por alto, las implicaciones que podían suponer todos estos detalles, por el entusiasmo que sentíamos por él. Su carácter normalmente agradable, su mente inteligente, su experiencia en relaciones públicas y su historial como corredor, hizo que no nos diéramos cuenta de la importancia de las cosas menos positivas. Habíamos mirado todas las *buenas* razones cuando decidimos proponer que se uniera a nosotros, junto con el hecho de que él mismo buscaba la posibilidad de hablar inglés durante un mes y a la vez ganar más experiencia en las negociaciones con los ayuntamientos que le sirvieran para su CV, y estábamos convencidos de que sería una parte sólida del equipo.

Esta es una vieja historia. Gente, la cual en él la vida normal de día a día son amigos y pueden compartir ciertas partes de sus vidas en perfecta armonía, pueden, cuando se encuentran en situaciones diferentes a la rutina diaria, llegar apenas a ser capaces de comunicarse. Eso, por supuesto, no es el caso con todos los amigos, pero sí que pasa, y pasa a menudo. Por ejemplo, cuando los amigos deciden ir de vacaciones juntos por primera vez. Si las cosas no van bien, vuelven o por separado, o con su amistad alterada para siempre. Si esto puede pasar en situaciones tan ligeras como unas vacaciones, imaginemos la tensión que se produce cuando se juntan unas personas que no forman un buen conjunto, en una situación tan exigente como un desafío de ultra distancia. Acabábamos de darnos cuenta del hecho de que estábamos nosotros mismos en medio de una de estas mismas situaciones.

La camaradería que había compartido con Oz en el Camino, lo cual había provocado que nuestra amistad se hiciera más estrecha, no se veía aquí en los abrasadores desiertos de montaña de la España Central. Después de la experiencia del Camino, y de los siguientes dos desafíos, en los cuales había visto el mismo espíritu entre más miembros del equipo, estaba segura que íbamos a tener una experiencia igualmente enriquecedora como las anteriores, durante estos 2010 kilómetros. Había estado ansiosa por esta misma parte del reto – la camaradería – había pensado que iba a poder disminuir algo de la terrible tensión que iba a tener esta prueba agotadora. Pero desafortunadamente estaba ocurriendo todo lo contrario, y abordar ese problema me resultada cada vez más difícil, mientras aumentaban mis niveles de fatiga y se debilitaba mi cuerpo.

Hablábamos de ello, mientras corría, con mi paso otra vez más lento. No fue una cuestión de explicar a Jacques o listar, de una manera clara, todos los trabajos que se tenían que hacer. Esto ya se había hecho con anterioridad, antes de partir. Había preparado una hoja, la cual había colgado en la puerta del armario de la autocaravana. Era una lista detallada de las tareas, puestas más o menos en el orden de cuando se tenían que realizar. Al lado de cada tarea había un nombre, o nombres de la persona o personas responsables. Esta lista serviría como recordatorio y también para poder distribuirlas equitativamente. Habíamos llegado al punto de que de las más o menos cincuenta tareas diarias (algunas tan insignificantes como encender o apagar el gas), Jacques estaba haciendo solamente unas diez. De estas diez, muchas las olvidaba habitualmente, o bien las hacía de forma incorrecta, causando a Frank, más tensión que si las hubiera hecho por sí mismo.

Odio los enfrentamientos; no es mi carácter. También odio estar en una situación en la que me siento como si estuviera pidiendo un favor. Si hubiese sabido que Jacques no podría con el cansancio, y que no disfrutaría siendo parte del equipo, jamás le hubiese sugerido esta colaboración. Porque eso es lo que fue: una colaboración. Yo no había pedido un favor a Jacques; de hecho, fue él quien había llamado, preguntándome si tenía algún contacto en Inglaterra, en donde pudiera pasar un mes, tal vez trabajando en algún evento deportivo, para mejorar su inglés, ya que lo necesitaba para su carrera. Entonces, Oz acababa decirnos que él no podía coger vacaciones, y estábamos buscando algún sustituto. A mí no se me ocurría ninguna persona con quien podía contactar para ayudar a Jacques, y de pronto, me vino la idea de ofrecerle la oportunidad de venir con nosotros. Aparte de las llegadas, cuando evidentemente hablaría castellano, viviría en un entorno en inglés, y a la vez trabajando en un evento deportivo. Una oportunidad perfecta, o al menos así parecía. No le habíamos pedido ningún favor, y de hecho, Frank le había ayudado en gran medida a preparar su tesis, la cual ya llevaba con retraso y en un formato incorrecto. Ahora nos encontrábamos en una situación, donde nuestras únicas opciones eran rogarle o enfadarnos con él. No estaba contenta ni con una opción, ni con la otra.

Estaba exhausta, sufriendo horas de un dolor espantoso, con noches que eran una tortura, en las cuales el sueño verdadero era un lujo. Necesitaba armonía por encima de todo. Saber de verdad que la gente del equipo quería estar allí, y que estaban disfrutando del exigente trabajo que supone ser parte de un equipo de apoyo. Me encontraba en un apuro.

Veía que los continuos errores y olvidos de Jacques, afectaban no solo a mi estado mental sino también al físico. Por otra parte, Frank necesitaba ayuda. En general, para un reto como este se necesitan entre dos y cinco personas. Para una sola persona, sería un trabajo monumental.

Le sugerí pagarle generosamente, de modo que se obligaría a terminar esos trabajos sencillos pero necesarios. Pero tendría que pagarle de mi propio dinero, ya que no teníamos cubiertos todos los gastos. Nos acababan de comunicar que uno de los principales patrocinadores, probablemente no pagaría, debido a la crisis, así como por otros motivos. Pero además, no consideré razonable tener que pagar yo misma a alguien, cuando este alguien ya estaba recibiendo lo que él había pedido; esto y más. Pensamos en contratar a alguien para suplir a Jacques una vez que este volviera a Barcelona, lo cual resolvería también el problema de los cinco días en los que Jacques estaría ausente. Lo consideramos y lo descartamos. No estaba ganando mucho dinero, al haberme dedicado casi totalmente a mi carrera de corredora. No sabíamos que hacer.

Frank dijo que trataría de hablar y razonar con él. Pasara lo que pasara, tenía una cosa muy clara; no quería que me acompañara más en bici. Su presencia me desgastaba más que me fortalecía. Esta realidad me estaba ocurriendo de forma imperceptible, pero ahora se manifestaba con toda su fuerza. Preferiría correr completamente sola. Soy una persona testaruda; tengo que serlo, para ser capaz de hacer lo que hago. Cuando se me mete una idea en mi cabeza, en general se queda allí para rato.

Sí él no me acompañaba en absoluto, yo tendría un poco más de fuerza, y él no tendría ninguna excusa para encontrarse cansado, para no estudiar, y para no hacer los pocos trabajos que le habíamos pedido. De este modo, tal vez las cosas volverían a la normalidad y entonces Frank podría tener un par de horas al día, para hacer su trabajo.

Frank me instó a que probara otro de los bocadillos, para ver si este era mejor. Estaba preocupándose. Por la noche, nunca comía suficiente, y por la mañana picoteaba el desayuno. Estaba perdiendo peso continuamente, y la única cosa que me mantenía, era que me comía todos los bocadillos la mayoría de los días. En el ultra fondo la comida es fundamental, el éxito o el fracaso dependen en gran parte de la habilidad para reponer constantemente tu fuente de energía.

Abrí el papel de aluminio de los dos paquetes, para encontrarme con lo mismo de antes: un gran pedazo de pan con toda la mermelada rezumando, llenando el fondo de las bolsas. Otra vez me invadió la rabia, esta vez, menos mal, sin lágrimas. Abrí uno de ellos, sosteniendo su pringada mezcla lejos de mí con asco. Cogí un trozo de queso, intentando sacudir la mermelada de encima, pero ahora incluso estaba más pegajoso debido al calor. El queso se desintegró y lo lancé a los matorrales. ¡Esperaba que a la fauna local le gustaran las copiosas cantidades de mermelada de frambuesa! Se me escapó una risita mientras se lo comentaba a Frank; ambos nos sentimos aliviados. Por fin había recuperado algo de mi humor. Caminé, mordisqueando la pegajosa corteza de pan. Frank suspiró al verme comer algo, aunque dijo que más tarde debería también comerme un plátano.

Estábamos avanzando a través de un extraño y bonito paraje, con ondulantes y verdes colinas, dejando paso a una agreste y desértica llanura que se abría por ambos lados de la carretera. A lo lejos se levantaba una curiosa y baja montaña, con aspecto lunar. Se extendía unos 5 kilómetros de ancho, para suavemente elevarse en unos dentados picos. La maleza desértica casi rozaba estas crestas, diferente de todo lo que había visto en España, hasta ahora. La ruta parecía una cinta serpenteando hacia arriba, para pasar por entre dos de estas cimas, y después bajar hacia lo desconocido.

Fotógrafo: Frank Jensen

De alguna manera los kilómetros y la tarde pasaron. Me encontré tal mal que parece que lo he borrado de mi memoria. Sé que hubo ataques de rabia, de dolor, de fatiga, y muchas enriquecedoras conversaciones con Frank en medio de un paisaje precioso. Había sido un día terrible, infernal.

Cuando estábamos a más o menos una hora y media de Belchite, Jacques llamó a Frank para saber nuestra hora aproximada de llegada, ya que la alcaldesa quería darme la bienvenida. Esta maravillosa sorpresa y el plátano que Frank casi me forzó a comer, me dio la energía que necesitaba para seguir corriendo. Era tal la condición en la que estaba que Frank decidió acompañarme casi hasta el final. No quiso dejarme sola aquel día.

Buscaba en el horizonte Belchite, pero, kilómetro tras kilómetro, se mantenía escondido. Por fin vi lo que parecía una pequeña iglesia con su campanario, detrás de una colina. Al aproximarnos, encontramos un cartel. Los dos suspiramos aliviados cuando vimos que confirmaba lo que esperábamos. Habíamos llegado. Al controlar mi reloj me di cuenta de que me faltaban unos 4 kilómetros. De mala gana, volví para atrás para compensar los que faltaban, mientras Frank fue directamente hacia Belchite, para controlar que todo estuviera preparado para mi llegada.

Me metí en una carretera, perpendicular a la que había estado corriendo todo el día, corrí 2 kilómetros de ida, y dos de vuelta antes de girar a la izquierda, y así rehaciendo mis pasos hacia Belchite. La carretera giraba hacia la izquierda, de golpe bajando bruscamente antes de volver a subir, permitiéndome por fin, alcanzar una primera panorámica de la villa. Al no haber leído todavía, en detalle la historia de Belchite, estaba confusa de ver a mi izquierda lo que parecía algún tipo de iglesia, que al encontrarme tan cansada, me pareció casi surrealista. Eran, por supuesto, las ruinas de la iglesia del viejo Belchite, que como un centinela, vigilaba a todos los que entraban a la villa; una yuxtaposición del pasado con el presente.

Doblé a la izquierda, siguiendo las indicaciones y al final de la carretera vi un grupo de niños que me esperaban. Al acercarme, empezaron a saludarme con las manos, y al pasar, se pusieron a mi lado, algunos corriendo y otros en sus bicicletas pero todos gritando y chachareando. Hicimos una suave curva, y vi que más niños estaban esperando, sentados en una alta pared de tierra a la derecha del camino. Más allá esperaba un grupo de adultos, entre los que reconocí fácilmente a Jacques y Frank por sus camisetas. Pasé al grupo que estaba a mi derecha animándome, para pararme delante del grupo de los adultos, con los niños a mi lado, excitados por lo que estaba sucediendo.

La alcaldesa, María Ángeles Ortiz Álvarez, vino a saludarme con un gran ramo de unas preciosas y radiantes flores. Iba acompañada de otros representantes del Ayuntamiento y de Jesús Arroyo que había podido venir al final, y que había traído a su hija con él. Rodeándoles había mucha gente, ansiosa de unirse a la bienvenida.

Me emocioné de verdad, no esperaba algo así. Después del día largo y complicado que había tenido, esta cálida bienvenida me reconfortó, abrazándome. Se hacían fotos, y mientras estiraba, charlaba con María Ángeles, con Jesús y con todo el público tras asegurarles que su presencia no era ningún estorbo para mí. Rota, me hundí en la silla, mientras Frank cortó la fruta en trozos manejables. Todavía teníamos hielo del día anterior y por lo tanto, no perdimos tiempo. Me envolví en la chaqueta, con el gran buqué de flores delante y seguí hablando feliz, con el caluroso y animado grupo de gente.

Una hora más o menos después de mi llegada, estaba lista para el masaje, y Frank montó la camilla fuera, ya que tenía demasiado frío. Jesús y su hija permanecieron con nosotros, y con ellos un hombre viejo que parecía fascinado por lo que estaba haciendo. Mientras Frank masajeaba mi piel todavía irritada y la dolorida musculatura, su compañía me ayudó a soportar el dolor del masaje. Cuando ya acabábamos, empezó a caer una fina lluvia. La coordinación había sido perfecta. Nos despedimos, mientras Frank cerraba la camilla. Me dio una mano para subir al Hogar, explicándome que había probado de hablar con Jacques, pero no había podido hacerlo ya que él parecía muy disgustado. Se había ido hacia tiempo en busca de pan, ya que había olvidado comprarlo. Yo estaba demasiado exhausta incluso para comentar algo sobre el tema.

Después de la ducha, enfilé hacia el nido, casi sin poder andar. Me puse a leer los mensajes, con Frank preparando la cena. Jacques había marchado antes de preparar la ensalada, dejando más trabajo para Frank. Él tenía prisa en que me fuera a la cama lo antes posible, para poder recuperarme un poco después de un día tan difícil. Momentos antes de empezar a comer, llegó Jacques con el pan, contándonos con humor cómo había ido a la panadería en búsqueda de él. Yo simplemente estaba aliviada al saber que tendríamos algo que picar por la mañana antes de salir.

Demasiado cansada para escribir, le dicté el blog a Frank después de cenar. Mientras él estaba dándose una ducha rápida de dos minutos, me tendí en el nido, pensando en los hechos del día. Casi no había hablado con Jacques aquel atardecer. Creía que era mejor así, no quería añadir más tensión al ya complicado ambiente. Sabía que no ganaríamos nada con un enfrentamiento. Y un enfrentamiento sería lo que iba a pasar en las condiciones en que me encontraba. Cuando por fin Frank, subió al nido y comenzó a leerme, me dejé llevar, hacia otra noche de dolor y de sueño interrumpido.

Blog – 11ª Etapa

Ha sido un día con unos cambios de paisaje impresionante, vistas como de películas, muchos toboganes llevándome hasta Belchite.

La bienvenida de Belchite fue estupenda, con muchos niños, y mucha gente del pueblo junto con la Alcaldesa y Jesús

Aroyo, presidente de la federación de atletismo de Aragón y su hija.

Fue un regalo estupendo después de un día con más toboganes de fuerza y animo que los que había en la carretera.

Las noches casi no puedo describirlas, cada una es un horror. Mientras el cuerpo esta recuperando, los dolores son terribles, no dejándome dormir más que una hora seguida. Las mañanas son desesperantes. Para salir, necesito dejar de pensar y simplemente kilometrar.

Una etapa más, un día más, cada uno un paso hacia el reto final.

¡A Kilometrar!

Alcaldesa María Ángeles Ortiz Álvarez, Alex, Jesús Arroyo

Corriendo en la luna

12ª Etapa
Miércoles, 17 de junio
Belchite – Zaragoza
Montaña desértica – Estepas de Zaragoza.
43° C
65,5 km
10 horas y 45 minutos
405 metros desnivel positivo
621 metros desnivel negativo
794,50 km recorridos en total
1.215,03 km por recorrer

A las seis y media de la mañana, justo cuando empezaba a clarear, Frank y yo salimos de Belchite. Frank llevaba todo lo que necesitábamos para todo el día. Los bocadillos para los dos estaban listos desde la noche anterior, y solo necesitaría comprar el agua durante el día. Jacques iba a conducir a Zaragoza en cuanto estuviera despierto y funcionando, así que tendría tiempo para descansar y hacer todo lo que necesitase. Había quedado con Jesús Arroyo, para que le mostrase una ruta alternativa para mi llegada a Zaragoza.

Llegamos a la A-222, la misma que había dejado la tarde anterior, y nos pusimos en camino por la larga y recta carretera. Disfrutando del aire fresco de la mañana, hablábamos tranquilamente de la cálida bienvenida que nos había dado Belchite, y lo bueno que sería volver a ver a Jesús esta tarde en Zaragoza. Me encontraba bien a pesar de no haber dormido demasiado y a la vez, estaba contenta de saber que pasaría todo el día con Frank. Con la moral alta, avanzamos rápidamente por la carretera.

Con unos 7 kilómetros encima, empezamos a buscar a nuestra derecha la carretera que tendríamos que tomar. Habíamos escogido una ruta indirecta para Zaragoza, ya que la ruta directa sumaba solo 45 kilómetros, que me hubiesen resultado escasos para la etapa. Cuando mi reloj mostraba que habíamos hecho muy por encima de 8 kilómetros, empezamos a preocuparnos. Teóricamente, la carretera por lo cual estábamos buscando estaba a exactamente 8 kilómetros de Belchite, y no habíamos visto ninguna carretera la derecha, solamente un camino de tierra a la izquierda y de esto hacía ya hacía tiempo.

Nos paramos y estudiamos el mapa durante unos minutos. Parecía claro. Con un mal presentimiento miré a Frank, intuí donde podía haber estado el error. Habíamos empezado por una ruta equivocada. Fijándonos un poco más en el mapa, centrándonos no en donde nosotros suponíamos que estábamos, sino en

Belchite mismo, vimos que efectivamente nos habíamos equivocado. No tendríamos que haber cogido la A-222, sino la A-220, que salía del otro lado del pueblo. Estábamos los dos tan seguros de la dirección de nuestra salida, que no consultamos el mapa, como solíamos hacer.

Esto es uno de los peligros de estos desafíos. Cuando ves una etapa clara y sencilla, tiendes a relajarte. Entonces es cuando los errores suceden. Simplemente por no ser tan meticulosos como siempre. Habíamos sido menos cuidadosos y menos mal que pronto nos dimos cuenta del fallo. Quería evitar tener que volver a Belchite. Esto nos causaría una gran pérdida de tiempo, y peor aún, añadiría unos 17 kilómetros a mi jornada. Este día tocaban solo 60 kilómetros, y mi intención era que llegar antes, para tener un poco más de descanso.

Mirando el mapa con más detalle, vimos que había un camino, uniendo la carretera en la que estábamos con la que habíamos estado buscando, desde el principio. Vimos que era la única solución para evitar añadir demasiados kilómetros a la ruta. Nos volvimos. Frank pedaleó furiosamente para asegurar que no existía otro camino que no fuera la única y polvorienta pista que habíamos visto antes. Troté hacía ella. Por suerte, al aproximarme al desvío, un camión estaba saliendo. Lo paré y pregunté al conductor si de verdad esa pista conducía a la Puebla de Albortón, el pequeño pueblo, en el cual esperábamos que confluyeran las dos carreteras. Él me lo confirmó, y así, dándole las gracias antes de que se fuera, me giré y miré a la distancia, aliviada, esperando la vuelta de Frank.

Pocos minutos después divisé su silueta naranja, que venía a toda máquina hacia mí, y los dos nos adentramos en el polvoriento sendero. Sobre el mapa, la pista parecía casi completamente recta, pero en realidad nos conducía por un sinuoso camino a través del montañoso y áspero paisaje. Para asegurarnos que no nos habíamos equivocado otra vez, decidimos comprobar el GPS. Llamamos a nuestro amigo Martin Lemche, un amigo danés que vive en Barcelona. Una vez que él llegó a su oficina, se conectó a internet, para encontrar que el GPS no funcionaba. Yo seguí trotando, mientras Frank llamó a la compañía para que esta reconectara la plataforma. Un poco más tarde nos llamó Martin para decirnos que ya funcionaba correctamente, y que si nosotros continuábamos por ese sendero, llegaríamos al pequeño pueblo del que habíamos hablado.

Oír a Frank charlando con Martin me resultó a la vez, reconfortante y preocupante. Era magnífico poder comunicarte con un buen amigo, pero me dejaba, otra vez, con la sensación de estar aislada del mundo real. Mi mundo se había encogido, de tal forma que solo se componía de kilómetros, horas, obstáculos, bocadillos, llegadas, recuperaciones, y noches terribles. Mi mundo se entrelazaba con el dolor, el agotamiento, el estrés, salpicado ocasionalmente con calurosas bienvenidas y gente estupenda.

Decidí no profundizar demasiado en mi surrealista existencia, puse en marcha mi iPod y seguí trotando alegremente hacia lo que esperaba fuese Puebla de Albortón. Por una vez, pude ver el pueblo de lejos, acurrucado a los pies de algunas montañas. Me pareció, que una vez más, me había engañado al pensar que ese día tendría una ruta completamente llana como había "visto" en el plano. Según mi interpretación, hacia mitad del día bordearía un río bonito y serpenteante, aunque la verdad lo único que mostraba era una línea azul, fina y curva sobre llanos paisajes verdes. Mientras preparaba el desafío, había imaginado esa etapa claramente. Había visto unas frondosas y verdes riberas, que daban pie a una ruta tranquila y serena que me llevaría a la animada capital de provincia. No podía estar más equivocada. Jesús había intentado avisarme, la tarde anterior, ya que no creía que existiera ningún río a lo largo de este camino. Había dicho que había una montaña a la que cruzar, antes de pasar por la estepa de Zaragoza. ¿Estepa? ¿Montaña? ¿Qué había de mí río y de sus verdes orillas?

Por suerte, sé cómo no desanimarme por estas cosas. No las puedes cambiar, y por tanto, hay que aceptarlas y tratarlas como son. Lo mismo se aplica a nuestro error de la ruta de esa mañana. Tendríamos que aprender la lección para procurar que no se volviera a repetir.

Frank me alcanzó, y mientras los dos avanzábamos hacia las cada vez más cercanas colinas, me puso al corriente de todas las novedades de Martin. A poca distancia del pueblo, Frank se adelantó en busca de agua. Yo seguí corriendo rápidamente para cubrir los áridos kilómetros hasta llegar al poblado. Fácilmente localicé a Frank, era el único punto de color en un pueblo polvoriento y desmoronado. Me saludó con entusiasmo con la mano, indicándome el camino que debía tomar, siguiendo la señalización de Valmadrid. Frank se unió a mí en el momento que dejaba el pueblo, para volver a parar minutos después cuando pasamos por un bar. En el pueblo no había encontrado ninguna tienda abierta para comprar agua. Volvió enseguida con unos cuantos litros de agua que cargó en la caja de la bici, justo cuando empezábamos la larga subida, que nos costaría casi una hora para completar. Cerca del final me comí un bocata, disfrutando de la deliciosa combinación de mantequilla, queso y tomate, todavía fresco de la nevera. Tenía apetito y en pocos minutos lo había devorado, y otra vez, estaba corriendo en la fresca arboleda de la carretera. Nos adelantaron pocos coches y unos ciclistas, que habían salido para disfrutar de esta exigente ruta.

Llegamos al punto que sería el más alto del día. Comenzamos el descenso a través de un espectacular escenario montañoso, con la ruta zigzagueando, arriba y abajo transportándonos por verdes y frescas colinas. El paisaje y mi buena condición, me dieron la impresión de que sería un día fácil; un trote alegre hasta Zaragoza. Estaba muy equivocada.

Acercándonos al fondo de las colinas, oí un motor que se aproximaba, y me eché a la izquierda, ya que estaba corriendo por una curva. Una pequeña camioneta de color azul se acercaba, pero estaba tan concentrada en la carretera que prácticamente me había alcanzado, antes de que reconociera a las dos figuras que saludaban con la mano desde el interior. Jacques y Jesús habían venido a saludarme y comprobar la ruta, por la cual Jacques iba a guiarnos hasta Zaragoza esa tarde. Continuaron, diciendo que volverían dentro de poco. Cuando nos pasaron en su vuelta a Zaragoza, ralentizaron la conducción a mi paso durante unos momentos. Jacques comentó que le parecía que yo estaba corriendo bien. Le contesté que sí, que por fin tenía un buen día y preveía llegar temprano a Zaragoza, suponiendo que no se produjeran atrasos imprevistos.

La carretera continuó descendiendo hasta que los árboles clarearon, para dar paso a una escasa, seca y desértica vegetación. Y así comenzó el largo y llano tramo que me atormentaría desde las últimas horas de la mañana, hasta bien entrada la tarde. De mis frondosas y verdes riberas, no había ni rastro en absoluto. Lo más parecido a un río era una zanja seca a la derecha de la carretera. Ni una gota de agua, ni un solo árbol a la vista, en este paisaje estéril.

La carretera serpenteaba delante de mí, brillaba con el calor que aumentaba, el frescor de las colinas había sido desterrado con la desaparición de los árboles. Nos encontrábamos en un extraño paisaje lunar. Campos de seco trigo meciéndose suavemente, bordeaban la ruta, susurrando con la brisa caliente. Parecía que estábamos rodeados por todos lados, por unas raras montañas bajas, cubiertas por unos secos matojos. Rocas y piedras se veían en medio de estas cortas y espinosas plantas, parecidas a las aulagas. La carretera se alargaba entre estas colinas, en su camino en dirección a Zaragoza. Me figuré que tardaríamos más o menos una hora en dejar este territorio. Suponía que una vez hubiéramos salido de esta cerrada trampa de calor, podríamos ver Zaragoza esperándonos a lo lejos, con las cuatro torres de la gran Basílica de Nuestra Señora del Pilar, llamándome. Célebre por ser la primera iglesia en la historia dedicada a la Virgen María, esta Basílica domina la ciudad, dando un acogedor punto de referencia a los viajeros que se aproximan a ella.

Los kilómetros pasaron, el calor aumentó, y nuestro avance era lento a través de las montañas. Al cabo de algo más de una hora, pude ver que nos estábamos acercando a la última curva de la carretera. Pronto, el panorama cambiaría, abriéndose ante nosotros la llanura que recordaba del año anterior, conservada bien verde por el río Ebro. Lentamente, doblamos la gran curva y frente a nosotros un nuevo panorama, sólo que no era el que estaba esperando. Mis expectativas cayeron en picado. No tenía la gran vista hacia los pilares de Zaragoza; no podía ver ninguna campiña verde. El paisaje que se desplegaba frente a nuestros ojos era uno de incontables cerros, idénticos a los que justo habíamos dejado, cada uno indistinguible por su uniformidad. Delante nuestro se extendía un mar de estos raros, secos y estériles promontorios, el rubio trigo susurrando a sus pies, y la carretera, una cinta brillante que serpenteaba en la distancia.

Con el tic-tac de las horas, el mercurio subía vertiginosamente; el calor que se levantaba del asfalto quedaba atrapado por las montañas. Cada recodo de la lenta y ondulante ruta, daba paso a más colinas, a más trigo y a más calor sofocante. Con el sol arrastrándose lánguidamente por el cielo, yo corría casi como borracha, siguiendo la negra y llameante carretera. Mi sombra estaba justamente debajo de mí, casi invisible. El achicharrante sol nos pegaba fuerte. Éramos insignificantes en este paisaje reseco.

El calor implacable y la monotonía del paisaje comenzaron a hipnotizarme. Mis párpados se fueron cayendo al igual que mis zancadas. Me estaba durmiendo, drogada por el bochornoso y claustrofóbico aire de esta abrasadora prisión. Frank me sugirió que conectara mi iPod, cosa que hice, para sintonizar "Les Mis" a todo volumen. Aceleré mi paso para ajustarlo al ritmo de la música, canturreando de forma disonante mientras avanzaba. Conseguí cubrir unos kilómetros más antes de que el calor me reclamó de nuevo.

Al verme tropezando, cabeceando, mientras luchaba para permanecer despierta, Frank me puso un gel en la mano. Chupé el gel dulzón, acompañado de un sorbo de agua de mi mochila, para hacerlo bajar. El agua me llegó a través del tubo caliente. La mezcla me dio arcadas, pero al final conseguí tragármelo. Me forcé a tomar todavía más aunque era imbebible. La temperatura estaba por encima de los 40° C y corría peligro de deshidratarme.

Durante horas pasaron los kilómetros con poca variación salvo algún aislado coche o camión que nos adelantó. A lo largo de toda la ruta, pasamos solo por dos pueblos, cada uno de los cuales no era más que unas casas agrupadas. Frank se adelantó hacia el primero para intentar comprar agua. Yo lo pasé, y había avanzado más de lo que esperaba antes de que Frank se reuniera de nuevo conmigo, farfullando y maldiciendo la endogamia y el exorbitante precio de una botella de agua. Por mi parte, estaba contenta, podía beber un poco de agua fría, antes de que también se rindiera ante aquel calor inclemente.

El trigo estaba plantado en extraños e irregulares campos, que parecían como tentáculos, alcanzando la falda de las colinas, sondeando la tierra rocosa. Se veían tan fuera de lugar como nosotros. Era un paisaje surrealista. Quizá alucinaciones de mi incinerado cerebro.

Seguía transcurriendo la tarde, y la circulación pesada aumentaba por momentos, especialmente con los enormes camiones que rugían al pasarnos, aumentando mi tortura. Físicamente estaba mejor que desde hacía tiempo. Pero psicológicamente, era uno de los días más difíciles de manejar, debido al calor y a las tortuosas colinas que, venían machacándome una detrás de otra en una agresiva formación.

Finalmente, la razón de tanto tráfico pesado vino, al pasar un camino a nuestra derecha con indicaciones de que era de propiedad privada. Todos los vehículos grandes entraron en ese camino y pronto desaparecieron de la vista. El sonido de fuertes explosiones en este lugar desolado, los camiones cargados hasta los topes, y la misteriosa y prohibida entrada, alimentó a mi media delirante mente. Me embarqué en un mar de conspiraciones, fantaseando con Frank acerca de laboratorios escondidos, y de experimentos bajo tierra. Todo con tal de alejarme de mi propia agobiante realidad.

Las horas se derritieron, y al fin, cuando toda esperanza de salvación se había desvanecido, vimos algunos edificios coronando la cresta que teníamos enfrente. No era la Basílica, pero podía haberlo sido, tal era nuestro consuelo. Mi paso aumentó de modo imperceptible, al acercarnos a las construcciones que había por encima nuestro. Pasamos a nuestra izquierda algún tipo de base militar, y pronto entramos en un gran polígono industrial a las afueras de Zaragoza. Lo habíamos conseguido, ¡habíamos salido de esto! Los dos reímos de alivio mientras emprendimos la última subida. Hasta este momento no había estado tan eufórica de encontrarme corriendo por calles bordeadas de grandes almacenes y fábricas, con sus muelles de carga, bostezando, sobre el pavimento abrasador. Noté que mi razón volvía, sabiendo que solo quedaban unos 8 kilómetros desde este punto, hasta el descanso.

Frank había llamado a Jacques, tan pronto como habíamos visto los primeros edificios, para comunicarle que nos estábamos aproximando. Jacques iba a acompañarnos con la bici, tal y como le había sugerido Jesús, a través de una pista que corría paralela al canal, y de allí a la ciudad. Frank le había llamado otra vez, a medida que íbamos avanzando en este nuevo escenario industrial, tan diferente del interminable laberinto de montañas de las cuales habíamos emergido.

Jacques le contestó que iba con retraso. Había dormido, y estaba sorprendido de que le llamáramos tan pronto. Le indicó que teníamos que pasar la primera rotonda, y antes de pasar por debajo del puente del AVE (tren de alta velocidad), girar a la izquierda hacia una estrecha pista de tierra. Seguimos un kilómetro más o menos, hasta que vimos la primera rotonda. La pasamos, pero no vimos ningún indicio del puente delante de nosotros. Continuamos hasta que llegamos a una segunda rotonda, y allí delante de nosotros vimos el puente con las vallas y postes en azul, lo que atestiguaba que era el puente del AVE. Lo que no vimos fue ninguna pista que nos condujera a la izquierda. Nos paramos para que Frank pudiera llamar otra vez a Jacques. No contestó. Regresamos a la rotonda en búsqueda del camino o del canal. No podíamos encontrar ni lo uno ni lo otro.

Cuando Frank paró de nuevo para intentar llamar a Jacques otra vez, yo seguía corriendo para no enfriar la musculatura, que suele pasar cuando me paro al final de la etapa. Corrí hasta el primer hangar del complejo industrial y volví hasta donde se encontraba Frank. Todavía no había podido contactar con Jacques, e iba a intentar contactar con Jesús. Di la vuelta entera a la gran rotonda y me dirigí hacia la cuesta otra vez; mi euforia de llegar temprano, estaba decayendo rápidamente. Lo que yo no necesitaba ahora, era correr unos cuantos kilómetros de más. Cuando me reuní con Frank otra vez, había empezado a encolerizarse. Iba a intentar llamar a Jacques por última vez, y si no cogía su teléfono, volveríamos a nuestro plan original; correr hasta que empalmáramos con la autopista principal que conduce a Zaragoza. Aunque esa ruta no es pintoresca, la conocía, ya que la había utilizado el año anterior para entrar a la ciudad.

Después de otro arriba y abajo, Frank por fin, consiguió hablar con Jacques, pero por las gesticulaciones que hacía, sabía que las cosas no iban bien. Di la vuelta y salí de nuevo, pero ahora el calor y el cansancio me estaban afectando. Llegué a la parte superior y volví hasta donde estaba Frank para pararme a su lado. Estaba demasiado cansada para añadir más kilómetros innecesarios. Oí a Frank decirle a Jacques que en la primera rotonda no había ningún puente de tren, y en la segunda, donde que sí estaba el puente del AVE, no existía ningún camino de tierra, ni un canal. Jacques le aseguraba que se estaba equivocando. No sabía cuándo llegaría, decía que estaba cansado y prefería no ir con prisas. Todo eso Frank me lo dijo susurrando, tapando el micrófono.

Frank, maldijo entre dientes, y otra vez más audible, cuando de nuevo preguntó a Jacques, si estaba seguro de que no estaba equivocado sobre el puente o la rotonda. Me di cuenta de que Jacques también se estaba enfadando, al oír su voz que salía por el teléfono, en el aire tranquilo de la tarde. La agitación de Frank iba en aumento, alimentado por el conocimiento de que todo eso me estaba perjudicando, que el precioso tiempo para el descanso estaba pasando, mientras mis músculos se enfriaban a pesar del calor devastador. Por fin, media hora después de haber llegado a la rotonda, Frank colgó el teléfono enfadado, poniendo el móvil en su bolsillo con fuerza, maldiciendo todo el tiempo, y subió de nuevo en su bici. Estábamos abandonando la ruta panorámica e íbamos a hacer lo que tendríamos que haber hecho desde el principio: ir directamente hacia la Autovía del Ebro y coger la estrecha pista paralela que hay junto a ella y que nos llevaría hasta la ciudad.

Pasamos bajo el puente y seguimos. Un poco más adelante hicimos una pequeña curva y nos encontramos a una tercera rotonda. Al pasar, vimos unos metros más adelante otro puente. "¿Puede ser este? ¿Puede ser que estaba charlando tanto con Jesús, que no estaba fijándose en la ruta?", apostilló Frank, incrédulo. No tuve ni tiempo ni ganas de contestar, preocupada por el tiempo perdido y los kilómetros extra que había hecho, pero de pronto vi a Jacques, que salía de un camino y se metía en la carretera. Le saludé y seguí corriendo, solo impaciente para seguir avanzando; no quería participar en el intercambio de palabras que estaba surgiendo entre los dos hombres detrás de mí.

Giré entrando en la pista e inmediatamente vi el canal. Seguimos esta vía fluvial en silencio durante un tiempo. Antes de llegar a la ciudad, la tensión había desaparecido. Jacques empezó a hablar; seguimos nuestro camino hacía Zaragoza, charlando tranquilamente. El camino se convirtió en carretera, y pronto, Jacques nos señaló al final de una pendiente, un gran complejo deportivo, debajo de nosotros. Nos dijo si queríamos, podríamos acortar por el parque, cruzar el aparcamiento, y entrar por la parte trasera del pabellón, con lo cual quizás haríamos un kilómetro menos. Como solo nos quedaban unos 2 o 3 kilómetros, pensé que lo mejor sería seguir la ruta. No quería ni más aventuras ni más errores. Todavía era relativamente temprano, y teniendo en cuenta lo que había pasado aquel día, me encontraba en bastante buena forma.

Al llegar al complejo deportivo, nos recibió Jesús con sus dos hijos, junto con dos personas en representación del Ayuntamiento, así como la prensa local. Me obsequiaron con un trofeo conmemorativo y charlamos todos contentos, mientras empezaba con mis estiramientos. De pronto y detrás de la autocaravana, apareció una gran figura blanca a la que no veía desde Barcelona hacía 12 días. ¡Era Barni! Nos abrazamos y oí la voz de Mar Sanromà que salía de su interior, saludándome.

Después de hacer las fotos, seguí con los estiramientos; luego me senté en la silla para ponerme hielo en los pies y las rodillas. El sol nos seguía machacando. No iba a tener escalofríos allí, a pesar de mi cansancio. Durante una media hora, seguimos charlando, riendo y contando historias. Nos despedimos de la representación municipal, agradeciéndoles su bienvenida y su insistencia en ducharnos en el pabellón. Giré hacía Jesús, agradeciéndole una vez más, su ayuda y soporte, conmovida por su sinceridad y cordialidad. Me prometió vernos en Huesca. Me pareció una eternidad, ya que me quedaban muchos días entre Zaragoza y la otra ciudad aragonesa. Dije adiós a sus hijos, y subí al Hogar en busca de mis pantalones cortos, para el masaje.

Todos nos reímos a carcajadas cuando de nuevo salí al sol. Daba la sensación que mis piernas habían sido pintadas de blanco y marrón, marcando el contraste entre la parte bronceada frente a la piel blanca escondida de los rayos despiadados del sol. Mar, de nuevo se puso el traje de Barni y simuló hacerme un masaje para las fotos.

El sol continuaba despiadado y el calor era sofocante. Frank buscó la única sombra y allí montó la camilla. Mientras me hacía el masaje en las piernas, muy sensibles y todavía irritadas por el sarpullido del calor, el amigo de Mar, Pep Marí, me hizo una entrevista para un artículo que quería escribir. Como psicólogo, su ángulo fue diferente al de otros periodistas. A pesar del dolor del masaje, pude disfrutar de una buena charla junto a Frank, Mar y Pep. Durante un rato fui capaz de olvidarme de todo lo que me esperaba, pude relajarme. Tenía una relativa y agradable sensación de normalidad con todo esto. Digo relativa, ya que no es muy normal estar tendida en una camilla de masaje a la entrada de un complejo deportivo, en una ciudad forastera, bajo un sol infernal, y estar recibiendo un masaje que me producía mucho dolor. No, nada era normal en este ámbito, pero para mí significaba romper la rutina de la dureza del retó.

Pronto llegó el momento de las despedidas. Todavía tenía que ducharme, escribir en mi blog y comer. Recogimos nuestras cosas y los tres nos fuimos hacia el frío edificio para lavarnos y quitarnos el sudor del día. La ducha fue estupenda; cualquier confort aumenta dramáticamente después de haber pasado todo el dolor, tormento y malestar, que había pasado yo durante los doce días anteriores. Pero desafortunadamente, esta sensación de bienestar, duró muy poco, cuando volví a la autocaravana, y vi que esta se había convertido en un horno. La ola de calor que estaba asolando la parte central de España, junto con la total falta de sombra y unido al hecho de que la autocaravana no tenía ningún toldo hizo que la temperatura interior alcanzara niveles insoportables. Cualquier cosa que se tocaba, ardía. Todo irradiaba calor.

Mientras me senté para escribir el blog y Frank empezaba a preparar la cena, Jacques se fue en busca de un embalaje para transportar su bicicleta, ya que había olvidado de llamar a la tienda de Barcelona para organizarlo. Al marcharse, noté una cierta tensión en el ambiente. Pregunté a Frank qué era lo que iba mal, y él murmuró que no era nada importante. Yo estaba segura de que eso estaba lejos de ser verdad.

Tengo una extraña aptitud para percibir el humor de la gente. A veces noto los cambios de disposición antes que ellos mismos. Soy muy sensible a vibraciones, particularmente cuando son negativas; casi las huelo, incluso por teléfono. Casi nunca estoy equivocada, algo a lo que el pobre Frank, se ha tenido que acostumbrar. Imaginad que soy capaz de percibir sus cambios de humor incluso antes aun de que él mismo lo advirtiera. Esto que puede ser interesante, a veces, es también desconcertante.

Este día en concreto, pude sentir la tensión que me rodeaba. Tenía la certeza que tenía que ver conmigo. Era incomprensible, porque aunque habíamos tenido un día muy duro y a veces perturbador, habíamos estado muy unidos. La bienvenida que nos habían dado en Zaragoza, me había devuelto el buen humor completamente; aunque y por supuesto no habíamos resuelto el problema del equipo, que se hacía cada vez más serio. Pensé que Frank también había dejado de lado su rabia, y había disfrutado de la compañía igual que yo. Su insistencia para que me diera prisa a la hora de despedirme de todos una vez acabados con el masaje me sorprendió, pero pensé que su idea era aprovechar el hecho de haber llegado un poco más temprano de lo habitual, y así descansar un poco más de lo normal. Me quedé perpleja.

Cuánto más tiempo pasaba, más aumentaba la tensión. Ésta, junto al calor agobiante, hizo que el ambiente en la estrechez de la autocaravana fuera terrible. Jacques volvió, justamente al tiempo de comer, y se dio cuenta al instante, del humor oscuro de Frank. Sugerí sentarnos fuera, sobre una cornisa, ya que dentro hacía un calor realmente tan insoportable, que tenía miedo de que no comiera. Frank se negó en redondo. Se quedó dentro durante un buen rato. Más tarde, se unió de mala gana a nosotros, en las ligeramente más frescas y muy incómodas escaleras.

La situación era angustiosa para mí. El poco bienestar que suelo tener en las llegadas y en las horas previas al sueño, me sirven para cargar las baterías y poder seguir el día siguiente. Esta tarde-noche, no solo faltaba confort o cariño, sino que en su lugar, sentía toda esa energía negativa que me ahogaba. Me sentía realmente abatida, y temía la noche que se avecinaba y el día siguiente.

A las nueve y media me arrastré hasta el nido, llevándome los mapas para el día siguiente. Quería estudiarlos. Sería una etapa muy diferente a las 12 anteriores; me apetecía especialmente. Cualquiera de las rutas de salida de Zaragoza, en la dirección que teníamos que ir, eran autopistas o autovías, de modo que había decidido optar por el Camino de Santiago, una etapa que había recorrido sola el año anterior. El Camino sigue en su mayor parte pistas y caminos, que casi siempre son sin pavimentar, muy diferente de los kilómetros interminables que había aguantado cada día hasta entonces. Era un tramo que recordaba haber disfrutado mucho, a pesar de la fatiga y de la soledad que había sentido. Entre Zaragoza y Ribaforada, donde tenía que llegar el día siguiente, la ruta ofrecía incluso unos tramos de ribera, frondosos y sombreados, como los que había imaginado que tendría en el tramo de Belchite-Zaragoza.

Estirada en el nido, bajo el asfixiante calor, estudiando el plano, notaba que algo de la ilusión hacia el día siguiente había sido eliminado con el comportamiento huraño de Frank. Llamé a los dos para ver si era posible que juntos estudiásemos el mapa, ya que recordaba que abandonar la ciudad era complicado, y no quería confusiones que me llevaran a tener que añadir kilómetros extras al ya de por si largo día. El plan era que Jacques nos llevase fuera de los límites de la ciudad, mientras nosotros desayunábamos, tal y como hicimos en Teruel. Esto representaba que tendría que levantarse a las cinco y media como nosotros, lo cual podía tensar las cosas todavía más; pero era el único modo seguro de que no tuviera que correr más kilómetros de los planificados. Intentaba no crear más problemas, pero el éxito del desafío, era lo primero. Después de dejarnos, Jacques se iría directamente hasta Ribaforada, con lo cual tendría todo el día para él, aparte de preparar mi llegada con el alcalde del pueblo.

Tanto Jacques como Frank afirmaron que no había ninguna necesidad de mirar los mapas juntos, ya que podían apañarse cada uno por separado con los mapas. No dije nada más, simplemente tiré los mapas abajo hacia ellos, estaba demasiado disgustada después de las últimas horas como para insistir más.

Sabía que la situación se acercaba al límite, y que pronto tendríamos que encontrar una solución. Frank necesitaba ayuda adecuada, una persona era el mínimo absoluto. Pero sin embargo, era de manifiesto que Jacques lo pasaba mal y no disfrutaba en absoluto. Su rendimiento caía en picado, aumentando la presión sobre Frank de manera desmesurada, y a su vez, poniendo en peligro el éxito del reto. Estaba segura que cualquiera que fuera lo que preocupara a Frank aquella tarde, no tenía nada que ver conmigo, más bien tenía que ver con Jacques. Pero aquí hay que decir que Jacques estaba esforzándose, no sé cuanto, pero lo estaba intentando. Yo sabía muy bien que él no había esperado que el desafío fuera tan exigente, aunque había dejado claro el horario que íbamos a seguir y de cuanto iba a estar sufriendo. De hecho, me di cuenta que aunque alguien pueda considerarse un atleta, su capacidad de resistencia y sus niveles de energía, pueden no ser suficientes, si realmente no disfruta de las aventuras, como la que estábamos viviendo. Para aquellos, en los que las comodidades, muchas horas de dormir, horarios relajados, y pocas responsabilidades es lo más importante, una experiencia como esta puede acercarse a ser infernal. Estaba claro para mí, que esto era donde se encontraba Jacques. Durante los pocos momentos, en los cuales estaba disfrutando, lucía de verdad, mostrando su cara más sociable y afectuosa. Pero estos momentos, desafortunadamente eran muy contados.

Teníamos que hacer algo y pronto, ya que no podría seguir con esta situación mucho más tiempo. De todos los obstáculos en los cuales había pensado y por los cuales me había preparado, en este no había caído. En todos mis desafíos anteriores, el equipo fue siempre fuerte y estuvo unido, listo para manejar cualquier cosa que viniera. Aquí, por primera vez me enfrentaba con una nueva dificultad. Nos estaba pasando factura a los tres. Los problemas económicos no hicieron más que hacer más difícil la situación.

Seguía tendida allí en la cama, en el calor sofocante, preguntándome si sería capaz de dormir. El mismo colchón irradiaba calor, y sabía que la noche iba a ser un tormento. Con dolores, bajé para enchufar mi teléfono, estando demasiado contrariada para pedir la ayuda de nadie. Regresé al nido con un agotamiento que se dejaba sentir. Frank con un gruñido y de mala gana dijo que vendría a leer para que me durmiera. Le dije bruscamente que no quería ayuda de nadie. Estaba alicaída por como el día había acabado, y allí tendida sobre un colchón achicharrante, empecé a llorar en silencio.

Lloraba desconsoladamente cuando Frank subió. El peso de todo lo que había pasado en el día, y la fatiga acumulada necesitaban un escape; las lágrimas hicieron eso. No quise responder a Frank cuando me preguntó qué me pasaba, debería haber sido obvio. Estaba claramente tan estresado y trastornado que su sensibilidad se había bloqueado por completo. Seguí llorando en silencio, hasta que finalmente sucumbí al sueño, aunque el descanso sería muy poco, el calor infernal, y los acontecimientos del día me lo impidieron.

Blog – 12ª Etapa

Saliendo de Belchite con Frank en bici, nos equivocamos la carretera, y tuvimos una aventura para conectar con la correcta. Llamamos a un amigo para que nos dijera donde exactamente nos encontrábamos, pero la plataforma del GPS no funcionaba al principio, así no nos pudo ayudar. Más tiempo perdido, pero al final encontramos la carretera buena.

A pesar de esto, iba un poco mejor hoy. Es el primer día que mis pies no me dolían tanto, las plantas no gritaban desde la mañana.

Pasamos por paisaje increíble, desierto, montaña, y luego kilómetros sin salida en un desierto entre las montañas, parecía una vista de la luna. Un paisaje salvaje y brutal con 43 grados. Fue muy duro psicológicamente, pero llegue muy bien a Zaragoza, a encontrar una sorpresa – Barni esperando, junto con Jesús Arroyo, y más gente – prensa y del ayuntamiento. Que alegría abrazarle, parecen años desde cuando le abracé en BCN a la salida.

Me encuentro cada día un poco mejor, como mucho mejor, la semana pasada no podía comer ni la pasta.

Lo que es curioso es que mis ganas de comer han cambiado mucho, los cookies que me encantan, no les quiero comer, ni uno. Salsa para la pasta tampoco. Estaba desesperada el domingo como sabía que no podía seguir sin comer bien. Me vino la solución, una sorpresa de verdad. KETCHUP – ¡qué vergüenza! No lo como casi nunca, ni lo tengo en mi casa, me encanta cocinar e inventar salsas diferentes...pero aquí no puedo tolerar nada excepto de eso. ketchup y mucho además.

Sé que vendrán más momentos muy duros, pero a pesar del calor y la equivocación de la carretera esta mañana, he podido disfrutar hoy simplemente en no tener tanto dolor ni tanto agotamiento.

¡A Kilometrar!

El cataclismo

13ª Etapa

Jueves, 18 de junio

Zaragoza – Ribaforada

Ruta; Camino de Santiago de Compostela

73,5 km

14 horas

46° C

867,5 km recorridos en total

1.141,53 km por recorrer

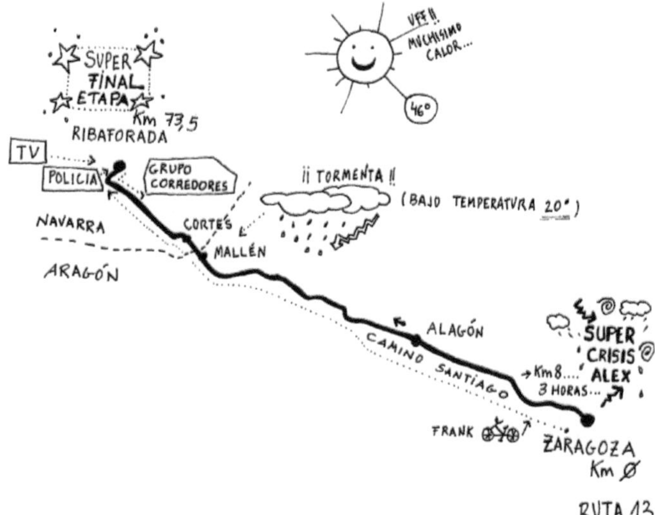

Me desperté como si fuera en una pesadilla, con los ojos todavía hinchados por haber llorado hasta dormirme. Me vestí en silencio en el nido, y bajé directamente a mi asiento para desayunar. Era importante ponerme en marcha rápido ya que sospechaba que iba a ser un día largo. Afortunadamente, en aquel momento, no tenía ni idea de lo largo que sería. Estaba todavía muy disgustada por la noche anterior, porque Frank no me había dado ninguna explicación de su rabia silenciosa de la tarde precedente. Eran las cinco y media de la mañana y no estaba de humor para discusiones. Le di las gracias entre dientes cuando puso el desayuno y el café delante de mí.

Frank fue a despertar a Jacques, zarandeándole, ya que nos tenía que conducir hasta las afueras de Zaragoza. Debíamos salir tan pronto como hubiéramos terminado de desayunar. Frank vino a la mesa trayendo su propio desayuno, mientras Jacques se arrastraba fuera de la cama; se le veía tan infeliz como a nosotros.

Jacques se levantó, y tras una rápida visita al baño, en lugar de prepararse para conducir, se fue a la cocina a preparar su desayuno. Yo no estaba en condiciones de hablar con nadie y menos de hacerlo diplomáticamente. Después de todo lo que había pasado durante los días anteriores y la tensa situación a la que se habíamos llegado la noche pasada, sentía que balanceaba en el filo de la navaja. Faltaba muy poco para perder los estribos. No quería irritarme más, sólo miré fijamente a Jacques. Me dije a mí misma con ira "¿Qué demonios está haciendo? ¿Por qué se está preparando el desayuno si sabe que primero nos tiene que llevar? ¿Habrá olvidado esto al igual que hace con las otras cosas?". Estaba que echaba humo, deseando que Frank dijera alguna cosa, pero él también parecía ajeno a la situación. Cuando por fin Jacques puso sus cosas encima de la mesa y se dejó caer en el asiento, me volví hacia Frank, y mirándole fijamente solo a él, dije bruscamente, "¿No quedamos que Jacques nos llevaría al comienzo de la ruta?". Frank asintió y yo continué cabreada, "¿Entonces qué hostias hace aquí sentado y desayunando?".

Frank no dijo nada, y Jacques solo murmuró alguna cosa ininteligible mientras recogía los platos y se preparó para conducir. Me sentía horrible. Me sentía mala. Odio los enfrentamientos, y odio más aún ser desagradable. No me importaba que tuviera razón, y que esto se debería haber hablado la noche anterior, como había intentado hacer. Me sentía desgraciada y antipática, y mucho más enrabietada que antes. Al ver que Jacques se sentaba y conectaba el GPS, le dije que le enseñaría sobre el mapa, el camino que teníamos que tomar, ya que no era fácil salir de Zaragoza. Me contestó que sabía a dónde teníamos que ir. Insistí, haciéndole ver que cualquier error representaría añadir más kilómetros a mi camino, y que éste día en concreto, no podía soportar eso. Él fue categórico, y remarcó que conocía la ruta, igual que Frank. Ambos estaban claramente mosqueados. Cuando Frank terminó el desayuno, se puso al lado de Jacques, en la parte delantera de la autocaravana.

Mientras acababa de desayunar, Jacques nos conducía a través del alba de Zaragoza. Estaba demasiada alterada para mirar afuera y revivir mis pasos del año anterior. Comí en silencio lo poco que mi estómago aceptaba. Cuando eché un vistazo, vi que nos alejábamos del punto de donde tenía que salir. Nos habíamos pasado la señal de la autopista que Jacques debía de tomar. Él me aseguró que solo había *una* autopista y que conocía perfectamente el camino. Yo sabía que se equivocaba, pero vi que ninguno de los dos me haría caso. Lo mejor era que estuviera callada o iba a perdería la paciencia completamente.

Jacques se detuvo al lado de la carretera, justo antes de entrar en el desvío hacia Logroño, bloqueando la salida de una carretera. Cuando los dos se volvieron hacia mí, para confirmar que yo tenía razón, les espeté que tendríamos que haber ido a la entrada de la autovía del Ebro. Casi enfurecida, estudiaba el mapa con mis manos temblando, viendo que tendría que correr entre 2 y 4 kilómetros más para llegar a mi salida. Estaba furiosa, pero apenas dije nada, mientras cogía mi mochila, puse en marcha mi GPS y retrocedí andando por el camino que habíamos venido, intentando ver cómo llegar a los Jardines de Lisboa, donde encontraría el Camino de Santiago. Dejé a Frank atrás, bajando la bicicleta, mientras un conductor exaltado les hacía señas para que movieran la autocaravana, ya que estaban bloqueando la salida.

Pronto Frank se reunió conmigo. Por alguna razón parecía igual de encolerizado que yo. Esto me enfureció más aun. Corría despacio, arrastrándome, ahora con lágrimas bajando por las mejillas. Pasé la estación de tren, Delicias, con Frank detrás. No quería ni hablarle ni oír lo que él decía. Un poco más adelante vi a un hombre que estaba corriendo, y pensé que era la mejor apuesta para preguntarle por la dirección correcta, y no perder más tiempo, ni poner más kilómetros. Me sequé las lágrimas, me puse a su lado y le pedí si podía ayudarme. Estaba encantado de poder echarme una mano, y corrió conmigo hasta el parque, al que recordaba muy bien, del año pasado. Para cuando le dejé, estaba un poco más calmada, pero todavía no tenía ganas de hablar.

Estaba disgustada, no solo por el comportamiento de Frank en la noche anterior y los innecesarios kilómetros puestos de más esa mañana, sino también porque había estado deseando que llegara esta etapa, desde antes de salir de Barcelona. Y lo más importante, quería compartir con Frank esta ruta tan especial, parte de mi Camino, y que tanto me había cambiado. También sabía que Ribaforada había preparado desde mucho tiempo antes una recepción, y lo había estado esperando con ganas. Encima de todo eso, sabía que un grupo de corredores planeaban correr conmigo unos 30 ó 40 kilómetros. Sabía que no estaba en condiciones de recibir a nueva gente. La gente que se toma su tiempo libre para apoyarme, me emociona mucho; es algo que valoro mucho. Al estar en este estado, y quizás no ser capaz de tratarles de la forma que se merecían, me preocupaba más aun. De ninguna manera quería parecer era descortés con quienes habían tenido que superar algunos problemas para venir a acompañarme. Pero con el malhumor y el cansancio no me veía en condiciones de poner una cara alegre para con nadie.

Frank encontró ese momento para venir y hablarme. Me explicó, con cierto enfado, que el día anterior él se había molestado porque yo no había cogido el atajo hacia nuestro destino, añadiendo 10 minutos más al trayecto. Después, siguió él, que yo había estado charlando con Mar y Pep durante 20 minutos, después de haber acabado el masaje, en lugar de irme directamente a la ducha. Me dijo todo esto, pero sabía, que en realidad, no era esto, lo que le había molestado. Sabía que lo que en verdad le había puesto de mala leche, eran el cúmulo de errores de la semana anterior, el ambiente en la autocaravana que seguía empeorando, culminado con la bronca con Jacques por la tarde del día anterior. Saber todo esto, no me ayudaba mucho. Sentía injusto que me lo hiciera pagar a mí. Con lo hundida que me encontraba, era incapaz de intentar ponerme en su lugar. Cuando se está bajo un estrés extremo, bajo una presión física, y totalmente exhausta, las facultades para razonar pueden desaparecer. Las mías habían desaparecido. Me encontraba en una espiral hacia abajo, y sus acusaciones solo sirvieron para empujarme más abajo.

De nuevo empecé a llorar, alternando el correr con el andar. Cada vez que veía una de las flechas amarillas, marcando el Camino, lloraba más aún. De estos kilómetros, la verdad es que recuerdo poco. La única cosa que recuerdo es mi ataque verbal a Frank, cuando le dije que debería dirigir su cólera más apropiadamente. Seguí adelante, tropezando. Mientras Frank se iba calmando, se dio cuenta que yo estaba en el borde del abismo, de un cataclismo, y al que él me había empujado más aun con su cabreo. Llegado a este punto, apenas le escuchaba. Había perdido todo discernimiento, y estaba encerrada en mí misma y a todo, menos a mi propia rabia y a mis airados y destructivos pensamientos. Jacques nos llamó, evidentemente se había dado cuenta de que la situación había llegado a una crisis. Dijo que nos esperaría en Alagón, antes de dirigirse a Ribaforada. Hice que Frank le llamara y le dijese que siguiera directamente a nuestro destino. No quería verle aquel día, y seguramente no quería ser la causa de que perdiera su precioso descanso.

Me volví contra mí misma, y me perdí en una nube de autodestrucción – a veces corriendo demasiado rápido, y a otros, andando – siempre consciente de que si me esforzaba demasiado, podía acabar incapaz de continuar. Era totalmente ajena a las tranquilas tierras de labranza que nos rodeaban. También lo estaba a la temperatura que iba en aumento y al tiempo que pasaba, mientras los kilómetros avanzaban muy despacio. Al aproximarnos a la entrada de Monzalbarba, no pude más. Me dejé caer al lado de la carretera, llorando. Frank se sentó a mi lado, su enfado había desaparecido e intentó animarme. Esto solo tuvo como consecuencia que perdiera todo el control. Me sentí completamente desesperada. No podía aguantar más esta situación. No podía continuar siendo educada y comprensiva con los errores de Jacques, sus lloriqueos sobre su cansancio, o sus quejas. Se suponía que estaba aquí para ayudar, no para entorpecer. Cualquiera que fueran sus razones, ya no me importaban. Sabía que si esto continuaba, destruiría cualquier posibilidad de lograr el desafío. Tampoco quería aceptar que el malhumor de Frank fuera dirigido hacia mí, a causa de la tensión acumulada en el equipo. Todo eso lo articulaba medio sollozando y medio gritando, sentada a un lado de la carretera, al lado de unos postes indicadores, con las piernas en la cuneta. Estaba tendida en el asfalto, pataleando como un niño, en medio de una rabieta, así de histérica. Era una escena de verdad desesperada y que preferiría olvidar.

Frank probó a calmarme al ver la gravedad de la situación. No era solamente una pequeña pataleta. Estaba al borde del colapso mental y físico. No sé el tiempo que estuve allí. Pudo ser media hora o una hora y media. Aunque estaba completamente fuera de mí, alguna parte de mi conciencia, estaba al tanto de que había corredores que iban arriba y abajo por la carretera, al lado de donde nosotros estábamos sentados. Al principio había sido solo vagamente consciente de ellos; suponía que eran atletas locales entrenando antes de ir al trabajo. En un momento dado, me di cuenta que eran demasiados para ser de este pueblecito, y corrían en un tramo solo de 300 metros, no una ruta de entrenamiento típico. Caí en la cuenta que podía ser el grupo de corredores de Alfaro, que habían dicho que me acompañarían este día. Aunque era consciente de ello a algún nivel, en ese momento estaba demasiado deshecha para hacer algo al respeto.

Cuando me había calmado ya no había más corredores a la vista. Miré mi reloj y con desazón vi que habían transcurrido tres horas desde que había salido de Zaragoza y había cubierto solo 9 kilómetros. Esto me trajo un nuevo torrente de lágrimas.. El sol de media mañana era ya abrasador. Cualquier esperanza de hacer buenos progresos por el frescor de la mañana había desaparecido hacía tiempo. Estaba sentada allí hecha trizas, física y emocionalmente, y todavía me quedaban 60 kilómetros para hacer. ¡Sesenta! Entraba pánico, pero sabía que cuánto más tiempo estuviera allí sentada, más largo se haría el día. Los kilómetros no se disolverían de manera mágica, y el reloj seguiría marcando el paso del tiempo. Cada minuto en la acera, significaba un minuto menos de descanso por la noche.

Me levanté de forma inestable, reajustando mi mochila y mi cinta para el pelo. Desenganché la gorra de la mochila y me la puse, así como las gafas de sol mientras Frank comenzó a ponerme bloqueador solar en la cara, brazos y gemelos. Lo necesitaba. Este día iba a ser el más caluroso de todos los que me había enfrentado ya, y yo estaba en el peor estado de todo el desafío hasta entonces.

Empezaba a dar los primeros pasos cansinos, andando lentamente, intentando suavemente obligarme a correr. La única cosa que me permití tener en la cabeza era que debía seguir moviéndome hacia adelante, no importaba el ritmo ni qué despacio fuera. Bloqueé en mi mente todos los demás pensamientos y me centré únicamente en poner un pie delante del otro. Pronto había empezado a correr otra vez, aunque terriblemente lenta. Dejamos atrás Monzalbarba, y de nuevo nos encontramos entre campos, en un camino tranquilo, polvoriento y rocoso.

Habíamos dejado de lado el mapa, aquel día, y en su lugar usamos el libro del Camino, que ya había utilizado un año antes. Por alguna misteriosa razón Frank lo iba perdiendo. Aunque lo ataba debajo de los elásticos gruesos de la caja de la bici, una y otra vez iba a buscarlo y se le se había caído. Riendo y diciendo palabrotas cada vez, volvía en su búsqueda. Mientras avanzábamos, comprobábamos las direcciones en el libro, siempre siguiendo las flechas amarillas pintadas del Camino. Eso nos distrajo algo del histerismo anterior. Pronto empezamos a charlar tranquilamente, dejando atrás cualquier animosidad que hubiéramos tenido entre nosotros.

Íbamos a dejar Aragón ese día, para entrar en Navarra. Lo haríamos a través de pueblos y municipios, en los cuales se marcaban las nítidas huellas de los que habían pasado por allí siglos atrás. Toda la región es conocida por la arquitectura románica y mudéjar, y los pueblos son sorprendentemente bonitos. Al promediar el día, avanzaríamos, por la tierra literaria de Cervantes, que él menciona en la segunda parte de El Quijote. Aunque ninguno de nosotros dos estábamos en condiciones de poder apreciar todo ello en su magnitud, lo cierto es que contribuyó a que nuestra marcha fuera más agradable con los pueblos tan pintorescos y los campos verdes y las pistas bordeando el río. Por unas horas estaba distraída del calor tórrido y de mi condición física tan lamentable.

Al entrar a Sobradiel, busqué un lugar para pararme. Hacía rato que me había dado cuenta que tenía ampollas en mi pie izquierdo por primera vez en todo el desafío. No cabía duda, que eran consecuencias del calor feroz, junto con mi escasa forma de correr ese día. Encontramos un banco y buscamos el botiquín. Nos dimos cuenta que no habíamos traído el botiquín entero; solo disponíamos de unos cuantos Compeed (tiritas como una segunda piel), pero nada de alcohol ni de yodo. Frank fue en busca de una farmacia. Intenté no pensar que esto añadía más retraso a la jornada, porque sabía que me faltaba poco para no caer otra vez en la desesperación. Esperé allí sentada unos veinte minutos, antes que volviera Frank. La farmacia todavía no había abierto, y tuvo que esperar, hasta que pudo comprar todo.

Una vez que trató la ampolla, guardamos el botiquín y nos pusimos en marcha de nuevo por las sombreadas calles, antes de que saliéramos otra vez al calor directo del sol del mediodía. Empecé corriendo despacio, cojeando al comienzo, deseando con toda mi voluntad que desapareciera el dolor. Las ampollas, aunque en sí no son algo serio en principio, pueden acabar en una lesión. El dolor suele ser punzante, lo que te puede llevar a cargar el peso del cuerpo hacia el pie bueno, descargándolo del que tiene la ampolla. Esta compensación conlleva poner más presión de lo normal en el pie bueno, pudiendo causarte una lesión por sobrecarga. Consciente de ello, probé de no cojear, así que puse todo el peso en el pie que tenía la ampolla. Esto hizo mi progreso aún más difícil.

Empezamos a hablar sobre nuestra situación en serio pero con calma, ya que ahora todas las trazas de tensión se habían evaporado con el calor del día. Aunque la armonía se había restablecido, nuestro progreso era muy insignificante; estaba tocada por el daño que me había causado la crisis, y estaba corriendo literal y metafóricamente vacía. Sólo tenía que ir moviéndome hacia delante, no importa lo despacio que fuera. Cada vez que comprobaba los kilómetros en mi reloj, me sorprendía de lo poco que habíamos avanzado. Pero no dejé que eso me hiciera parar, simplemente, continué con mi paso, flecha tras flecha. Sabía que no importaba el ritmo; en algún momento, las señales amarillas me llevarían finalmente a Ribaforada, mi oasis en este día tan desagradable.

El sol caía sobre nosotros sin piedad. El agua de mi mochila estaba caliente, el aire estaba cargado y bochornoso, y aún así seguí corriendo de forma aletargada, pero persistente. Nuestro avance estaba salpicado por la pérdida frecuente del libro. Frank se paraba, lanzaba improperios, se daba la vuelta con la bici y desaparecía entre una lluvia de piedrecillas, dejándome a mí, arrastrándome, siempre avanzando poco a poco.

Nuestra conversación avanzaba tan lentamente como los kilómetros. Le dije abiertamente que tal como estaban las cosas con Jacques, y como no podíamos ofrecerle dinero, pensaba que sería mejor que no volviera con nosotros, una vez hubiera finalizado sus compromisos familiares y entregado la tesis. Expliqué a Frank, que comprendía todo el estrés que suponía para él, y de rebote para mí, al ver la situación como se iba deteriorando y que todo el trabajo recaía en él.

Le comenté igualmente, que en los últimos seis días, había llegado a ser completamente consciente de que la presencia de Jacques a mi lado, mientras estaba corriendo, menguaba mis fuerzas. No quería que me acompañara nunca más. En mi opinión, estaríamos mucho mejor solamente los dos, que con alguien al que no le gustaba y no hacía el suficiente esfuerzo para el desafío, y por diversos motivos, no podía ayudarnos todo lo que necesitábamos. Frank estuvo de acuerdo conmigo, y empezamos a barajar todas las opciones posibles.

Contratar a alguien, no era la cuestión. Nuestros fondos apenas cubrían los gastos, y por lo tanto no podíamos añadir más. Pensamos en Jordi del Valle, el amigo de Oz. Le conocíamos poco, pero sabíamos que le gustaba la aventura y la vida al aire libre, aparte de ser tranquilo y responsable. Frank llamó a Oz, le explicó la situación y le pidió si podía contactar con Jordi, ya que no queríamos ponerle en una situación difícil, llamándole nosotros mismos. Decidimos que a pesar de que Jordi pudiera venir o no, lo habíamos decidido no contar más con Jacques. El día siguiente, sería el último, antes de que volviera a Barcelona. Los cuatro días que estaría afuera, serían más que suficientes para ver cómo nos las apañábamos solos. No tenía ninguna duda de que los dos estaríamos mejor, y tenía plena convicción de que para el propio Jacques, sería un alivio volver a casa y quedarse allí. Esta aventura puede ser tan emocionante y excitante, como volverse una pesadilla, cuando están juntas personas que no son las indicadas. Éramos testigos de primera mano, y ninguno de los dos quería arriesgar el éxito del reto más de lo que ya lo habíamos hecho. Sabíamos que no teníamos otro remedio excepto quizás continuar solos, si otra solución no se presentaba.

Nos dimos cuenta de que ese cambio en el equipo acarreaba un cambio en la ruta. Había dos razones para esto: la primera debido a que hasta ahora había estado corriendo por carreteras nacionales, las que aparte del peligro del tráfico excesivo, muy a menudo tenían pocas áreas de descanso, algo que dificultaba a la autocaravana hacer los avituallamientos necesarios a intervalos regulares. Sin la opción de tener un ciclista conmigo, significaba que tenía que llevar demasiado peso sobre de mí, para asegurar que no me quedaba sin lo necesario. Teníamos que evitarlo siempre que fuera posible y por tanto deberíamos escoger carreteras secundarias o terciarias. El segundo cambio que teníamos que hacer, afectaría a los destinos al final de cada etapa. Hasta el momento habíamos acabado en cuatro capitales grandes. Las ciudades añadían complicaciones para la autocaravana y para mi llegada. Jacques había sido nuestro enlace con los Ayuntamientos y con la policía, y a pesar de que las tareas preliminares no se habían hecho, él había hecho un trabajo excelente comunicándose con ellos en camino, y así asegurando suficiente apoyo local en los destinos de cada etapa.

Con todas las tareas que recaían en Frank cada día, añadiría la dificultad de manejar los Ayuntamientos y la policía también, que quizás no estaban ni al corriente de nuestras llegadas. Aunque parezca excesivo, quizás era necesario hacer un listado de los trabajos que tendría que realizar Frank cada día.

Después de sonar el despertador a las cinco y media como cada mañana, comenzaría su propio ultra desafío: su primer trabajo era hacer el café y servir el desayuno, después de lo cual tendría que preparar mi mochila, comprobar el GPS, pasarme el mapa con la ruta del día, despedirme. Una vez yo hubiera salido, él tendría que recoger los restos del desayuno, e ir a buscar una gasolinera, donde pudiera vaciar las aguas grises y váter químico. A veces, tenía que para en varias gasolineras para encontrar una ya que no todas aceptan el vaciado de estas cosas. Allí repostaría gasolina, rellenaría los depósitos de agua, vaciaría el agua sucia y el lavabo. La próxima parada sería para comprar pan, no siempre una tarea fácil, aunque parezca raro. Después tendría que localizarme, rellenar el agua en mi mochila y comprobar que estuviera bien. Si hacía falta comprar comida, entonces sería la próxima tarea. A continuación, tendría que preparar los bocadillos para todo el día, y buscar un lugar con suficiente cobertura para enviar las fotografías del día anterior a Carlos Martín. Otro avituallamiento seguía, después de lo cual intentaría contactar con los representantes oficiales y con la prensa interesada correspondiente a esta etapa. A estas alturas, probablemente ya habría pasado el mediodía, tendría que encontrar o una lavadora en un camping, o hacer la colada a mano en un cubo. Hecho todo esto, a toda máquina debería ir hasta mi próxima parada, para más avituallamiento, donde, mientras me esperaba, colgaría la ropa para que se secara, si esto fuera posible. Proseguiría conduciendo otra vez, para esperarme, y si le quedaba una hora libre, intentaría dedicarse a su trabajo de traductor. Después de la siguiente parada, sería el turno de dirigirse directamente al destino final del día, dejándome a mí con las provisiones suficientes para varias horas. Una vez allá, si fuera necesario contactaría con las autoridades. Le tocaría preparar mi fruta y la bebida isotónica, y después saldría a buscar hielo. Media hora antes de mi llegada, calentaría agua para la ducha, y colocaría la mesa y la silla para mi recuperación. Después de mi llegada, sus trabajos seguirían sin pausa. Enchufaría mi GPS, vaciaría toda la basura de mi mochila, y la rellenaría con tabletas isotónicas, geles, y pañuelos de papel para el día siguiente. Mientras yo pusiera hielo en mis piernas, él empezaría a preparar la ensalada, hasta que llegara la hora del masaje. El masaje duraría entre 30 y 40 minutos, después del cual, él continuaría haciendo la comida. Yo tomaría una ducha y cuando fuera posible escribiría mi blog. Cuando estuviera muy destrozada, se lo dictaría desde el nido y él lo escribiría. La mayoría de las veces lo él lo traduciría del español al inglés, ya que yo escribo el original en castellano. Aunque el inglés es mi lengua materna, como estaba haciendo el desafío en España, era mejor que el original lo escribiera en el idioma del país. Viviendo allí, había empezado a escribir mi blog el año anterior, en castellano, y solo hacía las traducciones a mi propio idioma durante los desafíos para que me pudieran seguir mi familia, amigos y otros corredores desde el extranjero. Ahora sí que escribo varias veces a la semana en inglés en mi blog.

Siguiendo con la larga lista de tareas de Frank: serviría la comida y cenaría conmigo, y después recogería las cosas, lavaría los platos, y prepararía los primeros bocatas para el día siguiente. Mientras yo leería los mensajes y los correos electrónicos del día y llamaría a Carlos, JMA y tal vez a mi familia, él lo ordenaría todo, dejaría listos los mapas y colgaría mi blog. Entonces, en general, ya serían muy pasadas las diez de la noche, hora de subir al nido. Me leería algo para que me durmiera, una acción que repetiría varias veces durante la noche, dependiendo que tan inquieto fuera mi sueño. En algún momento durante estas jornadas de diecisiete horas, con suerte, encontraría tiempo para desayunar o comer algún sandwich, y quizás para tomar una ducha. En la última semana, aunque Jacques estaba todavía con nosotros, hubo días que no había podido hacer ni lo uno ni lo otro.

Era obvio que teníamos que evitar complicaciones innecesarias. Las grandes ciudades son difíciles en el aspecto de la comunicación, y se gasta mucho tiempo en ello, así como en preparar las llegadas, en tener un lugar seguro para pasar la noche. Decidimos que finalizaríamos las etapas en ciudades solo en aquellas que ya tuviéramos garantizadas llegadas seguras, donde las llegadas y las recepciones hubieran sido organizadas de antemano. Cambiaríamos el itinerario, que desafortunadamente nos haría desviarnos a algunos de los destinos pequeños, para evitar las grandes carreteras nacionales, siempre que fuera posible.

Horas y kilómetros se fundieron juntos, marcado por las flechas amarillas. Llamé a mi madre a Grecia, para pedirle si podía cambiar su vuelo, y unirse a nosotros antes de lo previsto. Desilusionada, ella me contestó que mi hermana Anna y sus hijos, Alexander, Eleana y Kimon, llegaban a Grecia el día siguiente desde Singapur, donde viven. Era primordial para ella pasar un tiempo con ellos, antes de salir hacia España. Sabía que si le había pedido esto, era porque la situación era seria, pero su lealtad está con todos sus hijos. Lo entendí perfectamente. De todos modos no había sido más que dar un palo de ciego.

Corrimos a lo largo del sinuoso río, las altas arboledas de plataneros nos proporcionaban un poco de tan deseada sombra. Corría, solamente con la mente puesta en llegar a Ribaforada. Por alguna razón, cuando había diseñado la ruta, esta villa de Navarra me había llamado la atención. Aunque el B10 había contactado solamente con las grandes capitales, les había pedio que también enviaran un comunicado oficial, explicando el desafío a Ribaforada, ya que tenía la premonición que estarían interesados en participar en este reto. Excepto cuando había pasado por ella en mi Camino, no conocía nada de la población, pero algo me atraía, desde el comienzo. Tengo tendencia a seguir mis instintos, y pocas veces me fallan. Aparte de ser el final de una ardua etapa, sentía que viviría una experiencia especial en esta villa poco conocida. No iba a quedar decepcionada.

Este viaje en la nostalgia siguió, cuando pasamos por Luceni, en donde había finalizado una etapa el año anterior, y donde me había dado la bienvenida Kathleen Berger, una cantante de ópera y ahora una amiga. No nos habíamos encontrado cara a cara, previo a ese día, solo habíamos hablado por teléfono y comunicado por correo electrónico. Había seguido toda la evolución de mi trayecto, y se había dado cuenta que estaba pasándolo mal; así que tomó un tren desde Madrid – donde vive – hasta Zaragoza. Una vez allí alquiló un coche y se fue directo al hotel, en el cual yo había reservado para pasar la noche. Pasamos una tarde estupenda, y desde entonces hemos continuado nuestra amistad. Luceni me recordará siempre el desinteresado apoyo de Kathleen. Fue un rato de buenos recuerdos, en aquel por otra parte, horrible día.

Al llegar a Gallur, a unos 25 kilómetros de Ribaforada, estaba deshecha, avanzaba tropezando como aturdida. Recordaba el camino por esta atractiva villa del año pasado, y su belleza se había quedado conmigo. Es una población importante en el Camino, y su origen no es ni romano ni árabe, es distinto al de muchos pueblos de la región. La influencia de Gallur es francesa y proviene de los tiempos de los Romanos. Está en la confluencia de los ríos Ebro y Barba, y el Canal Imperial fluye por medio de la villa como si fuera otra carretera.

Me arrastré escalera arriba, brevemente protegida del sol por la espesa cubierta de unos rosales, hacia la hermosa iglesia neoclásica. A pesar de mi aturdimiento y de ir medio inconsciente, era vagamente consciente de la belleza que me rodeaba, bajo un calor asfixiante. La iglesia se alzaba sobre nuestras cabezas, y nos paramos un momento mirando hacia arriba. Las cigüeñas poblaban el campanario y cualquier otra altura adecuada para anidar. Estas aves colonizan esta región de España, su gracia y elegancia refuerzan la belleza de las iglesias y edificios, e incluso logran dar un cierto encanto a los postes de electricidad. Nos dimos unos minutos de descanso mientras nos maravillamos de la belleza de aquellas desgarbadas pero gráciles aves.

Poniéndonos en camino de nuevo, tuvimos que pasar por unas obras, que bloqueaban la estrecha calle, la cual recordaba nos guiaría hasta la parte más alta de la colina donde estaba asentada Gallur. Desde allí, descenderíamos otra vez hacia las llanuras, y seguiríamos junto al Canal Imperial, para continuar avanzando en dirección de Ribaforada. Al verme como sufría en la subida, Frank se dio cuenta que tenía que comer alguna cosa. En la cima, bajó de la bici para buscar un sandwich. También, él, tenía problemas con el espantoso calor. Me abrió uno de los paquetes y me pasó el bocadillo. Antes de darle el primer mordisco, me paré, asombrada – ¡el queso se había derretido con el calor! Estaba demasiado atontada para fijarme en el reloj, pero Frank me cogió la muñeca para controlar la temperatura. 46° C explicaban como estábamos los dos completamente hechos polvo. Esto sumado a mi colapso al comenzar el día.

Miré fijamente mi reloj mientras Frank lo cambiaba de termómetro a la hora. Creí que estaba alucinando; eran casi las cinco y media de la tarde! En el estado en que me encontraba los 25 kilómetros que me faltaban, me costaría muchas horas para completaros. La desesperación me asfixió, y antes de que volvieran las lágrimas, empecé a andar, cojeando, y comiendo sin ganas, el asqueroso puré caliente de pan, mantequilla, tomate chorreante y queso derretido.

Abajo, las llanuras y sus campos de arroz resplandecían con el calor de la tarde. De pronto nos encontramos entre ellos atravesando los arrozales, frutales y altos pasillos de bambú. La humedad allí abajo era sofocante, y parecía aumentar con el paso lentísimo de los kilómetros. El canal estaba siempre a nuestra izquierda, y aunque la mayor parte del tiempo estaba fuera del alcance de nuestra vista, de algún modo, su presencia sirvió como guía. Apenas me daba cuenta de nada aparte de mi paso adelante y mi mantra de Ribaforada. Con mi cabeza inclinada hacia abajo, miraba al suelo, y de vez en cuando a mi derecha e izquierda.

Advertí un fuerte zumbido y Frank me indicó que se trataba de los molinos eólicos que estaban a nuestra izquierda. Levantando mi cabeza y girando, vi, varias de las estructuras colosales justo encima de nosotros, dominando el paisaje. Asimismo Frank me dijo que me fijara más allá de ellas, en las crecientes nubes.

Me paré con sorpresa, de repente dándome cuenta de que el cielo de media tarde se había transformado de una caldera de un azul intenso, en un lienzo oscuro y amenazante. "Yo he estado invocando al Hermano Viento y a la Hermana Nube", murmuró Frank con una sonrisa avergonzada "pero creo que los he llamado demasiadas veces. ¡Parece que han traído sus primos también!". Me reí con su cara de culpable, mi primera risa del día. Mirando fijamente mientras las nubes se juntaron en tropel, más espesas y más oscuras, sabíamos que una gran tormenta era inminente. Con un grato shock, notamos que la temperatura había caído en picado, y lo seguía haciendo.

El aire más fresco fue un alivio para mi cuerpo achicharrado, lo que de alguna manera sirvió para acelerar un tanto mi paso. Seguimos el camino, sin perder un segundo, sabiendo que no llevábamos los chubasqueros, ya que por la mañana, no habíamos tenido ningún indicio de un cambio de pronóstico tan brusco. El viento aumentaba y pasaba rugiendo por las turbinas que estaban detrás de nosotros, y regándonos con hojas y ramitas. Pasamos a nuestra derecha un gran almacén y un silo de grano, justo antes de cruzar el canal y nos encaminarnos hacia un polígono industrial a las afueras de Mallén. Antes de llegar, me detuve y me agaché detrás de una hilera de árboles. La Naturaleza me llamaba, y sabía que árboles y arbustos serían escasos una vez en Mallén. Sufrí un bombardeo de hojas cayendo, e incluso de ramas. Cuando salí de mi improvisado toilette, estaba riendo – ¡ese día se estaba convirtiendo en más excitante de lo que nos habíamos imaginado al principio!

A un paso mucho más rápido, seguí corriendo, entrando en el polígono industrial, justo cuando empezaron a caer las primeras gotas. El viento era salvaje y advertí a Frank que deberíamos tener cuidado con los muchos objetos que volaban alrededor de nosotros. Una gran plancha de metal voló hasta estrellarse contra la valla, a escaso medio metro a mi izquierda, quedando allí, enganchada en ella, aguantada por el violento viento. La miramos fijamente durante unos segundos, antes de reemprender el camino a toda prisa, pasando por los enormes almacenes hasta cruzar la concurrida carretera y entrar en Mallén. La lluvia caía ahora casi horizontal empujada por el aullador vendaval.

Recordaba esa villa. Un año antes nos fue fácil seguir las flechas amarillas a través de sus calles. Habían puesto también aquí verdaderas señales, utilizando la conocida concha, tan emblemática del Camino de Santiago. La gente nos miraba atónita, desde detrás de las ventanas o desde donde se resguardaban de la tormenta, mientras avanzábamos por las calles, con la ropa empapada haciendo frente a la lluvia torrencial.

Mallén está enlazada a su vecina Cortes por no más de 2 kilómetros, pero lo que es sorprendente es que los dos pertenecen a diferentes Comunidades Autónomas, Aragón y Navarra, respectivamente. Al salir de Mallén, dejamos Aragón por la primera vez tras seis días de estar en él, y pronto pasamos la señal que nos dio la bienvenida a Navarra, por Cortes.

Me paré después de correr por un paso subterráneo, apoyada contra una pequeña barandilla a la derecha de la acera, para quitarme algunas piedras de mis zapatillas. Estaban empapadas, lo mismo que los calcetines, pero no perdí tiempo en autocompadecerme, simplemente las vacié y después, y con mucho dolor, me las puse de nuevo. Frank miró la temperatura, y los dos estábamos pasmados al encontrar que durante la última hora, había bajado unos 22 grados, de 46° C a 24° C. La lluvia ya había amainado un poco, y eso, junto con la temperatura más fresca, hacía que nuestro progreso fuera algo más fácil.

Sin embargo, la jornada me estaba pasando factura. Cada paso era una agonía. Volvía a estar en las mismas condiciones que había estado desde justo antes de Valencia, y aunque nos separaban de Ribaforada apenas 12 kilómetros, sabía que llegar sería una lucha. Crucé Cortes, pasando por delante de una farmacia en donde me había parado un año antes, cuando había estado padeciendo de ampollas y de trastornos estomacales. El tiempo había ahuyentado a la gente; todos estaban encerrados en sus casas, y las calles por tanto, estaban totalmente desiertas. Pasando la iglesia, ahora había silencio, cuando el año anterior una boda llenaba la calle de enfrente. En mi dolor y agotamiento vi los fantasmas del pasado, y los recuerdos me ayudaron a empujarme hacia adelante.

Era tarde. La oscuridad del cielo no era solamente debido a las nubes de tormenta, sino también indicaba lo tarde que era. Dejando Cortes a las cinco y media de la tarde, significaba que no llegaría hasta casi las nueve. No permití mortificarme por esto, ya que tampoco podía cambiar nada. Mi única opción era seguir corriendo, lo cual hacía con mucho dolor en cada lento paso. Pasando la última rotonda, fui a la izquierda, a un camino de tierra, que transcurría en paralelo a la vía del tren. Caminé por este incomodo y pedregoso terreno. Me vino un diluvio de recuerdos de una visita sorpresa que había tenido el año anterior, algo que me había emocionado mucho, ayudándome durante uno de los días más duros que tuve. Podía oír el coche que paró a mi lado y la voz de un chiquillo, gritándome: "¡Alex!, ¡Alex!" Me vi a mi misma, como me había derrumbado en la polvorienta pista y comenzar a llorar de alivio.

Fui interrumpida en mis recuerdos por el ruido de un motor, no de mis ensueños, dos coches en realidad, allí en la pista, que venían hacia nosotros. Aceleré el paso, corriendo pesadamente, con mi cabeza inclinada hacia abajo, totalmente ajena a la gente que nos saludaba con sus manos desde el interior de ambos vehículos. Solo me di cuenta de lo que estaba pasando cuando se detuvieron a nuestro lado, y una masa de cuerpos salieron atropelladamente, y todos vestidos para correr. Eran de Ribaforada, y habían venido para acompañarme durante los últimos 12 kilómetros. Frank y yo nos paramos, riendo con este acogedor y ruidoso grupo de hombres. Nos intercambiamos abrazos y besos, noté que todos llevaban carteles, como los dorsales que se usan en las carreras. Todo impreso en negro: ¡Ánimo Alexandra! Ribaforada. Su bienvenida y su entusiasmo me emocionó, y aunque el cuerpo me dolía terriblemente, de algún modo supe que con esta energía tan positiva que me acompañaba, iba a continuar un poquito mejor que antes.

Mientras nos poníamos en camino, hicieron sus propias presentaciones: Israel Vicente, Alberto Lite, Pepe Sevilla, José Lamata, José Antonio, Edy Eiez y Roberto Arriazu. Me disculpé por mi horrible condición física, y les dije que me sentía muy conmovida por esta sorpresa. Correr era espantoso, pero decidí no andar ni un paso durante los 11 kilómetros que nos faltaban hasta Ribaforada. Así que corrimos, acompañados por Frank, hablando y riendo mientras avanzábamos. Estaba demasiado cansada para hablar mucho, pero me mantenía por las bromas animadas que iban gastando. Frank, feliz, participó, explicándoles nuestras aventuras. El camino era muy desigual, con ranuras profundas que habían desgastado la superficie, haciendo que el correr fuera muy doloroso. Expliqué a los corredores, que si no les importaba, me movería de un lado de la pista al otro, en busca de los tramos más suaves. Mis pies, tobillos, y rodillas estaban tan débiles y mis músculos tan doloridos, que no confiaba mucho en ellos para apoyarme en ese terreno tan lleno de baches. Fueron maravillosos, verdaderos caballeros. Mientras tanto la lluvia arreció, y después amainó de nuevo. Me sentí arropada por ellos.

A unos 7 kilómetros de Ribaforada vimos que se acercaban dos coches. Resultó que uno de ellos era de la televisión local y el otro, de la policía de la localidad. Habían estado preocupados por la hora tan avanzada, y habían decidido salir por el camino para saber como estábamos. Saltaron dos reporteros, uno haciendo fotos y el otro filmando, mientras la policía nos preguntaba si todo iba bien. Nos siguieron durante un tiempo, para después alejarse, diciendo que nos esperarían antes de la entrada del pueblo. Los periodistas siguieron unos kilómetros más, corriendo a mi lado, grabando, haciendo fotos y entrevistándome. Después nos dijeron que ellos también iban a adelantarse y que nos esperarían a un kilómetro de Ribaforada. Seguimos corriendo hacia el crepúsculo que avanzaba con cada paso, siguiendo sus luces de cola hasta que ellos desaparecieron en la distancia.

La marcha fue dolorosa; seguía tropezando en el camino desigual, haciendo que correr fuera difícil. Estaba con tan pocas fuerzas que mi habitual sistema de "suspensión" estaba deshecho. Forcejeaba para seguir corriendo. Los hombres charlaban alrededor de mí, conscientes de mi desesperación, e intentando mantener mi ánimo arriba con sus bromas amistosas. Estaba tambaleándome al filo del colapso, pero seguía avanzando, con la vista fija hacia adelante, al pueblo que poco a poco divisaba, saliendo de la sombría penumbra.

Al llegar al coche de prensa, hicieron como antes, parando cada unos cuantos cientos de metros para salir y grabar mi progreso. Entramos en una zona industrial y los corredores se disculparon por hacerme pasar por allí. Para mí, el entorno había casi dejado de existir, y lo importante era el pequeño grupo que me rodeaba. Una vez dejamos atrás los almacenes, el periodista me preguntó si me importaba que ellos se pusieran justo delante de mí, con el maletero del coche abierto, para que él pudiera sentarse mirando hacia atrás, filmándome y entrevistándome mientras corría. Pienso que creían que esto molestaría, porque parecieron sorprendidos cuando dije que no me importaba en absoluto. "Al contrario" les dije riendo débilmente, "seréis como mi zanahoria y el palo, atrayéndome adelante, y ayudándome a olvidar lo fastidiada que voy.". Así empezó a filmar mientras el coche guiaba nuestro pequeño grupo hacia el coche de la policía, que nos esperaba. Me enganché a él mentalmente, concentrada solo en sus preguntas, y en mis respuestas. Al aproximarnos a la policía, ellos empezaron a animarme y a aplaudir, antes de volver a entrar en su coche.

Con la escolta policial guiándonos, y el coche de prensa justo delante de nosotros, entramos a la villa; el periodista siguió filmando mientras avanzábamos a paso lento.

La villa parecía casi vacía; el único signo de vida eran dos chicos jugando al baloncesto en una cancha vallada, a nuestra izquierda. Nos saludaron y gritaron cuando pasamos, al reconocer a algunos corredores de nuestro comité de bienvenida móvil. La inquietante sensación de que la villa parecía desierta, continuó un poco más; incluso los corredores quedaron callados, como anticipándose a algo iba a suceder. Resultó que ellos efectivamente estaban esperando con entusiasmado suspenso, ya que su bienvenida había sido solo un preludio de lo habían dispuesto, en el centro de la población.

Empezamos a subir una pequeña cuesta, después de la cual, según me prometieron los corredores, había menos de un kilómetro hasta llegar al corazón de la villa. A la mitad de la misma, advertí que fuera de las casas que bordeaban la calle, muchas personas de edad estaban sentadas, como si disfrutaran de las últimas horas del día. Al acercarnos, todos se pusieron de pie aplaudiendo y animando. Parece que no habían estado simplemente disfrutando del atardecer sino que esperaban mi llegada. Había estado tan concentrada con el reportero que tenía frente a mí, que no me había dado cuenta de lo que se estaba preparando para más adelante. De repente el coche aceleró para aparcar a unos 800 metros más allá. Los dos hombres saltaron del vehículo y empezaron a filmar mi llegada. Se pusieron en un cruce, y mirando hacia ellos, súbitamente me di cuenta que toda el área estaba cerrada al tráfico, con las vallas metálicas que se usan en las carreras. La gente bordeaba las calles detrás de las barreras, y me animaban mientras me aproximaba al cruce. Era totalmente ajena a que habían encendido las farolas, señalizando que había llegado la noche, (de todo esto me fijé, más tarde, al ver la cobertura que hizo la televisión, y viendo las fotos) solamente era consciente del apoyo y de la energía que me transmitían los ciudadanos, que crecía a cada paso que daba hacia ellos.

Cuanto más me acercaba, más me vitoreaban; al aproximarme a la esquina, veía que más gente aun estaba esperando en la plaza. Se me hizo un nudo en la garganta, que crecía mientras con cada paso que me acercaba. Empecé a jadear, buscando aire, no pude aguantar las lágrimas más tiempo. Al llegar a los periodistas, empecé a sollozar, superada por la emoción. Ahora eran lágrimas de alivio, de alegría y de gratitud. Me pareció que toda la villa había venido a darme la bienvenida. Al girar a la derecha, el cámara se puso a correr a mi lado, filmándome bien de cerca, mientras un fuerte bramido salió de la muchedumbre en la plaza. Corrí hacia abajo en donde el Hogar estaba aparcado al lado de un gran tablado que habían montado en la plaza. Corrí por el pasadizo de entre las vallas, seguida de cerca de Frank y el grupo de encantadores corredores. La gente me alentaba y guiaba, hasta que por fin, paré delante del estrado. Los espectadores se aglomeraron a mi alrededor, mientras me incliné llorando de modo incontrolable. El cámara no se movía de mi lado, captando toda la emoción que podía. Se le unieron unos cuantos periodistas, fotógrafos y reporteros de la radio. Cuando, al fin, pude controlarme de nuevo, levanté la vista, sonriendo tras mis lágrimas, fui hacia el público para celebrarlo entre abrazos y apretones de manos.

Los periodistas empezaron con sus preguntas, y la gente miraba y escuchaba atentamente. Cuando me preguntaron cómo me había ido el día, mi respuesta tras más lágrimas, fue que hasta que había entrado en su villa, había sido de mucho, el peor de todos del desafío, pero que ahora se había convertido con mucho, en el mejor de todos. Bromeando, les dije que no decía esto, porque todo el pueblo estaba rodeándome, sino que lo había dicho porque lo sentía de verdad. Cuando Frank se puso a mi lado, y miré a mi alrededor, supe que desde este momento llevaría Ribaforada conmigo el resto de mi vida.

Jacques bajó de la tribuna, y me acompañó hasta donde estaba la alcaldesa, Nuria Ruiz, y el Concejal de Cultura y Deportes, David Lorente, que esperaban para darme la bienvenida oficial. Les saludé y también a las personas que estaban con ellos, y me entregaron un enorme ramo de flores, una placa conmemorativa dedicada a mi desafío y un gran cesto lleno de productos de la región. Estaba demasiado desbordante de emoción, para poder hablar unos minutos, mientras miré desde arriba a todo el grupo que rodeaba la tarima, y a Nuria y a todo su equipo que tenía a mi lado.

Entre lágrimas, le agradecí a ella, antes que nada por la acogida tan cálida. La alcaldesa y su equipo, los corredores y toda la población, habían conseguido darle la vuelta a uno de los días más duros de mi vida, convirtiéndolo en uno de los que recordaría para siempre con cariño. Intenté expresarles mi gratitud, aunque no puedo recordar con exactitud lo que dije, ya que mi agotamiento me abrumaba. Después de las fotos oficiales, llamé a todos los corredores para que subieran al estrado para de nuevo darles las gracias, y fotografiarnos todos juntos.

Cuando acabó ya era de noche. Mientras Jacques me ayudaba a bajar las escaleras, adiviné que debían ser casi las diez. Jacques lo tenía todo listo, sabía que a causa del gran retraso, estaría en malas condiciones, necesitando de su ayuda a mi llegada. Él parecía otra persona, reminiscente de cómo había sido al comienzo del desafío; me sentía algo triste por cómo habían sucedido las cosas. Pero estaba demasiado cansada y me preocupaba mi recuperación y el continuo desfilar de gente felicitándome y pidiéndome autógrafos. Me quedé sentada en la silla plegable, fuera de la autocaravana, poniéndome hielo en las rodillas, los tobillos y los pies.

Lo que había sucedido me transportada a otra realidad, como si fuera una celebridad. Firmando autógrafos y posando para las fotos, era totalmente nuevo para mí. A pesar de que estaba completamente agotada, hablé con todos los que se acercaron. Su bienvenida había significado para mí, mucho más de lo podían imaginar, y lo valoraba inmensamente. Al final, antes de entrar para la ducha y el masaje, me abracé a los corredores y familiares, quedando con algunos de ellos, al día siguiente a las seis y media, para compartir con ellos unos kilómetros más.

Los chicos condujeron la autocaravana a unos 500 metros más adelante, a un lugar más tranquilo, tal y como nos había recomendado la alcaldesa. Esa noche tomé una ducha algo más larga de lo habitual. Necesitaba el agua caliente, ya que había empezado a temblar mientras había estado sentada con el hielo. Era sorprendente después del día tan caluroso que habíamos tenido, pero el descenso de la temperatura y las horas bajo la lluvia, habían conseguido enfriarme completamente. Mi fatiga hizo que el frío me afectara más aún. De pie, con el agua chorreando encima de mi cuerpo cansado, intentaba captar y digerir todo lo que había pasado aquel día.

Era tan tarde, que mientras Frank me masajeaba las piernas, Jacques preparó la cena, y nos explicó lo que le había pasado durante el día. Según nos dijo, la alcaldesa y su equipo habían colocado letreros por todo el pueblo, explicando el desafío, y los habían tenido que reemplazar por otros nuevos, cuando Jacques le había explicado que estaba pasándolo mal, y que iba a llegar muy retrasada. Aunque Frank y yo estábamos totalmente agotados, la llegada nos había dado un nuevo impulso de fuerzas. Tuvimos la cena más agradable que habíamos tenido en muchos días. Como de costumbre, comía en el nido, tendida boca abajo y utilizando una cuchara. Me sentí mejor que en todo el día, mientras me inclinaba desde el borde, riendo con el parloteo de la mesa debajo de mí.

Mientras dictaba mi blog a Frank después de la cena, Jacques comentó que supo lo mal que lo había pasado, desde el momento que me había visto. Esta cara, dijo él, había cambiado desde esa mañana. Parecía demacrada, dijo él, y era visible que había perdido peso. No estaba nada sorprendida. Había tenido uno de los días más difíciles tanto física como emocionalmente, no solo del reto, sino de mi vida también. Había terminado de la mejor manera posible. Ninguna otra bienvenida hubiera sido mejor ni más calurosa, ni más apreciada.

Cuando Frank gateando, vino a mi lado, me acerqué hacia él y me abrazó. Estaba todavía emocionado con la bienvenida que nos habían regalado. Mientras hablamos en voz baja sobre el día siguiente, me susurró que Jacques quería acompañarme todo el día con su bici. Estaba muy cansada para rechazarlo, y después de su cálida bienvenida esa tarde, no quería disgustarle ni a él ni a mí misma. También, como explicó Frank, haciéndolo así, le permitiría ponerse al día en su trabajo, ya que estaba muy atrasado. Tan pronto como Jacques y yo nos pusiéramos en camino, Frank saldría para conducir directamente a nuestro destino, El Villar de Arnedo, y pasaría todo el día traduciendo. Para mí eso selló el trato. No necesitaba ninguna otra explicación. Estaba demasiado baldada y feliz para dejar que algo me alterase.

Era bien pasada la medianoche cuando cerré los ojos, arropada en los magníficos recuerdos de la llegada. Me dejé llevar por el sueño, repitiéndose una y otra vez en mi mente, los acontecimientos de esa tarde. Iba a dormir profundamente esa noche.

Blog – 13ª Etapa

Empecé el día con un bajón tremendo, y perdí casi 3 horas haciendo solo 9 kilómetros.

Estaba acompañada por Frank, siguiendo el Camino de Santiago todo el día, que me recordaba de mí aventura el año pasado.

El calor, ni lo puedo describir, solo falta decir que cuando estábamos en Gallur el queso en mi sándwich se había fundido – ¿quién necesita fondue o raclette cuando se puede fundir por el camino?

A 15 km de Ribaforada, cambio el tiempo y vino una tormenta con viento fuertísimo, trozos de árboles cayendo, y la lluvia pegándonos horizontal. Al menos nos dio un respiro del calor infernal.

A unos 12 km fuera de Ribaforada, dos coches llegaron lleno de corredores (¿cuántos corredores caben en dos coches??) para acompañarme hasta su pueblo.

No quedo allí la bienvenida, la policía local vino a buscarnos, seguido por los periodistas de los canales locales, que nos acompañaron haciendo entrevistas hasta la villa.

Entrando a Ribaforada, me quedé casi parada de emoción. Toda la villa había salido para darme la bienvenida, junto con la Alcaldesa y todo el ayuntamiento. Entré a la plaza central como si fuera un Tour de Francia, con la carretera vallada, rodeada de gente, y yo llorando sin parar. Me entregaron una placa conmemorativa dedicado personalmente, un ramo de flores guapísimo, una cesta llena de especialidades locales y tres botellas de aceite de oliva. Jacques esta ya probando el pulpo…

La bienvenida me ha animado, me ha tocado hasta el alma, y me ha casi recuperada del día brutal que he pasado. El peor día de este desafío se ha convertido en el mejor por mucho, gracias a la bienvenida que me dio esta villa.

Ribaforada sabe como mostrar cariño y solidaridad, y quedarán en mi corazón y en los del equipo. Seguro que volveré, pero la próxima vez, espero tener más tiempo y energía para disfrutarlo un poco más.

¡A Kilometrar!

Corriendo contra el viento

14ª Etapa

Viernes, 19 de junio
Ribaforada – El Villar de Arnedo
73 km
12 horas y 20 minutos
Viento, viento, viento y agotamiento
940,5 km recorridos en total
1.068,53 km por recorrer

Debido al retraso en mi llegada la noche anterior, habíamos decidido que sería mejor que aquel día empezara más tarde para poder dormir una hora más. Cuando me desperté me sentía extremadamente cansada, después de pocas horas de sueño agitado. Pero el brillo de la calidez de la llegada todavía persistía, y me daba la energía necesaria para arrastrarme del nido, y comer algo.

La tarde anterior habíamos quedado con tres de los corredores que me acompañarían saliendo de

Ribaforada, antes de que se fueran a sus trabajos. Así, justo antes de las siete, salí a la luz de la mañana, para encontrar con Israel, Juan Manuel, y el tercer chico, todos vestidos con la camiseta naranja del equipo, sonrientes y ansiosos por correr. Después de unas fotos, nos pusimos en camino, calle abajo, diciendo adiós a Frank con la mano. Él iría directamente hasta El Villar de Arnedo, para pasar todo el día trabajando. Jacques había cargado su bici con toda la comida que íbamos a necesitar durante el día. Dejando Ribaforada, cruzamos el puente, girando a la izquierda hacia la pista que discurría paralela al canal, en dirección a Tudela.

Saliendo de Ribaforada

Nos encaminamos por la pista, con el Canal Imperial a nuestra izquierda. Dos de los chicos estaban corriendo conmigo, y el otro estaba con su bici rodando al lado de Jacques. Fue una manera perfecta de empezar el día. La compañía era excelente, y charlamos agradablemente, mientras hacíamos nuestro camino por el hermoso y tranquilo sendero. Les comenté que estaba segura que volvería aquí con Frank, y cuando lo hiciéramos, me encantaría correr de nuevo esta ruta junto con todo el grupo. Mientras, el canal nos guiaba, los campos llanos dejaban paso a unos frescos y verdes plátanos. Serpenteando por este paraíso rural, recordando el año pasado (todavía seguía el Camino de Santiago), hasta que llegamos a El Bocal. El Bocal marca el inicio del Canal Imperial, y está ubicado donde el emperador Carlos V mandó construir una presa. No entramos en El Bocal, aunque parecía un lugar muy hermoso y tranquilo; continuamos rectos por la pista.

Antes de dejar este verde Edén de El Bocal, nos despedimos de nuestros compañeros. A pesar de que solo nos habíamos conocido el día anterior, se había creado un vínculo afectivo entre nosotros. Saludándoles por última vez, giré y empecé de nuevo a correr, sabía que volvería para visitarles. La gente es lo que a la larga destaca para mí durante mis desafíos. Las nuevas amistades que hago y, las relaciones que llevo ya conmigo, son lo que me ayudan a superar el dolor y el sufrimiento. Aunque muchas veces me encuentro físicamente sola durante mis entrenamientos o retos, pocas veces me siento sola. Conecto con la gente a un nivel muy profundo, dejándome crear fuertes lazos. A veces esto se vuelven contra mí, cuando la relación es negativa, pero son las positivas las que me dan mucha de mi fuerza.

Las personas son los verdaderos puntos de referencia en mi viaje por la vida, enriqueciendo el paisaje en donde me encuentro, y marcando mi progreso ya sea físico o mental. El soporte y la amistad que había recibido de esta pequeña villa de Navarra, había sido un regalo. Tiraría de esta fuente de energía positiva, durante algunos de los momentos más oscuros que me esperaban en el reto; sabía que estimularía mi resistencia lo suficiente para ayudarme a seguir adelante.

Dejando atrás las tranquilas orillas del canal, seguimos hasta que llegamos a Tudela. Frank nos había llamado antes anunciando un cambio de planes. Nuestro amigo Oriol Tauler había sorprendido a Frank en Ribaforada esa mañana después de que nosotros nos habíamos marchado. Había venido en su autocaravana para pasar uno o dos días con nosotros. Nos encontraríamos con él en Tudela, mientras Jacques podría recoger mis bocadillos que se había olvidado en la nevera, esa mañana. Por lo tanto, nuestra parada sería doblemente beneficiosa: por una parte, veríamos a Oriol y por la otra, resolveríamos el problema futuro de encontrarme sin comida!

Entramos en Tudela, la cabecera de la comarca conocida como Ribera de Navarra, la zona agrícola de la parte baja de Navarra, famosa por sus espárragos, y una de las paradas clásicas del Camino de Santiago. La ciudad fue construida por los romanos, sobre un asentamiento celtibérico, aunque por excavaciones posteriores se demostró que la región había sido ya habitada desde el Paleolítico, hace unos 2,5 millones de años. La ciudad fue tomada por los musulmanes, y poblada por ellos, así como por los mozárabes (cristianos, bajo el dominio árabe), y judíos, antes de que los cristianos la reconquistasen de nuevo, hace 900 años. Todas estas influencias son bien visibles en la variada arquitectura de la ciudad. Tanto en los períodos de guerra como de paz, Tudela ha jugado un importante papel, debido a su situación estratégica, sobre el río Ebro.

Siguiendo las flechas amarillas, hicimos nuestra ruta a la ciudad hasta encontrarnos con Frank y Oriol que nos estaban esperando. Después de intercambiar cálidos saludos, yo continué siguiendo las señales, volviendo sobre mis pasos del año anterior. Cerca de la Catedral, las flechas amarillas se convirtieron en conchas de bronce incrustadas en el adoquinado. Jacques me alcanzó, y juntos serpenteábamos por las estrechas calles hasta que encontramos la salida de la bulliciosa ciudad. Empalmamos con una senda que seguía por el lado de un pequeño río, el Río del Molinar, bifurcación que fluye entre dos puntos del Ebro. Recordaba todo ello muy bien, por lo que llegué a sufrir en aquel tramo el año anterior.

Seguimos la ruta, hasta que llegamos al punto de su bifurcación. Nuestra pista se unía a las vías del tren, corriendo paralelo a ellas durante unos 8 kilómetros. Era una zona tranquila y apacible, aunque monótona, interrumpida sólo con el paso de los trenes que marcaban nuestro progreso. Corría reviviendo experiencias previas. Mi mente vagaba hacia todo lo que había cambiado en mi vida en estos últimos 13 meses; las cosas que había perdido, y la riqueza que había ganado en términos vitales.

Mis experiencias de la vida, y durante los últimos años, el correr, me han enseñado muchas cosas. He adquirido una perspicacia de mí misma y he desarrollado una habilidad para ver la vida y valorarla de forma distinta a como lo hacía antes. He aprendido a apreciar todo lo que tengo cuando lo tengo, y plantar cara de frente a la adversidad. Cuando me encuentro frente a obstáculos de cualquier tipo, intento superarlos, si ello es posible, y cuando no lo es, los acepto y sigo adelante. Ya no me permito el proceso de pérdida de tiempo con la culpa y la autocompasión, porque de poco sirven. He aprendido a aceptar y resolver, siempre moviéndome hacia delante. Por supuesto, ocasionalmente resbalo, y regreso a comportamientos anteriores. Estas pruebas son particularmente difíciles cuando me hallo en medio de un desafío, y algunas veces, me encuentro mortificándome por las emociones iniciales que dejan que salga la culpabilidad y la autocompasión. Lo había visto durante los últimos días, tratando con temas del equipo, pero menos mal que había entrado en razón y había encontrado una solución, que estaba segura resolvería los problemas. Corriendo allí, en paralelo a los raíles del tren, no tenía que concentrarme en la ruta o en el tráfico, así que me dejé llevar por las rutas de mi mente. Utilicé esos tranquilos kilómetros, – todavía era temprano para estar agotada – para ordenar mis pensamientos y emociones y soltar cualquier negatividad.

Cruzamos un puente por encima de las vías del tren, para enlazar con otra pista que nos conduciría hasta Castejón, una villa grande, que se veía debajo de nosotros, a unos 7 kilómetros. No tardamos mucho en pasar de la vía, a una ruta que no llamaba la atención, salvo por las conchas de bronce que marcaban el camino por la villa. Una vez fuera de Castejón de nuevo, sabía que nos quedaban unos 4 kilómetros para llegar a Alfaro. Aunque me sentía cansada del día anterior, todavía no había llegado al punto del agotamiento, y esto que estaba ya a la mitad de la etapa. Me sentía optimista; tal vez me ahorraría sufrir este día.

Entramos en Alfaro, y Jacques se fue a buscar un bar para comprarse un bocadillo para él. Yo serpenteé por las calles, siguiendo atentamente las flechas; no quería perderme y hacer más kilómetros. Oriol nos había llamado diciéndonos que nos esperaría justo a la salida de Alfaro, en la Ermita del Pilar, en la N-232. Pasé por delante del hotel donde estuve alojada doce meses antes, recordando mi llegada, agotada pero tan alegre, para continuar y enlazar con la carretera nacional.

Jacques me alcanzó por fin, unos kilómetros antes de que llegara hasta Oriol. Se había perdido por las calles de Alfaro, y había tenido que buscar bastante hasta encontrar el camino para salir de nuevo. Se fue a toda velocidad para encontrar a Oriol. Cuando llegué, ya estaba relajado y feliz, dentro de la autocaravana, resguardándose del ardiente sol. Oriol me ofreció un poco de naranja, que había cortado para mí. Lo acepté agradecida, mientras echaba una mirada dentro de la tentadora autocaravana. Lo que más deseaba, era meterme en ella, sentarme en los cómodos asientos, y parar. Completamente. Solamente el pensar que todavía no había llegado a la mitad del desafío, se me hacía insoportable. Había superado tanto sufrimiento, y todavía me quedaban más de dos semanas para correr; cada día se me hacía eterno.

Me despegué, sin ni siquiera subir, me despedí con un adiós, para continuar, de repente mucho más cansada que antes. Seguí las flechas, cruzando la vía del tren hacia un camino de tierra que me llevaría por Rincón de Soto, antes de llegar a la última gran villa de la etapa: Calahorra. Jacques se había unido a mí, y juntos avanzábamos por el camino. Mis pies habían empezado a dolerme, y la desigual y pedregosa pista hacía que mi progreso fuera muy difícil.

Me di cuenta, que siguiendo por esta ruta me atrasaría mucho, y posiblemente, me causaría más sufrimiento que si hubiera ido por la carretera nacional. Medimos las dos rutas en los mapas y vimos que la N-232 parecía solo un poco más larga que la ruta del Camino. Decidí volver a ella, y así Jacques y yo cortamos a la izquierda por los campos, cruzando la vía del ferrocarril otra vez, para llegar de nuevo a la carretera nacional.

Los siguientes 20 kilómetros más o menos hasta Calahorra, resultarían mucho peor de lo que había imaginado. La carretera era casi una perfecta línea recta, atravesando terrenos de cultivo sin nada especial, y subía constantemente, elevándose sin prisa pero sin pausa hacia arriba. Un fuerte viento en contra que aumentaba por momento, provocó una caída de mi ritmo. La cuesta, aunque no muy pronunciada, combinada con el viento de cara hacía el progreso lento y agotador. El tráfico era intenso y de alta velocidad, y casi todo industrial. Cada vez que un camión pasaba con un estruendo, con su viento de cola, combinado con el que tenía de cara, hacía que literalmente me parase.

Avancé con un paso lamentablemente lento, arrastrándome por la carretera larga, mirando Calahorra a lo lejos. No creo que tuviera un dolor terrible, al menos no como el que había padecido en etapas anteriores, pero la cuesta y el viento me hacían ir tan patéticamente despacio que me desesperaba. Clamé contra mi destino por haberme traído el viento, lo maldije profusamente. Esto me ayudó poco, solo me sirvió para que me alterase más aun. Lo que necesitaba era centrarme en ser positiva. Ya había tenido demasiada negatividad en los siete días anteriores, y sabía que si quería acabar con éxito mi desafío y llegar al Estadio Olímpico de Barcelona el 6 de julio, tenía que cambiar de actitud. Tenía que despojarme de esta nube negativa, de este pesimismo, – tan contrario a mi naturaleza – y recuperar el optimismo.

Así avanzaba, poco a poco, concentrada en llegar a la siguiente subida o a la siguiente cerca; focalizaba cualquier punto de referencia que podía, mientras tiraba hacia adelante con mi titubeante paso. Jacques se quedó escondido detrás de mí, el tráfico rugía desalentando cualquier conversación. Tenía mi mente fija en llegar a Calahorra. Creía que una vez allí, la etapa estaría casi terminada. Por alguna razón se me había metido en la cabeza que solo había 5 o 6 kilómetros que correr, una vez pasada la villa.

Atravesamos un polígono industrial, y al salir, vimos que por fin habíamos llegado a la villa rojiza y polvorienta que tapaba completamente una pequeña colina. La carretera nacional transcurre paralela a la autopista, dando una vuelta a Calahorra, dejándola a nuestra derecha. Después de unos 3 kilómetros, habíamos llegado al otro extremo de la villa, y la ruta empezó a subir más bruscamente. A pesar de que la cuesta era empinada, me sentía con fuerzas. Sabía que una vez pasado el pésimo hotel para camioneros, en donde pasé una deprimente tarde y noche el año anterior, y coronada la cima, ya me quedarían pocos kilómetros para El Villar de Arnedo.

Al pasar el hotel, le eché una ojeada, recordando cómo había pasado aquella tarde de mi primer día corto, en la estrecha, húmeda, y poco limpia habitación, comiendo patatas chips y galletas para consolarme a mí misma, sintiéndome muy sola. El recuerdo me hizo sonreír, porque aunque entonces había pasado por momentos muy duros, había conseguido mi objetivo, había corrido el Camino de Santiago, y había vuelto cambiada, más fuerte, y más centrada que nunca.

Seguí, dejando la parada de camioneros y la cuesta detrás de mí. Mi hermano me telefoneó. Acababa de llegar a Grecia, procedente de Zúrich, y charlamos unos minutos. Apagando el teléfono alegremente, busqué por delante El Villar. No veía nada cerca. En el horizonte las montañas se levantaban en frente a mí, con algunos pueblos esparcidos y elevados en las colinas.

Mientras los camiones me pasaban volando, cogí el mapa para comprobar si estaba en el camino correcto y recalcular la distancia. Jacques llegó, ya que se había detenido cerca de Calahorra para comprar agua. Nos sumergimos en el mapa, y después, miramos arriba al panorama montañoso que teníamos delante, y caímos en la cuenta que los cálculos habían sido incorrectos y todavía nos quedaba un buen trecho; unos 14 kilómetros nos separaban todavía de El Villar.

Aunque estaba profundamente decepcionada, tras haber batallado para no perder el optimismo a través de la carretera nacional, no estaba dispuesta a caer en el abatimiento y la desesperación. Encontré poca ayuda pensando que "solo" quedaban 14 kilómetros, entre lo empinado que era la carretera delante de nosotros, el viento aullante y la incesante arremetida de camiones y su viento trasero, esos 14 kilómetros se extendían hacia lo lejos en mi mente. Me armé de valor, mirando hacia adelante al pequeño pueblo que estaba encima de nosotros, y empecé a correr de nuevo.

Corría, parándome y volviendo a empezar cada vez que un camión nos pasaba; sabía que Jacques también tenía problemas para mantener el equilibrio. Casi sin darme cuenta, empecé a agacharme cada vez que nos adelantaba un camión y vi que si lo hacía exageradamente justo cuando estaba al lado del vehículo, podía evitar esas paredes de viento. Descubrí cuales tenían el viento trasero más fuerte, y cuales (debido a su diseño) parecían no tener ninguno. Seguí corriendo, agachándome cada vez que me pasaba un camión, y, después de un rato, me di cuenta que en realidad estaba pasándolo bien. Ya no me concentré en mi cansancio, ni en el viento, y dejé de maldecir a los camiones y a mi mala suerte.

Después de un rato oí a Jacques, preguntándome desde atrás, "Alex, ¿qué coño estás haciendo? ¿Estás bien?", mientras yo iba botando por la carretera. Empecé a reír tan fuerte que apenas podía hablar. Cuando por fin le expliqué mi técnica para evitar el viento y le invité a probarla. Pedaleó hasta llegar a mi altura, y siguiendo mis instrucciones, empezó a doblarse sobre el manillar. Calculaba el momento exacto cuando teníamos que reaccionar, después chillaba fuerte "¡Ahora!", sobre el bramar del camión, y los dos teníamos que agacharnos por unos segundos y volver a saltar a la posición habitual, todo eso sin parar de rodar.

Y así seguimos, riendo, agachándonos, y saltando en nuestro camino por las montañas hacia El Villar de Arnedo. Parece apropiado que hubiéramos podido desembarazarnos de cualquier sentimiento negativo, porque cualquier animosidad, al menos por mi parte había sido simplemente producto de una mala decisión. No debería haber sugerido una aventura de este tipo a alguien que no hubiera estado conmigo en uno de mis desafíos anteriores, y Jacques no debería haber aceptado algo por lo cual seguramente se requería mucha energía, tiempo, y compromiso, cuando él mismo sabía que no podía funcionar bajo aquellas condiciones. Me gustaba y respetaba a Jacques, y nada de esto había cambiado, simplemente no funcionábamos como equipo bajo tales circunstancias.

Así que en sincronización y armonía, llegamos a El Villar, enclavada en las desnudas colinas de La Rioja (en algún momento del día, habíamos dejado Navarra, para entrar en La Rioja), riéndonos, después de haber casi disfrutado de la última hora, de aquel largo y extenuante día. Siguiendo las instrucciones que nos había pasado Frank, entramos en el pueblo. Mientras avanzábamos por las calles, un niño en bicicleta llegó hasta nosotros. El nos llevó arriba hacia donde nos esperaban, Frank, Oriol, el alcalde y un pequeño grupo. A lo largo del camino, se juntaron a nosotros unos niños corriendo y un ciclista. El alcalde no supo nada del desafío hasta ese mismo día, por lo cual, esta improvisada bienvenida de última hora, fue una sorpresa muy bonita. No esperaba ningún recibimiento oficial, y me emocioné por esta muestra de solidaridad, en esa tarde fría y nublada.

Envuelta en mi chaqueta, empecé mi rutina de la recuperación, charlando alegremente con el grupito. El alcalde, Jesús Pedro Espinosa, se disculpó, diciéndome que si lo hubiera sabido antes, hubiera preparado una llegada "como Dios manda". Yo le aseguré que estaba encantada con todo, tal y como lo habían hecho.

Cuando había estirado y puesto el hielo, nos dirigieron a un aparcamiento más tranquilo para pasar la noche. Después de haberme duchado y de haber tenido mi masaje arriba en el nido, nos sentamos para cenar, bueno, en realidad, los demás se sentaron, yo me estiré en el nido, como de costumbre. Oriol eligió cenar en su autocaravana, aparcada unos metros de la nuestra, para no molestarnos. No nos hubiera molestado en absoluto, así como él prefirió respetar nuestra privacidad, nosotros también lo hicimos con la suya.

Tendida en la cama aquella noche, reflexioné sobre el poder de la mente. Había sido un día muy largo y duro. Podría haber acabado de forma lamentable, pero gracias a la decisión de centrarme en lo positivo, había finalizado de forma maravillosa. Durante la semana pasada me había dejado llevar tragada por el dolor, el agotamiento, los obstáculos y el ambiente en deterioro entre nosotros. Me había hundido en el pesimismo. Esta negatividad había amenazado con romperme. Esta no era forma de continuar, aunque evidentemente me daba cuenta de que era una reacción completamente natural, considerando las circunstancias. Tratando con todo lo que tenía que afrontar cada día, tanto física como mentalmente, que era extremadamente exigente, y como pasa en cualquier situación extrema, en las cuales el dolor y la fatiga son constantes, el optimismo es puesto a prueba. Igualmente, la tolerancia es puesta a prueba. La mía lo había estado muchas veces, y lo había superado, aunque a veces de forma muy justita. Estaba decidida a cambiar de actitud. Tenía que echar fuera lo negativo, y otra vez abrazar la actitud positiva. Sabía que me serviría para fortalecerme aun más. Me quedaban todavía 1068 kilómetros por correr, y necesitaría toda la fuerza que pudiera encontrar para completar el reto. Tenía la intención, no solo de completarlo, sino de hacerlo sonriendo, exactamente como había hecho cuando empecé. Por primera vez en muchos días, cerré los ojos y me dejé llevar por el sueño, libre de cualquier estrés.

Blog – 14ª Etapa (Escrito por Frank (Siscu) el día siguiente)

La 14ª etapa empezó bien. Alex y Jacques dejaron Ribaforada acompañados por dos corredores y un ciclista, utilizando pistas/carreteras del Camino de Santiago. Después tuvo que correr por la nacional, enfrentándose a un viento fuerte; cada vez que le pasaba un camión, Jacques (en bici) y Alexandra casi tenían que parar. Agotador!

Llegaron a El Villar de Arnedo a las 19:20, donde fueron recibidos por el Alcalde y unos cuantos habitantes del pueblo. Después de su programa de estiramientos, bebida isotónica, hielo, un plátano y una naranja, tomo una ducha caliente y yo le hice su masaje. Después de cenar, yo me ocupé de la preparación de su mochila para el día siguiente, el cambio de sus zapatillas (siempre intercambia entre dos *pares de deportivas), la preparación de los bocatas para el día siguiente, y unas cuantas tareas más. Nos caímos en la cama a las **22:00** para dormir unos **6-7** horas. ¡Otra etapa completada!*

Alexandra esta muy, muy cansada hoy después de haber llegado tarde ayer (por eso no hemos colgado una entrada al blog hasta hoy – eso y porque en El Villar no tuvimos cobertura de internet).

La vida: un peregrinaje

15ª Etapa

Sábado, 20 de junio

El Villar de Arnedo – Logroño

67 km

750 metros desnivel acumulado

11 horas y 30 minutos

36° C

1.007,5 km recorridos en total

1.001,53 km por recorrer

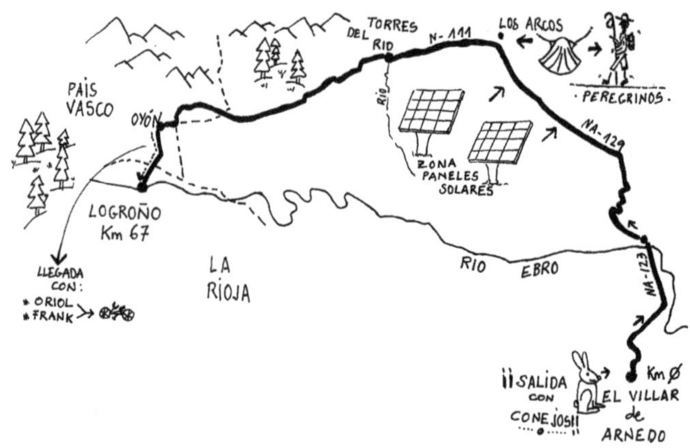

RUTA 15

Empecé a correr a las siete menos veinte. Hacía fresquito cuando bajé corriendo por el pueblo. Las calles estaban todavía tranquilas y todas las persianas de las casas permanecían cerradas al frío de la mañana. Justo antes de dejar El Villar, giré a la izquierda para entrar a una carretera secundaria, la NA-123, en lugar de continuar por la nacional hacia Logroño. Ésta era más directa, más corta, y por lo tanto, habíamos decidido que correría una ruta en semicírculo, pasando por Lodosa, Sesma y Los Arcos, antes de encaminarme hacia abajo hasta Logroño, para completar mi kilometraje del día.

Mientras trotaba tranquilamente por la carretera, con la luz de las primeras horas de la mañana, respiré profundamente, disfrutando del olor de la campiña, tras los gases tóxicos de la ruta cargada de tráfico, del día anterior. El Hogar, me pasó haciendo sonar el claxon alegremente, seguido por la autocaravana más pequeña de Oriol. Les saludé con la mano, feliz. Mi moral estaba alta. Me sentía más fresca y animada que en muchos días, a pesar de haber dormido poco, debido a mi tardanza en llegar el día anterior.

Mientras corría, sorprendí a los conejos que estaban comiendo la hierba húmeda del borde de la carretera. Al verme se dispersaron, brincando hacia los arbustos más altos, más lejos de la carretera. Pasaban pocos coches, estábamos solo los conejos y yo. Por primera vez, desde mi salida en Barcelona, me sentía una parte más de la naturaleza. Parecía que había llegado un punto decisivo; mi elaboración de volver a una actitud más positiva, había funcionado, y tenía el presentimiento que a partir de ahora, las cosas serían un poco más fáciles.

Corrí plácidamente, disfrutando de la presencia de los conejos, respirando el húmedo olor a tierra de los campos recién arados. Puse mi iPod, optando por "Los Miserables". Canté en voz alta, animada por su melodía majestuosa. Pronto, al acercarme a Lodosa, vi tres figuras vestidas de color naranja esperándome y haciéndome señas al lado de la carretera. Parece que les había contagiado mi buen humor, ya que podía percibir que todos estaban riendo y hablando, mientras me acercaba. Jacques, seguramente estaba encantado por su vuelta a Barcelona, donde y por fin, podría dormir, descansar y relajarse. Él había tenido tiempo en abundancia para preparar su presentación, pero yo sabía, que él necesitaba un descanso completo, para estar en plena forma el lunes siguiente.

Frank me pasó un sandwich, y me dijo que me encontraría más adelante, seguramente hacia mediodía, después de llevar a Jacques a Logroño. Oriol tenía todo lo que iba a necesitar de comida y bebida, y me iba a apoyar por el camino hasta que Frank volvería. Di un fuerte abrazo a Jacques, deseándole un buen viaje de vuelta y una presentación fabulosa. Al empezar a correr hacia el pueblo, me volví y saludé una vez más con la mano. Atravesé Lodosa y seguí la ruta algún kilómetro más. Me sobrepasaron las dos autocaravanas, con sus cláxones saludándome, para separarse en donde la carretera se bifurcaba. Frank y Jacques hacia la izquierda, mientras que Oriol tomaba la derecha. Unos minutos más tarde, yo también giré a la derecha, siguiendo en la dirección que había ido nuestro amigo.

Esta carretera, la NA-129, me llevaría tras un terreno sorprendentemente montañoso. Otra vez, me había imaginado un día bastante llano. Estaba muy lejos de eso. Las montañas eran onduladas y espectaculares, no por su rudeza sino por las impresionantes panorámicas, que me ofrecían. Me sentía en la cima del mundo; campos de susurrante hierba, me rodearon durante kilómetros, y el sol, no tan caliente como durante muchos de los otros días, subió mi moral más aun. Corrí y canté, bajando mi paso para caminar mientras comía los bocatas, parando solo para esconderme entre los matorrales, cuando sentía la llamada de la naturaleza.

Fue una mañana de pura calma. Esa serenidad estaba aumentando cada vez que llegaba a mis avituallamientos. Veía la autocaravana, blanca y brillante al lado de la carretera, Oriol en una silla plegable, leyendo tranquilamente a su lado. Era todo sonrisas y ánimos, dándome más energía que los bocadillos y las bebidas isotónicas. El apoyo en estos retos es fundamental, cuando está dado de buen grado y de forma desinteresada, como lo hacía Oriol. Es difícil de explicar, como el nivel de energía de otro puede aumentar la tuya propia. También, puede pasar al revés, cuando tu energía puede ser minada, de forma involuntaria, por la de otro cuyos niveles no llegan a los de la tuya propia, dejándote completamente exhausta. Pero cuando uno encuentra a alguien cuyo nivel de energía es afín al tuyo, aquella se transmite instantáneamente, alimentando tus propias reservas. Oriol provocaba esto en mí; con su carácter tranquilo y generoso, me llenaba de energía positiva. El día había empezado bien, y parecía que seguiría así.

Recuerdo que mientras casi flotaba por las montañas, cantando, repetidas veces pensaba que esto no podía ser tan fácil, que no podía ser que el día continuara de esta manera, casi sin esfuerzo. Cada vez que estos pensamientos se meten en mi cabeza, los desterraría, no queriendo empañar el momento. Era, por primera vez en todo el desafío, capaz de disfrutar de verdad. Corría bien, ligera, y con facilidad por las montañas, y mientras iba, embebía el maravilloso paisaje, disfrutando de esta zona poco conocida de España.

Aproximándome a Los Arcos, me encontré en un escenario evocador de películas de ficción; un mar de altísimos paneles solares se alineaba a mi izquierda, destacando encima de mí cuando llegué a su altura. Había pasado algunos similares el día anterior con Jacques, pero no tenía nada que ver con este bosque de estructuras metálicas. De alguna manera, estaban fuera de lugar, como que no pertenecían a este hermoso paisaje. Aunque soy muy solidaria con causas para el medio ambiente, a veces la magnitud de estas estructuras, como la de los molinos eólicos ser apabullantes, y parecen ir en contra de la misma naturaleza. Reflexioné sobre esta rara yuxtaposición de naturaleza y tecnología. Fue muy difícil aceptar que de verdad la segunda estaba allí para ayudar a la primera.

El pueblo de Los Arcos apareció ante mí, justo en el momento que Frank me pasó y paró para saludarme. Había acompañado a Jacques a Logroño, y le había dejado en la estación de tren. Le dije que Oriol me esperaba justo después de un paso elevado. Como no podíamos coger la autovía, habíamos decidido tomar la vieja carretera nacional y así evitaríamos entrar en Los Arcos. Frank se fue en busca de Oriol, y yo seguí corriendo, pasando por debajo del puente de la autovía.

Los Arcos es una parada muy conocida por los peregrinos franceses en su ruta hacia Santiago de Compostela. El Camino de Santiago, es famoso mundialmente. Existen muchas rutas desde los lugares más lejanos de Europa y por supuesto, de toda España. La mayoría de ellas finalmente se unen al Camino Francés, la más conocida de todas las rutas. Todos los caminos conducen a Santiago de Compostela. No había corrido por este tramo en concreto el año pasado, porque me había unido al Camino Francés en Logroño. Pero había leído sobre él, y sabía que era un importante y estimado lugar del Camino. Al entrar a la vieja carretera nacional, vi, sin sorpresa, a varios grupos de peregrinos cargados pesadamente, algunos a pie, otros en bicicleta de montaña. Les saludé y les grité "¡Buen Camino!" al pasarles, el saludo tradicional para los peregrinos. Empecé a pasar señales del Camino, y como siempre, esto me daba una oleada de energía cada vez que les veía. Una magia especial envuelve El Camino de Santiago, y aunque este año estaba haciendo otro tipo de peregrinaje, me sentía de algún modo identificada con estos peregrinos con los cuales me crucé en su camino ese día.

Creo que la vida en sí, es un peregrinaje. No me estoy refiriendo aquí a una búsqueda religiosa, aunque claramente para algunos, su jornada estará basada en la religión. Me estoy refiriendo sencillamente a nuestro viaje por la vida. El secreto es que cada persona tiene que encontrar cual es su propia dirección. Yo veo la vida como un camino, o una serie de caminos a lo largo de los cuales, viajamos en este peregrinaje. Una vez encontramos el camino, nos tenemos que esforzar para asegurar que cada parte del mismo cuenta. Demasiado a menudo, nos centramos solo en ciertos momentos de nuestras vidas, en los "especiales", y al hacer eso, perdemos todos los maravillosos momentos intermedios, los que de verdad dan un valor a nuestra existencia. Durante el recorrido de nuestro viaje, tendremos, indudablemente otros peregrinajes más pequeños; estos marcarán las etapas de nuestra vida. Yo estaba en uno de estos peregrinajes, de hecho estaba justo en la mitad de él, y estaba en el proceso de crecimiento, mientras corría, tomando cada día tal y como venía, tratando cada situación como esta se presentaba. Lentamente me concienciaba más sobre mí misma, como suele pasar en este tipo de aventuras, y con esta conciencia, intentaba crecer, centrarme en lo positivo, y vivir esta etapa de mi vida del mejor modo posible. Parecía de alguna manera adecuado, que esta concienciación coincidiera con otro peregrinaje – el que había hecho el año pasado. Sonriendo y saludando a los peregrinos al pasarlos, seguí trotando, todavía sintiéndome fuerte, y ganando en fortaleza con cada saludo que me devolvían.

Dejando Los Arcos atrás, seguí corriendo por la ondulada ruta hacia Sansol. Veía la población frente a mí, y aparcados a, más o menos, un kilómetro del pueblo, estaban las dos autocaravanas. Cuando llegué me lancé sobre una de las sillas, me quité la zapatilla derecha y el calcetín. Me habían salido dos ampollas más, que debía tratar antes de que empeoraran, porque ya me habían causado algunas molestias. Charlé animadamente con Frank y Oriol, mientras limpié, desinfecté y cubrí las ampollas, con una tirita de Compeed, antes de volver a ponerme el calcetín. Sheela estaba tumbada a mis pies, disfrutando del sol del mediodía. Bebí un poco de bebida isotónica, cogí un bocadillo de la nevera, y me puse de camino de nuevo antes de ponerme demasiado cómoda.

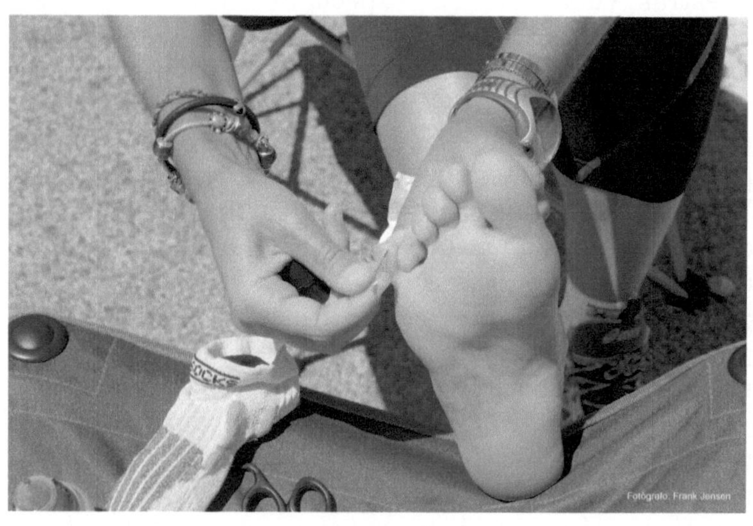

En lugar de ir a menos como había temido, la segunda parte del día me llevó por montañas aún más hermosas que las de antes. Las colinas eran más profundas y menos onduladas que las que había pasado durante la mañana. La ruta más verde ahora, serpenteaba arriba y abajo, pasando por bonitos pueblos pintorescos, y el profundo, verde follaje a ambos lados de la carretera, daba unos tramos de una agradable sombra por la carretera. Continué verdaderamente flotando por las colinas, impregnándome de la belleza que me rodeaba, aún a sabiendas que tarde o temprano llegaría el cansancio. Mientras tanto, disfrutaría de esta sensación de bienestar.

También Frank parecía renovado. Yo llegaba a las dos autocaravanas, aparcadas bajo el frescor de los verdes árboles, y me encontraba a los dos hombres sentados afuera, charlando en franca camaradería, con Sheela adormilada a sus pies. Se respiraba una atmósfera de tranquilidad entre ellos, que me impregnaba cada vez que paraba para rellenar la mochila, o para recoger un bocadillo. Me sentía tan ligera de espíritu como no lo había estado desde la segunda etapa de esta aventura. Después de haber salido tan positiva, había tenido que enfrentarme a todo tipo de obstáculos y pruebas, tanto físicas como mentales, en este peregrinaje. Allí en las colinas encima de Logroño, parecía que estaba en un punto crucial. Había superado todas las pruebas hasta entonces, y estaba brindándome la oportunidad de un respiro, permitiéndole a mi sonrisa brillar profundamente, tocando el fondo de mi alma. El día había sido verdaderamente maravilloso. Justo lo que necesitaba para reabastecer mis agotadas reservas de energía.

Hacia el fin de la etapa, cuando estaba a solo unos pocos kilómetros de las afueras de Logroño, después de pasar Viana, tenía que hacer un último desvío, un pequeño rodeo para añadir algunos kilómetros que me faltaban. Rellené por última vez la mochila, me despedí de Frank y Oriol, y giré a la izquierda hacia una pequeña carretera de montaña. Frank y Oriol aparcarían en Logroño y vendrían en bici para acompañarme en el último tramo. Me quedaban unos 12 kilómetros más. Esta última vuelta me llevó por dos aletargados y encantadores pueblos, escondidos entre accidentados viñedos. Era en algún momento durante este último tramo cuando al final me vino de golpe el cansancio, y cuando había llegado a Oyón, en donde me esperaban Frank y Oriol, mi paso alegre había bajado algo en intensidad. Mi estómago había empezado a molestarme, que fue un inconveniente añadido. Pero nada de esto podría desanimarme. Estaba encantada de haber tenido un día tan estupendo, y unos 6 kilómetros de lucha no me iban a afectar. Además Oriol había sido una ayuda enorme para nosotros, y lo más importante, su compañía un gran placer.

Lentamente me arrastré en “automático” hasta Logroño, donde los dos vehículos nos esperaban debajo de un dosel de árboles, verdes y frondosos. Empecé mi rutina de la recuperación, mientras Oriol colgó su bici y se preparó para marcharse. Estábamos tristes porque él no podía quedarse uno o dos días más, su compañía había sido más que bienvenida. Dejándonos sus muy cómodas sillas plegables, y saludando alegremente, se fue, mientras yo sentada con hielo en las rodillas, me relajaba con satisfacción.

Tras escribir mi blog, comí en el nido y después me puse a preparar la ruta del día siguiente. Ésta me conduciría a Vitoria, en donde Martín Fiz, correría los últimos kilómetros conmigo. La ruta me llevaría por dos altos puertos de montaña, y por tanto prometía dureza. Sabía que esa noche descansaría un poco mejor, después de la relativa facilidad del día. Por primera vez, en muchas noches, me dejé llevar por el sueño completamente tranquila.

Blog –15ª Etapa

Hoy fue un día bueno, la temperatura fue soportable, con un poco de viento refrescante. Y vistas – ¡ah, las vistas! ¡Eran grandes, amplias y estupendas! Fue el primer día en mucho tiempo que he podido disfrutar del entorno – con un poco de música (Los Miserables), y mucha tranquilidad.

Ayer tuvimos una sorpresa muy bienvenida. Oriol Tauler subió con su autocaravana, para vernos y ayudar. Se quedó hasta la llegada hoy en Logroño.

¡Qué amigo! Hoy aparte de ser un gran placer tenerle aquí, fue una ayuda enorme. Frank tuvo que llevar a Jacques a Logroño por la mañana, porque tiene unas cosas importantes de hacer en BCN el lunes, y así Oriol hizo los avituallamientos, mientras Frank no estaba.

La paz y tranquilidad reinó. Era maravillosa subir una cuesta, y ver a Oriol allí, sentado en plena naturaleza leyendo, esperándome. Su sonrisa, sus ánimos, y su cariño, fue todo un regalo que me tenia sonriente todo el día.

Hoy dejé La Rioja, entré en Navarra, País Vasco, y volví de nuevo a entrar en La Rioja – cuando me di cuenta de eso, me puse a reír... parece que estoy kilometrando en círculos!

Ahora Frank y yo (claro con Sheela también) nos encontramos solos por la primera vez en el desafío, No tengo dudas que vamos a continuar muy bien; formamos una buena pareja, y un equipo estupendo.

¡A kilometrar!

Y entonces fueron dos

16ª Etapa

Domingo, 21 de junio

Logroño – Vitoria Gasteiz

Dos pasos de montaña 1100 m y 758 m

67 km

10 horas 7 minutos

1.220 m desnivel positivo

1.050 m desnivel negativo

1.074,5 km recorridos en total

934,53 km por recorrer

Abrir los ojos fue una tortura. Esto no lo esperaba después de haber tenido un día tan bueno. Me sentía terrible, completamente hecha pedazos. Era domingo, y todavía no podía tomar un día de descanso. Tenía que llegar a Vitoria aquella tarde. Pensar que el día siguiente podría descansar me dio poco confort a las cinco y media de la mañana. Mientras Frank preparaba el desayuno, empecé a vestirme en el nido. No pude contener el llanto. Estaba desesperada. Tenía que correr unos 67 kilómetros aquel día, superando dos pasos de montaña antes de llegar a Vitoria.

Después de bajar la escalera, medio arrastrándome, me senté abatida, bebiendo mi café y picoteando pan. Sabía que no podía regodearme en la autocompasión demasiado tiempo, por lo que dejando mi almuerzo casi sin tocar, salí fuera a la luz del alba. Hacía fresquito y me cubrí con mi cortaviento. Puse en marcha el GPS, y empecé a correr lentamente. Habíamos aparcado cerca de los campos de deporte municipales, a las afueras de Logroño, lo que representaba que no tenía que atravesar la ciudad para salir. Manteniendo el río a mi izquierda, pronto empalmé con la A-124, que seguiría durante unos 25 kilómetros, antes de tomar las rutas montañosas, que me llevarían a Vitoria por la tarde.

Ya en el camino, conecté el iPod, intentando no centrarme en el cansancio. La mayoría de los días hasta entonces, había empezado escuchando "Los Miserables", pero esta vez necesitaba un cambio. Aunque es uno de mis álbumes favoritos, quizás su título se acercaba demasiado al estado físico y emocional de aquella mañana. Buscando en la lista de canciones, encontré a Billy Joel, uno de mis viejos favoritos.

No habían pasado ni diez minutos y ya me sentía otra persona. Sacudida de mi manto de fatiga, corría ligera y con facilidad, cantando mientras avanzaba. La música me había transportado a otra época; a unos cuantos años atrás, cuando estaba en mi cuarto año de estudiante en St. Columba's College en Irlanda – el internado en donde hice Secundaria. Mi hermano Constantine había ido a su primer año de universidad, al Trinity College, y por primera vez, estábamos más unidos. Solía visitarle los fines de semana en la residencia. En esa época, él acababa de aprender a tocar la guitarra. Tengo muchos recuerdos maravillosos de estar sentada al sol en el césped mientras mi hermano tocaba su guitarra y me enseñaba canciones de Billy Joel y de Cat Stevens.

Mientras corría, me llevaban los recuerdos, igual que la música. Todo lo sombrío había desaparecido. Mi hermano seguía el desafío desde Zurich, donde vive, escribiéndome o llamándome casi cada día, algo que era de gran ayuda para mí. La parte más divertida de todo eso era que mientras él había cambiado su gusto musical radicalmente, el mío aún es el mismo más o menos. A menudo, él hace referencia a mis "tan raras" preferencias musicales, tal vez sin recordar que ¡él es bastante responsable de todo ello! Aquella mañana, le sentí particularmente cerca, y junto con él, tenía el respaldo de mis padres, de mi hermana, de mis amigos de la escuela y los de la universidad, y de todos mis amigos en Grecia. Parecía que aquel día, como me había despertado sintiendo extremadamente frágil, necesitaba el consuelo de la familia y de mis viejos amigos. La mayor parte de los días, el apoyo de los más cercanos, de aquellos amigos que tienen que ver con mi vida aquí, en España, era más que suficiente, pero éste día, mi mente alcanzaba unos lazos más viejos para levantarme y ayudarme en los momentos difíciles.

Todos tenemos herramientas que nos pueden ayudar en superar las adversidades. El truco está en aprender a identificarlas y utilizarlas en situaciones que a simple vista parecen no tener ninguna relación. Vencer los obstáculos de esta manera, ha llegado a ser un mecanismo casi inconsciente para mí. Lo mismo se aplica al intentar mantener siempre una actitud positiva, y en tratar de sacar lo máximo de cualquier situación. Las herramientas que uso para hacer estas cosas las pongo en acción sin darme cuenta. Al principio no fueron innatas en mí. Son actitudes que he tenido que entrenar. Pero como con todo, si trabajas en ello lo suficiente, con el tiempo llega ser una segunda naturaleza.

Tengo muchos intereses en mi vida. A este punto en el libro, ya es evidente que me gusta correr y gozo de la naturaleza, pero en realidad, disfruto de muchos deportes al aire libre. Me encantan los perros, y he pasado años entrenándoles, aunque ahora solamente comparto con ellos una parte de mi vida. Me gusta escribir, y disfruto mucho con la lectura, soy aficionada también de las películas. Tengo pasión por cantar, por los musicales y por el escenario; en Columba's pude vencer mi timidez (algo que hoy en día parece difícil de creer que tuviera, ya que no tengo ninguna timidez en hablar en público), lanzándome con entusiasmo a actuar en el teatro y en el coro. Me encanta cocinar, y durante cierto tiempo hice catering, pero por el momento prefiero cocinar para la vida y compartirlo con mis allegados. El viajar y la aventura son otras de mis pasiones, algo que es evidente en la elección del tipo de carrera a correr. La lista podría seguir y seguir, tengo muchas actividades que llenan mi vida de interés, placer y significado.

Pero ninguna de estas actividades, pasiones y pasatiempos serían la mitad de enriquecedoras si no las pudiera compartir. Esto no quiere decir que no pueda estar sola. De hecho disfruto mucho cuando lo estoy. En realidad, paso mucho tiempo a solas, cuando estoy corriendo. La verdad es que me gusta bastante esta soledad de vez en cuando. Esta soledad no es sentirse solo. Soy muy afortunada al tener gente realmente maravillosa en mi vida. Es esa gente la que enriquece a mí vida, más que todos mis logros, aventuras, o actividades. El compartir mejora todas las cosas. En los momentos difíciles, la capacidad para compartir una carga literal o metafóricamente, lleva invariablemente a que esta carga sea más soportable. En los momentos positivos el poderlos compartir es lo que aumenta el valor y el placer. Tener un hombro a donde ir a llorar, siempre suaviza el dolor. Una buena comida sabe mejor con una agradable compañía; una aventura si es compartida tanto durante, como después, es lo que le da el mayor valor. La risa compartida siempre se multiplica.

Una conversación con un ser querido, risas compartidas, paseos con Frank y los perros por las tardes, viajes largos en coche juntos, cantando en voz alta mientras conducimos, cenas deliciosas servidas para amigos, una infusión tomada junto a alguien de la familia citando a María en "Sonrisas y Lágrimas": estos son algunas de mis cosas favoritas. Estas cosas son las que tocan mi alma. La gente en mi vida son las joyas auténticas.

No es de extrañar entonces, que en los peores tiempos, de forma inconsciente he tirado de esta fuerza que emana de mis relaciones. Aquel día en concreto, fue la música la que me los trajo cuando más los necesitaba. La música que me hizo cantar mientras viajaba al pasado, por mi adolescencia y a mi adultez temprana. Notaba un apoyo casi físico, me levantaron, ayudándome en el camino.

Habían pasado casi dos horas antes de que Frank me alcanzara. Había limpiado, vaciado, repostado el Hogar, además de haber comprado pan. Me pitó con alegría al aproximarse detrás de mí, y cuando me pasó, le saludé y sonreí abiertamente. Al verme en un estado tan diferente de cómo me había dejado dos horas atrás, quedó sonriendo también mientras aceleraba para buscar un lugar en donde detenerse, para reponer agua y coger mi primer bocadillo.

Subí a bordo para utilizar el baño, y charlé a la ligera con Frank mientras repostaba mi mochila. Él estaba allí sentado sorprendido por mi transformación. Me sentía reanimada, y aunque no sabía hasta cuando duraría, decidí disfrutarlo completamente. Al salir de nuevo a la carretera, me pasó el bocadillo. Le dejé andando y comiendo alegremente; el sandwich estaba fresco y delicioso. Era nuestro primer día completamente solos, y desde el principio, habíamos adoptado un ritmo muy tranquilo.

Más o menos una hora más tarde, dejé la A-124, girando a la derecha hacia la más pequeña A-2124, una estrecha carretera de montaña, que me llevaría hasta mi destino. Las ondulantes colinas de la mañana, dieron paso a la montaña, y la ruta empezó a subir cada vez más. Después de oír a Billy Joel dos veces, me pasé a Bette Midler, y canté mientras corría, a pesar de que la cuesta iba haciéndose cada vez más inclinada. Frank me adelantó y aparcó para fotografiarme mientras corría, sorprendido de la inclinación de la ruta y fascinado por el espectacular paisaje. Me encontraba fuerte y llena de energía, no había ningún rastro de mi agotamiento. Reía y aun cantaba en voz más alta, mientras me maravillaba de los impresionantes acantilados que tenía sobre mí, y de

Fotógrafo: Frank Jensen

vez en cuando miraba hacia atrás para ver la llanura, que quedaba cada vez más lejos, allá abajo.

Estaba en mi propia salsa. Todos tenemos lugares en los cuales nos encontramos a nosotros mismos. Para algunos puede ser el mar, para otros una gran ciudad o quizás las vastas extensiones llanas. Pero para mí, sin dudas, son las montañas. Creo que una parte de mi alma, vive en las montañas. Cuando estoy entre picos, valles y crestas, encuentro calma en mi alma y me siento completa. Frank y yo vivimos cerca del mar, en Sant Vicenç de Montalt, en la Costa del Maresme, en Catalunya, y a pesar de que tenía mis dudas al principio, cuando me fui a vivir allí, pronto vi que me gustaba bastante la vida al lado del mar. Es un sitio ideal para entrenar; proporcionándome kilómetros planos interminables, tanto hacia Barcelona como hacia la frontera con Francia, a unos 200 kilómetros de distancia. Y también, en cuestión de minutos, estamos en las colinas, en donde existe un laberinto de pistas y senderos a nuestra disposición para correr, o sencillamente pasear con Vito y Sheela. Pero no importa cuánto disfruto del entorno natural de la costa, aún no me llena tanto. En cuanto me encuentro en las montañas, me siento renovada. Aquel día, cuanto más subía hacia las escarpadas alturas, más se subían mis ánimos, más crecía mi sonrisa, y más fácil corría.

La música me llevaba mientras crucé el primer paso montañoso con facilidad. Había cambiado Midler por Eurythmics, y corría por los verdes bosques, mientras mi voz resonaba. Las horas pasaban, igual que los kilómetros, ellos marcados por viejos indicadores de piedra, medio destruidos. Me di cuenta que ya estaba en la mitad del recorrido, y todavía me sentía fuerte, positiva y llena de energía. Frank vio que iba a llegar mucho antes de lo previsto, así que llamó a Martín Fiz y José Miguel Armentia, coordinador de deportes de Vitoria-Gasteiz, para avisarles.

Bajé hasta los valles más y otra vez apretaba el calor. Pasando por Peñacerrada y siguiendo, empecé a notar el peso de los kilómetros, pero nada que ver con la aplastante fatiga que había experimentado por la mañana. Ahora estaba bien centrada en lo "Mejor de Queen", cantando los álbumes 1 y 2, la carretera se extendía delante de mí y los kilómetros se caían detrás poco a poco.

En algún lugar entre Peñacerrada y Ventas de Armentía, me adelantó un coche pequeño, para detenerse en seco con un chirrido de los frenos, unos metros más adelante. El pasajero saltó de él y empezó a llamarme y saludarme con la mano. No tenía idea de quién era. No podía reconocerlo, pero al llegar a su altura, él mismo se presentó. Era Javier Cantero, con quien había hablado muchas veces desde casa, cuando estaba buscando una autocaravana. Me había ayudado mucho y tenía ganas de conocerle, pero había esperado verle al final de la etapa en Vitoria. Había pasado el día cazando y regresaba para comer y después salir para recibirme. No sabía bien por donde estaba corriendo aquel día, y no esperaba encontrarme en aquel lugar, en la ruta menos obvia para entrar a la ciudad. Pero al ver a una mujer, vestida de pleno ultrafondo, llevando a Barni, la mascota del B10 en su mochila, rápidamente ató cabos y llegó a la conclusión correcta. Nos abrazamos como viejos amigos, y le dije que encontraría a Frank más adelante en el cruce, donde me esperaba.

Al acercarme al Hogar para recoger mi bocadillo y rellenar la mochila, vi a Frank y Javier despidiéndose. Justo antes de subir de nuevo al coche, Javier me saludó con la mano, gritando que nos veríamos por la tarde en Vitoria. Tomé el sandwich y seguí corriendo, no queriendo perder tiempo, sabiendo que cada media hora que pasaba, cargaría más peso en mí. Comí el bocadillo, mientras subía andando una de las pequeñas colinas con los extensos campos a ambos lados de la tranquila carretera rural. Miré adelante a la cordillera de montañas en la distancia, haciéndome fuerte para afrontar las carreteras más empinadas que todavía quedaban entre donde estaba y Vitoria.

Quedaban solo 20 kilómetros, aunque a simple vista, me parecían muchos más. La carretera era complicada para Frank, debido a las muchas obras, haciéndolo difícil para detenerse. Pero consiguió parar una vez, dejándome la oportunidad de utilizar el lavabo, mientras él rellenó mi mochila, abrazándome antes de que me pusiera de nuevo a correr. Estaba preocupado por mí, ya que de ahora en adelante, iba a estar corriendo sola todo el día, cada día. Mientras corría, ahora más lento, subiendo la carretera de montaña empinada, hacía la cuenta atrás de los kilómetros que pasaban arrastrándose. Al cruzar por el alto de Vitoria, sentí el primer bajón de verdad de aquel día. Tomé un gel, esperando un empuje de energía para llevarme abajo a la ciudad.

Frank, sabiendo que solo me faltaban 8 kilómetros para terminar, se fue hacia la llegada para echar una mano para montar todo. Hice a un lado el cansancio, y me centré en que los 8 kilómetros que restaban eran todos cuesta abajo. Puse Mamma Mia en el iPod y los pies camino a Vitoria. Mi ánimo estaba alto, cantaba mientras corría, dejándome llevar por la música. En un santiamén las curvas dejaron paso a una larga recta que me permitió ver la ciudad debajo de mí. Podía ver un coche de la policía aparcada a la entrada de los vertederos municipales. Disfruté de una broma privada, al pensar que según el Feng Shui, esto sería un desfavorable punto de encuentro. Pero yo estaba haciendo mi propio destino aquí, y solo tenía buenas sensaciones sobre mi llegada a esta ciudad.

La bienvenida que me dio la policía no me decepcionó. Me saludó, algo asombrada de lo que estaba haciendo, y me dijo que más adelante esperaba otra escolta policial, con Martín Fiz y Roberto Ruiz, otro maratoniano de Vitoria. Este oficial había decidido dejar los límites de la ciudad para proporcionarme una escolta desde unos kilómetros más adelante. Estaba encantada, pero me había cogido desprevenida. Riendo, le expliqué que si a él no le importaba, iba a "simplemente saltar entre la maleza, para satisfacer un llamada rápida de la naturaleza". Me devolvió la carcajada y se ofreció a sostener la mochila, si hacía falta. Decliné la oferta, pero me quedé sorprendida de ese tratamiento tan bueno, me eché a los espinosos arbustos, y aparecí de nuevo unos minutos más tarde. Salí cantando fuerte, con el coche de la policía detrás. Corría ligeramente y fácilmente otra vez; con un paso más rápido que antes.

Ni 3 kilómetros más adelante, vi un pequeño grupo esperándome; otro coche de policía con dos personas de pie al lado, haciéndome señas. En pocos minutos, ya estaba allí. Martín se me presentó, y después me presentó a Roberto. Juntos salimos corriendo hacia su ciudad natal. Martín Fiz es una figura muy querida en España, ya que ha tomado parte en tres Juegos Olímpicos consecutivos, siendo cuarto en Atlanta 96, en la prueba de maratón. Fue campeón del mundo en esta distancia en 1995 y subcampeón en 1997. Su buena reputación le había precedido, pero fue conociéndole allí, en aquella abrasadora carretera de Vitoria en junio, lo que me mostró que mis expectativas no habían sido demasiado altas. Tanto Martín como Roberto me recibieron muy cariñosamente; fue de verdad la manera perfecta para acabar un día que ya había sido bueno.

Corrimos los más o menos 5 kilómetros hacia la ciudad, charlando tranquilamente. Martín estaba sorprendido de verme correr con tanta facilidad; él había esperado encontrarse con una atleta extenuada. Si me hubiera visto al final de algunas de las etapas anteriores, me hubiera visto exactamente así, pero aquella tarde me sentía muy bien, el bajón de las horas anteriores había desaparecido y corría a un buen ritmo, disfrutando de la sensación de bienestar, y de la maravillosa bienvenida. Martín explicó riendo, que el grupo de corredores que esperaba que me acompañase, todavía estaban en la comida del domingo. Había llegado demasiado temprano me dijo, él mismo había tenido que dejar su propio comida a medias! El número no es lo que cuenta, es el espíritu el que vale, y la gente de Vitoria estaban demostrando que eran ricos en eso.

Con Martín Fiz en la meta

Llegamos a la meta, atravesando un gran arco de color rojo puesto en mi honor, en donde Miguel Armentía nos esperaba, junto a otros representantes del municipio. Me hicieron varios regalos, uno de ellos, una gran y pesada caja. Dentro había una escultura con las manos y los pies de un corredor en la posición de salida desde los tacos. Estaba encantada, ya que me gustan mucho las esculturas y en esta ocasión mucho más, ya que estaba dedicada a Martín. Su original estaba colocado a muy pocos metros de donde nos encontrábamos.

Javier, que seguía riéndose de nuestro casual encuentro por la mañana, se nos unió. Allí en la sombreada y fresca plaza, nos quedamos charlando mientras hacía mi rutina de estiramientos. Nos despedimos de Martín, Roberto y de la representación del Ayuntamiento. Javier y Miguel permanecieron un rato más, mientras yo me ponía hielo en las rodillas y en los pies. Cuando se marcharon, Frank montó la camilla bajo un frondoso dosel de árboles. Durante el masaje, nos sorprendió la llegada de unos periodistas. No esperaban tanto adelanto en mi llegada, y se lamentaban de habérsela perdido. Frank prometió que les enviaría unas de sus fotos para utilizarlas en sus reportajes. Me entrevistaron mientras me hacía el masaje, solo pidiendo que me levantara solamente una vez para fotografiarme de pie, sosteniendo los pares de zapatillas, que había retirado. Al haber pasado ya el ecuador de mi desafío, había "jubilado" los primeros pares de zapatillas, ya que cada par llevaba más de 500 kilómetros, y había empezado ya a alternarlos con los segundos pares.

Volvió Miguel otra vez, diciéndonos que si necesitáramos algo, solo teníamos que llamarle, y que podíamos utilizar las duchas del centro deportivo si lo queríamos. Nos citamos para las siete de la mañana del día siguiente, para que nos guiara fuera de la ciudad, ya que era algo complicado llegar a la carretera, en donde comenzaría mi siguiente etapa. Miguel había sido una gran ayuda, tanto previo a nuestra llegada, como después. Su bienvenida, junto con la de Martín y de toda la gente, era justamente lo que Frank y yo necesitábamos. Lo que habíamos visto de Vitoria – la gente y la ciudad –, fue más que encomiable. Preparándonos para dormir aquella noche, estábamos sonrientes, primero por el hecho de que el día siguiente solo tendría que correr 30 kilómetros, y más importante, por el fantástico tratamiento que habíamos tenido aquella tarde.

Blog – 16ª Etapa

Ayer retiré los primeros pares de zapatillas y hoy empecé con los nuevos. Eso era una etapa importante, una nueva página. Ya he pasado el ecuador del desafío. Ahora me quedan solo 15 días, ya puedo empezar contando hacia tras.

Esta mañana fue una de las más difíciles para salir. Hoy no iba a hacer el descanso de 30 km ya que tenía que llegar a Vitoria. Estaba tan cansada que el momento que abrí mis ojos, fue como despertarme en una pesadilla. No podía digerir que tenía un día largo más que correr. No solo me enfrentaba al cansancio sin día de descanso hasta el lunes, sino que además, tenía dos puertos de montaña – tenía miedo.

Pero cerré mi cerebro y salí a kilometrar mirando las montañas enormes y salvajes. Pensando en que música iba a poner, no me vinieron ganas de Los Miserables, y puse una clásica – Billy Joel. Allí estaba mi salvación. Vinieron un montón de recuerdos, de horas pasados con mi hermano en Dublín, él tocando la guitarra y yo cantando. Eso fue la clave. Me sentí como protegida y empujada por mi familia y por mis viejos amigos. Desde Grecia, Australia, los Estados Unidos, Inglaterra, Irlanda, Singapore, me mandan mensajes cada día, mi familia y viejos amigos, llenos de cariño y animo. Hoy me deje transportar con ellos, con quienes he crecido, vivido y han llegado a formar parte interior de mi carácter. Gracias a todos.

Tanta gente me está apoyando. Me esta ayudando un montón; es difícil explicar cuanto. Nuevos amigos y viejos, me ayudáis a llevar a cabo los momentos infernales, y ayudáis a cambiar el cansancio en mi cabeza por alegría buena. Hoy fue el turno de los viejos amigos para ayudarme. Rodeada de mis queridos, apoyada en mi mente, afronte las montañas y fui volando, libre y ligera, disfrutando tanto del sitio donde siempre encuentro mi alma – las montañas.

Tanto volaba que llegué una hora antes de lo previsto (solo tuve un bajón, acercándome a Puerto Vitoria) y la mayoría que habían quedado para acompañarme estaba todavía ocupados con sus comidas del domingo. Pero estaba muy bien acompañada por Martín Fiz y Roberto Ruiz, y fue un gran placer compartir los últimos kilómetros con ellos, y además, kilometrando tan relajada y contenta.

El ayuntamiento (organizado por Miguel Armentia), había preparado un arco de llegada, y la verdad es que me siento muy contenta y muy bienvenida aquí en Vitoria.

Fue el primer día que Frank y yo estábamos solos, y la verdad es que lo llevamos sin problema – contentos y tranquilos.

Ahora a aprovechar de estar tan temprano para descansar más.

¡A Kilometrar!

Al igual que un murciélago del infierno

17ª Etapa

Lunes, 22 de junio
Vitoria Gasteiz – Bergara
30 km
4 horas
2 pasos de montaña
1.104,5 km recorridos en total
904,53 km por recorrer

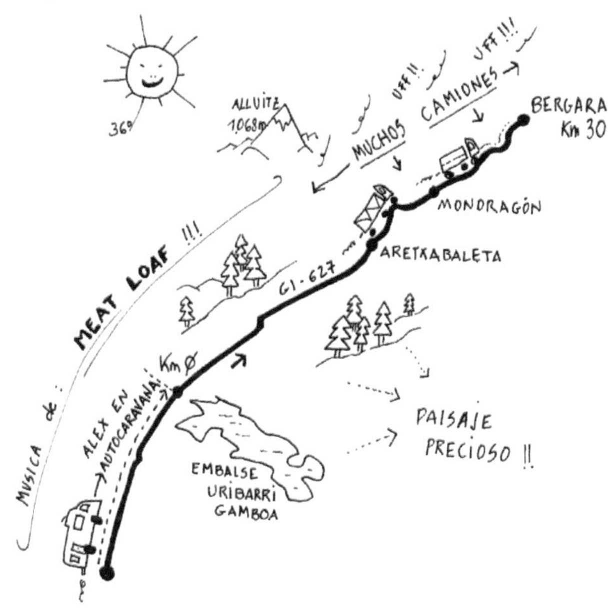

Nos despertamos una hora y media más tarde de lo acostumbrado. Estos pequeños detalles cuentan mucho en una prueba tan dura como la mía. Aunque todavía dolorida, bajé la escalera feliz, estaba encantada, tenía que correr solamente 30 kilómetros.

Mientras desayunábamos y esperábamos la llegada de Miguel, echamos una ojeada al mapa. Era un alivio saber que él nos sacaría de la ciudad, ya que no queríamos perder tiempo conduciendo en círculos. Habíamos decidido que sería mejor que comenzara a correr unos kilómetros fuera de Vitoria. Al revisar la ruta el día anterior, detectamos que la había medido incorrectamente y que si empezaba a correr en la ciudad, tendría una etapa mucho más largo de la planeada.

Miguel fue fiel a su palabra. Unos minutos antes de las siete, tocó a la puerta, listo para llevarnos hasta la carretera en que iniciaría la etapa. Miguel nos dejaría en una rotonda con mucho tráfico y sin lugar para detenerse, por lo que nos abrazamos y dijimos nuestros adioses en la plaza antes de partir. Siguiéndole mientras se encaminaba por la ciudad, estábamos más agradecidos aún por su ayuda. Sin duda, hubiéramos tenido problemas para encontrar la salida por nuestra cuenta. Con él guiándonos, todo fue más fácil. Estábamos afuera tras diez minutos.

Condujimos por una tranquila ruta secundaria, con Vitoria desapareciendo rápidamente detrás de nosotros. Al pasar por unos lagos, situados a nuestra derecha, me maravillé del hermoso paisaje, deleitándome de que el camino de hoy no solo sería corto, sino que también agradable de correr. No podía haber estado más equivocada.

Empecé a correr nada más pasar el lago. Durante los primeros 8 kilómetros, más o menos, la ruta serpenteaba por frondosos y verdes bosques, siempre subiendo suavemente. Me sorprendí cuando pasé los dos pasos de montaña después de solo un corto ascenso por las colinas. Después de haber esperado las carreteras de alta montaña del día anterior, estaba aliviada al encontrar que estos collados no alcanzaron las vertiginosas alturas que había previsto. Seguí trotando, muy animada, con Billy Joel acompañándome tranquilamente mientras avanzaba ligeramente por la sombreada ruta.

Empecé a notar que venían más y más camiones mientras avanzaba, y por tanto, tenía que concentrarme, particularmente en las curvas ciegas. Bajé el volumen de la música, para poder oírles cuando se acercaban. Los enormes y polvorientos monstruos parecían fuera de lugar, en medio de estas profundidades verdosas de las montañas. Paré para recoger un bocata y Frank me dijo que a pocos kilómetros había una villa que se llamaba Aretxabaleta. Él iba a parar allí para comprar pan. "¡Ooooh, coge algunas patatas fritas y galletas también!", le rogué, planeando una comida reconfortante para cuando llegara. Reanudé la carrera, saludando a Frank con la mano mientras me pasaba, camino de la villa.

Los árboles iban disminuyendo y la carretera empezó a descender a medida que me aproximaba a Aretxabaleta. Cuando vi la villa a mi izquierda, el paisaje había cambiado drásticamente. Había desaparecido el verde dosel en lo alto, igual que la sinuosa ruta de montaña. En su lugar, la carretera discurría paralela a lo que parecía una larga y muy estrecha villa industrial. El tráfico estaba aumentando por momentos. Aceleré el ritmo para pasar lo antes posible y volver a las tranquilas y verdes colinas más adelante. Resultó que no iba a tener ninguna colina tranquila. De allí en adelante, la carretera y las condiciones irían progresivamente a peor.

Dejando Aretxabaleta, tenía menos de un kilómetro hasta la siguiente población, Mondragón, que parecía ser, mientras me aproximaba, más industrial que la primera. Frank me pasó volando, para telefonearme unos minutos después. No podía encontrar ningún sitio para parar, y solo quería preguntarme si estaba bien. No había encontrado pan, así que iba a parar en Mondragón en un supermercado. Le dije que no se preocupara, a pesar de que el tráfico era ya denso y rápido, y de que había poco espacio para correr sin peligro.

Al llegar a Mondragón vi que realmente era una villa muy concurrida e industrial, e igual de estrecha que la anterior. La carretera pasó por el lado y un poco arriba de ella, así que al dejarla atrás, miré hacia abajo a mi izquierda, preguntándome si vería al Hogar aparcado en algún lugar, mientras Frank hacía las compras. Avanzar se hacía cada vez más peligroso, cuando llegué a largos tramos de obras, donde me dejó sin ningún sitio seguro en donde poder correr. Era el peor tráfico que había visto desde la N-340 entre Tarragona y Valencia; los camiones pasaban con un gran estruendo, uno detrás del otro. La carretera estrecha y las obras hacían imposible que ellos me vieran.

Por primera vez en este reto, estaba realmente asustada. Tenía, todavía por delante unos 15 o 20 kilómetros hasta Bergara, y no tenía otra opción que seguir por esta agresiva y traicionera ruta, tan inadecuada por el volumen de tráfico que soportaba. A mi derecha veía una autopista en zancos, marchando por el verde paraíso de las montañas del País Vasco, y me preguntaba porqué ninguno de los camioneros la utilizaba. Mientras seguí luchando, esquivando camión tras camión, cada uno de ellos cargados de mercancías hasta los topes, no pude evitar preguntarme en qué clase de existencia vivimos que necesitamos tantas cosas. Pasé por una fábrica de herramientas, hacia el final de Mondragón. Bien, cuando digo que la pasé corriendo, alguien podrá pensar que lo hice en un minuto más o menos. Pues no, no fue el caso. Había visto el letrero enorme de una marca conocida, y para mi sorpresa, este cartel se repetía una y otra vez, mientras pasaban los minutos y los metros. Me daba la sensación de estar corriendo a lo largo de esta factoría durante mucho tiempo, demasiado en mi opinión, para ser simplemente una fábrica.

La belicosa ruta y sus ocupantes continuaban encendiendo mi humor. Corriendo precipitadamente hacia la marea de vehículos que me venía en dirección contraria, dejé que la ira ocupara el lugar del miedo. Reflexionaba en cómo era posible que pudiéramos llegar a un punto donde nuestro estilo de vida necesitara de tanto, exigiera tanta fabricación hasta que tuviéramos que dejar lo más bonito que nos ofrecía la naturaleza para convertirla en esta clase de autopista diabólica. A ver, no niego que me guste vivir cómodamente, pero en los últimos años me he dado cuenta, que realmente no necesito mucho para estar contenta. Por supuesto, no necesito un constante cambio de productos para completarme, para dar sentido a mi vida. Llego a sentirme realizada, al compartir mi vida con otros, al vivir las emociones en su máxima pureza, y al celebrar la naturaleza. Aquel lunes por la mañana no celebraba nada. A medida que mi tensión iba cada vez a más con cada sobrecargado remolque que me pasaba, cuando un tráiler repleto de mercaderías, me pasó furiosamente, me di cuenta que lo mejor sería que dejara estos pensamientos para concentrarme en llegar sana y salva a Bergara.

Normalmente, no recomendaría escuchar una música ruidosa en una situación como en la que me encontraba, pero aquel día no servía de nada intentar flotar por la carretera infernal ligeramente cantando canciones de Broadway o del West End. No. Aquel día requería el sonido de Meat Loaf y su “Bat out of hell”

(Al igual que un Murciélago del Infierno). El título lo dice todo, no necesita ninguna explicación. Cualquiera que haya seguido a Meat Loaf durante años, no tendrá ninguna duda que éste álbum es el mejor (bueno, tal vez sí que alguien puede discutirlo, pero yo no me he cruzado con él, todavía). Es poderoso, emocional, y va a toda marcha, justamente lo que necesitaba en esta GI-627, la carretera del infierno. Esta música es otra reminiscencia de mi infancia. No recuerdo si fue mi hermano Con, o mi hermana mayor Anna; alguno de ellos tenía el álbum, y lo ponía suficiente a menudo para que se arraigara en mi joven e impresionable mente, donde se quedó escondido durante unos veinte años, hasta que lo encontré en CD, un día en una tienda de Ginebra. Encontrado y comprado, me di cuenta que recordaba perfectamente casi todas sus letras. Este viejo preferido sería aquel día la elección perfecta para un tramo realmente diabólico.

Cuando los primeros e inimitables compases empezaron a sonar, puse el volumen al máximo, respiré en profundidad, mientras empezaba a sonar, rítmico con los latidos del corazón. Subí mi paso para correr al ritmo de la música. Cantaba en voz alta, mirando directamente en frente de mí hacia el tráfico, esquivando, enganchando y batallando contra la avalancha de esas pesadas bestias. Paré solamente una vez, cuando Frank consiguió encontrar un tramo pequeño de arcén suficiente ancho para la autocaravana. Le aseguré que estaba bien, y que no se preocupara (aunque sabía que lo haría) y seguí con un único objetivo en mi cabeza: llegar a Bergara sana y salva y no acabar siendo víctima de este tránsito infernal.

Probablemente escuché el álbum casi dos veces, ajena a todo menos al tráfico, mi canto puramente automático. Antes de darme cuenta, estaba aproximándome a Bergara. El Murciélago había hecho su trabajo, me sacó en volandas del infierno y me llevó a salvo a mi destino. Crucé una rotonda y tomé el primer camino dirigiendo hacia la pequeña villa. Llamé a Frank para que me diera direcciones, pero él ya estaba en ruta corriendo para encontrarme y guiarme.

Bergara es una villa pequeña, pero una que ha tenido su participación justa en la Historia. Se remonta al año 1050. Más tarde, Bergara fue un centro educativo durante el llamado Siglo de las Luces, época en que la filosofía occidental se basaba en la razón como fuente principal para la legitimidad y la autoridad. Este centro docente estaba administrado por La Real Sociedad Bascongada de los Amigos del País. Bergara, es además el lugar donde Fausto de Elhuyar, codescubrió el tungsteno. Fausto era miembro de la Real Sociedad, profesor de mineralogía y de metalurgia y el primero en purificar el platino.

Toda esta historia me era desconocida aquel lunes a las doce de la mañana, cuando entré en la villa. Era consciente de una enorme, oscura y ruidosa fábrica a mi izquierda (en retrospectiva, creo que tenía que haber sido algún tipo de metalurgia), pero al ver a Frank delante de mí fui hacia él, ansiosa de dejar atrás la fábrica y todo lo que tenía que ver con ella.

El Hogar estaba aparcado en una calle tranquila y sombreada, cerca de unos campos de deporte. Al llegar, un pequeño grupo de gente vino hacia nosotros. Saludaron a Frank, y estaba claro que ya habían hablado antes. Me dieron una cálida bienvenida, y se quedaron conmigo charlando mientras hacía los estiramientos y me ponía el hielo. Después de esto, montamos la camilla. Incluso en mi día de descanso, no me saltaba nada de mi rutina de recuperación. Mientras Frank se ocupaba de mis cansadas piernas, una mujer se me acercó, diciéndome que era periodista y me había visto correr por la GI-627. Había leído algo sobre mí y también me había visto por las noticias. Me preguntó si podía venir con su videocámara para filmarme y entrevistarme. Le contesté que estaba encantada, aunque le dije que como era mi día de descanso, tendría que ser antes de la comida, porqué después quería dormir un rato y desconectar mentalmente de todo.

Después de la ducha, ella cumplió con su palabra y volvió. Mientras Frank repiqueteaba en la cocina preparando la comida, ella hizo la entrevista. Hablamos tranquilamente durante media hora, estaba relajada en la cómoda silla plegable de Oriol. Cuando se fue, Frank sacó la comida. Qué diferencia fue eso comparado con el día de descanso anterior, cuando habíamos estado en el parking abrasador y ventoso en Teruel. Ahora sentados bajo sombreados árboles, la comida no era una necesidad, sino un placer. Le expliqué a Frank la mañana infernal que había pasado y ambos reímos mucho cuando le conté como Meat Loaf me había rescatado, como me había puesto mi “armadura” y marchado a la batalla en la ruta del infierno. Nos preguntamos si la periodista se habría dado cuenta de que estaba cantando a pleno pulmón, mientras negociaba mi camino hacia Bergara. Le comenté que estaba bien que mi madre no hubiera llegado todavía. Teníamos previsto su llegada tres días más tarde, el jueves, para acompañarnos hasta el final. Había sido un tramo de carretera tan peligroso que seguramente le hubiera dejado en un estado de shock. Ambos estábamos contentos de que no hubiera sido testigo de esto y teníamos la esperanza de no encontrarnos nada parecido en los catorce días siguientes.

Entonces nos olvidamos de los 2010 kilómetros mientras hablamos sobre la vida y los valores. Ambos estábamos alegres, estábamos entrando en un periodo de nuestras vidas, en el cual valoramos más cosas que solo las posesiones. Hablamos de la sociedad consumista a la que pertenecemos, y de qué dichosos éramos de ser capaces de disfrutar no solo de los bienes materiales, pero también y más importante, que éramos capaces de valorar las cosas más pequeñas y más sencillas de la vida. Comimos pan, queso, tomate y por supuesto, las patatas chips, por las cuales había tenido tantas ganas aquella mañana. Qué lujo fue poder estar sentada en una silla a la hora del mediodía, y comer, sabiendo que no tenía que correr ni una zancada hasta la siguiente mañana.

Cuando acabamos sacamos el mapa para mirar la ruta del día siguiente, y vimos con alegría que no teníamos que pasar por la misma carretera de hoy. Mientras nos sentamos allí relajando y estudiando al mapa, un anciano, atraído por la curiosidad y la vistosidad de la autocaravana, se nos acercó. Le respondimos a sus preguntas, y él por su parte, nos habló de la vida en el País Vasco. Estaba contento de que hubiéramos escogido pasar por esta parte de España, y que no tuviéramos miedo de una posible acción terrorista. Él nos dijo que mucha gente elige no venir por esta razón. Le aseguramos que nada de eso había pasado por nuestras cabezas, y que estábamos encantados de estar allí. El único terror que nos preocupaba era el que se encuentra por la carretera. Antes de marcharse, analizó la ruta con nosotros, y nos dijo que la carretera que tenía que coger por la mañana era bastante peligrosa y que debía ir con cuidado. Yo estaba segura que no podía ser peor que los últimos 20 kilómetros que había corrido esa mañana.

La tarde pasaba con un relajamiento total; dormí, escribí en mi blog, e incluso leí – todos ellos lujos cuando se viven con calma. Tras la siesta nos fuimos en busca de helados, otro lujo para mí. Cuando por la noche, nos sentamos a cenar, me sentía totalmente renovada, física, mental y emocionalmente. Estaba lista para los más o menos 70 kilómetros que me esperaban el día siguiente. Cuando Frank empezó a leer, caí tranquilamente al sueño y en pocos minutos. Asimilaba poco del libro. Necesitaba nada más que la tranquilizadora voz de Frank para que me enviase al país de los sueños.

Blog – 17ª Etapa

Esta mañana, Miguel Armentia vino para ayudarnos a salir de Vitoria. La verdad es que su apoyo ha sido muy bueno desde hace días, y sin él esta mañana hubiéramos perdido mucho tiempo.

Empecé corriendo unos kms fuera de Vitoria, para no hacer más de los 30 kilómetros previstos.

La primera parte fue muy bonita, la belleza del País Vasco es increíble. La segunda parte fue un cambio brutal. Este trozo de carretera ha sido uno de los más peligrosos de lo que he visto de momento, muchas curvas entre las montañas, con una alta volumen de tráfico industrial, y todos conduciendo muy rápidos. Al llegar, me explicaron que es una de las carreteras más peligrosas en España – ¡y allí estaba pensando que iba a tener un trote bonito y tranquilo hoy! Menos mal que mañana salgo por otra carretera.

Fue como una escena del Infierno de Dante, camino tras de los camiones, cada uno pasando con un estruendo y sacando humo terrible, y todos los conductores estresados y agresivos. Pasé fábrica tras fábrica – kilómetros dedicados a una sola, de herramientas. ¿Necesitamos tantas herramientas? No llevamos nosotros mismos dentro, las herramientas más importantes?

Lo que tenía en mi cabeza hoy después de tantos días con tanto transito industrial fue: ¿Donde se va todo esto? ¿De verdad hace falta todo esto?

Locura no es lo que estoy haciendo yo este mes, estoy viviendo, probando mis límites, pero al hacerlo, estoy celebrando el cuerpo, cabeza, y el deporte. Lo que es locura, es una vida que nos tiene tan atados a las cosas, que nuestros paisajes y vidas están llenos de industria, y que hemos perdido el sentido de la vida misma. No me sorprende que tanta gente haya perdido la ilusión y la pasión de vivir.

Tan estresante fue ese tramo que cambie Billy Joel por algo que al menos me iba a mentalizar como guerrera – Meat Loaf, Bat out of Hell (al igual que un murciélago del infierno).

Y así me fui disparada como dicho murciélago, directamente fuera del infierno hasta que llegué a Bergara. Aquí las cosas son tranquilas y cómodas. Después del masaje doloroso y una entrevista con la televisión local, comimos relajados al aire libre. Ahora toca un poco de siesta, antes de un paseo para buscar un helado por la tarde.

¡Ah, como me gusta el día de descanso!

¡A Kilometrar!

Retorno al infierno

18ª Etapa

Martes, 23 de junio

Bergara – Parque Natural de Urbasa Andia

70 km

11 horas y 45 minutos

3 pasos de montaña

1.500 m desnivel positivo

1.174,5 km recorridos en total

834,53 km por recorrer

Empecé a correr sobre las siete de la mañana, a la salida de Bergara, tomando la izquierda y dirigiéndome a la GI-632. Por lo que nos había dicho el anciano la noche anterior, nuestro mapa estaba algo incorrecto (otra vez), tendría unos 8 kilómetros de fuerte desnivel antes de llegar al paso de montaña. Me había alertado asimismo del tráfico, y por eso, habíamos decidido salir temprano, para evitar la hora punta. Nunca esperaba que la ruta fuera igual de terrible, o más aún que la del día anterior. Pero lo fue. Frank vio muy pronto que no podría pararse en ningún lugar antes de llegar al primer collado; no tenía ninguna otra opción que la de ir directo arriba. No me hizo ninguna llamada, al ver el estado de la carretera y el volumen de tráfico. Quería que estuviera totalmente concentrada para llegar a la cima sin ningún percance.

Tan pronto como empecé a correr, me di cuenta que me esperaba una mañana horrorosa. La GI-632 era una carretera secundaria de montaña muy estrecha; una de las que se suelen tomar los domingos por la tarde para disfrutar de la naturaleza. No estaba construida para soportar tanto tráfico pesado. Era increíblemente empinada, con muchas curvas estrechas, haciendo muy difícil para los conductores el tomar las curvas, e imposible ver el tránsito que les venía de cara.

Y era por esta carretera por donde tenía que subir. No tenía otra opción. Maldije el hecho de que ni en la mejor tienda especializada de Barcelona, ni por Internet, había podido conseguir encontrar mapas detallados. Los mapas a escala 1:300.000, fueron los más detallados que había encontrado para todo el país; no tenía otro remedio que utilizar estos. Aparte de las autopistas y carreteras principales, solo mostraban alguna carretera terciaria, y eso sin kilómetros marcados. No dejaban opciones para rutas alternativas. Al haber tenido que diseñar la ruta antes de salir de Barcelona, no podíamos simplemente mezclarlo y elegir mientras avanzaba. Estaba comprometida a correr 2010 kilómetros. No quería acabar con solo 1800, ya que el desafío no se trataba de eso, ¡y tampoco quería acabar con 2500! Al confeccionar el recorrido, no teníamos ni idea de cómo serían las carreteras: su seguridad, el tráfico, o como en el caso de la tercera etapa, si la carretera se había convertido en autovía, sin que ella estuviera registrada en los mapas oficiales del momento. Por eso, aunque muchas de las rutas estaban resultando muy peligrosas para correr, no tenía otra manera de encontrar alternativas que pudiera medir antes de salir a correr.

Entre maldiciones subí un kilómetro más o menos, hasta que me di cuenta que mi actitud negativa me haría más mal que bien. Era el momento de luchar otra vez; así que puse mi iPod, y eligiendo Meat Loaf, lo puse a todo volumen. Corrí a un paso uniforme – cantando mientras avanzaba –, fijándome en el tráfico y mirando a cada conductor que venía hacía mí, para ver si ellos me habían visto. No me dejé mortificar sobre el peligro de correr en esa ruta. No me serviría de nada. Me aseguré de estar lista para quitarme del medio, si era necesario. Por suerte no tuve que hacerlo, ya que en muchas partes, el salir del medio implicaba una caída muy "significativa" de varios metros. Seguro que sorprendí a muchos conductores, ya que probablemente no habían visto ningún corredor por allí. La expresión "tener el corazón en un puño", tomó un nuevo significado aquel día – no es que estuviera solamente en mi puño –, ¡quería saltar fuera!

Pero al final llegué a la cima, para caer en los brazos de Frank. Un fuerte abrazo era lo que más necesitaba, pero no muy largo, sino me arriesgaba a que mi determinación comenzara a tambalearse. Pocos minutos después, ya estaba de nuevo en marcha, pasando el puerto y corriendo hacia Antzuola, un pueblo al que tenía que llegar, antes de iniciar un largo descenso por los valles. Estaba segura, que a partir de aquí, el día sería más fácil. Me encontraba en las profundas montañas de Guipúzcoa, en el corazón del País Vasco. Para un amante de la montaña, seguramente sería algo parecido al paraíso. Estaba equivocada, muy equivocada. Otra de las expresiones favoritas de mi padre es “no debes nunca suponer”. Y una vez más, demostraba tener razón. Aquella tarde cuando charlaba de los hechos del día con Frank, sus palabras repicarían en mis oídos.

Salir de Antzuola fue un poco complicado. Yo tenía que correr por delante de Frank, pidiendo direcciones, para pasárselas a él. Otra vez, los mapas y el GPS de la autocaravana, no se ponían de acuerdo. Aún así perdimos poco tiempo, y pronto estaba saludando a Frank, que enfiló, volando, la larga, recta cuesta abajo, delante de mí, prometiéndome que me esperaría en el fondo del valle. Todavía hacía fresquito mientras bajaba la montaña, corriendo fácilmente. Parecía que había una capa de nubes bajas, estiradas debajo de mí, ocultando el fondo del valle de mi vista. A medida que avanzaba, notaba un extraño y desagradable olor en el aire, no uno que esperas encontrar en colinas tan profundas y verdes como estas.

Cuánto más bajaba, más fuerte era el olor. Empezó a dolerme la cabeza, y cuánto peor se hacía, más notaba el raro color marrón de las nubes. Fui cayendo en la cuenta que las nubes que veía, seguramente no eran nubes, sino una gruesa manta de contaminación. Al adentrar corriendo en esta ciénaga de nauseabunda atmósfera, vi que en lugar de un fresco y verde valle me dirigía a una pesadilla industrial, mucho peor que los pueblos del día anterior. Al entrar en una enorme zona industrial, vi a Frank aparcado en la primera rotonda. Él salió para rellenar mi mochila de agua. Cuando me vio, se quedó en estado de shock. A esta altura me sentía enferma, me dolía la cabeza, y el estómago revuelto. A ver, no soy una persona excesivamente delicada, y Frank lo sabe. Así que cuando me vio y le expliqué cómo me encontraba, sabía que no exageraba. No se había percatado de hasta qué punto era mala la situación, ya que él se había encerrado dentro de la autocaravana con el aire acondicionado en marcha, intentando trabajar y no le había afectado el humo nocivo que sepultaba el valle.

En cualquier hazaña, los obstáculos son inevitables, y muchos de ellos son completamente inesperados. El éxito de estos desafíos estriba no solo en la determinación y la buena preparación, sino también en gran parte en la habilidad de superar estos impedimentos. Para vencer estas dificultades, unas veces se necesita control de daños, otras la habilidad de pensar fuera de lo común, y a veces se necesita flexibilidad. Aquel día, la flexibilidad iba a ser necesaria, ya que unos kilómetros más adelante me sentía terrible, y había bajado mi ritmo tanto que arrastraba los pies en lugar de correr. Estaba conteniendo las lágrimas. Frank se quedó muy cerca, no me perdía de su vista preocupado.

Bastante pronto nos dimos cuenta que sería un gran error continuar por esta carretera. Decidimos que era el momento de consultar los mapas. Echándonos sobre ellos, vimos que si seguía el plan original, me quedaban por lo menos otros 10 o 15 kilómetros más. Decidimos que si la situación no mejoraba drásticamente y pronto, cambiaríamos de camino, hacia lo que parecían unas carreteras de tercer orden, lejos del tóxico valle.

Aquel día iba a poner a prueba mi resistencia. Cuanto más avanzaba, peor me sentía, y no había hecho ni un tercio de la etapa. Al pasar por una gran planta de energía eléctrica, encontré a Frank esperándome en una rotonda. Sin ni siquiera pararme, le grité "¿Qué es este sitio? ¿Qué clase de infierno es?". Porque es lo que era, un Infierno. En medio de esas preciosas montañas verdes, yacía una infecta ciénaga, una de las consecuencias de nuestro mundo "civilizado". Estaba enferma, del estómago y de espíritu. Ni a un kilómetro de la planta eléctrica – aquella masa, aquel campo de altísimas estructuras metálicas, como algo de la Guerra de los Mundos – había una pequeña y nueva urbanización, con muchas casas todavía en construcción. Mi alma lloraba por la gente que tuviera que vivir allí, a la cual la vida no le había dado otra opción que pasar su existencia en esta venenosa esquina del mundo. No tenía mucho éxito en contener las ganas de llorar. Llegó un momento en que todo fue demasiado. Pero no me permití el lujo de llorar. Hubiera sido un gran error, y mis defensas se hubieran derrumbado. Seguí arrastrándome, jadeando con las lágrimas atrapadas en mi garganta, siempre poniendo un pie delante del otro.

Por fin, llegué a la población en la que habíamos decidido que me desviaría, y dejando la carretera principal, giré a la derecha. Dirigiéndome arriba por el pueblo, vi a Frank fuera de una farmacia. Estaba con una mujer y ambos me animaron al pasarlos. Estaba tan deshecha que no podía parar, pero me volví, les sonreí y les saludé. Frank se había detenido para comprar más Compeed y había acabado por explicarle a la propietaria nuestra aventura. Esta pequeña muestra de afecto, me animó, ayudándome a seguir; pronto estaba dirigiéndome montaña arriba, dejando el valle detrás de mí.

Iba pasando las colinas – a ritmo lento ya que físicamente no estaba bien – pero el hedor iba a tardar mucho (más de dos horas) en desaparecer. Era increíble. Lo podía oler hasta dos valles más adelante. El día acababa de empezar, pero ya me sentía derrotada. Como dije antes, mi resistencia estaba siendo puesta a prueba, tanto mental como físicamente, y aunque ahora estaba lejos de ese entorno tóxico, este me había cobrado un precio.

Ahora me encontraba en un paraje tranquilo y verdoso, pero casi no me percaté. El resto de la mañana pasó como una imagen borrosa de colinas, de pequeñas carreteras de montaña y de mapas. En algún lugar, entre esas montañas, tuvimos el tercer contratiempo de la jornada. Hay días en los que las cosas discurren tranquilamente: cuando el esfuerzo físico que produce correr distancias enormes es el obstáculo principal; y hay otros, en los que por muy positiva que seas y por muy preparada que estés, te exigen todas tus reservas de energía, toda tu entrega y toda tu dedicación, solamente para seguir corriendo, aunque sea lamentablemente lento. Este era uno de esos días. Me llevaría al límite, y me exprimiría hasta el último gramo de mi optimismo. Tal vez sería una prueba mayor aún que en la etapa de Zaragoza a Ribaforada.

En algún momento, al final de la mañana, llegué a la cima de una especialmente larga y empinada subida, en medio de la nada. Frank estaba sentado fuera de la autocaravana, parada en un lugar con una bonita vista panorámica sobre el valle. En cualquier día normal, me hubiera detenido, girado, y asimilado la imponente vista. Pero no puedo describir como "normal" aquel martes 23 de junio del 2010. Paré al lado suyo, hecha pedazos. Estaba encorvada y respiraba con resoplidos; tuve que apoyarme con una mano contra la autocaravana. No me acuerdo ahora, si fui capaz de sonreír o no. Supongo que sí, pero probablemente fue una sonrisa bastante lánguida.

Frank tenía listo el bocadillo, así que después de unos sorbos de bebida isotónica bien fría, le di un abrazo, y reemprendí el camino arrastrándome, aguantándolo en mi mano. El plan era hacer la bajada corriendo, y comerlo en la siguiente subida, mientras caminaba. No había corrido ni 500 metros, cuando oí unos gritos, y girando, vi a Frank que venía hacia mí volando en chancletas y casi tropezando, haciendo señas con sus brazos de manera frenética mientras aproximaba. "¡Vuelve, vuelve, que la autocaravana no se pone en marcha!". Jadeó cuando se paró a mi lado, sin aliento.

Con pena y trabajo volvimos para subir la cuesta en dirección por donde ambos habíamos venido. Me dijo que no sabía lo que pasaba, pero no había manera de arrancar el motor. No quería arriesgarse a que nos separásemos mucho, ya que la cobertura de los móviles allí era muy limitada. No solo sería difícil conectar, sino que no teníamos ninguna ayuda aparte, incluso si podíamos llamar, nos encontrábamos en una zona muy remota de las montañas. Si yo iba a seguir adelante sola, no tenía la seguridad de que pudiera comprar agua durante el camino, y con el calor que hacía mi mochila solo tenía suficiente agua para dos horas y media aproximadamente. A pesar de todo, podía haberme arriesgado e irme, pero quizás lo más preocupante de todo era que pararíamos en una villa o pueblo al final de esta etapa. Tenía que llegar a algún punto en un parque natural del País Vasco. No me podía arriesgar a quedarme sola por las montañas de noche. Si Frank se quedaba clavado con la autocaravana, sin poder ponerla en marcha, yo también iba a estar bastante clavada. Íbamos ya cortos de fondos económicos y teníamos pocas maneras de encontrar ayuda. Sabíamos que estábamos en un punto muy crítico del desafío.

Hablamos sobre las diferentes opciones que teníamos, pero siempre volvíamos a una sola conclusión: si la autocaravana no se ponía en marcha, yo no podía seguir corriendo aquel día. Intentamos encender el motor, pero no hubo manera. Llamamos a la empresa que nos lo había alquilado, y hablamos con Rosa, la esposa del propietario. Ella no tenía ni idea de lo que podía haber pasado, así que tampoco podía ayudarnos demasiado. Paramos y consultamos a dos agricultores que nos pasaron, pero tampoco entendían de motores.

Lo intentamos una y otra vez, sin resultado. Esperamos algún tiempo y lo probamos de nuevo. Nada. Al fin, pudimos contactar con Carlos, el propietario mismo, y nos dijo que sí, que a veces no arrancaba, pero que no sabía porqué. "¿No sabía el porqué? ¿Y no nos lo dijo cuando alquilamos el desgraciado vehículo?" Cuando Frank colgó el teléfono y me pasó esa joya de información, ambos dejamos ir una larga retahíla de improperios, mientras yo daba unas patadas en el suelo con ira, y después los dos respiramos profundamente.

Aquí, una de mis más importantes filosofías entró en juego, una que es invalorable en la superación de dificultades, y en la consecución de objetivos. Soltamos la culpa. La culpabilidad, en cualquier situación es completamente inútil. No sirve para nada y solo pierde lo que es más precioso: tiempo y energía. La única cosa útil, cuando estás frente a un problema u obstáculo, es resolverlo, superarlo o buscar alguna solución. Más tarde, cuando la crisis se ha evitado o resuelto, uno puede buscar la causa, para asegurarse de que no se vuelva a repetir. Pero todo esto viene después. Por suerte, allí en el verde intenso "en medio-de-la-nada-sin-apoyo-y-casi-sin-cobertura-para-el-móvil", nos dimos cuenta de la inutilidad de maldecir a Carlos, a Rosa, a la autocaravana, al motor y a los vehículos en general. Paramos, reímos, y nos sentamos, Frank en la silla y yo en los escalones del pobre y maldecido vehículo. En realidad, no teníamos ninguna opción de verdad. No podíamos llamar para buscar ayuda. Los agricultores nos habían dicho que el mecánico más cercano estaba pasado varios pueblos y no tenían ni idea de cuál era su teléfono. Carlos tampoco nos había dado ninguna pista de lo que le pasaba a nuestro achacoso Hogar. Además, Frank y yo no teníamos ni la más mínima idea de como curar una autocaravana enferma, así que aunque supiéramos qué era lo que pasaba, ¡no podíamos hacer nada al respeto! Y para colmo de males, el reloj seguía con su imparable tic-tac, el sol avanzando lentamente en su ruta por el cielo, y yo con 45 kilómetros pendientes de correr ese día.

Cada vez que miraba el reloj, mi pulso se aceleraba de pánico, así que dejé de hacerlo. La mitad de mí quería tener que parar allí mismo y simplemente, tirar la toalla. Habíamos tenido demasiados problemas por el camino, que no tenían nada que ver en absoluto con correr 70 kilómetros al día. Estaba exhausta, todavía me sentía enferma, débil, y con náuseas. En pocas palabras, había tocado fondo. Pero había una cosa, una luz trémula, que me guardaba de caerme del borde. No había perdido mi sentido del humor. Me puse a reír fuerte y largo y Frank me siguió. Al menos nos tomábamos las cosas en perspectiva.

Algunas veces, el humor funciona cuando todo lo demás falla. Es un arma poderosa. Decidimos sentarnos unos diez minutos más y después probarlo otra vez, antes de ir a pie en busca del mecánico, lo que seguramente nos podía costar un día, o quizás más. Los minutos pasaban, la brisa nos abanicó, y charlamos sobra nuestra situación.

Frank subió a bordo y se puso en el asiento del conductor. Se inclinó fuera y me dijo que iba a esperar en silencio un par de minutos. Me pidió que convocara toda mi energía positiva, todo mi optimismo, y todos mis poderes internos. Siendo un ser, al que le gusta la mística, – es de naturaleza espiritual –, cree firmemente en los poderes que llevamos cada uno dentro de nosotros, no respondí, sino simplemente hice lo que me pidió. Llamé a cada sonrisa, a cada risa, a cada poderosa y positiva parte de mí, las reuní todas y visualicé que el motor se ponía en marcha. En mi mente vi a Frank que me pasaba y me saludaba con una sonrisa de oreja a oreja. Visualicé también nuestra llegada aquella tarde a un majestuoso, verde y tranquilo paraíso. Hice todo esto, y después asentí a Frank con la cabeza, sonriendo. Le dije que el motor estaba listo.

Giró la llave, el motor arrancó, tosió una vez, para coger su habitual, profundo y borboteo gruñido. Frank me miró sorprendido. "¡Lo has conseguido! ¡*Eres* de verdad una bruja!" exclamó, antes de partirse de risa, pero no sin antes, poner con esmero el motor en punto muerto y hacerlo acelerar suavemente unas cuantas veces. Nos llevó unos cuantos minutos más acabar de reírnos... Decidimos que a partir de entonces, Frank mantendría el motor encendido todo el tiempo durante el día, aun cuando me estuviera esperando. No podíamos arriesgarnos a quedarnos tirados, especialmente, en lugares tan remotos. Si no pudiera conseguir este desafío debido a algún accidente o lesión – algo que de verdad me imposibilitaría correr o caminar – sería decepcionante pero aceptable. Pero tener que abandonar a causa de un desgraciado motor sería inaceptable; algo que ambos queríamos evitar a toda costa. Me había comprometido a dar lo mejor de mí, y estaba decidida a hacerlo. Tenía la intención de hacer todo lo que estuviera en mi mano para llegar al estadio olímpico Lluís Companys en Barcelona, el lunes día 6 de julio – y llevar el nombre del B10 y de la Maratón de Barcelona conmigo durante mi viaje, y de difundir estos nombres de la mejor manera posible. No pensé parar todo en medio de nada y Frank tampoco.

Acordamos un nuevo plan. Él nunca saldría de uno de los avituallamientos *después* que hubiera salido yo. Él saldría junto conmigo y después, siempre se mantendría delante de mí, sin parar el motor en ningún momento. Decidido esto, miré el reloj y me estremecí, cuando me percaté de que ya habíamos perdido más de una hora. Recogí el bocata, que todavía no me había comido, y enfilé de nuevo la carretera. Corriendo lentamente y arrastrando mis pies, pasé por encima de la cresta suavemente, y bajé por el otro lado.

No puedo decir mucho sobre las tres o cuatro horas siguientes. Recuerdo que corrí a través de impresionante y hermosas colinas, por pueblos pintorescos enclavados en las montañas, adormecidos bajo el sol del mediodía. Puedo decir que lloré de vez en cuando, cuando la fatiga y la desesperación amenazaron con abatirme. Puedo decir que corrí por parte del Camino de Santiago, pero no puedo precisar por dónde. Puedo decir que vi salir de un huerto, a un hombre mayor con sus manos y rodillas llenas de tierra, llevando dos lechugas frescas y verdes, cruzando la carretera delante de mí, respondiendo a mi saludo con un movimiento de cabeza, mientras subió las pocas escaleras hacia su pequeña casa de piedra. Puedo decir que en aquel momento deseé otra vida; su vida: su vida, una existencia sencilla de aldea, sin desafíos, sin obstáculos que superar, sin autocaravana, sin blogs, sin campañas promocionales, y por supuesto sin correr. Dejándole atrás mientras él entraba en su casa para preparar la ensalada para la comida, me puse a medio a reír, medio a llorar, mientras seguía corriendo lentamente hacia adelante y hacia arriba. El resto de detalles de lugares, tiempo o progreso están perdidos en la imagen borrosa de la fatiga y la desesperación de aquel día.

Todos tenemos nuestros caminos en la vida; algunos los tienen en despachos, hospitales, en los grandes almacenes, en la educación o la investigación... Para algunos el sendero de la vida, está en un tranquilo y apacible pueblo, trabajando en los campos de cultivo y viviendo de la tierra. Mi dirección es otra. Supone retos personales, descubrimiento del mundo interior, corriendo por los senderos de la aventura del autoconocimiento. Mi camino, mi peregrinaje personal, es también compartir – compartir mis aventuras, mi fuerza, los valores que me permitan superar las dificultades, y compartir cómo consigo eso casi siempre con una sonrisa. Por la palabra escrita y hablada, en libros, artículos y conferencias compartiría mis conocimientos y experiencias. No deseaba de verdad la vida de aquel hombre. Era simplemente al tenerle tan cerca, oliendo la tierra húmeda, y casi saboreando la lechuga fresca, era casi demasiado de aguantar en ese momento, cuando mi cuerpo y mi espíritu ansiaban confort y descanso.

No recuerdo si escuchaba música. No sé me empujaba hacia delante aquel día. No me acuerdo en absoluto. Solo sé que seguía corriendo, tan lenta a veces, que andando hubiera ido más rápida. Pero lo importante es que seguí moviéndome hacia delante siempre. Casi no hablaba con Frank cada vez que lo veía. Solamente le sonreía débilmente, dejándole rellenar mi mochila, y renqueante reanudaba mi camino, levantando la mano lánguida al verle irse delante de mí.

El sol alcanzó su cenit y sin detenerse continuó su marcha a través del cielo. Tras dejar el frondoso y verde paraíso de montañas, me adentré por un tipo de alta llanura, en donde, de nuevo, la “civilización”, había dejado su marca. Fui por una carretera nacional durante un rato, para cruzar una autopista y continuar. Me sentí diminuta en medio de canteras y aparcamientos para camiones; todo envuelto en una gruesa capa de polvo. Me arrastraba al lado de la ruta, con las zapatillas llenas de gravilla y de piedrecillas. Cada vez que me paraba para quitármelas era un suplicio, a pesar de que las llevo muy flojas, de forma que no tenía que desatarlas, para quitármelas y volvérmelas a poner.

Finalmente, encontré a Frank. Estaba caminando, cruzando un paso elevado. La autocaravana no se veía por ningún lado. Había llegado por fin a Alsatsu – Alsasua, la última villa antes del parque nacional. Frank había aparcado justo en las afueras de la población, y había venido a pie a buscarme, para evitar que me equivocara de dirección. Cruzamos una autopista, que según la señal, dirigía a Pamplona. Llegando a la autocaravana, miramos el mapa, y vimos que estábamos casi en nuestro destino. Nos quedaban menos de 10 kilómetros. Era un poco antes de las cinco de la tarde – a las seis como máximo estaría en la silla plegable en medio de la naturaleza, comiendo fruta y poniéndome hielo sobre las rodillas y pies. ¡Por fin!

Esperé a que Frank pusiera en marcha y saliera con la autocaravana antes de seguirle. Daba la sensación de ser una villa complicada, así que decidimos que lo mejor sería que él se adelantara solo unos cientos de metros, para poder guiarme para salir al otro lado de la población. Cruzamos la atareada y pequeña villa de Navarra, y pronto vimos la línea férrea un poco más adelante, la carretera dirigiéndose por debajo de ella tras un túnel. Una vez al otro lado, seguiríamos hacia las montañas. Salí con un trote rápido, con ganas de llegar a nuestro destino. De repente oí una insistente bocina, detrás de mí. Giré para ver a Frank parado en el centro de la calzada, gesticulando como un loco y gritándome algo, que no acababa entender completamente. Solté unas pocas palabrotas, suspiré, y renqueando, subí la cuesta empinada, volviendo hacia donde él me esperaba, mientras otros conductores enfadados se ponían en fila, detrás de él. Me señalaba frenéticamente el puente que teníamos debajo de nosotros. Giré y lo miré, sin saber qué buscaba. Vi el puente, con las vías del tren marchando por encima de él, la carretera debajo metiéndose en el túnel, pequeño y oscuro. Justo encima del túnel en el cemento del puente, había algo pintado. Podía fácilmente descifrar las letras: 3 m. Di un grito ahogado, y dándome cuenta de lo que quería decirme, giré y fui corriendo hasta la ventana de Frank: "¿La autocaravana supera los tres metros de altura, verdad?", le pregunté.

Detrás de la autocaravana había una larga cola de coches. Lentamente, uno a uno, los coches nos fueron adelantando, pitando y maldiciéndonos mientras se lo hacían. Frank intentó encontrar el libro de instrucciones para comprobar la altura. No tuvo suerte, así que llamó a Carlos de nuevo. Éste le confirmó lo que pensábamos – la altura de la autocaravana era de 3,15 metros. Allí estábamos en una bajada muy pronunciada, un túnel debajo de nosotros, por el cual no podíamos pasar, la mitad del pueblo detrás nuestro, y la otra mitad, conduciendo en sentido contrario hacia nosotros. Sólo había una cosa por hacer. Me puse en el centro de la calle, con los brazos extendidos, y sonriente detuve todo el tráfico, por los dos lados. Pero, esta calle no hacía más de a cinco metros de ancho y la autocaravana hacía siete metros de largo. Me imaginaba el pulso acelerado de Frank, sudando profusamente debido al estrés; y sonreí más aún. Era lo único que podía hacer.

Mientras nos pitaban, Frank maniobró lentamente el pesado y poco ágil vehículo. Me reí mientras seguía bloqueando los otros vehículos. "Vaya día – ¡vaya día de demonios hoy!", pensé y me reía más todavía. Guié a Frank por una calle empinada de dirección única en busca de alguna alternativa. Nos detuvimos, ojeamos los mapas y llegamos a la conclusión de que no había otra manera de pasar al otro lado.

¿Qué podíamos hacer? Sorteamos el laberinto de calles estrechas y unidireccionales, hasta volver a la calle original, por la que habíamos entrado, dando la espalda al traicionero puentecito. Frank conducía lentamente y yo fui corriendo detrás de él, como si en un desfile extraño. Debíamos parecer raros. Un hombre conduciendo una gran autocaravana, seguido por una mujer vestida con ropa de una manera extraña y llevando un macuto a sus espaldas y del cual colgaban toda clase de muñecos pequeños de peluche y uno más grande, de color blanco. Al llegar a una gran y atestada rotonda, Frank paró justo en el centro, bloqueando otra vez el tráfico y de nuevo, tuvimos un coro de bocinazos y de improperios. "¿Qué diablos vamos a hacer ahora?" preguntó, levantando sus brazos con desesperación. La respuesta llegó de una fuente inesperada.

Un coche de policía se detuvo a nuestro lado; de él salió un policía. Vino directo a la ventana, para preguntar qué demonios hacíamos parados en el centro de una rotonda. Me miró, miró a Frank, miró la llamativa decoración de la autocaravana, y allí pareció fijarse en lo que decía: "A kilometrar 2010 km con Alexandra Panayotou. Lo leyó una vez, lo releyó, y después miró hacia Frank para obtener una respuesta. Frank no necesitaba ánimos para dar una explicación entusiasta. "Ésta mujer", dijo, señalándome orgulloso, "está corriendo 2010 kilómetros en 31 días, ¡2010! Eso es 70 kilómetros diarios. Está promocionando los Campeonatos de Europa de Atletismo del próximo año Barcelona 2010. Ha venido corriendo todo el tiempo, hoy desde Bergara, y tenemos que subir hasta el Parque Natural de Urbasa Andía. Pero no podemos seguir por esa calle, porque el puente es demasiado bajo o la utocaravana demasiado alta.", dijo, señalando la ruta que conducía al puente. "¿Sabe cómo podemos llegar hasta allí?" preguntó Frank cortésmente. El policía simplemente se quedó allí parado unos minutos para asimilar todo lo que había oído. Miró a Frank, a mí, a la autocaravana, y a mí otra vez, hasta que de repente pareció que saltaba a la acción. "¡Les salvaré, no se preocupen!", gritó con entusiasmo, mientras a su alrededor buscando una posible salida de la villa.

Supongo que en Altsasu hay poco alboroto de este tipo. Pocos deben parar, y menos extranjeros. No tengo dudas de que el policía no había visto algo como nosotros jamás. Él se convirtió en un torbellino, un pequeño tornado con uniforme azul. Primero nos dijo que volviéramos por donde habíamos venido y que pasásemos por debajo del puente. Frank le recordó amablemente, que ya lo habíamos intentado y que el puente era demasiado bajo. Se dio una palmada en la frente, reprendiéndose por haberlo olvidado. A continuación nos dijo que le siguiéramos, y que nos guiaría hasta la autopista, y de allí directamente a la carretera que subía al parque. Frank le recordó que estaba prohibido correr por la autopista. De nuevo se dio una palmada en la frente, acompañada de alguna maldición medio susurrando, dirigida hacía él mismo. Después se paró, miró a un lado, al otro, y al final se volvió hacia nosotros de nuevo.

Entonces me dijo de ir corriendo hacia el puente, pasar por el túnel, y tomar la segunda calle a la derecha. Que corriera por ella, y que él vendría a buscarme. Le dijo a Frank que le siguiera, y que le llevaría a donde teníamos que ir por la autopista. Giró, corrió hasta su coche y se subió saliendo disparado dejando tras de sí, un chirriar de neumáticos y una nube de polvo. Yo me reía, mientras Frank desesperadamente intentaba seguirle, mirando como la autocaravana enorme brincaba, por los badenes en persecución del coche de policía. Al girar hacia el puente y al empezar a correr, sonreía abiertamente, imaginando el ruido de los cacharros de la cocina, y toda clase de cosas, mientras estaban tirados por dentro de los armarios y de los cajones.

En cuestión de minutos, estaba trotando por el túnel, preguntándome cuanto tiempo tendría que esperar hasta la llegada del policía. Giré por la derecha, por donde me había indicado, esperando que no me dejara tirada allí. No había pasado ni un minuto cuando vi enfrente de mí, una nube de polvo, siguiendo un coche que acercaba a toda pastilla. Al aproximarse, me di cuenta que era el del policía, que venía volando a rescatarme. Me hizo señas con la mano, cuando llegó a mi altura, y con un chirrido de frenos, hizo un rápido cambio de sentido en forma de U, me gritó que le siguiera, y dio gas a fondo, y se fue de nuevo, cubriéndome con una lluvia de piedrecillas. Tenía que esprintar para mantenerme cerca de él. Lo hice, apenas capaz de controlar mi risa. No tenía ni idea de cómo había cumplido esta misión de rescate tan rápidamente, pero no me importaba. Simplemente estaba encantada de que lo hubiera hecho. Una vez más, la policía había actuado maravillosamente. Jadeando detrás de él, reflexionaba cómo está de equivocada mucha gente en su crítica a la policía. Hasta entonces, todos nuestros encuentros con el cuerpo habían sido positivos, nos habían ayudado varias veces. De momento no teníamos ninguna queja.

Unos kilómetros más adelante vi a Frank aparcado en una gran rotonda. El poli frenó en seco, saltó del coche, y se cuadró allí, orgullosamente, con las manos en las caderas, respiraba profundamente. "No me extraña que esté sin aliento", pensé, "¡probablemente no ha visto tanto alboroto en los últimos quince años!". Una ancha sonrisa se dibujó en su cara, cuando me acerqué a él, y vio mi sonrisa de oreja a oreja. Frank se acercó y nos quedamos allí unos momentos, todos riendo. Le dimos las gracias efusivamente; Frank estrechó su mano y yo le besé en ambas mejillas. Nos indicó una estrecha carretera que salía justo frente a nosotros, y que subía por una empinada montaña delante de nosotros. Nos informó que había un camping a unos 8 o 10 kilómetros (para mi desesperación, ya que yo lo esperaba a unos cuatro o cinco como máximo). Nos dijo que quizás Frank podía llegar antes de que cerraran la recepción, si se iba directamente allí. Le volvimos a dar las gracias. El sonrió, nos saludó con la mano, entro otra vez en su coche y salió de nuevo, esta vez a una velocidad más digna.

Nos reímos al verle marchar. Más tarde, durante la cena, íbamos a llorar de la risa recordando esta inesperada misión de rescate. Frank me contaría que él estaba rezando cuando le seguía, brincaba por los badenes y por la ruta llena de baches. Él estaba convencido de que todos los contenidos de los armarios habían salido estrepitosamente, mientras él pasaba las curvas de la entrada y salida de la autopista, intentando desesperadamente seguir al veloz policía con nuestra desgarbada autocaravana. Nos reímos y elogiamos al hombre dentro del uniforme, que en lugar de ponerse de malhumor por habernos encontrado en medio de una rotonda, bloqueando el tráfico, se había lanzado de todo corazón a ayudarnos y a su vez dar todo su soporte al B10.

Todo esto vendría más tarde, pero primero tenía que subir una increíblemente empinada montaña, con las pocas fuerzas que me quedaban. Cogí un plátano, lo único que pensé que toleraría, y salí andando mientras lo comía. Frank iba por delante conduciendo. Quería llegar al camping antes de que cerraran, para asegurar que teníamos un sitio seguro para pasar la noche. Tiré la piel lejos a los arbustos, y miré en la dirección hacia donde se había ido Frank. Conecté la música, aunque no tengo ni idea de lo que escuché.

Corría por donde podía y caminaba cuando la cuesta era demasiado empinada. Mi avance era increíblemente lento, pero al menos avanzaba. Miraba demasiadas veces el reloj, recontando los kilómetros y los metros mientras pasaban lentamente. Paré la música, ya que no me ayudaba. Llamé a mi amiga Kathleen, la cantante de ópera, y le dejé un mensaje, y luego telefoneé a Oz. Se sorprendió al oírme, e instantáneamente se dio cuenta de que estaba completamente exhausta. Oír su voz ya me animó y me sentí aliviada, aunque a decir verdad, no recuerdo mucho de lo que hablamos. Me dijo que estaba muy entusiasmado porque en tres días vendría a visitarnos con Mar y su amigo Jordi del Valle.

La conversación fue corta, pero era lo que necesitaba para seguir. Continué para arriba hacia las gloriosas alturas, pensando en Oz, sabiendo cómo le habrían gustado estas montañas. Me acompañó en la subida, hasta el momento en que vi a unos cientos de metros en la cima, una silueta naranja haciéndome gestos animados con la mano. Frank bajó la empinada carretera zumbando, y zigzagueando por la carretera, y dio un viraje suavemente para mirar hacia arriba cuando llegó a mi altura. Se apeó de la bici y se puso a andar a mi lado.

Hicimos el resto del camino hacia la cima caminando, hasta llegar a la impresionante y preciosa altiplanicie. Estábamos rodeados de onduladas y arboladas colinas, entretejidas de pequeños senderos, que llevaban a todas direcciones. Yo corrí por la sinuosa carretera, con Frank rodando a mi lado. Me explicó que había encontrado el camping y había convencido a la mujer para que nos permitiera estar allí, a pesar de que no teníamos el pase oficial de camping. Además, la persuadió para que nos dejase la puerta trasera entornada durante la noche, ya que ellos no abrían hasta las ocho de la mañana. Eso nos dejaría salir con las primeras luces. Me comentó que había encontrado un sitio muy bonito, al lado de la puerta, lo cual nos beneficiaba para una rápida salida el día siguiente. Tan pronto llegásemos pondría una lavadora, para poder seguir con toda la ropa limpia.

Fue verdaderamente magnífico llegar al camping. Entré cojeando, mirando las pequeñas tiendas desperdigadas por el verde y tranquilo paraíso, y por primera vez en ese día, me sentí en calma. Después del horror dantesco de la mañana, esto era el tónico que necesitaba para curar mi espíritu herido. Al hundirme en la silla plegable sobre la hierba, tuve la sensación de poder quedarme toda la vida en este pequeño trozo de cielo. Me prometí que íbamos a volver allí en otro momento para pasear junto con nuestros perros, y para empaparnos de la belleza de las montañas sin estrés y agotamiento.

Conseguimos hacer el masaje afuera, antes de que el frío nos envolviera, empujándonos al interior. A pesar de que me encontraba totalmente exhausta, más allá de lo que uno puede imaginar, escribí una larga entrada en el blog, explicando varios cambios en el desafío. Habíamos decidido el día anterior, que seguiríamos solos, teniendo en cuenta las circunstancias. Aunque nos habíamos enfrentado a todo tipo de cosas inesperadas desde el viernes, lo habíamos hecho casi siempre con una sonrisa. Estábamos trabajando en armonía, y éramos capaces de afrontar todo lo que nos echasen.

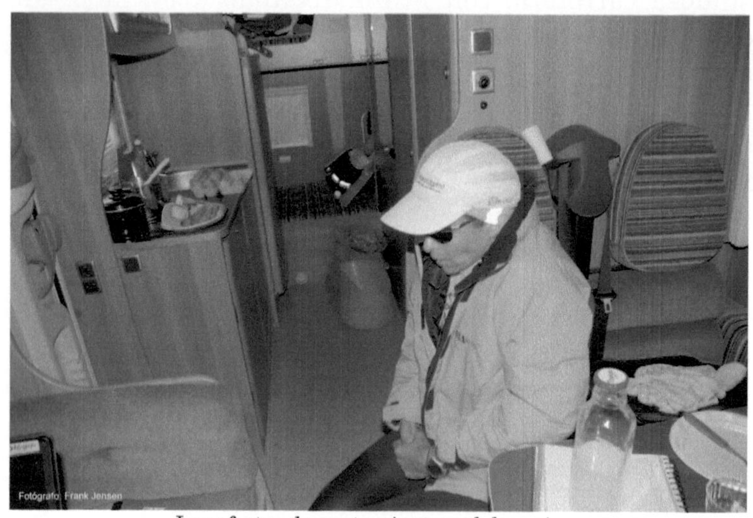

Los efectos de agotamiento y el desanimo

Además, habíamos decidido, que como Frank no tendría ninguna ayuda en la conducción ni tampoco en las comunicaciones con los funcionarios, iríamos solo a las ciudades con las cuales ya habían confirmado la recepción. Aunque mi madre iba a llegar en pocos días, y aunque sin duda ella sería un gran apoyo para nosotros, sabíamos que no podía ayudar en aquellas áreas. No tenía ninguna experiencia conduciendo autocaravanas, y su castellano era demasiado básico para poder ayudar en tratar con la policía o los ayuntamientos. Habíamos resuelto también, después de nuestras experiencias de los dos últimos días, que teníamos que cambiar la ruta cada día, evitando en lo que fuera posible, todas las Nacionales o carreteras de primer orden. Mi seguridad física era clave; el desafío era ya suficiente arriesgado, como para añadir desastre potencial, corriendo por peligrosas y pesadamente transitadas carreteras.

Caímos rendidos en la cama una vez que terminamos todo lo que teníamos que hacer. A pesar de haber sido un día verdaderamente infernal, habíamos conseguido reírnos de mucho de lo que nos había pasado, y contra todos los pronósticos, habíamos conseguido llegar exactamente a donde habíamos planificado; y además, habíamos encontrado un camping donde pudimos hacer la colada. Considerándolo todo, había sido un día de verdad exitoso.

Blog – 18ª Etapa

Esperaba un día con vistas increíbles, pero resulto que solo el final del día cumplió mis expectativas. Empecé subiendo una montaña con el mismo volumen y velocidad de transito, de ayer, en una carretera muy estrecha y sinuosa. Empezar el día con miedo es un golpe muy fuerte – y mira que no me asusto muy fácilmente.

Bajando la montaña por el otro lado, entré en un mundo de castigo por todos los sentidos. Nunca he visto algo tan terrible. Me encontré en un mar de contaminación, marrón y grueso – fabrica tras fábrica, vomitando sus gases tóxicos, destrozando una zona que seguro que hace 60 años como máximo, había sido un paraíso. Cables de alta tensión luchaban entre ellos en ese venenoso charco, dándolo el último toque de horror.
En vez de ser un día respirando las vistas y el aire puro, ha sido una experiencia que me dejó destrozada – espiritualmente, por lo que están haciendo a una joya de

naturaleza, y físicamente porque después de 3 horas o más corriendo respirando y saboreando esa nube de contaminación, estaba al punto de empezar a vomitar.

Eso junto con problemas con la autocaravana me dejo sin fuerza y sin ánimo. Cuando por fin entré en el parque natural, me sentía tan mal que casi no podía disfrutarlo. Una llamada a Oz subió mi moral un poco, y me dejo sonriente.

La verdad es que estoy muy desmotivada y baja de moral. ¡No, no! Tranquilos, no voy a abandonar! Tendría que tener algo mucho más serio que solo desmotivación para que pase eso. ¡Sigo adelante!

*El apoyo de **B10**, en particular de Carlos Martín y Barni, que no dejan casi ni un día sin animarme, junto con el apoyo del Ayuntamiento y la Maratón de Barcelona y los otros colaboradores, me ayuda mucho a seguir. Lo que me da fuerza increíble y me ayuda seguir luchando para superar cada obstáculo sois vosotros. Vuestros mensajes, comentarios en el blog, y correos electrónicos, me llegan y me afectan más positivamente de lo que creéis, aunque a veces no contesto. Yo valoro más que nada las personas, y aquí aunque paso horas eternas en solitario, sufriendo, no me siento sola. Os siento cerca, dándome los empujes críticos cuando más lo necesito. Gracias.*

Necesito explicar unos cambios que empezaran ser evidentes en los próximos días.

Por falta de suficientes recursos económicos, hemos tenido que tomar una decisión. En vez de poder ampliar el equipo, que es lo que hacía falta, hemos tenido que reducirlo. Jacques no volverá. En este momento Frank y yo estamos solos, y menos mal, vendrá mi madre en unos días desde Grecia. Al menos Frank podrá dejar el trabajo de comida, y organizando el aspecto Hogar aspecto de este desafío. Mi madre ha prometido cuidarle muy bien – lo necesita! Es increíble como me cuida, y como tiene todo controlado. Pero el también necesita un poco de apoyo.

Por la misma razón, hemos tenido que cambiar la ruta un poco. Desde el viernes, he estado corriendo sola, sin apoyo de bici. No puedo arriesgarme más por las carreteras nacionales peligrosas y las carreteras principales. Además, no voy a entrar a las ciudades grandes, si no tengo garantizado escolta policial.

La verdad es que si hubiéramos sabido como iban a ser las condiciones, antes de salir, hubiéramos elegido una ruta muy diferente. Pero todo esto forma parte de esta aventura – es un proceso de aprendizaje desde el principio y hasta el final.

Mi seguridad es lo primero, y lo que tenemos que asegurar es conseguir este desafío, que es lo más duro que he hecho de momento. 70 km cada día, con 30 los domingos, me deja más vacía de lo que puedo explicar.

¡A Kilometrar!

Navegación tranquila

19ª Etapa

Miércoles, 24 junio

Parque Nacional de Urbasa Andia – Tafalla

4 kilos perdidos desde el comienzo del desafío

70 km

10 horas 07 minutos

590 m desnivel positivo

1.070 m desnivel negativo

36° C

1.244,5 km recorridos en total

764,53 km por recorrer

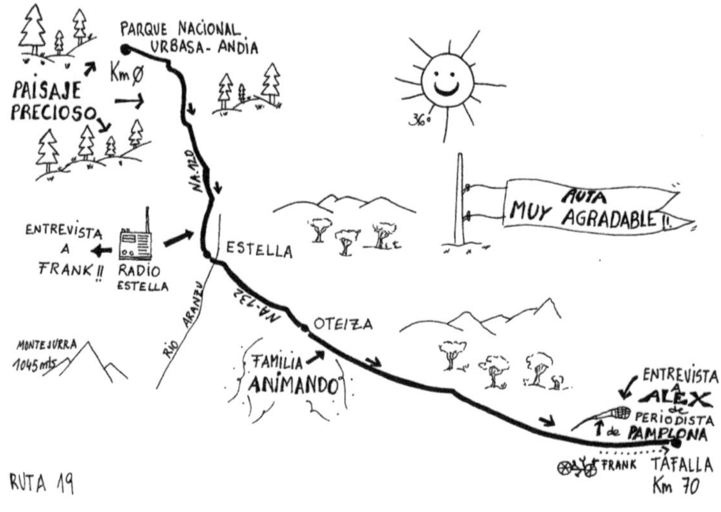

Las noches eran realmente terribles; mi sueño interrumpido estaba plagado de pesadillas, ofreciéndome poco descanso. En cada despertar, temía la mañana: Después del día tan descorazonador como el que había tenido, temía por lo que pudiera encontrar al siguiente.

Habitualmente, no me dejo intimidar por las cosas. Prefiero visualizar situaciones positivas, y prepararme para enfrentarme a todo con la actitud más optimista posible. Normalmente soy así. Pero el concepto "normal" suele desaparecer durante mis pruebas extremas de ultrafondo, y particularmente, si son de muchos días seguidos. Lo normal simplemente deja de existir, y todo lo que puedo esperar es que mi preparación física y mental haya sido lo bastante buena para poder superar cualquier obstáculo que se me presente, y que mi resistencia, flexibilidad y mentalidad positiva me empujen a vencerlos. Cuando esto también falla, entonces mi pura determinación y terquedad se notan y toman el mando.

Así que aunque en circunstancias normales, no dejo que el pánico o el temor se apoderen de mí, cuando estoy exhausta y con dolor, como fue el caso del día anterior, cuando parecía que mi espíritu y mi alma, estaban abatidas, hubiera sido difícil no temer al día siguiente. Nada era normal, simplemente tenía que hacer lo mejor que podía.

Una de mis filosofías, la que quizás forme la base y gobierne todas las demás, es una que le llamo Excelencia. Yo creo que la excelencia es lo máximo que podemos pedir de nosotros mismos. De hecho, creo que todos *debemos* exigir eso de nosotros mismos. He pasado demasiados años desaprovechados dando menos de mi misma de lo que pudiera haber dado. Aquí estoy hablando tanto de cómo me dedicaba a todo lo que hacía, como a cuanto me dedicaba a los demás. Cuando solo damos toda nuestra atención a juegos y divertimientos, nunca podemos conseguir la excelencia. A un nivel personal, siempre estaremos dando solo poco de nosotros mismos a los que comparten nuestras vidas. Aquí tengo que aclarar algo. Cuando hablo de la excelencia, no estoy hablando de ganar, de ser siempre el mejor en todas las cosas, y de siempre triunfar sobre los demás. Tal vez, eso es la excelencia para otras personas, pero no para mí. Yo hablo simplemente del hecho de dar lo máximo que puedes, dar lo mejor de ti mismo, en todos los aspectos de la vida – trabajo, divertimiento o personal. Si hacemos esto, siempre ganamos, y nunca podemos estar decepcionados con nosotros mismos. ¿Cómo podemos estar desilusionados si sabemos que lo hemos hecho lo mejor posible? Quizás no conseguiremos el resultado deseado, pero seguramente sabremos que lo hemos dado todo. Solo podemos conseguir cosas importantes si aspiramos a hacer lo mejor que podemos, a pesar de las condiciones en la que nos encontramos. Esto es lo que llamo conseguir la excelencia personal.

Los griegos antiguos llamaron esta filosofía la Aretê. Yo solo encontré esto después de haber descubierto por mi misma la importancia de esforzarme siempre para lograr la excelencia personal. Es posiblemente la lección más importante de todas las que he aprendido. Es esta determinación de siempre llegar a mi máximo potencial, la que me ha ayudado a conseguir todo lo que he hecho, en todas las áreas de mi vida. Era lo que me sustentaba durante los momentos peores de este desafío. Está tan arraigada en mí que a veces no tengo ni idea de qué es lo que me está empujando. Pero allí está siempre impulsándome cuando todo el resto me dice de abandonar. Simplemente, no me dejo abandonar.

Frank y yo habíamos caído en una rutina diaria fácil y fluida. Esto era una gran diferencia con el primer tercio del desafío. Él me calmaba y me ayudaba de más maneras de las había esperado. Así que no importaba que yo estuviera asustada, que durante la noche le dijera que no quería que viniera la mañana, que muchas veces probablemente llorase; él siempre mantenía la actitud positiva en la ausencia de mi optimismo, y me daba confort.

Cuando sonó el despertador a las cinco y media, en un brinco, Frank bajó la escalera como de costumbre para preparar el desayuno. Yo le seguí lentamente, con mucho menos energía y rapidez. Una vez vestida y sentada me quedé sorprendida de lo bien que me encontraba. No había ni rastro del desánimo, del desespero o del pesimismo que había sentido desde el día anterior; en su lugar, estaba llena de vitalidad y optimismo. Aunque estaba cansada, me sentía curiosamente fresca, lista para los 70 kilómetros que me estaban esperando.

Salí temprano. Allí arriba en la montaña, comparado con tantos días anteriores, hacía fresquito. ¡Qué cambio con días anteriores! Hacía bastante frío. Tuve que abrigarme con varias capas, guantes incluidos. Mientras corría con la primera luz del día, me embebía del aire fresco y vigorizante de las montañas, limpiando los pulmones, e igual de importante, limpiando mi alma.

Era un paraíso; un bosque donde ninfas, elfos, y gnomos se hubieran sentido en su propio hogar, igual que yo. Ya he mencionado cómo las montañas me llenan de energía, y cómo me hacen sentir parte de ellas. Pero es más aun que esto. Me curan, alimentan todas las partes de mí, me vigorizan. El día resultaría otra jornada corta; en lo que respecta al tiempo, con predominio de bajadas más que de subidas, y además con la realmente encantadora y casi mística belleza del paisaje de los dieciséis primeros kilómetros.

Corría rodeada de árboles, sonriendo y cantando en voz alta, no como defensa esta vez, sino como celebración de este hermoso lugar. El bosque mágico, dio paso a exuberantes y verdes pastos, salpicados por caballos y vacas que pacían libremente. Les arrullaba y murmuraba mientras les pasaba, como suelo hacer cuando estoy rodeada por estas grandes, dulces y poderosas criaturas.

Pocos coches me pasaron, y de ellos, la mayoría de los conductores me saludaron con la mano o con una sonrisa. Por primera vez desde la etapa de montaña de Vitoria, me sentía feliz y fortalecida. No sabía hasta cuándo iba a durar, pero no me dejé preocupar por ello. Durante estos retos, los realmente buenos momentos, horas, o días son tan preciosos, que no me permito malgastar ni un solo segundo. Saboreo los puntos altos, la energía, las sensaciones boyantes y de efervescencia, y dejo inundarme por ellas, alimentando cada uno de mis poros, preparándome para los momentos o días menos buenos.

Al llegar al final de la altiplanicie, las vistas se abrieron delante de mí. Eran realmente espectaculares como para quitarte el aliento, y me paré para contemplarlas. Allá abajo, se extendían verdes tierras de labranza, con pequeños pueblos diseminados por todo el valle, conectados por las escasas carreteras, serpenteantes como ríos. En la parte opuesta a mi derecha e izquierda, se levantaban majestuosas montañas, saludando al sol de la mañana. Directamente frente a mí, un cañón cortaba por el medio las montañas, profundo y verde, con su frescor atrayente.

Dando una ojeada al mapa, parecía que iba a atravesar el valle dirigiéndome directamente hacia el cañón. Encantada, empecé a bajar la montaña, correteando ligeramente. En poco tiempo ya había llegado al pie de la montaña y estaba atravesando el primero de los pintorescos pueblos, que parecía que acababa de despertarse.

Encontré a Frank en una gasolinera, donde había parado para su trabajo diario de vaciado, llenado y limpieza. Estaba en plena conversación con el propietario, y al verme me hizo señas para que me acercara. Tras una breve parada y unas cuantas preguntas, me despedí y salí de nuevo, seguida por aminos de apoyo del propietario. Frank me prometió que me alcanzaría pronto. Con los ánimos a tope, troté contenta, atravesando el valle. Atravesé varios pueblos muy pequeños. A medida que avanzaba, el nivel de actividad en las pequeñas aldeas aumentaba, aunque sin duda, en las granjas de alrededor, el día había empezado muchas horas antes.

Pronto me vi entrando en el mismo cañón que había visto antes desde arriba de la montaña más temprano. De verdad era tan tranquilo y fresco como me había parecido desde las alturas. Las paredes rocosas goteaban continuamente agua, y una jungla verde oscuro se alineaba a la orilla del río. A pesar de que la carretera había comenzado a subir de manera suave, no me importaba en absoluto. Sabía que toda esta parte iba a ser un puro placer, y a la vez me evitaría las primeras horas más calurosas del día.

Mientras caminaba en una cuesta, comiendo mi bocadillo, Frank me pasó, ralentizando brevemente para decirme que intentaría parar si podía, pero si no, nos veríamos a la salida, al otro lado del cañón. Billy Joel me había acompañado en las primeras horas del día y ahora le sustituía Bette Midler, cuya potente y vibrante voz, llena de energía, escuchaba mientras cruzaba el vacío entre las montañas.

El día pasaba volando, el terreno montañoso daba paso a campos de cultivo ondulados, mientras el sol paseaba por el cielo. Aunque la temperatura se elevó, no flaquearon ni mi espíritu, ni mi energía. Llamaron a Frank para una entrevista para Radio Estella. Era el resultado de la conversación que había tenido con el propietario de la gasolinera, que había contactado con diversos medios de comunicación. Frank me explicó todo sobre la entrevista mientras me dirigía por la animada ciudad de Estrella. Había aparcado y pedaleado hasta encontrarme, ya que la villa era complicada y las calles eran estrechas y no muy adecuadas para una autocaravana. El español de Frank, no es tan bueno como el mío y se había puesto nervioso al pensar que le iban a entrevistar por teléfono. A pesar de sus preocupaciones, parece que la cosa fue realmente muy bien. Reía al explicarme su debut en las ondas, mientras nos movíamos por las zigzagueantes calles, en donde había estacionado.

Corriendo por el paisaje rural admiraba la sencilla belleza de los verdes campos de maíz; las mazorcas cabeceando pesadamente en la ligera brisa. Miraba mientras atravesaba campo tras campo de rubios cultivos, a los tractores avanzando por las filas, o las cosechadoras recogían las ofrendas de aquella temporada. Me di cuenta que esta zona era indudablemente un espejo de tiempos pasados, probablemente había cambiado muy poco, en los últimos cien años, aparte de la maquinaria. Viajé en el tiempo, dejando al pasado envolverme. Estos campos, esta tierra, habían visto más que yo, en las pasadas décadas; habían visto caras lozanas en su juventud, hacerse viejas y arrugadas, solo para ser sustituidos por nuevas caras lozanas. La tierra había vivido la paz y había visto la guerra, y sin duda, había visto risas y mucho pesar, y aun, aquí estaba cumpliendo su ciclo como lo había hecho durante siglos, intemporal.

La carretera subía y bajaba tranquilamente por estas onduladas tierras de labranza, y mientras el calor aumentaba con el paso de los kilómetros, la inevitable fatiga hizo su aparición. Canté toda una serie de canciones, y parecía que funcionaba bien, el orden en lo cual había elegido escucharlo, porque conseguí mantener a raya el cansancio. Sin darme cuenta, aquel día caí en una rutina musical y mental.

Había llegado a ser casi sagrado no mirar los kilómetros hasta al menos las dos de la tarde. Si podía controlar el impulso, me esperaría hasta las tres, así resultaba siempre tener una agradable sorpresa cuando veía que solo tenía que correr menos de 30 kilómetros todavía. He de decir que no siempre he sido tan paciente, capaz de dejar lo mejor para el final. Antes era extremadamente impaciente. He adquirido la paciencia, una parte con la edad supongo, y otra parte con la carrera a pie. Para poder lograr los objetivos que me establezco, se necesita una cantidad enorme de entrenamiento, mucho del cual se hace en solitario. Requiere meses de preparación, a veces más de un año, desde el principio cuando tengo la idea, hasta que doy las primeras zancadas. La paciencia es clave para poder preparar un desafío con éxito; diseñando el evento, preparando la logística, el cuerpo, y por supuesto la mente.

Aplico esta paciencia a mi vida diaria, prefiriendo siempre diferir el placer hasta que todas las tareas necesarias, pero tal vez no tan divertidas, no están completas. Utilizo esto también en mis retos, especialmente si son de varios días. Cuando un esfuerzo es tan grande, tan duro, que tú ni puedes mirar hacia su final con alivio, necesitas crear pequeñas "etapas alivio" durante el trayecto. Esto puede significar comida reconfortante especial en el día de reposo, puede ser leer los mensajes de ánimo, o puede ser algo tan aparentemente insignificante como mirar los kilómetros cuando sabes que solo quedan unos veinte de los setenta totales. Las cosas más pequeñas te pueden dar un respiro, y encuentro que muchas de las más poderosas de ellas son puramente psicológicas. Como quizás mi mente es mi herramienta más fuerte, no me extraña utilizar tantos trucos psicológicos para superar situaciones difíciles.

Así que casi sin darme cuenta, aquel día me añadí un tipo de rutina. Puse en orden mi música, me prohibí mirar los kilómetros cada día, hasta muy pasado el mediodía, e implementé un horario, o mejor dicho, un plan kilométrico para saber cuando debía tomar los geles energéticos. Haciendo esto, conseguí aliviar enormemente mi sufrimiento mental, e incluso una parte del físico.

Todos poseemos diferentes herramientas, las cuales, si las aprendemos a usar de una manera efectiva, pueden llegar a ser poderosísimas. La clave está en descubrir qué funciona mejor para nosotros. Por supuesto, muchas de ellas las compartimos, pero si nos conocemos a nosotros mismos suficientemente bien, podemos aprender a identificar nuestros momentos más débiles, y nuestras áreas sensibles. Haciéndolo de éste modo, podemos ayudar a reforzar estas mismas áreas.

Corría por aquel paisaje intemporal, acercándome a Tafalla rápidamente. Corrí kilómetro tras kilómetro, casi sin pueblos a mi paso. En uno de estos pocos, Oteiza, vi a un grupo pequeño al lado de la carretera, haciéndome señas. Al aproximarme, empezaron a vitorearme. Era una familia, y me paré para saludarles. Los padres me explicaron que habían visto las noticias, tres semanas antes, y habían estado siguiendo mi progreso a través de mi web. No se habían dado cuenta que yo pasaría por su pequeño pueblo (ya que esta ruta era nueva, debido a los cambios que habíamos hecho), pero conduciendo me habían adelantado una hora antes, y me habían reconocido por la camiseta. Me quedé con ellos unos minutos, respondiendo a sus preguntas, y después de unas fotografías con los niños, emprendí de nuevo la ruta, para cubrir los 12 kilómetros que restaban.

El último tramo de la carretera era recto, caluroso, y sin ninguna ciudad o pueblo. Los campos me rodeaban hasta donde alcanzaba la vista. Estaba por la mitad de Meat Loaf (por segunda vez), cuando vi a Frank que venía hacia mí en bici. Había aparcado, comprado y preparado mi llegada en un tiempo récord, y había decidido acompañarme en los últimos 4 kilómetros. Estaba encantado de ver lo bien que me encontraba. No había tenido ni un bajón aquel día, y estaba llegando lo bastante temprano para tener una recuperación completa y un buen descanso sin estar presionada por el tiempo.

Estábamos en la mitad del masaje, afuera, y con la música sonando por los altavoces del iPod, cuando llego una periodista de Pamplona. Se había enterado por su colega de Radio Estella que yo estaría en Tafalla, y había contactado con Frank, para saber exactamente dónde estaríamos. Allí, en el sombreado y fresco aparcamiento, me hizo la entrevista, y pronto llegó su fotógrafo. Con Frank, habíamos creído que debido a los cambios en la ruta, tendríamos poco contacto con la prensa, pero no fue así, ya que nos encontraban de todas maneras.

Aquel atardecer, nos sentamos para cenar, ambos relajados, contentos y renovados. Hacía cinco días que podía comer sentada en la mesa, al haber remitido el dolor terrible, pero esta tarde, fue la primera que me sentía realmente bien. Me quedaban doce días, pero ahora los podía mirar con tranquilidad. Parecía que al fin parte del horror se había apartado de lo que estaba haciendo. Sabía que todavía tendría que pasar por días inimaginablemente difíciles. Lentamente el equilibrio iba cambiando; el grueso del desafío quedaba atrás, físicamente, había pasado con éxito la fase de adaptación, y por fin comenzaba a experimentar algunos días buenos.

Mi madre llegaría el día siguiente. Hablé con ella unos minutos para ultimar los detalles. JMA la recogería en el aeropuerto de Barcelona para llevarla hasta donde nosotros estuviéramos la noche siguiente. También hablamos con JMA para repasar la ruta otra vez, y estuvimos de acuerdo en que iríamos contactando durante todo el día. Esa noche subimos al nido hablando de la llegada de mi madre. Teníamos ganas de verla a ella y a JMA. Parecía que había pasado un siglo desde que le habíamos visto en Escucha, y solo hacía diez días de eso. Tantas cosas habían sucedido desde entonces... sabíamos que el encuentro sería un refrescante cambio en nuestra rutina.

Blog – 19ª Etapa

Por fin un día sin terrores de tráfico. En cambio, tenía vistas que llenaron mi alma, en vez de vaciarla.
Hacía mucho frío por la mañana, salí con guantes, manga corta, manga larga, y chubasquero.

Con el sol, subió la temperatura pero no muy alta hoy, comparado con algunos de los días antes en el desafío.
Los primeros kilómetros fueron increíbles, con vistas del parque natural – árboles, vacas, caballos en vez de camiones.
*La segunda parte del día fue por campos agrícolas, que dejaron mis sentidos con una tranquilidad, mientras kilometraba por vistas que seguro no han cambiado mucho en los últimos **100** años. Que placer.*

Junto con el frío por la mañana y la falta de tráfico agresivo y peligroso, hice el día más rápido de todos los 18.
La decisión de cambiar ruta ha sido muy buena (evitando las ciudades y carreteras muy transcurridos) – seguiremos así.

Mi selección musical hoy fue: Billy Joel, Bette Midler, Queen (The Best, I & II), Meat Loaf, Mama Mía y Meat Loaf otra vez, para los últimos kilómetros para darme un poco de turbo para terminar.

A pesar del cambio de la ruta, después de una conversación de Frank con el dueño de una gasolinera por la mañana, la cadena de comunicación se encendió. Frank hizo una entrevista por Radio Estella, y durante mi masaje yo tenía una entrevista y sesión de fotos con la prensa de Pamplona. ¿Quién dice que la flexibilidad y cambios destrozan todo?

Ahora me aprovecharé de la llegada temprana para recuperarme unas horas más de lo normal, algo que necesita mi cuerpo y mi cabeza mucho.

¡A Kilometrar!

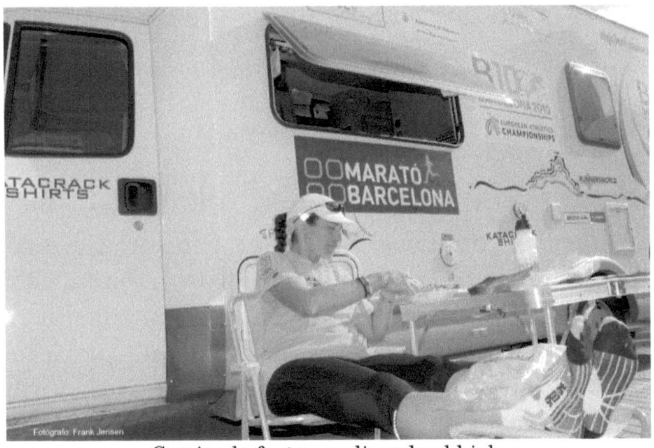

Comiendo fruta y aplicando el hielo

Una entrega especial

20ª Etapa

Jueves, 25 de junio
Tafalla – Navardún
70 km
10 horas 58 minutos
830 m desnivel positivo
735 m desnivel negativo
38° C
1.314,50 km recorridos en total
694,53 km por recorrer

RUTA 20

Cada día era una sorpresa total, así que me acostumbré a tomarlos tal como venían, sin esperar algo en concreto. Era imposible predecir nada. De este modo, cuando el despertador anunciaba un día agrio, simplemente saldría todo lo positiva que pudiera. No me hundiría en la desesperación.

Tal el sabor del día jueves día 25 de junio era agrio. Resultaría una jornada dura física y mentalmente. Iba a correr por el corazón de Aragón, a través de zonas realmente hermosas, camino de Navardún, en donde aquella tarde, JMA me "entregaría" a mi madre, Yanna. Tenía que haber sido un día maravilloso; había descansado bastante bien, había tenido un estupendo día la jornada anterior, y estaba de buen humor, con ganas de tener mi madre a bordo. Tenía que haberlo sido, pero no lo fue. Sería una batalla desde el comienzo hasta el final.

La salida fue brutal, de hecho, el infierno en estado puro, hasta que desplegué "Grease". Las optimistas y magníficas canciones me llevaron durante las primeras horas del día, dándome fuerzas para enfrentarme al resto de la jornada con una sonrisa. En días como estos, noto como si llevara un gran peso sobre mi espalda. Yo le llamo el Mono del Cansancio, una taimada y maligna criatura, a la que le produce mucho placer mi sufrimiento. Se sentó muy feliz sobre mis hombros todo el día, riéndose burlonamente de mis penas.

Aunque salí por la NA-132, por la cual había llegado a Tafalla, el día antes, pronto me desviaría, de hecho haría varios bucles, ya que tendría que añadir muchos kilómetros a la ruta, para completar los setenta. Esta ruta me llevaría por uno de los paisajes rurales más pintorescos de todos los que había recorrido durante estos 20 días que llevaba con el desafío. Correría por tierras de labranza, como las del día anterior, antes de llegar a las verdes y frondosas orillas de los ríos. Este fresco y verde respiro de los campos agrestes de color beige/marrón, me refrescaría, y me ayudaría para atravesar este arduo día. A pesar de que casi me arrastraba debido al creciente calor, por fortuna, aun podía maravillarme con la belleza que me rodeaba.

El terreno cambió al alargarse el día, pero su encanto no disminuyó, desde tierras de labranza a la ribera de los ríos, para acabar en un paisaje rocoso y accidentado, verde, algo áspero, y salpicado de pequeños pueblos y castillos medievales. Aunque padecía, estaba atenta a todo esto. De hecho, me ayudó a superar el día. También el saber que llegaría mi madre, me animaba a avanzar, kilómetro a kilómetro.

En algún momento creo que hacia el final de la etapa, Frank y yo tuvimos una discusión aunque ahora no recuerdo el motivo pero sí que echaba humo, mientras subía una cuesta comiendo un bocadillo. Al empezar a correr de nuevo, pasé a unos hombres que estaban reasfaltando la carretera. Me parecía el lugar más extraño para encontrar trabajadores de carretera, en una pequeña carretera de tercer orden, entre SOS del Rey Católico (los nombres también me eran extraños: "SOS del Rey Católico") y Navardún. Evidentemente Aragón cuidaba sus carreteras, no importa qué remotas sean. Debí andar con cuidado por las pegajosas manchas durante unos cientos de metros, lo que afortunadamente me distrajo de mi enfado.

La ira nos duró poco. Cuando alcancé a Frank en las afueras de Navardún, ya sonreíamos los dos, encantados con el precioso pueblo medieval, que habíamos encontrado posado entre las montañas. Me faltaban 6 kilómetros para la distancia exacta, así que tomé un camino de tierra a mi derecha justo antes de entrar en Navardún, mientras Frank fue a buscar un sitio para aparcar por la noche.

Estaba agotada en este punto, y por tanto me lo tomé con tranquilidad, corriendo contenta por la polvorienta pista. Cuando volví a la entrada del pueblo, Frank ya me esperaba. Llamamos a JMA para indicarle exactamente el punto en el cual estábamos, porque Frank se había dado cuenta de que no había suficiente cobertura allí donde había aparcado. Juntos subimos la cuesta empinada andando hacia el pueblo. Antes de girar hacia abajo por una estrecha calle,

Frank me presentó a tres hombres mayores, sentados en sillas, afuera. Les había explicado mi historia, y estaban encantados de que hubiéramos parado en su pueblo. Estos hombres eran tres de los cuarenta y ocho habitantes de Navardún. Aunque pequeño, había estado allí desde antes de la Edad Media, probablemente con anterioridad, al haberse encontrado restos arqueológicos que pertenecían a la Edad de Bronce.

Los hombres nos informaron que normalmente hay que pagar para usar la piscina municipal, pero que para nosotros sería gratis. "Piscina municipal?, me dije a mí misma, "Pero si hay solo un puñado de casas, tan viejas casi como las montañas que las rodean, ¿y tienen una piscina municipal?".

Les dimos las gracias, y nos encaminamos hacia abajo por el precioso pueblo, Frank riéndose de mi sorpresa por la piscina "municipal". Con una pícara sonrisa me dijo que esperara y vería. Fue un milagro que hubiera conseguido conducir por las estrechas calles sin estamparse en ellas. Había demostrado gran habilidad para maniobrar por los sitios más difíciles. Fuimos a parar de frente a una piscina de gran tamaño, rodeada por un exuberante y verde césped. Era increíble el contraste entre el pasado y el presente, aunque entendía perfectamente el deseo de tener una piscina en pueblos como éste que sufren de un calor tremendo en verano y están aislados de villas o ciudades cercanas. Un poco más allá de la piscina, estaba el Hogar aparcado, debajo de un fresco dosel de plátanos. Me acerqué arrastrando los pies, entusiasmada por haber llegado.

A pocos metros del Hogar, encontramos una fuente de agua corriente que la vertía en un pequeño pilón de mármol. El agua era tan fría, que solo aguantaba poner mis piernas durante unos minutos. Frank, como es un verdadero danés que sufre mucho del calor, y está acostumbrado a condiciones casi árticas, entró entero en el pilón para refrescarse después del calor abrasador del día. Yo no estaba preparada para tanto frío en mi cuerpo, así que me senté en el borde con las piernas medio sumergidas, aliviando el dolor y la inflamación. ¡Eso era más que suficiente para mí!

Había llegado bastante temprano. Estaba muy contenta de completar mi recuperación, masaje, ducha y escritura del blog, antes de la llegada de Yanna y JMA. Frank había conseguido preparar la cena también, asegurando así que el inminente encuentro no retrasaría demasiado la cena.

JMA y Yanna llegaron tal y como esperábamos, en un arranque de energía, risas y parloteo. Salí de la autocaravana para dar un abrazo grande y sentido a mi madre. Después, ella me sostuvo a cierta distancia para evaluar de verdad como estaba. "Bien, debo decir que no pareces tan mal, considerándolo todo!", exclamó ella satisfecha. Le respondí, riendo, que fue muy bueno que no me hubiera visto durante los días de adaptación. Después de los abrazos y los saludos subí de nuevo al nido, para contemplar desde allí con gusto, toda la actividad.

Les miraba desde arriba mientras Frank traía las cosas de mi madre, e inmediatamente ella empezaba a desempaquetarlas, sacando toda clase de regalitos y delicias que distribuyó entre todos. Disfruté de la relajada charla entre Frank y JMA que daban vueltas afuera, hablando y gastando bromas, mientras Yanna se entretenía dentro.

Cuando nos sentamos en la pequeña mesa, nuestra sencilla comida podía haber sido un banquete, así de elevados eran nuestros ánimos. JMA es un gran amigo, y estábamos encantados de verle. Nunca le faltan historias o cuentos, especialmente cuando estaban pasando tantas cosas. Era magnífico tener a mi madre allí. Estaba emocionada por formar parte de la aventura, y nosotros de tenerla allí. Por esas cortas horas, las dificultades que había aguantado, y las que a buen seguro tendría que aguantar en los días siguientes, parecían lejanas. Las risas y las conversaciones se debían haber oído por todo el pueblo. Sólo la certeza de que el despertador nos anunciaría otro día extenuante, nos hizo finalizar la celebración a una hora temprana.

Esa noche, con las luces apagadas, continuó la charla. Feliz y contenta me dejé llevar por el sueño, preparada para afrontar los terrores de la noche.

Blog – 20ª Etapa

(Ayer ninguna cobertura de Internet – a veces es así y no hay entrada el mismo día).

Mucho cansancio hoy por la mañana. Llevaba el mono de cansancio sentado en mi espalda. Sentí como estaba arrastrando mi culo (disculpa esta expresión, pero como digo siempre lo que siento, no hay otra manera describirlo) y solo el hecho de poner Grease en el iPod, me subió la fuerza que me llevaría unas horas. Ya sabéis que me encantan los musicales, por lo que, no es una sorpresa que también tenga este magnífico musical. Todavía quedan unas sorpresas musicales que pueden darme vergüenza contaros!
Paisaje increíble, rural, tranquilo y de ensueño. Ríos, castillos, y árboles – paz.

Con el calor y los kilómetros, no tardo mucho en volver el mono de cansancio para asegurarse de llegar a Navardún, sentado en mi espalda y yo arrastrando otra vez mi culo.
Aquí es un paraíso aislado, el sitio más pintoresco que hemos visto de momento.
Muy contenta ya que en una hora más o menos llegara otra vez Josep Maria Antentas que lleva una entrega especial –

mi madre desde Grecia. Ha venido para echar una mano y para sacar el trabajo de "casa" de pobre Frank.

¡A Kilometrar!

Fotógrafo: Frank Jensen

Colinas infinitas / tesoros escondidos

21ª Etapa
Viernes, 26 Junio
Navardún – Murillo de Gállego
71 km
11 horas 40 minutos
2 pasos de montaña
1.200 metros descenso
36º C
1.385,50 km recorridos en total
623,53 km faltan por correr

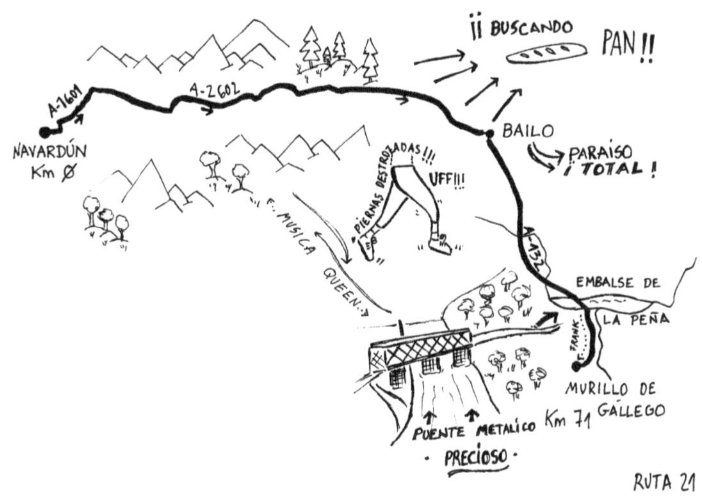

Durante el desayuno, JMA estaba inusualmente callado. Sentado me miraba, hablando poco, y cualquiera que lo conozca sabe que eso no es algo frecuente. Casi podía leer sus pensamientos; al menos, pensé que podía. Sabía que vio que estaba exhausta, que la exuberancia de la noche anterior había disfrazado mi agotamiento real. No podía decir nada, no quería desanimarme; pienso que no confiaba en él mismo para hablar sin decir lo que pensaba.

Pronto era la hora de ponerme en camino. Fuimos conduciendo hacia la parte más alta del pueblo, donde nos despedimos de Josep María. “Te veré el 6 en el Estadio Olímpico”, me dijo sonriendo, “un poco después de las seis de la tarde – ¡no me hagas esperar demasiado!” Su humor había vuelto. Me reí, le aseguré que no lo haría esperar, y empecé a correr. Al volverme para saludarle por última vez, todavía estaba mirando mientras yo iniciaba la cuesta empinada hacia las colinas arriba de Navardún, su sonrisa burlona, había desaparecido. Su visita, una vez más, me había animado y me ayudaría para superar ese día difícil.

Los dos primeros tercios de la jornada me llevaron a través de un paisaje maravilloso, por un terreno de pura montaña. En 45 kilómetros, solo pasamos por cinco pueblos muy pequeños, sin ninguna piscina entre ellos, y lo que es peor, sin panadería! En cada uno de ellos, Frank salió en busca de pan, mientras Yanna paseaba, embelesada con la belleza de las casas de piedra, con sus rincones y recovecos que no habían sido tocados por los tiempos modernos. Y aunque Yanna siempre volvía a la autocaravana encantada con las fotos que había tomado y con todo lo que había visto, Frank seguía volviendo con las manos vacías. Era imposible encontrar pan en toda esa larga extensión de montañas que atravesamos. Le informaron de un único pueblo en el que alguien llevaba pan desde Bailo una vez a la semana.

Ahí fuera, existe un mundo totalmente diferente, tan cerca al que nosotros conocemos, en términos de distancia, aunque tan diferente. La gente allí tiene que vivir en un universo casi paralelo; están en armonía con la naturaleza, viviendo sus ritmos, en lugar de dictar los ritmos humanos a ella. Me siento privilegiada por haber tenido la oportunidad de experimentar todo esto, ese día en particular, cuya ruta era la más bonita por la que había transcurrido hasta entonces. Atravesar la mitad del país a pie es vivirlo de una manera única. Ni los ciclistas ven, sienten o respiran todo lo que les rodea, como lo hace alguien que va a pie. La fatiga, sorprendentemente, no restó nada a esto. De hecho, creo que podía incluso haber aumentado la experiencia. Recuerdo detalles los cuales estaba segura que los iba a olvidar, y ahora, a poco más de un año desde cuando me arrastraba, sudando y peleándome por aquellas montañas, veo que todo esta todavía fresco en mi memoria. Cierro mis ojos y veo paisajes, pueblos, colinas, e incluso curvas de la ruta, claramente hasta el detalle más pequeño. Ahora mientras escribo, de vez en cuando, cuando pienso que un recuerdo es demasiado vívido para que sea real, que tendría que haberlo reconstruido, voy a los mapas de Google, para hacer zoom sobre las carreteras y ver imágenes reales de casi todas las rutas. De momento, mi memoria no ha flaqueado en absoluto; las hondonadas de la ruta, las señales, los puntos de referencia, incluso el polvo blanqueando algunos de los pueblos casi abandonados del centro de España, lo recuerdo como si lo hubiera visto ayer.

Aquel día, aunque un paraíso para mis sentidos de vista, oído y olfato, fue un calvario de dificultades. Adoro las montañas, pero ese día me pusieron a prueba. Daba la sensación, que las colinas no se acababan nunca. Llegaría a la cima de una de ellas, solo para ver que enlazaba con otra todavía más alta. No había final, parecía infinito, como un perpetuo carrete de película. Los pueblos ofrecían algo de interrupción de la monotonía de este continuo correr de arriba abajo, abajo arriba, abajo arriba, pero de poco me servían.

En estos parajes tan abiertos, a veces la vista se extendía durante kilómetros. Una vez más estaba contenta de cómo había escogido las camisetas para éste desafío. Divisaba a Frank y a Yanna, al menos media hora antes de llegar hasta ellos, incluso si la autocaravana estaba casi escondida. Era reconfortante ver en la distancia, los dos puntitos de color naranja, brillando a lo lejos en la luz del sol, y más confort aun mientras iba acercándome a ellos. Cada vez que llegaba a la autocaravana, recibía una gran carga de energía, un abrazo de mi madre, un sinfín de sonrisas, así como los bocadillos, agua y todo lo que hiciera falta. Como siempre eso era una ayuda inestimable.

Seguí luchando y avanzando, pero cada hora, aunque me iba acercando al final de la etapa, me agobiaba cada vez más. Al comienzo de la tarde, la pequeña ruta de montaña por la que corría, enlazó con la A-132, una carretera mucho más grande y transitada. Yo tenía que girar a la derecha hacia Murillo del Gállego, y Frank y Yanna irían hacia la izquierda por Puente la Reina, para hacer las compras. Aprovecharían para repostar, vaciar varios depósitos, y rellenar agua. No habíamos pasado por ninguna gasolinera en todo el día.

Llevaba unos 45 kilómetros; era hora de mirar el reloj y empezar a descontar los kilómetros que me faltaban. Me imaginé que a partir de entonces las cosas serían más fáciles, ya que normalmente cuando me quedaban unos 25 kilómetros, la combinación de alivio, pocos kilómetros, geles, y las ganas de llegar, me daban el empuje que necesitaba. Pero aquel día, el empujón no apareció nunca, ni entonces, ni más tarde, cuando estaba de verdad cerca de la llegada, ni cuando Frank me acompañó con la bicicleta en los últimos 4 kilómetros. Ese día desde el comienzo hasta el final estuve sin este empuje.

Saludé a Frank cuando pitó y giró a la izquierda, y literalmente me paré en seco, boquiabierta. Un vasto panorama se extendía en el horizonte y se quedó grabado en mi memoria. Ahí estaban los majestuosos Pirineos, coronados de nieve, disfrutando del calor del sol de media tarde, orgullosos en la lejanía. Me desvié de la preciosa vista, girando hacia la dirección que tenía que tomar, y empecé el largo, empinado y serpenteante ascenso, camino de otro paso de montaña.

Después de un kilómetro la cuesta era más pronunciada. Me puse andar hasta la cima. Llamé a mi amiga Kathleen, y juntas hicimos el tramo final. Me explicó lo que estaba pasando en Madrid, donde vive, y también por el mundo en general. Farrah Fawcett y Michael Jackson habían muerto el día anterior. Yo estaba en una burbuja. Estos ocasionales intercambios con el mundo exterior me mostraban que éste se movía a un paso más rápido que el mío.

Coronando la montaña, me despedí de Kathleen, y cambié los auriculares del móvil por los del iPod, reelegí Queen, y empecé a correr por la larga carretera que se extendía a mis pies. Tomé un gel, esperando a que me diera un empuje de energía.

Aunque era una carretera ancha, había poco tráfico, y estaba sorprendida de encontrarme de nuevo rodeada de montañas muy bonitas. Avanzaba a un ritmo relativamente bueno, pero estaba verdaderamente agotada. Rompí con mi costumbre de escuchar cada una de las canciones del álbum, saltando las que no me subían el ánimo. Cambié para "Lo mejor de Queen II", hasta llegar a la de "Show Must Go On" (El espectáculo debe continuar). A ver, esto no es una canción rápida y optimista, del tipo que elegiría normalmente cuando estaba llegando a mi punto más bajo, pero ese día, esta canción me habló más que ninguna otra lo pudiera hacer. Salió al mercado solo seis semanas antes de la muerte de Freddy Mercury, el cantante y líder del grupo, y relata su heroica lucha mientras siguió actuando, incluso mientras se aproximaba su muerte.

Esta es una de las canciones más impactantes y emotivas de Queen, y aquella tarde, mientras corría, envuelta por la fatiga, la puse una y otra vez a toda pastilla. Cantaba a pleno pulmón por aquellas colinas que me rodeaban, intentando sacarme de encima el manto del cansancio. No recuerdo la cantidad de veces que la escuché – estoy segura que fue durante casi dos horas. En algún punto de las montañas, un claxon me alertó que Frank y Yanna se acercaban. Se pararon un poco más adelante y me lanzaron un bocadillo, ya que ese tramo de la carretera era muy estrecha, y se fueron hacia el Embalse de la Peña, en donde me esperarían.

Cuando paré al lado de ellos, un poco antes del Embalse, mi madre tuvo la primera impresión real de mi agotamiento. Me miraba en silencio mientras Frank controlaba mi agua, los geles, y mi estado general, que no era muy bueno. La veía, asimilando todo, igual que había visto a JMA haciendo lo mismo por la mañana. Su expresión era muy parecida a la de él. Aunque me sentía completamente vacía de energía, sabía que sería incapaz de comer ninguna cosa muy sólida, así que agarrando un plátano, y mirándolo tristemente, salí cojeando, preguntándome cómo me lo comería.

Llegando al Embalse, se presentó otra vista espectacular, un puente de celosía metálica. Al entrar, vi que se extendía delante de mí por unos cientos de metros. Era una estructura muy bonita, extendiéndose sobre aguas de color turquesa, hacia un pequeño túnel en la montaña, que había al otro lado.

Saliendo del túnel, entré en un profundo cañón por el que tendría que correr. Me llevaría directamente a Murillo del Gállego, a través de un paisaje imponente. El río discurría estruendoso debajo de mí, a mi izquierda, a medida que la ruta serpenteaba por las paredes del cañón, a veces bajando, acercándose al rugiente caudal, y otras, levantándose alto por encima de los rápidos. Era un final idílico para un día increíblemente hermoso. El agotamiento se volvía insignificante al lado de la belleza que había vivido. Sí éste era el precio que tenía que pagar por vivir una experiencia tan cercana, de tanta belleza natural, en un paisaje tan variado. Valía la pena.

Por fin Frank se unió a mí, y juntos zigzagueamos por el cortado en las montañas, los profundos y rojizos acantilados levantándose imperialmente encima de nosotros, saludándonos cuando salimos a un terreno un poco más abierto, y desde el que se veía Murillo posado en un montículo. Quieto y tranquilo en el punto más alto del pueblo, desplegando todo su colorido, estaba el Hogar. Frank había aparcado en un lugar no muy autorizado, sugerido por mi madre, y a pesar de que resoplaba por la brusca subida, estaba encantada de sentir la brisa fresca, que soplaba tranquilamente por el seco campo donde pasaríamos la noche.

Me acerqué cojeando, y me dejé caer, con alivio, en una silla plegable que estaba en la sombra. Mi estómago hizo un runrún al olor delicioso que traía por la brisa, desde la autocaravana. El aroma picante salió, flotando casi visiblemente por la puerta abierta, cruzando la corta distancia, para entrar en mi nariz. Despertó mi apetito, y por primera vez en muchas semanas, verdaderamente quería cenar. "Mmm, ¡mi mamita está aquí!", triné alegremente, "Mmm, estoy hambrienta! La riquísima salsa de mi mami...mmm!" Yanna saltó afuera para abrazarme. "¡Se acabó el kétchup, ahora que estoy aquí!" anunció, contentísima, como estaría cualquier Buena Madre Griega, al escuchar a su hija más pequeña, entusiasmarse por la perspectiva de la Cocina de Mamá. Todos nos reímos mientras nos dispusimos a la ya familiar rutina. Aunque acababa de llegar, Yanna ya estaba cómoda, como en su casa.

Después de ponerme hielo y de comer algo de fruta, montamos la camilla en el sol del atardecer. Mientras Frank me masajeaba, yo tenía una entrevista por teléfono con Carlos Chacón del Món Empresarial, periódico de negocios catalán. Frank había quedado con él para la entrevista, y había prometido enviarle algunas fotos. Le pedí disculpas por mis quejas de dolor, riéndonos de esta situación surrealista. No era una situación normal. Estaba agónica, recibiendo un masaje en una colina, encima de un pueblecito de piedra, observada por altísimos acantilados rojizos, y contestando una entrevista por el móvil. Con Carlos charlé tranquilamente durante una media hora aproximadamente. La entrevista y el masaje acabaron al mismo tiempo.

Tras la ducha nos sentamos todos alrededor de la pequeña mesa metálica plegable, que habíamos montado afuera. Tenía un hambre voraz y me lancé a por la deliciosa pasta. Yanna sonreía con alegría. Frank no se quedaba muy atrás en sus elogios y en la velocidad al comer. No me había quejado ninguna vez de nuestro sencillo menú de los días anteriores (no podía hacerlo, ya que era él el responsable), pero estaba claramente encantada de tener por fin una comida realmente casera. Aquella tarde, nos relajamos con una puesta del sol carmesí, que se dejaba caer tras los impresionantes acantilados que se alzaban sobre el cañón, delante de nosotros.

No podíamos haber elegido un lugar mejor para finalizar esa jornada. Hacía justicia al hermoso territorio que habíamos atravesado. Cualquier otra cosa hubiera sido una decepción. A pesar de la dureza del día, sentada allí, me sentía cómoda, lejos de la agonía de las once horas anteriores. La mañana siguiente, que era la del sábado, nos teníamos que encontrar con Oz, Mar, y Jordi, que pasarían el fin de semana con nosotros. Llegarían tarde esa misma noche, y buscarían algún lugar para acampar. Conociendo la ruta que yo tenía que tomar la mañana siguiente, ellos se nos unirían en las primeras horas del día.

Cuando la noche se cerró sobre nosotros, se levantó el viento, refrescándonos agradablemente. Nos acurrucamos en nuestras literas, mientras el viento ansioso zarandeaba el Hogar ligeramente, meciéndonos en el más profundo de los sueños.

Blog – 21ª Etapa

Hoy Alex no va a escribir el blog. Lo haré yo, (Frank). Hoy el mono de cansancio ha crecido y esta ya hecho un gorrilla! Por eso dejaremos a Alexandra descansar un poco los dedos (además de las piernas) hasta mañana, cuando lleguemos a Huesca.

Un día con paisaje increíble – vistas a los pirineos, muchas montañas, muchos pueblecitos donde ni siquiera hay ni una tienda – el pan se entrega una vez cada semana. Fue un día de Aragón en todo su esplendor…

¡A Kilometrar!

Fotógrafo: Frank Jensen

Joyas humanas

22ª Etapa

Sábado, 27 de junio
Murillo de Gállego – Huesca
70,2 km
10 horas 40 minutos
500 m desnivel positivo
480 m desnivel negativo
37° C
1.455,70 km recorridos en total
553,33 km faltan por recorrer

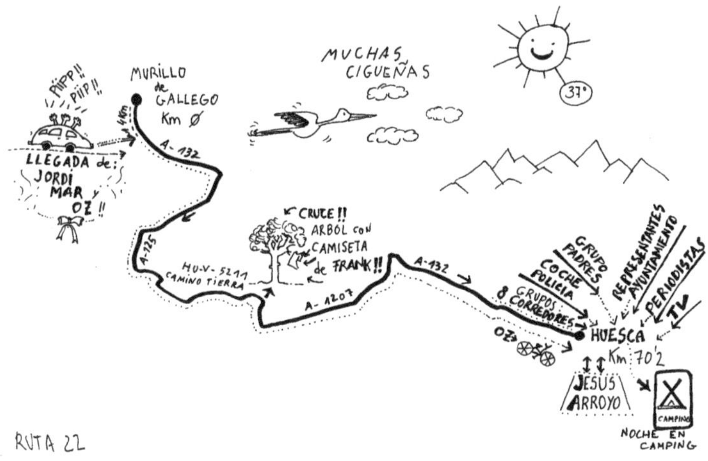

Saliendo de nuestro Hogar en la cima, me sentí bien, relativamente lozana con el aire fresco de las primeras horas de la mañana. Corrí bajando por el pueblo, y salí a la carretera dirigiéndome a la derecha, hacia Huesca, donde debería llegar, después de unos 70 kilómetros. Cuando vi en un cartel escrito: Huesca 39 kilómetros, me desanimé un poco, ya que sabía que tenía que correr 70. Tendría que desviarme de la ruta principal y añadir los kilómetros que hicieran falta. Aunque Huesca es una ciudad, era un destino que no iba a cambiar, ya que semanas antes habíamos acordado con Jesús Arroyo esta llegada especial. Tanto Frank como yo teníamos ganas de verle nuevamente.

Frank y Yanna me adelantaron con alegría, dando bocinazos, mientras se iban en busca de Oz, Mar y Jordi, a quienes encontraron más adelante, a no más de 4 kilómetros. No me llevó mucho tiempo alcanzarles, habían aparcado cerca de un puente, justo al lado del río. Les vi saludándome desde lejos, Mar saltando y chillando su bienvenida.

Parecía que hubiera pasado un siglo desde la última vez que los había visto, mucho más que las tres semanas que habían transcurrido. Habían visto y vivido tanto. Había sufrido tanto, que ver a mis amigos allí, me parecía algo irreal. Allí estaba mi equipo – en realidad, Oz ha estado presente en todos mis desafíos y en varias carreras – y verles en medio de éste, el desafío más difícil hasta la fecha, me abrumaba de emoción. Creo que simplemente todos nos enlazamos riendo en un gran abrazo, dejando escapar más de una lágrima. Todos se asombraron de mi pérdida de peso. Claro, ellos me habían visto por última vez fresca, saliendo de Barcelona. La diferencia debía ser notable.

Antes de que me sintiera demasiado cómoda con ellos, reanudé la marcha. Tenía otro largo día, y por experiencia sabía que era imposible saber lo que me esperaba. Nunca es una buena idea perder tiempo, vale más guardarlo para un caso de necesidad, o bien reservarlo para un mayor descanso al final de la etapa. Oz me prometió que me acompañaría con su bici, una vez hubiera terminado su café. Contenta seguí trotando, encantada de que pasara lo que pasara ese día, tendría al menos, una compañía maravillosa.

En breve, una alegre bocina anunció la llegada de la autocaravana, esta vez con Jordi y Mar siguiéndoles con el coche, y por supuesto también participando con los bocinazos y saludos. Puede parecer tonto, pero en estas pruebas extremas de resistencia, cuando el agotamiento está casi siempre presente, recibir ánimos incluso en su forma más sencilla te motiva y levanta los ánimos. Una sonrisa, un saludo, un grito alentador, o simplemente un bocinazo es suficiente para elevarte la moral y hacerte sonreír, ayudándote en avanzar unos pasos más adelante.

La capacidad de ayudar es algo que parece innato en Oz, Jordi, y Mar. Emplean cualquier medio que tengan a su disposición para animar y apoyar. Incluso cuando no estaban con nosotros, nos enviaban sus ánimos a través de mensajes. Su alegría y energía brilla y es contagiosa, su entusiasmo y su sonrisa les sale del alma. No lo piensan antes, dejan ir todo un torrente de cariño y vitalidad; simplemente, lo dejan fluir, sin esperar nada a cambio. Cada uno de ellos tiene su propio estilo. Oz, alto, larguirucho, y tan dulce y afable como una jirafa, anima con todas su fuerzas. Vibra y contagia esa energía a todos los que le rodean. La vitalidad de Mar se convierte en canto, baile, o simplemente botar cuando, no se le ocurre nada más. Es un torbellino de risas y calidez, perfecta para tener cerca cuando la sombría fatiga se presenta. Jordi, aprenderíamos en esta y en su siguiente visita, tiene una manera y un estilo propio. Tranquilo, calmo, centrado, y tan dulce como Oz pero de una manera compuesta; da ánimos de una manera cómicamente seria. Las personas desde fuera, tal vez no lo perciben, pero para los cercanos su gran sentido de humor brilla. Está lleno de alegría, y de una pícara buena fe. Somos afortunados de tenerlo con nosotros y así poder conocer la preciosa persona que es.

Considero que es un honor tener estas personas en mi equipo y más importante aun de considerarlos mis amigos. Son auténticas joyas humanas en todo el sentido de la palabra. Su presencia nos subió el ánimo aún más, y trajo más risas aun entre nosotros. Sin importar qué más me esperaba ese día, sabía que me encontraría risas, calidez emocional, y ánimos en abundancia.

A pesar de que me sentía fuerte y fresca al comienzo del día, y a pesar de la ventaja agregada del alegre trío de amigos, resultaría ser un día extremadamente duro. Incluso el hecho de saber que la siguiente etapa era un día de descanso, no ayudaría a mantener la fatiga y el cansancio lejos.

La ruta que habíamos escogido resultó ser complicada. Otra vez, nuestros tres mapas entraban en conflicto, produciendo mucho más trabajo para Frank. Una vez se aseguró de que Oz estaba conmigo, y que Jordi y Mar estaban bien para apoyarme, proporcionándome alimentos y agua, él se fue muy por delante para garantizar que el camino a seguir sería el correcto.

Fue magnífico tener a Oz a mi lado con su bici. Rápidamente nos adaptamos a nuestro ritmo particular, a lo que ambos estábamos ya acostumbrados. No habían ni pasado dos horas de la etapa, cuando ya me estaba peleando con una terrible ola de fatiga, una que no cedería hasta llegar a Huesca por la tarde. Aunque la presencia de Oz no ayudó a disminuir mi cansancio, sí que me proporcionó exactamente la compañía que necesitaba para resistir el largo día. Durante las primeras tres o cuatro horas no paramos de charlar, aunque debo de confesar que yo era la que hablaba más. Tenía mucho que explicarle, mil experiencias dentro de la aventura, tantos detalles, a pesar de que él había seguido mi progreso a través de mi blog. Más tarde, la conversación cogió un tono menos grave y derivó hacia temas más generales como el trabajo, la vida, el amor y probablemente, un montón de otras cosas.

Fotógrafo: Mar Diestro

Una de las mejores cosas con Oz en estas situaciones es que casi siempre parece que sabe lo que necesito, incluso antes que yo misma me de cuenta. Esto probablemente viene de haberme acompañado tantas veces. Con una simple mirada ya sabe si me toca comer, beber, tomarme un gel, o conectar mi iPod, para apartarme de él y del mundo, para que pueda seguir por mi camino.

Nuestro rodeo nos llevó por carreteras sin pavimentar, algo que había tenido muy poco en este desafío hasta entonces. Los caminos polvorientos parecían que no llevaban a ninguna parte en particular; se alargaban infinitamente por terrenos llanos, secos y cubiertos de polvo, y que no llamaban la atención. El terreno montañoso del día anterior nos había llevado a estas abiertas, vacías, y escasamente pobladas tierras de labranza. Mi ruta las atravesó, cortando por el medio. Nunca estábamos completamente seguros del camino; las pistas, por las cuales avanzábamos, no aparecerían en el GPS de la autocaravana. Era un día perfecto para tener un soporte extra, que permitía a Frank adelantarse para asegurar que no nos desviáramos de la ruta, y la vez garantizando que tenía suficiente apoyo.

Oz y yo nos encaminamos por las pistas, seguidos desde lejos por Jordi y Mar, que se nos acercaban de vez en cuando para ver si necesitábamos alguna cosa. Mientras mirábamos en la seca y polvorienta distancia, intentábamos adivinar en qué dirección debíamos ir, ya que habíamos perdido hacía tiempo la visión de la autocaravana. Mi mapa era completamente inútil para ese tramo, así que lo único que podíamos hacer era seguir el camino en la dirección hacia donde había conducido Frank, esperando que no tuviéramos que volver sobre nuestros pasos, debido a posibles equivocaciones en la ruta. A medida que pasaban lentamente los kilómetros, buscaba señales de que Frank y Yanna hubieran pasado por el mismo camino, ya que parecía haber pasado un siglo desde que les dejamos. Aquí y allá notaba las huellas de los neumáticos, y en un sitio vi señales de agua ya evaporada. Habían tenido que vaciar una parte de las aguas grises, ya que no había ninguna gasolinera por esa zona. Estos pequeños detalles nos aseguraron que todavía les estabamos siguiendo.

Unos cuantos kilómetros más adelante, mientras nos encaminamos por la polvorienta ruta vimos que un poco más adelante había una confluencia de pistas. Nos acercábamos a un punto en el cual tres caminos convergían, y no teníamos ni idea de cuál teníamos que tomar. No teníamos ninguna señal de Frank y Yanna, y ni de la autocaravana, y entre eso y el hecho de que mi mapa no mostraba ninguno de los caminos, estábamos desconcertados absolutamente. Nos paramos unos cientos de metros más adelante y esperamos a Jordi y a Mar. Intentamos llamar a Frank, pero el móvil no tenía cobertura. Miramos las tres pistas, cada una de ellas serpenteando hacia su propia dirección, cualquiera podía ser la correcta.

Más adelante a unos 500 metros más arriba de donde convergían los caminos, en la mitad de una pequeña cuesta, me percaté de que había algo de color naranja en un árbol. A primera vista parecía una bolsa de plástico colgada en una rama. Después de unos segundos, más o menos, advertí de que tal vez era una señal indicando el camino hacia algún pueblo. Salí corriendo otra vez, y le dije a Oz que parecía del mismo color que nuestras camisetas. Unos segundos después me paré, y miré con los ojos entreabiertos hacia adelante por el camino abrasador, y me doblé, partida de risa. Me volví hacia Oz, mientras Jordi y Mar paraban a nuestro lado y saltaban del coche para ver qué estaba pasando. Reía tan fuerte que no podía explicar nada, así que simplemente les señalé con el dedo el solitario árbol, que ahora era muy visible. Atada en sus ramas, y agitándose ligeramente en la brisa, no era ninguna otra cosa que una de nuestras propias camisetas, igual a las que todos llevábamos.

Frank se había superado a sí mismo, él supo que nosotros no tendríamos ni idea de cuál camino tendríamos que elegir, pero no podía detenerse para informarnos, ya que tenía que seguir adelante y comprobar el recorrido. Sabiendo que no teníamos ninguna manera de contactar con él, pensó que la mejor manera de enseñarnos la dirección, era atar una camiseta al único árbol que había hasta donde nos alcanzaba la vista. Olvidando mi fatiga por unos minutos, subí correteando por la cuesta, seguido muy de cerca por Oz, Jordi y Mar hacia el pequeño y espinoso árbol, y juntos desatamos la camiseta, antes de continuar nuestro camino. Oz y yo seguimos riéndonos durante mucho tiempo y mucho después de que coronáramos la cima de la pequeña colina y de que nos encamináramos hacia el descenso por el otro lado.

El sol subió en el cielo, trayendo más calor, pero sin alcanzar las altísimas temperaturas que había soportado en muchas en etapas anteriores. El seco y plano terreno y la ausencia total de sombra, hizo el recorrido incómodamente caluroso para todos nosotros. Parando al lado de la autocaravana después del incidente de la camiseta, sonreí cansadamente a mi madre y le dije "Empieza a estar un poco más templado". El termómetro ya había pasado de los 35° C mucho antes. Yanna me miró, riéndose de mi exagerada moderación. Ésta frase, durante los días siguientes, se convertiría en mi manera de expresar el calor que hacía sin quejarme directamente de él, y la usaríamos durante todo el camino hasta llegar en Barcelona.

Me arrastré con dolor (y con poca gracia) al interior de la autocaravana para usar el baño, ayudada por el empujoncito que dio Frank a mi trasero. De la falta de árboles o de arbustos resultó que no hubiera ningún sitio adecuado para esconderme cuando me llamaba la naturaleza. Me senté al váter y me estudié en el espejo por unos momentos. Este me devolvió la mirada del rostro de una desconocida, muy bronceado y bastante demacrado, con el sudor a mares cubriéndolo. Momentos como estos son verdaderos momentos de reflexión, y no solo externa de lo que refleja el espejo, sino también de reflexión interna.

Había desarrollado una habilidad para buscar dentro de mí misma cualquier gota de fuerza que tuviera, y de hacerla salir a la superficie cuando fuera más necesario. Todo esto era capaz de hacerlo en cuestión de minutos. Eran momentos tranquilos y de introspección, aunque no siempre en los entornos más apropiados. Pero uno no elige donde va a ocurrir la búsqueda más profunda del alma y la llamada de fuerza de cada uno. Simplemente ocurre. Así que a pesar de toda la falta de elegancia o de ser políticamente incorrectos, en estas "WC paradas" encontraba esclarecedores momentos Los incorporé de buena gana como mis paradas de fuerza, como "paradas de fuerza filosóficas". Aunque la anécdota no es muy delicada y elegante, prefiero ser honesta e ignorar si con esto estoy hiriendo sensibilidades. No me cabe ninguna duda de que muchos de los más grandes pensadores han utilizado su "tiempo de baño" para realizar grandes reflexiones! Humor aparte, al ser un rato tan privado, lo hace ideal para la contemplación, lo recomiendo de verdad. En lugar de leer números atrasados de las revistas del corazón – por más tentador que sea el chismorreo y la ropa glamorosa –, unos momentos de autorreflexión son siempre mucho más beneficiosos.

Saliendo del pequeño y apretado cubículo de meditación, me encontré a Yanna alegremente preparando un refrigerio para el equipo, acompañada por el tarareo de la banda sonora de "My Fair Lady". Mucho de mi amor por la música viene de mi madre, en cuya casa nunca falta. Aunque mi padre me inspiró la pasión por los musicales, también es una de las cosas que comparto con mi madre. Al parecer es algo genético. Me quedé un minuto o algo más cantando y gorjeando con la música, al mismo tiempo que me maldecía por no haberla cargado en mi iPod.

Después de bajar todavía cantando, "Podía haber bailado toda la noche, podía haber bailado toda la noche y todavía haber pedido maaaas" y de ejecutar una torpe pirueta allí mismo en la caliente y polvorienta pista, entusiastamente aplaudida por la audiencia formada por seis personas, contando a Sheela. Reanudé mi camino. Oz apagó su cigarrillo, pasó un poco a regañadientes, su taza de café a Mar, y pronto rodaba a mi lado con su bici, dirigiéndonos los dos hacia donde me había indicado Frank.

Mi tobillo derecho empezó a molestarme bastante hacia el mediodía, lo que me preocupaba. Suponía que eran las consecuencias de las ampollas de mi pie izquierdo. Uno puede preguntarse cómo las ampollas de un pie pueden causar lesiones en el otro...la respuesta es sencilla. Las ampollas, a pesar de ser relativamente inofensivas, puedan ser increíblemente dolorosas. Haces una sobre-compensación, quitando peso del lado dañado, lo cual automáticamente carga más peso en el lado bueno. Cuando esto pasa día tras día, como era mi caso (las ampollas que habían empezado en la etapa 15, entre El Villar de Arnedo y Logroño, solo habían empezado a curarse seis días más tarde), no es sorprendente encontrar que el lado bueno finalmente esté sobrecargado. Consciente de este peligro, me esforcé para correr con el dolor de las ampollas sin quitar el peso de ese lado. Corría, aguantando el dolor de las ampollas, sin desplazar ninguna carga, pero parecía que no había dado resultado. A pesar de mis intentos de evitar hacerlo, había compensado lo suficiente para sentir sus efectos y las molestias.

Bajé el ritmo y con mucho cuidado, para no dañar más mi ya delicado tobillo. En las pocas bajadas, elegía caminar, logrando así disminuir cualquier impacto añadido. Intenté no prestarle atención, creyendo que si nos centramos en estos problemas, el único resultado es empeorar la situación. De todas maneras, allí en las pistas polvorientas a las afueras de Huesca, no había nada que ninguno de nosotros pudiera hacer para ayudarnos a mejorar la situación.

El paisaje fue muy parecido durante toda la jornada, con la excepción de que pasamos por una especie de embalse, y cruzamos unos pueblos en ruinas con sus tejados y campanarios llenos de cigüeñas. Pero aparte de esas pocas pausas, la monotonía de nuestro entorno seguiría hasta una hora y media antes de llegar a Huesca. Cada hora que pasaba aumentaba mi cansancio y el dolor del tobillo. El calor era sofocante, alcanzando casi los 40°. El equipo también sufría, aunque lo hacían sin quejarse.

Mi estómago empezó a darme guerra por la primera vez en días, sumando mayor malestar. Pero la compañía servía de aliciente para seguir. El equipo me mantenía sonriente, aunque a veces mi buen humor era puesto a la prueba. Pero ese día fue uno donde mi sonrisa triunfaría sobre la autocompasión.

Con todo, llegué a la carretera principal a unos 15 kilómetros de la ciudad. Frank y Yanna iban por delante en busca del camping donde nos habían invitado, para preparar mi llegada. Me esperarían un grupo de jóvenes corredores, a la entrada de Huesca, y la policía nos escoltaría hasta el camping, que de hecho estaba en el centro de la ciudad.

Mientras avanzaba con un paso pesado, oí un bovinazo a unos 5 kilómetros de Huesca. Giré para ver una camioneta azul adelantándome. Jesús me saludaba con la mano fuera de la ventanilla. Nos gritó ánimos antes de seguir pitando hacia delante. Estaba encantada de verle. Su apoyo, entusiasmo y afectuosidad era increíble, mucho más de lo que requería su posición como presidente de la Federación Aragonesa. Era una joya más de la lista que tocaría este desafío, añadiéndole mucho valor.

Al fin, Oz y yo vimos a un pequeño grupo que nos esperaba en el aparcamiento de un enorme supermercado. Pude distinguir a unos siete u ocho corredores, y a una patrulla de la policía al lado de ellos. Unos metros más allá, sobresalían dos figuras en naranja, uno de pie saludándonos, y otra dando brincos entusiasmadamente, eran Jordi y Mar.

Alcanzamos al grupo y uno a uno todos los corredores se adaptaron a mi paso con facilidad. Nos llevaba la policía por delante, mientras Jordi y Mar estaban en la retaguardia del pequeño convoy, dando bocinazos con alegría mientras avanzaban, y Mar animando en voz alta desde la ventanilla.

Los corredores eran atletas jóvenes, todos federados. Al principio se mostraron algo tímidos, pero pronto empezaron a bombardearme con preguntas, con entusiasmo y llevándome lejos de mi malestar. Los últimos pocos kilómetros pasaron rápidamente, y pronto estábamos llegando al camping donde nos dieron una cálida bienvenida, Jesús, un grupo de padres, representantes del Ayuntamiento y también periodistas. Habían pasado bastantes días sin ninguna recepción, y por tanto, estaba contentísima. Había llegado bastante temprano, así que podía pasar un poco más tiempo de lo normal para las entrevistas de la TV, fotografías con los corredores. Todos ellos llevaban puestas las camisetas naranjas que les habíamos regalado. Charlamos animadamente con todos mientras estiraba y me ponía hielo.

Antes de acomodarme bajo la sombra de los árboles para mi masaje, nos despedimos de Jesús, agradeciéndole todo su soporte y generosidad. Mientras Frank me daba el masaje, concentrando en mi tierno tobillo, Oz, Mar y Jordi instalaron su tienda al lado del Hogar, y Yanna siguió con los preparativos de la cena, tarareando todo el rato.

La cena fue una ocasión alegre y animada, con muchas risas y charla, y vino para el equipo. Estábamos contentos, fuimos interrumpidos por un hombre de una edad parecida a la mía, que se acercó tímidamente, llevando un dorsal en sus manos. Se quedó a unos metros de nosotros, hasta que me di cuenta, al ver el dorsal, que quería hablarnos. Le llamé y le di la bienvenida. Me había seguido a través de la web, pero al trabajar no había podido unirse a nosotros para correr por la ciudad, y quería saludarme y pedirme que le firmara su dorsal. Estaba contentísima, igual que todo el equipo. Yanna le ofreció un vaso de vino, y aunque lo rechazó, se quedó unos quince minutos, entreteniéndose con nosotros hasta que nos dejó mientras la oscuridad cubría sigilosamente el precioso camping.

Después de la cena, subí al nido y me estiré con la cabeza colgada fuera de la pequeña ventana, participando en la charla tranquila del grupito que estaba afuera en el césped. Era un final de día precioso y muy acogedor. Cuando Frank subió, ya me había puesto en el tobillo un poco de crema post-masaje, y estaba estirada en mi posición normal, meditando, dirigiendo energía positiva hacia ello. La voz de Frank me acompañaba con su lectura, salpicada de vez en cuando por las risas silenciosas que venían del trío en la tienda de campaña.

Blog – 22ª Etapa

El día empezó un poco mejor que ayer, pero muy pronto llego un golpe de cansancio tremendo. Teníamos que dar un rodeo por el interior, porque no había suficientes kilómetros en la ruta directa. Estoy muy contenta con mi madre, que esta con nosotros desde el Jueves por la noche, y por el regalo de Oz, Jordi y Mar, que han subido para ayudar este fin de semana. Mucho calor, molestias en el tobillo y ampollas, pero una bienvenida estupenda en Huesca de unos jóvenes corredores y de Jesús Arroyo. Ahora estamos en un camping muy bonito en el centro de Huesca – agotada pero en muy buena compañía.

¡A Kilometrar!

Afrontando la odisea

23ª Etapa

Domingo, 28 de Junio

Huesca – Antillón

30 km

4 horas 35 minutos

285 m desnivel positivo

225 m desnivel negativo

37° C

1.485,70 km recorridos en total

523,33 km por recorrer

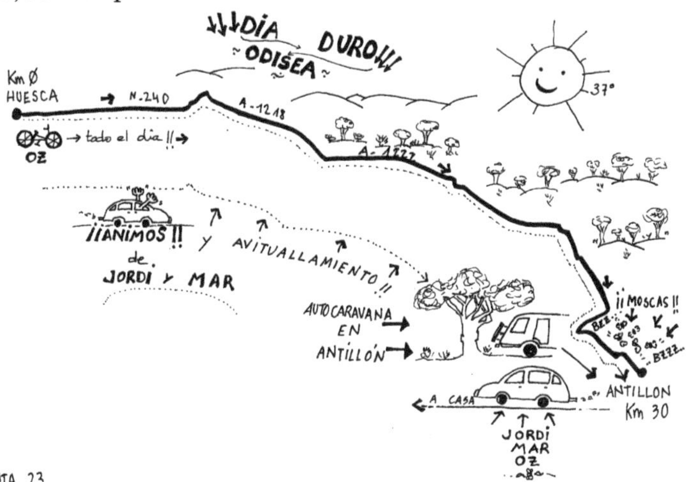

Amaneció otro día, y con él la luz, la desesperación habitual, el agotamiento y la realidad de este mes infernal. Casi no me importaba que fuera domingo, que solo tuviera que correr 30 kilómetros con Oz a mi lado durante todo el recorrido. Traté de razonar que solo me faltaba una cuarta parte para completar el desafío, solamente ocho etapas, de las cuales dos eran cortas. Pero el razonamiento no toca ni la mente ni el cuerpo que está despertándose; la realidad, en cambio, sí que les tocan.

Ocho días no parecían nada para quienes estaban fuera del desafío. Ellos, con toda la buena intención del mundo, decían que el resto del desafío estaba "chupado", pero para mí cada día resultaba un poco más duro. Aunque evidentemente ahora era capaz de mirar adelante hacia Barcelona y el 6 de julio, no debía bajar la guardia de ninguna manera.

No importa si estás al comienzo o al final de un reto. La guardia tiene que estar alta, hasta que hayas cruzado la línea de llegada. En realidad un punto muy peligroso es cuando se llega a la última parte de un desafío, sea deportivo o no, porque la reacción natural de uno es empezar a relajarse, pensando que como has podido llegar hasta ese punto, lo que falta está garantizado. Y no es así. Puede suceder cualquier cosa en cualquier momento, y las consecuencias serán las mismas tanto si tienes el final a la vista, como si no. Si te dejas relajar, no estarás tan atento a los peligros y obstáculos que puedan presentarse, y si cuando estos llegan, tu tiempo de reacción no será tan rápido, provocando como resultado que no consigas tu objetivo.

Nada está chupado cuando estás corriendo 70 kilómetros al día. Continué controlando cada día, uno a uno, tratando todas las cosas que venían con él. Así que ésta mañana, cuando sonó el despertador, no me sorprendió que al despertar, sintiera el gran peso del pavor en mi estómago, al igual que en los veintitrés días anteriores.

Me sorprendió saber por Frank y Jordi, que aquella noche había habido una fiesta muy ruidosa en el camping. A ambos les despertó el ruido y se habían tropezado afuera mientras intentaban localizar a los responsables. Yo había dormido durante toda la noche, al igual que Oz, Mar y Yanna. Estaba contenta, no porqué Frank y Jordi hubiesen dormido mal, sino porque yo al final, había pasado una noche tranquila. Cada momento de descanso contaba. Sufría debido a la escasez de sueño y los fuertes dolores. No necesitaba más alboroto externo que empeorase las cosas.

Oz, Mar, y Jordi recogieron la tienda en unos minutos, sorprendiéndonos por su rapidez. Estaban listos para salir, cuando bajé de la autocaravana y me puse la mochila. Caminé abatida hacia la salida del camping, destrozada, preguntándome cómo demonios podría pasar otro día. Un par de personas de las que estaban el día anterior, habían venido para despedirme. Esto de alguna manera levantó mi espíritu algo, justo lo suficiente para poder ponerme de camino.

Salimos de Huesca formando un curioso convoy: Frank y Yanna en la cabeza, seguidos por Jordi y Mar, con Oz y yo en la parte trasera. No nos llevó mucho dejar la ciudad; así que pronto estuvimos en el campo. Tras una parada de vaciado y llenado, Frank y Yanna nos dejaron para encaminarse directamente hacia Antillón, en donde pasaríamos la tarde y la noche. Frank tenía un montón de trabajo en sus traducciones y tenía que ponerse al día. Sabía que me dejaba en buenas manos y esto le dio seguridad para dejarme y avanzar hasta la meta.

La etapa transcurrió sin incidentes, rodeados por un paisaje que no llamaba la atención, pero que resultaba agradable. Fue un día de suaves colinas, secos campos de cultivo, y de bajos arbustos y árboles. Atravesamos varios pueblos pequeños que de alguna manera rompían la monotonía de la ruta. La temperatura iba en aumento otra vez, y cuando estábamos a la mitad del camino de Antillón, el sol pegaba fuerte sin piedad a la carretera, de forma abrasadora, y a nosotros. La compañía de Oz fue de gran ayuda y aunque me sentía agotada de energía, no paramos de hablar. Cada cinco minutos más o menos, pasábamos a Mar y Jordi que nos daban nuevas olas de energía y risas.

En retrospectiva, debía que haber sido una tranquila y bonita ruta, aunque el cansancio me impidió apreciarla completamente. A pocos kilómetros de nuestro destino, Jordi y Mar aceleraron y se fueron en busca de Frank y Yanna, dejándome con Oz para arrastrarme en lo que quedaba del camino. Mucho antes de llegar, ya sabíamos a donde teníamos que ir. Veíamos a la gente a lo lejos, pequeñita, con sus camisetas naranja, saludándonos desde la cima de una colina muy alta, justo antes de la entrada a Antillón. La subida fue agotadora, pero valió la pena por las vistas espectaculares que ofrecía. La panorámica se extendía por kilómetros, y aunque el sol chamuscaba todo lo que veía, allí arriba hasta la más ligera brizna de viento se podía sentir.

Había un solitario árbol en el centro de la cima, y a su lado estaba el Hogar. Frank había puesto la camilla al lado de la mesa y las sillas plegables en la pequeña sombra que el árbol nos proporcionaba. Me dejé caer en una de ellas para ponerme hielo, completamente exhausta, pero aliviada

sabiendo que tenía todo el mediodía, la tarde y la noche para recuperarme.

A medida que avanzaba en la recuperación, me di cuenta de que estábamos invadidos por una plaga de moscas. En etapas anteriores ya nos habían molestado, pero no había tenido nada que ver con esto, ahora estaban por todas partes. La combinación del día sofocante y calmo, y la presencia de las moscas, añadían todavía más fatiga. Eran realmente molestas para todos, pero poco podíamos hacer, sólo sonreír y aguantar.

Para acabar de rematar las incomodidades del día, me llegó la regla. Era la segunda vez en 23 días, algo que jamás me había sucedido. Parecía que tenía que enfrentarme con algo nuevo cada día. Allí cavilaba, que más que un desafío, una aventura o una dura prueba, esto era una verdadera Odisea. Era puesta a prueba a cada momento, y necesitaba toda una combinación de fuerzas y valores para superarlo todo. Nos reímos con este nuevo título para el desafío, pero en mi interior estaba temblando por cuantos más impedimentos podía depararme la próxima curva del camino.

Mientras picamos ensalada, pan, queso, chips y tortilla de patatas, un grupo de buitres volaba haciendo círculos sobre nuestras cabezas. Primero advertimos su olor, aunque pensamos que se trataba de un rebaño de ovejas, pero no. Hicimos bromas sobre cómo estaban esperando para lanzarse sobre mis viejas zapatillas; los dos pares que había ya retirado antes de Vitoria. Mientras nos reíamos, pensé que tal las aves vez vendrían a por mí, que quizás habían olido mi cansancio y desesperación, y esperaban que pronto les fuera a proporcionar una carroña diferente con que alimentarse. Elegí no compartir estas reflexiones macabras, y guardarlas para mí misma, con una ola de superstición, temiendo que su mera mención lo hiciera todavía más posible.

No estaba realmente preocupada. No dudaba de mis fuerzas, pero la combinación de la fatiga, el calor, las moscas, la regla y las ocho etapas que me faltaban, me hacían vacilar y estar al borde de la superstición. El agotamiento y los nervios me inclinan a acercarme a los conceptos más fantásticos. La mente puede empezar a engañar, y en algún momento, dejo de pensar de una manera completamente lógica, y dejo abierta la puerta a cualquier clase de otras extrañas creencias.

A pesar de que compartimos el almuerzo con las moscas, y aunque el calor era implacable, la comida fue una alborotadora y jovial ocasión, casi una celebración. Oz, Jordi y Mar no solo son unos maravillosos, animados y cariñosos amigos, sino que también saben tomarse la vida muy bien y haciendo que uno se sienta bien a su lado. Lo mismo les hace disfrutar de todo el confort que el mundo pueda darles, que pasar sin comodidades en la cima de una colina en el calor tremendo del sol del mediodía. Ni las molestas moscas nos quitaron el buen humor. Todos celebramos el hecho de estar compartiendo una vez más una experiencia única. Mientras los siempre vigilantes buitres daban vueltas, hablamos, reímos y compartimos la sencilla comida como si fuera un banquete.

Pronto llegó el momento de las despedidas. Tenían un largo camino de vuelta a sus casas y a todos les esperaba el trabajo el día siguiente. Nos dijimos los adioses. Esta vez los volvería a ver al cabo de seis días, ya que volverían el sábado siguiente para unirse a las tres últimas etapas. Mientras les despedíamos con las manos y les mirábamos bajar conduciendo por las curvas de la sinuosa carretera, para desaparecer en la distancia, me pregunté qué me tenía reservado qué tendría que superar antes que les viera de nuevo. Sabía que cualquier cantidad de cosas me podía suceder en los próximos días esta Odisea. Me recogí en una silenciosa oración para que me guiara y me diera las fuerzas para superar todas las pruebas que se presentasen.

Sé que la fuerza provenía de mi interior, que la llevaba ya conmigo, pero el simple hecho de hacer volar esa súplica en aquel dorado horno que era aquella tarde, me dio todavía más coraje.

La tarde pasó rápido. Dormí, escribí en el blog, llamé a mi padre, a mi hermano, a Antentas y a Carlos Martín, y pronto me di cuenta de que el sol se estaba escondiendo tras el horizonte, que los buitres se habían ido, y que la noche se acercaba, y con ella ese día de descanso que llegaba a su fin. Frank había bajado caminando al pueblo y volvió con helados – una tradición en los días de reposo – y los tres nos sentamos en la tarde que refrescaba por minutos, tranquilamente relajados antes de cenar, estudiando detenidamente los mapas, planeando la ruta del día siguiente.

Había cuidado mucho mi tobillo mientras corrí aquel día, y había seguido poniéndole hielo cada dos o tres horas, después de mi llegada. Estaba bastante segura de que me había escapado de una verdadera lesión, pero al estirarme en la cama aquella noche mientras Frank me ponía la ocre y refrescante crema post masaje, yo mandé otra oración hacia la noche, para mi recuperación y curación. Me dejé llevar por el sueño, todavía exhausta, preguntándome en qué condición me encontraría a la mañana siguiente cuando bajara la escalera.

Blog – 23ª Etapa

El día de descanso, por fin – estoy agotada. Y ahora después de la comida, la siesta y un helado, me siento más cansada y vacía que antes. Pero creo que con dormir por la noche, mañana estaré un poco más fuerte. Espero. La verdad es que con cada día que pasa, digo "un día más terminado, un día menos que correr", pero cada día el cansancio esta aumentando.

Me quedan 8 días, y aunque muchos creen que eso es "pan comida", ya que he cumplido 23 etapas. Pero no, no es el caso. Cada mañana a las ***05:30*** *cuando suena el despertador, la sensación es más o menos la misma: desesperación. Cada día de* ***70*** *kms es una batalla. La lucha diaria tiene sus sorpresas, sus obstáculo – físicas, mentales, elementales, o de cosas del mundo externo, que aquí parecen ser de otro mundo.*

Antes de salir, llamaba este desafío un desafío, un reto, una aventura, pero aquí con Frank, hemos llegado a ver que aunque son todas estas cosas en uno, es más aún, es una Odisea. Cada día tengo que afrontar obstáculos y pruebas (igual que Frank), nunca sabiendo lo que nos espera más adelante.

Ahora que mi madre esta aquí con nosotros, ha sacado mucho trabajo de Frank. Pero más importante que eso es su entusiasmo y risa, que a ambos nos animan tanto. Además ...ah la comida, llegando al Hogar la primera tarde, los olores de salsa llegaron a mi nariz, y mi estómago y mi cabeza juntos saltaron, y por fin dejé el Kétchup!

Oz, Mar y Jordi, pasaron el fin de semana con nosotros, como equipo. Así tendría que haber sido – dos vehículos y 5 personas, para que el trabajo se pueda compartir, y estar bien hecho y sin agotar a solo uno.

Ayer después de 7 días kilometrando completamente sola, con Frank haciendo los avituallamientos donde podía encontrar sitio para parar, fue estupendo tener Oz a mi lado. Oz ha compartido en parte o en total todas mis aventuras, y a parte de sufrir las normales toboganes de ánimo y fuerza, disfruté mucho su compañía. Mar decía que hoy mientras nos esperaba con Jordi por las colinas, lo único que podían oír a parte de los pajaritos era a él y a mí hablando sin parar. Eso muestra cómo estábamos disfrutando cada uno la compañía del otro!

El trío ya ha vuelto pero la huella de calidez, alegría buena y apoyo que han dejado aquí con nosotros quedara hasta que vuelvan el fin de semana que viene.

*Entonces aquí estamos, Frank, Yanna y yo, en la cima de una montañita con vistas panorámicas de **360°** que se extienden hasta Catalunya, y poco a poco hacía casa. Cerca pero muy arriba de nosotros, en el aire están dando vueltas muchos buitres. Me he preguntado más de una vez si están aquí para recoger mis zapatillas ya jubiladas? No se las voy a dar, estas zapatillas las guardaré al menos hasta que regrese a Barcelona en 8 días!*

¡A Kilometrar!

¡Sheela después de una etapa dura!

Desesperación

24ª Etapa

Lunes, 29 de junio

Antillón – Monte Julia – Esplús

70 km

10 horas 55 minutos

325 m desnivel positivo

520 m desnivel negativo

43º C

1.555,70 km recorridos en total

453,33 km por recorrer

Dejar Antillón fue un placer, un largo descenso hacia un tranquilo camino de campo, el cual me conduciría hacia Monte Julia, donde estaba previsto pasar la noche. El primer kilómetro fue uno de los dos únicos placeres del día. El mercurio se elevaría hasta los 43º, trayendo consigo un incremento de la humedad, con lo que el correr se convertiría en una tortura otra vez.

Los kilómetros iniciales transcurrirían por un terreno ligeramente ondulado, parecido al del día anterior, aunque pronto se abrirían a las planicies de la región. Mi ya gran amiga Estefi Climent (nos encontraríamos por primera vez cara a cara al día siguiente) describió aquella zona cerca de Lleida, como la de las estepas. Es una región bastante monótona y plana, con niebla y heladas en invierno, y una verdadera caldera en verano. La humedad no venía de la atmósfera, propiamente dicha, sino de la gran cantidad de terrenos de cultivo. Sus extensivos regadíos crean una humedad sofocante en temperaturas altas.

Es una región agrícola por excelencia. Pasé por interminables campos de maíz, de girasoles y de árboles frutales, mientras corría. Dispersas pero en gran cantidad, a medida que me aproximaba a Catalunya advertí numerosas granjas de cerdos. Cuando finalmente dejé la relativa tranquila ruta, para enlazar con las carreteras más grandes y más transitadas, me di cuenta de la terrible cantidad de camiones transportando animales, la mayor parte de ellos, cerdos.

Si yo no hubiese sido ya vegetariana, aquel día y los que siguieron, me hubieran dado mucho incentivo para convertirme. Cada camión que me pasaba transportando cerdos, dejaba tras de sí un olor fétido de descomposición que duraba varios minutos. Peor aún eran las granjas. A un kilómetro o más de cada una de ellas (y desde mucho más lejos si había brisa soplando en mi dirección), el terrible hedor me asaltaría, y aumentaría a un nivel casi insoportable cuando más me aproximaba. Los chillidos de los cerdos cuando les mataban me producían escalofríos, a pesar de que los intentaba tapar con mi música. Cerca de estas granjas había enormes fosas de deshechos forradas de plástico, desde donde salían también sus propios malos olores. Comenté todo esto a Estefi dos días más tarde, mientras corríamos juntas. Su respuesta ligaba con su irónico sentido del humor, el cual ya he llegado a adorar: "Alex, en Catalunya, hay más cerdos que catalanes", me contestó, mientras una sonrisa se dibujaba en los extremos de sus labios. Estefi era una fuente fidedigna, y como ella misma es una catalana nativa, podía permitirse esta clase de comentarios, sin que nadie se lo tomara a mal. Me hizo ver que esta práctica de usar estas fosas con los excrementos de los animales, es todavía legal en España, aunque hace años que está prohibida en el resto de Europa.

El calor, las granjas de cerdos y su hedor, el incoloro paisaje, el tráfico industrial y mi regla, hicieron que el día tuviera muy poco encanto para mí. Para añadir más a todo, las moscas, que habían molestado durante días, ahora se hacían casi insoportables. Supongo que ellas también debían ser la consecuencia de la cantidad de cerdos de la región. Pronto, la autocaravana estaba llena; cientos de moscas se congregaron adentro, y la única solución era mantener todo herméticamente cerrado. La mayor parte de las veces que me detuve para rellenar agua y usar el baño, me encontraba a mi madre en el interior oscurecido, tratando desesperadamente de matarlas a cachetazos con una revista enrollada, mientras Frank se ponía en medio, para intentar atraparlas con la mano. Cada vez que cazaba una, abría la puerta y la lanzaba afuera, para cerrarla de nuevo rápidamente. Las ventanas tenían que permanecer cerradas para impedir la entrada de las moscas, y las persianas bajadas para evitar el calor. Era la única solución.

Así que mientras yo corría bajo un calor infernal, yendo a peor con las granjas de cerdos, su atroz olor y los chillidos de los animales, Frank y mi madre, también pasaban por su tormento particular. Frank no aguanta el calor; al ser danés su nivel de tolerancia es bastante menor que el de Yanna, una verdadera mediterránea, nacida y criada para poder aguantar la subida del mercurio. Ninguno de los dos podía soportar las moscas, presentes por todas partes, sobre los vasos, platos, toallas; en los alimentos y atraídas por la piel sudorosa, dejando tanto a Yanna como a Frank impotentes, sin saber qué hacer. Si la situación hubiera sido sólo lo anteriormente mencionado, se hubiera resuelto, simplemente cerrando las ventanas y la puerta, bajando las persianas reflectantes al calor, y por la técnica humanitaria de cazamoscas utilizada por Frank (que a pesar de ser divertidísima, fue en realidad bastante efectiva después de unas horas practicando). Pero entró en juego un factor más, la privación de la luz. Mi madre es muy sensible, no a la luz, sino a su falta. Tras una hora más o menos encerrada en el interior de la fresca y oscura autocaravana, empezaba a sentirse deprimida. Esta depresión iría en aumento dramáticamente con el paso de los minutos, dejándola completamente abatida.

A ver, uno puede pensar que estas cosas podrían haberse arreglado con una simple conversación entre adultos, pero las cosas no siempre resultan tan sencillas, como puede parecer visto desde fuera. Como he comentado en más de alguna ocasión, un desafío de este tipo puede conllevar mucha tensión para todos. Cuando la incomodidad (el calor extremo), y la intensa irritación (las miles de moscas), se unen a la depresión, el nivel de estrés puede dispararse.

Entonces allí estaba Frank, jefe del equipo y responsable de mi bienestar, conduciendo no a *cualquier* miembro de equipo, sino a *mi madre.* Ambos experimentaban un acentuado malestar, debido a las condiciones, pero ninguno de los dos se sentía lo suficiente libre para hablar de ello. En el momento en el cual Frank había expulsado la última mosca y la autocaravana se había refrescado lo suficiente con las persianas bajadas y el aire acondicionado, él se relajó. Pero tan pronto como bajaba Frank del vehículo para comprobar la ruta o para darme alguna cosa, mi Mamá rápidamente levantaba las persianas y abría las ventanas para dejar entrar la brisa y los rayos del sol, dejando entrar, al mismo tiempo, un nuevo batallón de moscas. En cinco o diez minutos, mi madre estaba otra vez dándole a las moscas con el periódico, y Frank echando chispas, sin decir nada, sudando copiosamente. Ninguno de los dos decía nada durante estos procesos, pero cualquiera puede imaginar que fue difícil para ambos. Pronto el ciclo empezaría de nuevo ¡Un círculo vicioso!

Sentada aquí ahora escribiendo, puedo verlo con perspectiva. Fue como una comedia en un rodaje, pero como en muchas situaciones potencialmente cómicas, para los que lo vivieron, en aquel momento, no fue muy graciosa. No me llevó demasiado tiempo, darme cuenta de esta batalla entre los elementos, la fauna local, y la de mis dos seres más cercanos y más queridos. Si los dos no hubieran estado tan desesperados, todos nos hubiéramos reído mucho de la comedia negra llena de moscas. Mi propia desesperación mantuvo mi diversión bajo control. En realidad, eso fue muy afortunado para mí, ya que si hubiera manifestado algún signo de cachondeo por ello, la hubieran tomado conmigo, arrastrándome al angustioso círculo del cazamoscas.

Hubo un poco de alboroto y una pausa en la Batalla de las Moscas, cuando Frank recogió a un hombre cuyo camión se había quedado sin combustible. Frank le llevó con ellos hasta encontrar una gasolinera abierta. Yanna no estaba demasiado contenta de tener a un extraño a bordo, y pensó que era mejor estar segura que no tener que lamentarlo más tarde, así que se agenció un afilado cuchillo de cocina y se sentó en el sofá, cuchillo en mano. Escondido, eso sí, de la vista del confiado pobre hombre, pero listo para ser empuñado en caso de que el extraño fuera un criminal en lugar de ser un inocente con necesidad de ayuda. Cuando, finalmente, ellos dejaron de nuevo al hombre y su gasolina en el camión, Frank encontró a Yanna sentada, todavía agarrada al cuchillo, destornillándose de risa, aliviada pero riéndose de su genética desconfianza.

Aparte de la charla mantenida con otro camionero, que paró a la autocaravana para preguntar de qué estábamos haciendo, y que resultó ser un gran fan de la Maratón de Barcelona, el día transcurrió en medio de una gris desesperación, hasta unos 7 kilómetros del destino final que habíamos planeado, en el cruce de Albalate de Cinca. Yo iba luchando, sobre un asfalto abrasador hacia la autocaravana en la cual haría mi último avituallamiento, antes de la finalización de la etapa. Mientras me acercaba, vi a cuatro personas de pie al lado de ella, dos con el uniforme de nuestro equipo y dos con el uniforme de la Guardia Civil.

Hasta este momento, habíamos tenido una gran colaboración de los distintos cuerpos de policía con los que nos habíamos encontrado, pero esta tarde, al ver a Frank aparcado, y al reconocer los uniformes de sus huéspedes, suponía que todo esto estaba a punto de cambiar. No estaba estacionado al lado de la carretera, no había nada de espacio para ello, sino justo en el medio de una rotonda, en el centro de una bastante tranquila carretera. Por un segundo aplaudí a Frank por su habilidad en aparcar, tendría que haber sido peliagudo maniobrar el pesado y torpe vehículo para subir a la rotonda, y después dirigí mi atención para preguntarme qué multa le caería por ello. Estaba a punto de dar un poco de espectáculo para intentar aliviar el problema con la policía. Pensé que quizás podía llegar en plena gloria teatral arrastrándome con agotamiento – en realidad fue así –, llorando a tope, para conmover a los enfadados defensores de la ley, con la esperanza de reducir la multa. Pero justo antes de estallar en lágrimas me di cuenta que el pequeño grupo había abandonado su animada charla, y se había vuelto hacia mí, y había empezado a saludarme y animarme. Frank lo había conseguido otra vez; había encontrando un par de policías excepcionales que me daban la bienvenida en lugar de multarnos.

Paré al lado de ellos; me agarraron, me dieron abrazos y besos, y me ametrallaron a preguntas con entusiasmo. Nos hicimos fotos, les dimos camisetas y pasamos cinco minutos estupendos compartiendo mi aventura con estos policías ejemplares. Estaba claro que Frank no había aparcado correctamente, no por deseo sino porque no había otra alternativa. No estaba claro hacia donde tenía que correr después, y él quería asegurarse de qué ruta tenía que tomar, para no perderme. Una vez que se lo explicó a la Guardia Civil, no solo lo comprendieron, sino que de manera inesperada nos dieron todo su soporte. Nos prometieron que llamarían a todos los cuarteles de la zona para informarles de mis andanzas, y pedirles que estuvieran pendientes de mí. Conocían mi reto por la televisión y estaban sorprendidos de que nadie les hubiera informado ya que les hubiera gustado poder ayudar más.

Después de tomarme rápidamente un litro de bebida isotónica, reemprendí la marcha, llevándome conmigo el último gel. Me despedí del grupo y comencé a subir la cuesta para cubrir los últimos 7 kilómetros de la etapa. Frank y Yanna me adelantaron, animándome y gritando que nos veríamos en Monte Julia.

Estaba controlando y contando los kilómetros que me faltaban, desesperada por llegar y descansar. Cuando me aproximaba a los 70 kilómetros, vi la autocaravana aparcada en una pequeña colina a la izquierda de la larga y calurosa ruta. Esperábamos encontrar un pequeño pueblo, pero para mi gran sorpresa, no pude ver nada de eso. La colina parecía ser un oasis en este inhóspito e implacable paisaje. Unos árboles estaban salpicados allí arriba, ofreciendo lo que parecía una sombra acogedora. En la cima de la colina una gran y extraña mansión controlaba con orgullo toda la extensión que la rodeaba. Al acercarme vi a Frank haciéndome señas frenéticamente para asegurarse que no le perdería. Le correspondí con entusiasmo, encantada de estar a punto de llegar. Pero antes de que tuviera tiempo de acercarme más, él desapareció y empezó a maniobrar la autocaravana. Pensé que quizás estaba buscando un lugar mejor para aparcar, ahora que nos habíamos visto. No era así. De repente vi una densa polvareda detrás de los árboles y al Hogar girando a la derecha en la carretera y dirigiéndose hacia mí a toda pastilla. Aparcaron en un camino de tierra justo a la izquierda de la carretera, y salieron para darme la bienvenida cuando por fin me paré. Había completado los 70 kilómetros.

No hace falta decir, que estaba más que intrigada sobre qué había pasado con el pueblo, y porqué no íbamos a quedar arriba de la colina en el oasis. Observé que Frank tenía el rostro ceniciento, pero lo atribuí a la Batalla con las Moscas. Mientras estiraba y bebía, Frank me explicó lo que había pasado. Su relato fue medio en broma y medio en serio. Me contó un cuento de un edificio que parecía haber estado totalmente abandonado en la mitad de su utilización. Había entrado para pedir permiso para aparcar allí para pasar la noche, al no haber encontrado a nadie fuera para pedírselo. Describió capas de polvo, cubriendo cosas de trabajo que habían estado abandonado precipitadamente, como papeles, plumas y demás – todo lo cual parecía indicar años de abandono. Había sentido escalofríos en el edificio – se había sentido muy nervioso al mirar fijamente a esa escena reminiscente del Mary Celeste. El Mary Celeste fue un bergantín barco mercante, que se encontró abandonado, flotando en medio del océano Atlántico en el diciembre de 1872. A bordo había suficiente provisiones de agua y de alimentos para más de seis meses. El tiempo era bueno, y no había habido tormentas recientes. Todas las pertenencias personales de la tripulación estaban en su sitio, y no había ninguna señal de violencia, ni tampoco había ningún indicio de donde se encontraba la tripulación. El misterio nunca fue resuelto y ha estado considerado el más grande misterio de la historia marítima de todos los tiempos.

Y esto parecía ser el caso de Monte Julia. La mansión había sido rápidamente abandonada años atrás. Frank se alejó a toda prisa cuando creyó oír voces que le susurraban, solo para ser abordado por un siniestro guardia (posiblemente, un fantasma, nos dijo Frank, riendo), que le ordenó que se fuera de la propiedad. Frank nos aseguró, para mi gran diversión, que estaba convencido de que el lugar estaba embrujado. Según él, el lugar era ideal para el escenario de una novela de Stephen King. Con mi exquisita e hiperactiva imaginación, miré hacia la cima de la colina, y vi que aquello perdía cualquier semejanza a un oasis, para convertirse en un lugar amenazador y siniestro.

Tuvimos una rápida conversación, y optamos por subir a bordo, para ponerme el hielo, mientras nos dirigíamos hasta Esplús, el pueblo más cercano a unos 4 kilómetros. En pocos minutos habíamos llegado, y estábamos contentos de ver que no tenía ninguna de las cualidades siniestras de nuestro destino original. Pero era, sin embargo, un pueblo pequeñísimo, desprovisto de cualquier encanto y, al parecer también de sitios donde aparcar. Había postes por todas partes, bloqueando todos los posibles lugares para dejar la autocaravana. Finalmente encontramos el único lugar posible sobre la carretera principal. Aparcamos para no perder más el precioso tiempo. Al abrir puertas y ventanas, el calor nos invadió seguido por ejércitos de moscas. En cuestión de minutos lo cubrieron todo, incluidos nosotros.

Mientras montábamos la camilla de masaje afuera, con todo el ruido de los coches y tractores que pasaban, yo pedía calma y tranquilidad de mente. El calor latía alrededor de nosotros y las moscas enjambraban, mientras bajo las miradas de apenas unos escondidos ojos, de detrás de las cortinas de las ventanas de las casas cercanas, empezamos el masaje. Yanna luchaba igualmente contra el calor y las moscas adentro, mientras preparaba la cena. No hubo nada de alegría aquella tarde, y tampoco respiro del infierno ni de los alados bichos. Comimos sobre el pavimento polvoriento, en casi completo silencio, intentando hablar, pero al final dejándolo, al advertir que todos estábamos demasiado desanimados e incómodos para fingir alegría.

Fue una tarde desagradable y así la he guardado en mi memoria junto a la divertida, surrealista y fantasmagórica historia de Frank, acerca de Monte Julia. La desesperación nos siguió durante todo el día, y pareció continuar hasta bien entrada la noche, debido a las condiciones en aquel pueblo polvoriento, ruidoso, e infectado de moscas.

Para terminar, debo decir que el mencionado Monte Julia, de hecho no está abandonado. Es un viñedo en pleno funcionamiento, con su propio vino de marca. Hoy me reí, mientras hacía mi investigación – mirando las fotos de la familia de la colina y el edificio en su para nada siniestra página web. De hecho, parece que no hay nada de siniestro en el sitio. Al contrario, el lugar parece un oasis encantador y lleno de vida. Quién sabe lo qué ocurrió allí. Será divertido volver a visitarlo alguna vez con Frank cuando hagamos la ruta de los 2010 kilómetros en coche, para verlos con una mirada descansada y tranquila.

Blog – 24ª Etapa

Hoy el huésped no invitado ha vuelto. En esta Odisea todo es posible – como tener la regla dos veces en un mes. Junto con la regla los poderes existentes me han dado también un día de 43°C y mucha humedad. A pesar de todo he llegado bien y ahora me quedan solo 7 días para correr. Teníamos que mover la autocaravana a un destino no planificado, ya que Frank se encontró en un sitio que solo se puede describir como un sitio de una película de Stephen King. Dejaré los detalles para cuando escribo el libro...

Hace una semana os avisé que teníamos que cambiar el recorrido. No voy a repetir las razones porque no hace falta y mejor concentrarme en cosas positivas. Tenemos el nuevo recorrido a partir de mañana y hasta el regreso a Barcelona el día ***6*** *de Julio. Va así:*

Miércoles: Lleida – Agramunt
Jueves: Agramunt – Valmanya
Viernes: Valmanya – Santpedor
Sábado: Santpedor – Viladrau
Domingo: Viladrau – Lloret de Mar
Lunes: Lloret de Mar – Barcelona

Aunque os he dado las razones para no entrar en más ciudades, he decidido quedarme con una ciudad más – Lleida. Llego mañana. Lo he elegido por dos razones: la primera es porque es la primera ciudad de mi regreso a Catalunya, y la segunda razón es lo más importante. Ya sabéis que para mí lo que es más importante de todo es la gente y las relaciones. Pues, hay una mujer muy especial en Lleida, que me ha apoyado en todo lo que he hecho desde lejos durante el último año y medio. En esta aventura no ha dejado casi ni un día sin escribir en el blog, y no solo escribir – deja un trozo de su corazón cada vez que escribe. Se llama Estefi Climent. Si ella refleja los valores de su ciudad, pues tenemos toda la razón del mundo de acabar la etapa allí mañana. Todos, los tres estamos esperando abrazarla mañana. El miércoles vamos a kilometrar juntos por primera vez. Hasta mañana, Estefi…

¡A Kilometrar!

Estefi

25ª Etapa

Jueves, 30 junio
Esplús – Lleida
Paisaje estepario
70 km
10 horas 36 minutos
405 m desnivel positivo
500 m desnivel negativo
43º C
1.625,70 km recorridos en total
383,33 km por recorrer

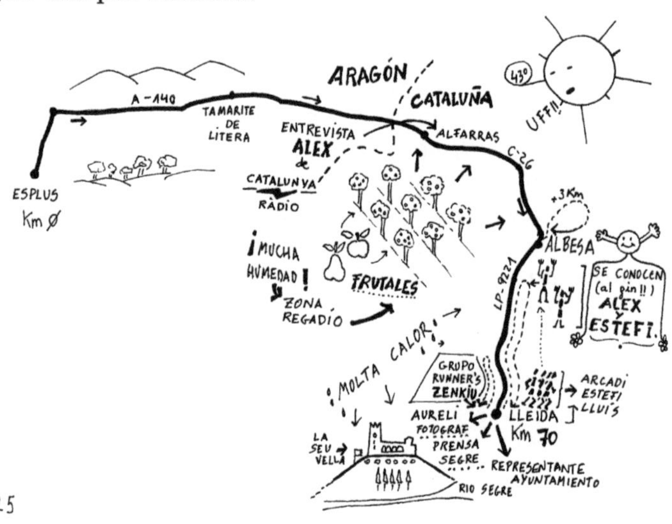

RUTA 25

Llegó el alba tras otra noche perturbadora. Pasada la medianoche nos despertamos a causa de unas luces centelleantes luces y unos ruidos ensordecedores. Una larga hilera de tractores iba por la carretera con sus rojas y brillantes luces estroboscópicas. Era como una salvaje pasarela de pesadilla. Venían por oleadas, rugiendo rápidamente por la carretera. Supongo que estaban camino hacia algún tipo de cosecha de noche. Cualquier cosa que fuese lo que estaban haciendo, nos convirtieron en desgraciados testigos de ello.

Aunque estaba contenta de dejar Esplús, no me sentía tan optimista sobre los 70 kilómetros que me llevarían hasta Lleida. La ruta que habíamos escogido no era la directa, ya que esta solo me hubiera dado una etapa de 45 kilómetros. Optamos por una bastante más aburrida ruta circular, que pasaba por Alfarrás, Algerri y Albesa, antes de alcanzar la capital de la región.

Pero, a pesar de que en la ruta no había nada destacable en términos de paisaje, de que tendría que pasar por numerosas granjas de cerdos, de que el termómetro llegaría hasta a 43° otra vez y que estaría ahogada por la gran humedad, sumando a ello mis escasas cuatro horas de sueño de la noche anterior, esta etapa, la veinticinco de mi Odisea, sería una etapa bastante fácil.

Tal vez era fruto del efecto psicológico de volver a Catalunya: me acercaba mucho más a casa, y además, conocería a Estefi después de más de un año de correspondencia y de llamadas telefónicas. De alguna manera, esto suavizaba los obstáculos de aquel día, haciendo que esta etapa discurriera con relativas pocas complicaciones. En algún momento hacia el mediodía, vi que no me encontraba tan mal, y por tanto, aunque mantenía un ritmo lento, pensaba que llegaría a Lleida bien y a buena hora.

De la etapa en sí, había poco que destacar al igual que del escenario por el que estaba corriendo, hasta justo antes de entrar en Catalunya. Tenía programada una entrevista por teléfono con Catalunya Radio, y me llegó la llamada cuando estaba a unos cuantos kilómetros de Alfarrás. Me preguntaron dónde estaba exactamente, y cuando les contesté que estaba a solamente 2 kilómetros de la frontera con Catalunya, de repente me impactó. Había corrido por la mitad de España, había cruzado como mínimo seis regiones, algunas de ellas varias veces, y finalmente había vuelto a Catalunya. Estaba en la recta final, a solo siete días de mi llegada.

Aunque no iba a bajar la guardia, me permití comenzar a imaginarme mi llegada. Cuando acabó la entrevista, caí en trance, visualizando los días que faltaban: siete incluyendo ese día. Podía verlos con mucha claridad, uno por uno, podía imaginarme el mapa, e incluso podía empezar a verme subiendo a Montjüic y entrando en el Estadio Olímpico. Estos ensueños me dieron suficientes momentos para seguir corriendo suavemente a pesar del terrible calor. Corrí pasando por interminables hileras de árboles frutales, sintiendo la humedad que me envolvía en un posesivo abrazo; pero incluso esto no consiguió humedecer mi humor.

Hablé varias veces con Estefi para tenerla al corriente de mis progresos, aunque como me seguía en directo durante todo el día por el GPS, como había hecho durante la mayoría de los días, ella era muy consciente de cómo avanzaba. Las llamadas eran más por la alegría de conocernos, que para dar información de verdad.

Por fin, sobre las cuatro de la tarde, me encontraba bajando las empinadas calles de Albesa, una de las últimas poblaciones de la ruta. Era un extraño pueblo, absolutamente desprovisto de cualquier adorno. Sorprendida, me pregunté por qué lo habrían construido en un lugar tan empinado de esta zona por lo demás completamente llana. Con menos de 1.600 habitantes, está ubicado a unos 18 kilómetros de Lleida, y aún así da la sensación de pertenecer a otra época.

Encontré el Hogar aparcado a las afueras del pueblo. Una cuerda había sido tendida, de forma improvisada, entre un árbol y la autocaravana, y camisetas naranjas colgaban perezosamente bajo el achicharrante sol de la tarde. Frank y Yanna estaban en el interior disfrutando del aire acondicionado. Habían decidido dejar el motor en marcha, para refrescarse un poco del calor que les invadía. Frank estaba muy ocupado con su trabajo y mi madre leía. El calor torturaba, probablemente a causa de la alta humedad, porque en Grecia, aunque hace mucho calor en verano, en general, la humedad es relativamente baja. Ambos pararon lo que estaban haciendo cuando entré para usar el baño y dar una rápida ojeada a los mapas con Frank. Había visto que iba corta de kilometraje, así que dispusimos que tendría que hacer los siete que me faltaban, allí mismo, mucho antes de llegar a Lleida. Frank salió para acompañarme hasta la pequeña carretera de tercer orden, que me había sugerido que usara. Correría 3 kilómetros y medio de ida y de vuelta, antes de dirigirme de nuevo, camino de la capital ilerdense.

Me acompañó en pantalón corto y chancletas durante varios kilómetros, volvió a la autocaravana, para llamar a Estefi, que acababa de llamar para indicarme que, según mi GPS iba en la dirección equivocada. Claro, ella desconocía que debía añadir más kilómetros. Corría contenta, llena de calor, animada porque en poco tiempo, al fin me encontraría con aquella mujer, que me había apoyado tanto desde el comienzo de mi carrera como corredora de ultrafondo.

Después de cubrir los 7 kilómetros que me faltaban, por fin me puse en camino dirigiéndome directamente hacia Lleida. Había repostado mi mochila y cogido un gel, saludé a Frank y Yanna cuando me pasaron, que iban hacia la ciudad para preparar mi llegada. Quedaban apenas 16 kilómetros. Frank me había dicho que Estefi saldría a correr conmigo, junto a su hermano Arcadi y un amigo suyo, Lluís.

Cuando faltaban 10 kilómetros para Lleida, vi a tres corredores trotando a buen ritmo hacia mí. No tenía ninguna duda de que Estefi estaba entre ellos. En unos minutos habían llegado, y me reía mientras me lanzaba a un sudoroso abrazo, con alegría ya que por fin podía poner cara – aunque fuera medio escondida tras unas gafas y una gorra – a la que hasta entonces había sido solo un nombre y una voz. Una vez acabados con los saludos, todos giramos y nos pusimos en marcha camino de Lleida.

La conversación se prolongó durante todo el trayecto. Los cuatro éramos corredores de ultrafondo, y por tanto, teníamos muchas aventuras que compartir. No me di cuenta entonces, pero esos primeros pasos con Estefi, no fueron los últimos de la etapa, la entrada hacia Lleida, fueron más que eso: el comienzo de una nueva etapa en mi vida, la de la amistad con Estefi. No sabía entonces que esta extraordinaria mujer se convertiría en una amiga íntima a pesar de la distancia que nos separa, y que junto a nuestros amigos y familia iba a compartir mucho más que este desafío. Menos de seis meses más tarde, formaría parte de mi equipo, y parte de mi vida y de la de Frank.

Su sentido del humor sutil, nos llevaría a reírnos muchísimo durante los desafíos, en fines de semana compartidos, o simplemente vía internet. Su corazón destacaría por encima de todo, no importando donde estábamos o que hiciéramos. Ella sería una de las adiciones más importantes a mi vida ese año. Allá sobre el abrasador asfalto de Lleida, ninguna de las dos éramos conscientes de cómo nuestro futuro estaba siendo rediseñado. Corrimos, hablamos y nos reímos durante todo el camino hacia su ciudad natal.

La policía nos estaba esperando a la entrada de Lleida, para llevarnos a la meta, y cuanto más nos acercábamos al Pabellón de Deportes, donde nos pararíamos, más corredores del Zenkiu Runner's se nos unirían. Estefi había organizado una llegada con el Concejal de Deportes, y la bienvenida fue cálida y entusiasta. Estacionamos el Hogar en el centro de un gran aparcamiento, a pocos metros de donde yo había llegado. Frank y Yanna, los pobrecitos, estaban languideciendo a causa del calor que subía desde el suelo.

Con Estefi, Arcadi, Lluís y los corredores de Zenkiu

Tras charlar con los corredores y con el Concejal de Deportes, Txema Alonso, empecé mi sesión de hielo, mientras charlaba con un par de periodistas. Frank puso el Hogar detrás de un pequeño edificio, que al menos le resguardaba un poco del efecto directo del sol, a la espera de que al atardecer refrescase un poco más. La verdad es que aunque me acuerdo del calor, mis recuerdos de aquel parking me vienen más de parte de Estefi, que una vez duchada, vino para hacernos compañía mientras nosotros comíamos, hasta que llegó la hora para marcharse. Ella iba a venir el día siguiente para correr lo máximo que pudiera conmigo. Prometió volver a las seis en punto, y tras un último abrazo, subió a su bici para volver a casa.

Fue un día sin nada especial que se convirtió en algo muy especial. La amistad no es algo que se encuentre cada día, ni tampoco una mujer como Estefi. Aquel día encontré otra joya brillando sobre las tórridas carreteras de Lleida.

Blog – 25ª Etapa

Ya estoy de vuelta en Catalunya – un gran paso más cerca de casa. Dejando atrás 25 increíbles, fuertes, terribles y maravillosos días. Tengo que decir otra vez, qué ha sido una buena sorpresa tener tanta ayuda de la Guardia Civil y de las policías locales en todos los sitios por donde he pasado. Ayer la Guardia Civil paró para ver si Frank necesitaba ayuda, por cierto Frank estaba aparcado justo encima y en medio de una rotonda, y en vez de hacerle quitar o multarle, querían colaborar. Cuando Frank les explicó que me estaba esperando, ellos hicieron todo lo posible para apoyarnos. A pesar de que no habían sido informados de la ruta que iba a estar utilizando, hicieron todo posible para conseguir ayuda para lo que queda de esta aventura. Hoy, cada vez que me pasaba algún coche de la Guardia Civil, me animaban mucho. Uno ya se ha inscrito a la web para poder seguir el desafío mejor. ¡Gracias Juan Luís y compañero!

Entrando en Catalunya, espero que las nubes de moscas y el agotamiento terrible hayan quedado atrás. Las moscas han estado compartiendo nuestro hogar durante los últimos días, (ayer fue terrible de verdad, ni uno de los tres podíamos ver algo divertido en la situación). Aunque hoy volvió el calor abrasador, peor por el hecho de las oleadas de humedad que vinieron rodando por los campos, fue una etapa relativamente fácil.

Por fin he conocido a Estefi. Ella, su hermano y un amigo suyo de su club (Lleida Extrem) vinieron para kilometrar los últimos 14 kms conmigo hasta la ciudad. Más corredores del club de Estefi, Zenkiu, vinieron para darme la bienvenida, igual que el Concejal de deportes de Lleida.

Una alegría más añadida es que mañana Estefi saldrá conmigo para kilometrar una parte del recorrido. Estoy contentísima ya que la conoceré un poco mejor. Así que aquí estoy en Lleida, sin moscas de momento (aparte que los que han venido como polizones en la autocaravana, y que las cuales probablemente quieren quedarse con nosotros hasta que llegamos a BCN) – ¡ahora es la hora de cenar y descansar!

¡A Kilometrar!

Con Estefi: Empezando una gran amistad

Fundiéndome

26ª Etapa

Miércoles, 1 de julio
Lleida – Agramunt
69 km
10 horas 42 minutos
545 m desnivel positivo
350 m desnivel negativo
Calor extremo
1.694,70 km recorridos en total
314,33 km por recorrer

RUTA 26

A las seis en punto, al salir con los ojos legañosos a la aurora de Lleida, vi que Estefi había sido fiel a su palabra. Me esperaba con dos corredores de su club; Aureli, el fotógrafo local y un miembro de otro club de corredores, KM 0, que había conocido en la meta del día anterior. Aquella mañana me encontraba particularmente somnolienta, apenas aguantaban mis ojos abiertos, pero estaba muy contenta de tener compañía. Estefi iría conmigo hasta donde pudiera aguantar.

Dejamos Lleida por la C-12, una larga y recta carretera que nos conduciría hasta Balaguer, para realizar un bucle que añadiera los kilómetros necesarios a la etapa, que finalizaría por la tarde en Agramunt. Los cuatro corrimos juntos una media hora, hasta que los dos chicos tuvieron que regresar a Lleida para darse una ducha e irse a sus respectivos trabajos. Estefi se había tomado un día libre en el suyo, así que no tenía limitaciones de tiempo. Había quedado con Arcadi, que vendría a recogerla en cuanto pensara que ya había corrido bastante. Aunque ella también es una ultrafondista, estaba en los comienzos de su plan de entrenamiento para el Campeonato de España de 100 kilómetros en septiembre, de modo que no quería pasarse ese día.

Corrimos y hablamos, y hablamos, y hablamos. De la misma manera que pasaban los kilómetros y que el sol y la temperatura subían, lentamente empezamos a conocernos la una a la otra. Compartimos nuestras historias – las versiones abreviadas, apropiadas para horas de correr – y poco a poco, a lo largo de las horas, empezamos a tener una idea de qué tipo de persona era la otra. Sorprendentemente nos abrimos las dos, algo no muy frecuente entre mujeres, particularmente, entre mujeres que tienen en común una misma pasión y un mismo estilo de vida. Demasiado a menudo las mujeres nos ponemos en guardia frente a otras mujeres a las que vemos como depredadoras, peligrosas y actuamos con desconfianza. Este no era el caso entre nosotras. Hicimos un pacto tácito de ser abiertas, honestas y confiadas la una con la otra.

A través de la cada vez más calurosa ruta por las estepas leridanas, hablamos de nuestras vidas, lo cual creó un lazo que se ha ido reforzando con el tiempo.

Sellamos nuestra amistad. Puede parecer extraño, que después de solamente habernos escrito y hablado por teléfono, fuéramos, al instante capaces de entendernos literal y metafóricamente; pero así fue.

El correr ha traído a mi vida muchas destacadas y maravillosas personas, y Estefi se sumaba a ellas. Parece que no hay perfil definido del tipo de personas a las que les atrae este deporte. Ni la edad, el sexo, el status social o la nacionalidad creo que jueguen un papel determinante. Todas suelen ser personas que han vivido tormentas, que han capeado todos los temporales que la vida les ha echado en cara y se han vuelto más fuertes y más optimistas. Estefi y yo compartimos algunas de estas tormentas aquel día, y mientras lo hacíamos, mostramos confianza mutua, cimentando nuestra amistad.

Cuando llegamos a Balaguer, Frank propuso que le siguiéramos, porque sospechaba que sería bastante complicado cruzar la villa. Tras él, en plan convoy, seguimos a un muy estresado Frank, que luchaba entre el denso tráfico habitual, para luego encontramos al otro lado en una carretera mucho más tranquila. Allí estaba un equipo de rodaje de TV3 que no había llegado a tiempo para poder filmar nuestra salida, y que decidió unirse a nosotros a mitad de la etapa para así saborear lo que realmente es correr 70 kilómetros al día.

Estefi, con su maravillosa humildad dijo que ella se pondría dentro de la autocaravana durante la filmación, ya que era mi desafío, y por tanto, debería aparecer yo sola. La saqué arrastras, amenazándola con el uso de una fuerza terrible, y le expliqué que todos los que han compartido de este reto formaban parte del mismo, y como ella, sin duda, estaba participando y lo había hecho desde el comienzo con su muestra de apoyo increíble, era más que bienvenida para ser filmada también.

Después de un corto interviú al borde de la carretera, las dos partimos de nuevo mientras Frank y Yanna fueron a hacer las compras y repostar antes de que la ruta nos llevara hacia lugares demasiado remotos para poder encontrar incluso las cosas más sencillas que necesitábamos. El equipo de TV3 nos filmó durante más o menos una hora mientras corríamos. Nos seguían de cerca grabando todos nuestros movimientos, hasta que dejamos la carretera principal y nos fuimos hacia caminos terciarios, en busca de los kilómetros suplementarios que debía sumar.

Estos caminos nos condujeron por pueblos muy pequeños, en los que no había ni una triste tienda, aunque todos tenían su flamante y nueva piscina con su pista de pádel. Daba la sensación de que otra vez, aquí, sus representantes quisieran compensar de alguna manera a los pocos habitantes que aún permanecían en estos pequeños enclaves rurales, las muchas dificultades que seguro soportaban durante los abrasadores meses de verano.

Hacía un calor achicharrante. La compañía de Estefi era un bálsamo, bloqueaba de alguna forma el calor asfixiante ye me permitía seguir corriendo. Cada vez que llegábamos a la altura de la autocaravana, Yanna y Frank saltaban de ella para rellenar nuestras mochilas (en realidad, solo la mía era una mochila, la de Estefi era una cantimplora con un asa para la mano), animándonos a beber litros de bebida isotónica. Frank estaba especialmente insistente en este punto. Sabía que solo un día de una simple deshidratación podía tener consecuencias funestas.

La deshidratación es casi siempre ignorada, y no solo entre atletas. Gran parte de la población vive la vida bajo condiciones de deshidratación, sobreviviendo a base de bebidas gaseosas, azucaradas y llenas de cafeína en lugar de beber agua. Una cosa extraña de la reacción del cuerpo hacia la deshidratación, es que aunque una adecuada hidratación es vital para la salud, una vez que llega a estar deshidratado, el cuerpo empieza a adaptarse a ella, y así los efectos no son tan obvios. El cuerpo llega a poder funcionar con mucho menos del óptimo de hidratación. Los efectos de la deshidratacion en muy pocas ocasiones son inmediatos – de hecho, todo lo contrario – las consecuencias más serias son evidentes a largo plazo. La deshidratación, aparte disminuir severamente el rendimiento de uno en cualquier actividad, puede también derivar en enfermedades crónicas.

La mayoría de la gente, atletas, nutricionistas e incluso doctores lo pasan por alto. Frank y yo no lo pasamos. El correr para mí no es mi razón de ser; de hecho, está muy lejos de serlo. No vivo para correr, corro para vivir. Aunque el correr para mí ahora, es un estilo de vida, y en realidad, es una manera de mejorar mi calidad de vida en todos los sentidos. Enriquece mi existencia en términos de gente maravillosa, me da la oportunidad para la aventura y para el crecimiento interior, y me ha llevado a cuidar de verdad de mi salud: en pocas palabras, mejora mi vida . Primero está mi bienestar, y hago todo lo posible para asegurarme de ello. Cuando las condiciones pueden ofuscar mi juicio, como por ejemplo en esa etapa, tengo a Frank para mantenerme alerta, especialmente en lo que respeta al agua.

Cada vez que llegábamos a la autocaravana, me arrastraba a bordo, con el pretexto de hacer un pis, pero era simplemente para poder pasar un minuto o dos en su delicioso y refrescante interior. Me reía con ironía cada vez que anunciaba mi frase ya familiar: "Empieza a hacer un poco de calor afuera, ¿verdad?" Mi madre siempre estaba lista para abrazarme, mientras medio reía, medio hacía una mueca, porque era por mucho el día de más calor que habíamos experimentado. Era un placer enorme tenerla allí y más al saber que a pesar de las dificultades, no demostraría su preocupación. Aunque no me decía nada, yo no tenía duda alguna de que ella debía estar muy preocupada por mí – más aquel día que ningún otro – ¡incluso yo misma estaba preocupaba por mí!

Mientras nos comíamos los kilómetros y las historias de nuestras vidas, la carretera se fundía poco a poco debajo de nuestras zapatillas. Cuando Arcadi llegó pitando el claxon del pequeño y plateado escarabajo de Estefi, habíamos cubierto un poco más de 50 kilómetros. El sol nos abrasaba y a todo lo que encontraba por delante; literalmente, la carretera se había derretido. Había grandes trozos de alquitrán rezumando que manchaban la carretera. Jamás había visto algo así. Abrazando fuertemente a Estefi, la despedí rápidamente; todo era demasiado achicharrante, y estaba demasiado cansada para expresarle plenamente lo encantada que estaba de haber tenido esta oportunidad para conocerla. Mientras se alejaban, la mano de Estefi permaneció en alto, saludando hasta donde la distancia permitió verla. Sabiendo que su compañía dejaría un hueco enorme ahora que no estaba, puse mi iPod e incluso antes de que desaparecieran de mi vista, tenía a Queen a todo volumen en mis oídos.

Tenía delante una larga subida. La carretera desprendía calor y el sol me machacaba. Mis zapatillas se pegaban al asfalto, haciendo mi avance más arduo aún. Frank y Yanna se paraban más a menudo, casi cada 4 kilómetros para asegurarse que estaba bien. A unos 8 kilómetros de Agramunt, fueron a buscar aparcamiento y a encontrarse con Xavier Varias. Xavier era el mismo corredor que había conocido durante la primera etapa, con el que había hecho los últimos 20 kilómetros hacia Vilafranca del Penedès. Había seguido ávidamente todo el desafío y me había apoyado en cada zancada desde lejos. Aquel día decidió coger el coche y venir a saludarme en la meta. Sabía, que a pesar de estar muy cerca del final del reto, no sería nada fácil.

Desde mi anterior reto, los 220 kilómetros que corrí por "la Maratón de Barcelona", Xavier había hablado mucho de que el camino no era de rosas. Había mencionado muchas veces que las rosas las encontraría al final del desafío. Desde entonces le había argumentado, varias veces, que sí que se encontraban rosas por el camino, en forma de las personas que lo habían compartido conmigo. Aquel día, un día de espinas en términos de mi condición física, fue de verdad un día de rosas en forma personas, como Estefi o el mismo Xavier.

Mientras me acercaba a la población, parecía que estaba corriendo a cámara lenta. Aunque luchaba, sudaba y me esforzaba lo máximo, parecía que no avanzaba nada. Mientras mi corazón latía y el calor me engullía, corría como si estuviera en un sueño. El paisaje apenas cambiaba, la población no aparecía. Recuerdo haber visto fuego en alguna parte muy cerca, y me preguntaba dónde estaba, ya que la columna de fuego parecía no moverse en ninguna dirección, ni cerca ni lejos de donde estaba corriendo.

En los últimos 4 kilómetros Frank me llamó incontables veces, primero para decirme que había llegado y que me esperaba en la autocaravana. Más tarde, para comunicarme que se había ido a comprar turrón, una especialidad típica y por la que Agramunt es conocida. Llamó nuevamente, esta vez para decirme que me esperaría en la carretera, y otra vez más para contarme que Xavier había llegado. Al final, simplemente llamaba para preguntarme dónde diablos estaba que aún no había llegado. Mi corazón trabajaba a toda máquina, casi dejándome sin poder correr. No tenía ni fuerzas para gritarle que dejara de llamarme, ya que me estaba agotando más todavía. Necesitaba cada gota de mi fuerza simplemente para poder seguir arrastrándome pesadamente en dirección de Agramunt.

Cuando llegué estaba totalmente rota. Vi a Frank y Xavier saludando y sonriendo, y no tuve ni la fuerza para devolverles el cumplido. Me arrastré hacia ellos y me eché a los brazos de Frank, sin poder contener las lágrimas. Los dos me ayudaron a bajar unas escaleras hacia la zona verde y fresca, en la que estaba aparcado el Hogar. Me desplomé. Frank trajo hielo para enfriarme, y pasaron unos minutos hasta que por fin pude levantarme para empezar la recuperación.

Mejoré rápidamente, gracias sin duda, al cuidado que habíamos tenido con mi hidratación y nutrición. Pronto me encontré sentada en la silla, muy contenta, al lado de Xavier, el cual parecía estar todavía pasmado por mi extravagante llegada. Me sorprendí de mi misma cuando les pedí turrón y lo devoré rápidamente.

Pasamos una hora agradable charlando entre el hielo y el masaje, hasta que llegó el momento en que Xavier debía volver a su casa. Igual que había sucedido con Estefi, – que no sabíamos entonces lo buenas amigas que seríamos –, lo mismo pasó con Xavier. Xavier, o V como le llamaría meses más tarde (tengo el hábito de poner motes o abreviar nombres), sería un gran amigo tanto para Frank como para mí, además de ser muy querido por el equipo, al que se uniría al final del año con motivo de mi siguiente desafío. Su actitud tranquila y nada pretenciosa, esconde un sentido del humor, que da paso a un carácter cordial y generoso, muy difícil de encontrar a menudo. V pasaría a formar parte de nuestras vidas y sería un miembro fijo del equipo. Otra joya que encontré entre las espinas y las pruebas a las que fui sometida en esta Odisea.

Nos preparábamos para ir a la cama, cuando alguien llamó a la puerta. Al abrirla nos encontramos con una sonriente pareja. Al parecer habían emitido esa noche el reportaje en el telediario de TV3, y Josep Maria Balasch y su esposa Ingrid, estaban contentísimos al saber que estábamos allí mismo en su propio pueblo. Salieron de su casa para buscarnos, después de llamar a Estefi, a quien conocían vagamente a través de Corredors.cat, para encontrarnos aparcados a tan solo 100 metros de la entrada principal. Hablamos durante unos diez minutos y quedamos para la mañana siguiente, un poco más temprano de lo normal. Josep María correría conmigo unos kilómetros antes de ir a trabajar.

La noche nos trajo una suave brisa para refrescarnos un poco. Me dejé llevar por el sueño con una paz y una tranquilidad sorprendentes, teniendo en cuenta en cómo había llegado unas horas antes.

Blog – 29ª Etapa

¡Por fin es julio! Esto me parecía tan lejos cuando salí de Barcelona...

Empecé en Lleida esta mañana con Estefi y dos chicos de su gimnasio. Ellos volvieron después de unos kms para trabajar, pero Estefi siguió conmigo casi todo el día – se había tomado un día libre. Ahora necesito descansar, así que no puedo estar suficiente tiempo para explicar qué bien lo pasé kilometrando con ella. Solidaridad femenina – algo que lo valoro mucho, y que no se encuentra muy a menudo. Si es posible decir que después de casi ***1700*** *kms hechos y con el día con más calor hasta ahora, he disfrutado mucho de los* ***50*** *y pico kms que compartimos, pues lo diré. Lo disfruté. Lo disfruté mucho. He pasado muy mal tantos kms en estos* ***26*** *días, pero los primeros* ***50*** *hoy han sido de los mejores.*

Cuando su hermano, Arcadi, vino para recogerla, seguí sola, y empecé a darme cuenta del impacto que esta ola de calor del Sahara, que estamos teniendo. Cada media hora la temperatura iba subiendo, y la carretera se iba deshaciendo. Estaba fundiéndose de verdad. A la llegada tuve asfalto fundido en las plantas de mis zapatillas, y Sheela tuvo en dos de sus patas pegado alquitran. No sé hasta que temperatura llegamos, como el reloj no me ha funcionado, pero sin duda era por mucho el día más caluroso de momento. La última media hora iba con taquicardia.

Viendo a Frank esperándome junto con Xavier Varias(el corredor de la primera etapa) abrí la puerta a las lagrimas. Pare y me senté en la acera hasta que pudiera respirar mejor. Los chicos me bajaron por unas escaleras hacia un parque donde estaba la autocaravana, y por primera vez me desplomé, destrozada. Después de recomponerme un poco, empecé los estiramientos, pero con una bolsa de hielo en mis brazos y una encima de la cabeza. ***10*** *minutos después, estaba muy bien y empecé a zampar turrón, famoso aquí en Agramunt (gracias JMA por avisarme!) .*

Menos mal que tuve a la policía de hidratación hoy conmigo – Frank. "¡No estás bebiendo suficiente Alex!", me gritaba en cada oportunidad que podía... Pues ¿quién era yo para desobedecer? Fue agua, agua y más agua, con isotónico cada vez que acercaba a la autocaravana. Más de una vez, me encontré con isotónico en un mano, y nuestra bebida mágica de melaza en el otro... ¡y todo para adentro!

Es un fenómeno Frank, esta encima de todo, y siempre con la sonrisa lista para mimarme. Tengo mucha suerte. Menos mal que tiene a mi madre para cuidar a él un poco – hemos conseguido ser un equipazo.

¡A Kilometrar!

Comiendo turrón con Xavier V

Fuera del mapa

27ª Etapa

Jueves, 2 de julio
Agramunt – Vallmanya
70,6 km
11 horas 28 minutos
885 m desnivel positivo
625 m desnivel negativo
41° C
1.765,30 km recorridos en total
243,73 km por recorrer

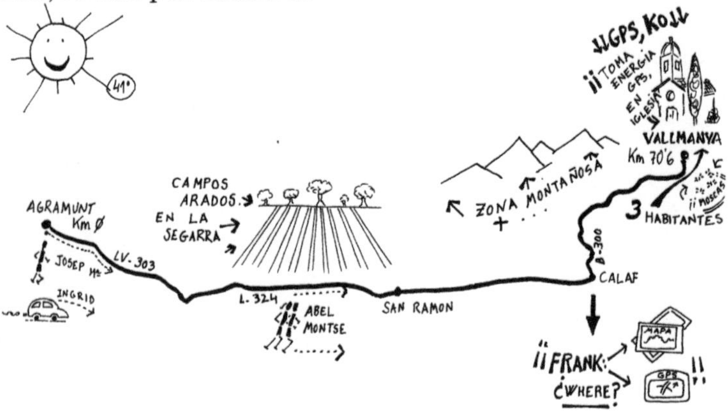

RUTA 27

Salí muy temprano en un intento de hacer el máximo de kilómetros posibles antes de entrar en las horas más calurosas del día, con la idea de evitar pasar por las mismas condiciones que la jornada anterior. En estas pruebas de varios días, existe una línea muy fina entre el descanso adecuado y el quemarte por el calor. Siempre es un delicado equilibrio entre empezar temprano y dormir una hora de más. Si empezara suficiente temprano para evitar correr durante las horas más calurosas, no tendría el tiempo suficiente para el descanso. El dormir era un gran problema para mí. Era imposible dormir muy temprano por la noche, mientras había luz, a causa del calor tan terrible y al demasiado alboroto, así que si me levantara mucho más temprano por las mañanas, significaría que perdería un tiempo precioso de dormir. Pero, después de llegar a casi tener una insolación el día anterior, no malgasté nada de tiempo en comenzar antes aquella mañana.

Josep Maria salió a correr conmigo unos kilómetros, e Ingrid se fue conduciendo detrás de la autocaravana, para poder llevarle a casa con tiempo para ir al trabajo. Fue una buena manera de comenzar la etapa. Todavía estaba agotada y su compañía me animó considerablemente.

Mis ánimos subieron todavía más con la inesperada visita de Abel y Montse, la pareja con la cual me había encontrado en Tarragona, el segundo día. Estarían de vacaciones cuando yo llegara a Barcelona, así que se tomaron la mañana libre y fueron a buscarme para correr conmigo más o menos una hora. Trajeron vino y zumo de uva de los viñedos de su familia, y lo más importante aún, trajeron sus abrazos, su entusiasmo y sus resplandecientes sonrisas.

Juntos compartimos varios kilómetros y fue una recarga de energía. Su compañía me dejó más fuerte, y más preparada para afrontar el resto del día.

Hay gente que irradia una energía positiva, y por el simple hecho de estar con ellos uno ya se siente mejor, especialmente cuando la energía de uno mismo está en reserva, como me pasaba aquellos días. Igual que hay otra gente cuya energía es negativa y te chupa la tuya como si fueran vampiros hambrientos, hay gente positiva que te mantiene a flote y te apoya. Hace varios años que decidí erradicar estos vampiros de energía de mi vida, a menos que fuera totalmente inevitable, guardando mi vitalidad para aquellos con quienes puedo tener un tipo de intercambio de energía, en lugar de un unidireccional vaciamiento de energía. Esto me ha funcionado muy bien, y me ha llevado a una existencia mucho más agradable y productiva.

No hace falta decir que tanto Abel como Montse pertenecen al primer grupo, ambos son gente de actitud muy abierta, de quienes emana vitalidad. Aquella mañana no solo compartimos kilómetros sino también energía, y cuando nos separamos, al menos por mi parte, me sentí endiabladamente más fuerte que cuando me había despertado.

El día otra vez era muy caluroso, aunque curiosamente no me afectó tanto como la jornada anterior. De hecho me lo pasé bastante bien corriendo entre Agramunt y Vallmanya. Lo hice por carreteras secundarias, atravesando pequeños pueblos, y campiña rural, que se hacía más montañosa a medida que avanzaba. Frank y mi madre me seguían de cerca, asegurándose que estuviera bien a pesar del aumento progresivo de la temperatura. Aunque me sentía exhausta, lo llevé bastante bien, y me encontré bastante fuerte durante toda la etapa. Es increíble como el estado mental afecta al estado físico, y como todo lo que nos rodea juega una parte importante en nuestro rendimiento. El hecho de que otra vez me encontrase en terrenos accidentados, más remotos, y con mucha más vegetación, parecía alimentar mi espíritu, dejándome ir más allá de la fatiga e incluso disfrutar del entorno.

Cuanto más penetrábamos en la zona montañosa, más confusa se hacía la ruta. Llegué a un punto en una pequeña montaña casi totalmente desértica, en la que me encontré la autocaravana detenida y Frank esperándome fuera, aferrado a varios mapas. Los agitó hacia mí, mientras me aproximaba, refunfuñando y soltando palabrotas entre dientes. Parecía que ninguno de los mapas o buscadores de ruta estuvieran de acuerdo, ni sobre la existencia de nuestro destino planeado, ni tampoco sobre la carretera por la cual estábamos transitando. El GPS "completamente actualizado" del coche, nos indicaba que Frank estaba conduciendo por un vacío, y nuestros tres mapas nos mostraban, cada uno de ellos, cosas totalmente diferentes. Parecía que esta Odisea no nos permitía más que un estado de alerta constante. En uno de los mapas ni siquiera figuraba Vallmanya. Teníamos que decidir en cual confiar para no acabar perdidos y añadiendo además más kilómetros a la ya larga ruta. Tuvimos que tomar esa decisión por adivinación, ya que hasta entonces todos los mapas en algún momento u otro habían fallado rotundamente.

Nos pusimos de acuerdo en la ruta a seguir. Canalicé toda mi energía positiva y confianza en la decisión, y me puse en camino riendo y sacudiendo mi cabeza sobre cómo pueden ser tan pésimos e imprecisos esos cartógrafos. Por suerte, o quizás debido a mi canalización, habíamos escogido correctamente, como descubrieron Frank y Yanna cuando se fueron hacia delante con los dedos cruzados, para encontrar que en realidad Vallmanya sí que existía, aunque parecía casi un pueblo fantasma a primera vista. Tan pronto como aparcaron, Frank saltó sobre su bici y volvió para buscarme. Le vi volar montaña abajo viniendo hacia mí gritando de contento que estaba.

No tardó mucho antes que nuestra accidentada carretera nos condujera hasta el pequeño pueblo. Al tomar a la izquierda para subir una muy empinada cuesta, el pueblo apareció ante mí. Era un pequeño paraíso medieval, no más de seis casas acurrucadas debajo de la bonita y antigua iglesia. Reinaba el silencio, solo roto por mis pasos y nuestras voces.

El Hogar nos esperaba; estacionado próximo a la iglesia, debajo de un pequeño árbol, la única sombra disponible. Yanna estaba en el interior, haciendo cosas en la cocina, así que Frank montó la mesa y sacó la fruta y el hielo, mientras estiraba. Una vez finalizado con el hielo, me fui con Frank a buscar alguna señal de vida, y lo más importante, una fuente de electricidad, ya que nuestro segundo convertidor se había quemado. Teníamos que cargar mi GPS y no teníamos manera de hacerlo. Probamos llamando a algunas puertas, pero no encontramos a nadie. Fuimos a preguntar en un bar, pero estaba cerrado por renovación y no tenían electricidad. Estábamos doblemente decepcionados: no habíamos encontrado enchufes ni helados.

Hicimos el camino de vuelta al Hogar, y me duché antes del masaje. Estábamos tranquilamente sentados y charlando después del masaje, cuando girando una esquina, apareció una visión que nosotros no esperábamos tener en este pequeño rincón de Catalunya, que parecía haberse detenido desde los tiempos medievales. Una mujer en una silla de ruedas completamente eléctrica conducía silenciosamente por el sendero empedrado hacia nosotros. En su mano agarraba una larga y vieja llave metálica, del tipo que solo puedes encontrar hoy en día en tiendas rústicas de antigüedades.

La mujer paró con sorpresa cuando nos vio, para venir hacia nosotros una vez le dirigimos nuestros saludos. Nos presentamos y empezamos a charlar. Nos ondeó la llave, y nos dijo que tenía que marchar ya que necesitaba cerrar la iglesia. Al oír esto, Frank salto de la silla y empezó a gesticular desde detrás de ella. Me siseó algo mientras ella hablaba "¡Entretenla – pregúntale cosas! Mientras tú estabas en la ducha, entré a hurtadillas en la iglesia y enchufé el GPS para cargarlo!". Y con esto él desapareció por la estrecha y adoquinada callejuela hacia la iglesia. Intentando desesperadamente no reír de esta cómica situación, empecé a bombardear con preguntas a la mujer sobre la historia del pueblo, el número de habitantes, y todo lo que se me ocurría. Ella estaba contenta respondiéndome, informándome entre otras cosas, que había solo tres habitantes incluyendo ella misma. Frank reapareció muy pronto, con el GPS en mano, y con una magnífica sonrisa, y más relajado, se unió a la conversación. Cuando se marchó la mujer hacia la iglesia, nosotros nos derrumbamos de risa, muy aliviados. Para mí fue una sorpresa que incluso hubiera un enchufe en esa bonita y tan vieja iglesia, y ambos estábamos tranquilos de que Frank hubiera podido rescatar el GPS. Aparte de haberlo medio cargado y recuperado sin incidencias, también había sido un placer charlar con la mujer, como lo es cuando tienes la oportunidad de comparar tu vida con la de alguien que vive de forma completamente diferente a la tuya.

Pero pareció que nuestras aventuras con el GPS no finalizarían allí. Estefi me había enviado un correo preguntándome si todo iba bien, ya que el GPS se había parado a las 11:59 horas y señalaba que estaba todavía aproximándome a Agramunt. Cuando llamé a Jorge de Veosat, le encontré casi delirando. Estaba enfermo, con fiebre. Le remarqué que sentía mucho que estuviera enfermo, pero que era importante para nosotros que el GPS funcionara y que yo tampoco me encontraba bien. Estaba rendida, muchas noches tenía fiebre y la había estado sufriendo durante 27 días. Le pedí que nos enviara uno de nuevo, o al menos una batería nueva (habíamos cargado completamente el GPS la noche antes). Sabía que estábamos relativamente cerca de sus oficinas, por lo tanto no debía ser un inconveniente. "Pero", él me preguntó – con una voz carrasposa, mientras tosía, "¿dónde estarás?". Le contesté que debíamos estar en Santpedor, muy cerca de Manresa, la ciudad más próxima. "Pero", carraspeó otra vez, "¿cómo puedo yo saber dónde estarás exactamente?". En este momento, me puse a reír, a reírme con ganas. Le pedí perdón por hacerlo, y le expliqué una vez más que de verdad sentía que no se encontrara bien. Le dije sin dejar de reír "Jorge, si hay una persona en este planeta, capaz de saber exactamente donde estoy en cada momento, éste eres tú". Se lo dije así, y en medio de más risas le solté "¡Es tú GPS, tu plataforma, por favor, dime que sabes dónde estoy!". Al llegar a este punto oí una ronca risita de él mismo. "¡Claro que se dónde estás!". Se rió otra vez y se excusó de nuevo diciéndome que estaba enfermo.

De verdad me sentí mal al presionarle cuando no estaba bien, pero era importante por varias razones – no sólo por seguridad – que tuviera un GPS funcionando bien. Después de un año sigo riéndome de aquel intercambio, y todavía cuento con una muy buena colaboración de Veosat. Jorge y su compañía son los primeros esponsores que tuve, desde el principio de mi carrera como ultrafondista. Me utilizaron como su cobaya para desarrollar su sistema de GPS tracker, que ahora está disponible. Cuando empecé con ellos eran unos de los primeros sistemas en el mercado Español. Siempre serán especiales para mí; confiaron en mí antes de que fuera conocida, y antes de poder demostrar mi valía.

Mientras comíamos nos burlábamos de las aventuras del día. Nada pudo estropear nuestro buen humor, a pesar de que las moscas lo intentaron. Habían vuelto con ánimos de venganza, pero esta vez nos reímos y con el anochecer se dispersaron, y nos concentramos en la calma, y en la paz que nos envolvía en este pequeño e idílico pueblo.

Blog – 27ª Etapa

Hoy va a ser un blog breve porque el segundo convertidor de 12 V a 220 V ha muerto también, y tenemos que conservar la batería del portátil.

Ayer por la noche José Maria e Ingrid nos encontraron cerca del polideportivo en Agramunt después de haber visto el reportaje de TV3. José Maria me ha acompañado esta mañana. ¡Buena manera de empezar el día!

El gran regalo del día fue que Montse y Abel de la segunda etapa vinieron para kilometrar un poco conmigo ya que no van a poder venir al estadio Olímpico el lunes. Su compañía ha sido lo que necesitaba para poder afrontar el calor otra vez después de tantos días. Estamos aquí en un pueblecito, Vallmanya, que ni aparece en el GPS de la autocaravana. Aquí solo hay tres habitantes.

Mañana, como no tenemos segunda pila para el GPS, y no tenemos convertidor, no puedo cargar el GPS completamente, así que tal vez no vais a poder seguirme en directo a través de la web durante la etapa. Voy a enchufarlo cada vez que haga un avituallamiento para al menos marcar la ruta con algunos puntos.

Estoy bien, pero muy, muy cansada. Mañana, día corto – 30 km...

¡A Kilometrar!

Corta, dulce y al grano

28ª Etapa

Viernes, 3 de julio
Vallmanya – Santpedor
32,6 km
5 horas 7 minutos
280 m desnivel positivo
560 m desnivel negativo
37° C
1.797,90 km recorridos en total
211,13 km por recorrer

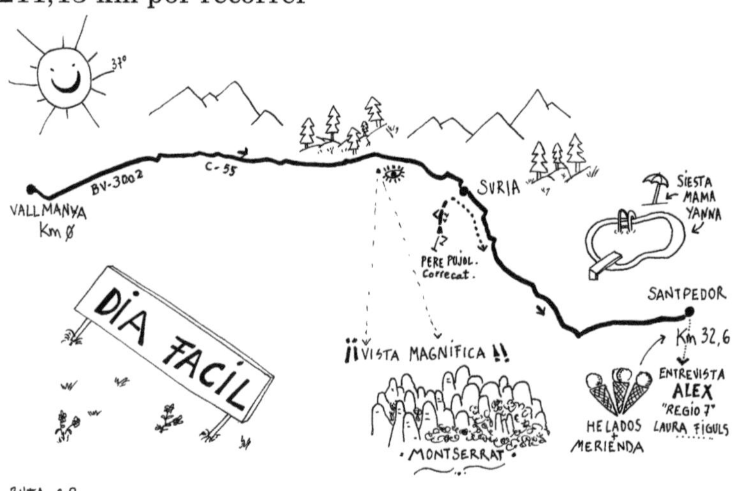

RUTA 28

Dejé Vallmanya aliviada ya que estaba rodeada por un hermoso y montañoso paisaje. Las tranquilas y accidentadas colinas me ayudaron a aliviar el cansancio. Me centré en el hecho de que la etapa era de solo 30 kilómetros y que tendría toda la tarde para descansar. Era el comienzo del último fin de semana de esta Odisea. Estaba por fin en las últimas etapas, algo que me había parecido increíblemente lejano, mientras luchaba por la costa Este de España y por el Centro, hace tantos kilómetros.

Aunque en mi mente sabía que estaba tocando con la mano el objetivo de este desafío, y que había superado con éxito muchos más obstáculos de los que había previsto, sabía que todavía no estaba fuera de peligro. No me podía permitir relajarme; tenía que estar con la guardia alta. Las últimas etapas de un reto suelen ser las más traicioneras. No tenía idea de qué me reservarían los próximos días, ni de cómo podría ser puesta a prueba de nuevo. Estaba preparada para cualquier impedimento inesperado.

Cada día recibía más mensajes en el sentido de que ya era *pan comido*, o *está chupado,* y otros parecidos, pero ignoraba los detalles. Me hacía feliz el apoyo de la gente. No quería caer en la trampa de las celebraciones mientras me quedaban kilómetros por correr.

Pasé de las montañas a una autovía que nada tenía que ver con el paraíso de las primeras horas de la mañana. El paisaje se abrió de par en par y esto me permitió tener las primeras vistas de Montserrat, la dentada silueta de la montaña tan querida por su monasterio y por su atmósfera casi mágica. Al ver Montserrat, tuve la impresión de estar más cerca de casa y una sensación de seguridad; me acercaba a territorio conocido.

Dejé la autopista y bajé hasta Súria, un pueblo conocido por la explotación de las minas de potasio. Como suele ser el caso de muchos de los pueblos mineros, estos están casi enterrados en entornos que parecen cráteres. Al entrar en la población, vi a alguien que venía corriendo hacia mí, y supe con certeza que era Pere, un corredor de la localidad que había seguido mis evoluciones y había estado apoyándome por correo electrónico, durante semanas.

Nos había llamado el día anterior para decirnos que intentaría encontrarme en Súria.

Compartimos unos cuantos kilómetros, atravesando Súria y dejándolo atrás y charlando, mientras subimos y salimos de nuevo del cráter. Pere no pudo quedarse mucho tiempo, pero me pidió si podía correr conmigo otra vez al día siguiente cuando saliera de Santpedor. Le dije que lo diera por hecho y que sería un placer para mí compartir unos cuantos kilómetros más con él. Así que después de la siguiente parada de avituallamiento nos separamos. Él regresó por el mismo camino que habíamos hecho, y yo continué el mío para cubrir los últimos más o menos 12 kilómetros de la etapa.

Llegando a Santpedor, una joven periodista del periódico local Regió 7, Laura Figuls, me dio la bienvenida.

Pere la había puesto en contacto con nosotros y ella había salido a fotografiarme mientras me acercaba a la tranquila población, y ahora quería hacerme una entrevista. Hablamos un buen rato, mientras hacía estiramientos, me ponía hielo y Frank me daba el masaje. Ella me propuso que tomara la ducha y que volvería más tarde para hacerme más fotos. Era un muy agradable final de etapa. Laura es una mujer encantadora, aunque a primera vista parecía un poco nerviosa, probablemente insegura del estado en el que me iba a encontrar, pero muy pronto se relajó cuando vio que no tenía que andarse con mucha cautela conmigo. Disfruté mucho con su compañía.

Mi madre estaba acomodada junto a nosotros en la sombra, y a pesar de que entendiera poco de lo que nosotras decíamos, parecía estar contenta de escuchar. Cuando Laura se fue, hicimos un excelente picnic bajo la sombra de los tilos. Habíamos aparcado al lado del complejo deportivo, y a solo unos metros de la piscina municipal. Mientras comíamos nos llegaban los gritos y las risas flotando tras el césped, desde la piscina. Tras la comida, Yanna desapareció en aquella dirección llevándose el traje de baño, iba con su libro, y arrastrando su toalla detrás de ella con aires de felicidad. Necesitaba y se merecía estar un tiempo alejada de nosotros, y sin duda, estaba contenta de poder escaparse y pasar unas horas bajo una sombrilla.

Me retiré hacia el nido con la esperanza de dormir unas horas, mientras Frank hacía su trabajo. Cogí mi libro y leí un rato, pensando que me ayudaría a coger el sueño. Era un lujo estar tendida en la cama después de comer, descansando. Es difícil de transmitir el puro placer de algo tan corriente después de todas las privaciones por las que había pasado.

Correr en pruebas de gran resistencia ha ayudado a enriquecer mi vida en muchos aspectos. Ha conseguido que aprecie y disfrute de toda la gente con la cual comparto mi existencia. Me ha abierto los ojos y los sentidos a todo lo que esta vida me ofrece. Quizás a muchos esto les puede evocar a gente agarrada de la mano alrededor de fuegos de camping cantando *Kumbayá*, de cultos "new age" demasiados emotivos, con sus abrazos y cantos. Intento no encasillar o juzgar los demás, a la única que puedo juzgar en realidad es a mí misma. Así que si suena un poco "new age", entonces es que es así. Todo lo que puedo decir es que no puedo estar más contenta que de haber podido alcanzar este punto de mi vida, de tener la oportunidad de apreciar las cosas más sencillas; la gente, los momentos y la naturaleza. Ser capaz de deleitarme con algo tan simple como relajarse con la lectura, es algo que está fuera del alcance de muchos. No lo analizo, simplemente lo aprecio.

No digo que todo el mundo necesite salir y correr miles de kilómetros para poder comprender y apreciar la vida en toda su plenitud. Por supuesto que no. Cada uno de nosotros tenemos nuestra propia vocación, nuestro propio camino. Simplemente sucede que el mío es a través del correr y de escribir. Poder enfrentarme a extenuantes esfuerzos y superarlos, me ha dado una claridad que antes carecía.

Tendida allí en mi pequeño nido arrullada por mi libro y por el sonido del teclado que estaba debajo de mí, me concentré solamente en mis sensaciones de bienestar. Me dejé llevar por el sueño con una sonrisa en los labios, lejos de carreteras, mapas, kilómetros y del sufrimiento.

Unas horas más tarde me desperté al sentir que el Hogar se movía y que Frank había salido. Me estiré feliz; me sentía nueva tras la siesta. Miré por la pequeña ventana del nido para saber qué estaba haciendo Frank, y le vi hablando con alguien que había aparcado al lado nuestro. Había dormido bastante, así que bajé a saludar al visitante. Era Rubén Sánchez de Veosat, nos había traído un nuevo GPS. Nos quedamos charlando con él un buen rato, hasta que se fue. Esperábamos que este nuevo GPS con una doble capacidad de batería, fuera suficiente para las tres etapas que nos quedaban.

Nos sentamos con Frank, bajo los árboles, tomando café, comiendo galletas, y hablando sobre la ruta del próximo día. De pronto nos sorprendió una visita, amigos de Olga Massana, la hermana de Oz. Ellos habían pasado el día en la piscina y nos habían visto por casualidad. Cuando se fueron, mientras esperábamos la vuelta de mi madre, nos pusimos a hablar sobre los Massana. Esperábamos la llegada de Oz, Mar y Jordi para la mañana siguiente. Pasarían los siguientes tres días con nosotros, y la misma Olga haría un alto para estar también, en alguna etapa. La familia Massana no solo ha sido siempre una gran ayuda en todos mis desafíos, sino que también han asumido un rol como mi segunda familia. Todos sus miembros tienen una gran energía, y se caracterizan por tener un gran optimismo tanto en grupo como individualmente. Todos son muy diferentes, pero esta diferencia les complementa en lugar de separarlos, como a menudo suele pasar. Forman una familia en todos los sentidos de la palabra. Tenía muchas ganas de tenerlos conmigo en esta última fase del reto.

Yanna llegó un poco antes de las 6, sonriendo, descansada, y con la idea de ir a comprar helados para todos. No necesitó convencernos ni a Frank ni a mí. Era un perfecto final para una tarde de descanso. Nos sentamos a saborear los helados, hablando de que había sido una gran idea planificar el día de descanso para el viernes de esta semana, ya que nos había dado un mundo de beneficios. Me esperaban tres etapas, de hecho nos esperaban a todos, y no dudaba que tendría algunos obstáculos en mi camino, pero allí debajo de los árboles no pensábamos en ellos. Por primera vez, me permití una sonrisa interior de alivio, pensando que pronto todo habría terminado, a menos que sucediera un terrible accidente, llegaría a Barcelona en tres días. Aunque no bajaba la guardia, sí que me dejé ganar un poco de fuerza al saber que ahora estaba aproximándome a la recta final.

Blog – 28ª Etapa

Hoy la primera parte del recorrido fue muy bonito, y parece que funcionó el GPS, a pesar de que se había quemado ayer el segundo transformador. Frank encontró un enchufe en la iglesia en Vallmanya y lo pudimos cargar un poco. Hasta que vino uno de los habitantes, una señora encantadora, para cerrar la iglesia, y Frank mientras yo charlaba fue trotando para rescatar el GPS. Esperamos esta tarde tener el problema de transformador, y el problema de GPS solucionados (más pruebas en esta Odisea... como los elementos no fueran suficiente prueba, la tecnología tuvo que añadirse también).

Para los que estabais preocupados ayer, no han conseguido romperme los elementos, conseguí la etapa, lenta, agotada pero bien. Fue el GPS que se quedó parado muy temprano.

Ayer fue aventura también con los cartógrafos. Entre dos mapas y el GPS que compramos para el coche, tuvimos 3 diferentes teorías de dónde estábamos. Todos actualizados para 2009. Uno mostró Vallmanya al otro lado de la carretera en una ubicación diferente, el otro lo mostró donde lo encontramos al final, y el GPS del coche, no mostró ni la carretera, ni el pueblo. Frank me dijo que le mostraba que estaba conduciendo sobre espacio vacío. Tal vez estaba en un universo paralelo? Lo que es seguro es que en esta Odisea, hemos hecho muchas pruebas de productos, y muchas pruebas de mapas, y os diré una cosa. Faltan cartógrafos eficaces aquí. Si queréis trabajar, pues, a aprender Cartografía y podéis ofrecer vuestros servicios, al Ministerio de Fomento y a todas las editoriales que publican mapas – ¡no puedes hacer el trabajo peor de cómo lo están haciendo ahora!

Tenía compañía durante una hora hoy – Pere Pujol (cat de corredors.cat) recorrió unos kilómetros conmigo, haciendo el día de mucho cansancio, un poco mejor.
Vi a unos kms de Santpedor, una señal indicando Barcelona a 70 km……uffff quería olvidarme de las siguientes 3 etapas y volver ya! Fue una gran tentación...Pero no, aquí estoy en Santpedor e intentaré descansar un poco, para afrontar esta última fase de mi Odisea.
Aunque quedan solo 3 etapas, ahora es cuando tengo que ser más prudente, y es lo que haré.

Gracias por todos los correos y mensajes de apoyo – aunque no les puedo responder, tenéis que saber que me enternecen.

Estoy encantada de que la gente quiera acompañarme y animarme, de verdad es fantástico. Pero por favor lo mejor es seguir el GPS, cuando esta funcionando, y, sabiendo la ruta, como esta todo colgado en el blog, intentar buscarme, muchos lo han conseguido hasta ahora. Estoy agotada, y no puedo estar respondiendo todo los emails, a las preguntas de dónde estaré y cuando. Frank tampoco puede coger el teléfono siempre, ya que esta haciendo casi todo, y el seguimiento y avituallamientos son lo más importante, además esta conduciendo casi un barco.

Me encanta tener compañía y gente animándome, pero a partir de ahora los que quieran salir, tendrán que hacerlo con un poco de aventura al estilo moderno: seguir el GPS, mirar mapas y calcular tiempos de paso y horas de llegada. No es demasiado fácil me parece...pero un desafió no puede ser fácil, ¿verdad? Espero que entendáis que estamos aquí llevando demasiado cansancio y obstáculos. Si no, pues ……

¡A Kilometrar!

Caras conocidas, caras nuevas y kilómetros compartidos

29ª Etapa

Sabado, 4 de julio
Santpedor – Viladrau
70 km
10 horas 4 minutos
1.285 m desnivel positivo
755 m desnivel negativo
37º C
1.867,90 km recorridos en total
141,13 km por recorrer

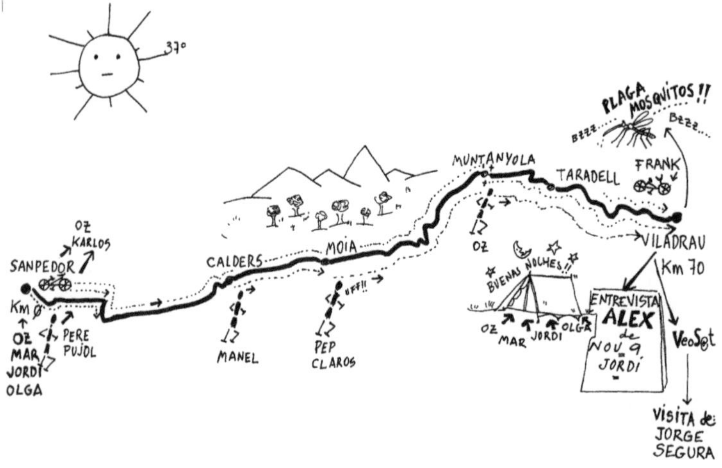

Al abrir la puerta y saltar afuera, me sorprendieron una lluvia de gritos y abrazos de Oz, Jordi, Mar y Olga. De verdad, una manera maravillosa de empezar el día. Esta salida auspiciosa anunciaba una jornada excelente para mí. Físicamente hablando era en mucho mi mejor día, incluso mejor que el de mi llegada a Tafalla después de dejar atrás el camping en el parque natural en el País Vasco.

Los buenos días, los que no sientes en absoluto el peso de los días anteriores; días en los que tu energía fluye constantemente y tu ritmo es más rápido incluso sin pensar en él, llegan sin previo aviso. Nunca sabes cuándo van a aparecer. Cuando tienes uno de estos días, debes de aprovecharlo y disfrutarlo en toda su plenitud, pero tienes que ser consciente de que los que vendrán a continuación pueden ser de sufrimiento y tormento. Un gran día no quiere decir que el sufrimiento haya terminado definitivamente. Ese día en concreto, la etapa número 29 del desafío, me trajo sensaciones de fuerza y de bienestar durante todo el día un maravilloso paisaje de montañas y además, rodeada de la mejor compañía.

Evidentemente, la gran compañía comenzó con Oz y su tropa, pero no finalizó allí. Al inicio del día, Pere volvió de nuevo para compartir unos cuantos kilómetros otra vez, seguido por una visita de sorpresa de Carlos, otro corredor de Corredors.cat, que me acompañó durante un tiempo con su bicicleta.

Las mejores horas, sin embargo, las compartí con Manel, otra visita inesperada, Pep Clarós y Oz. Pep es el segundo entrenador del Club Joventut de Badalona (DKV Badalona), uno de los mejores equipos de baloncesto español. Pep había leído sobre mí en los periódicos, y había estado siguiendo mi avance por toda España, escribiéndome cada cierto tiempo. Su apoyo me había ayudado mucho, aunque todavía no le conocía, así que evidentemente fue un gran placer cuando en algún punto de una bajada larga, le encontramos aparcado al lado de la carretera. Nos dijo que me acompañaría durante unos 8 ó 10 kilómetros, para después tomar un taxi desde uno de los pueblos y regresar de nuevo a su coche.

El pequeño grupo continuó kilometrando contento, Manel, Pep y yo corriendo y Oz en su bicicleta. Cada 5 o 6 kilómetros nos cruzaríamos con Jordi y Mar que iban en coche, o bien con Frank y Yanna en la autocaravana. Nos parábamos uno o dos minutos para después seguir adelante. Las risas y las charlas discurrieron todo el tiempo. Mis sensaciones de bienestar continuaban y seguramente las transmitía a los demás. Manel se quedó con nosotros unos 20 kilómetros, hasta que su mujer vino para recogerle y llevarle a toda prisa para comer. Pep se entusiasmó y aquello de "no más de diez kilómetros" lo pasó de largo, simplemente, siguió corriendo y corriendo y corriendo. Oz había dejó la bicicleta para correr los últimos 25 kilómetros con nosotros, y cuando habíamos llegado al pie de la última montaña, Pep decidió seguir hasta el fin de la etapa en Viladrau.

Pep, Oz y yo

Frank se nos unió con su bici y así trotando fácilmente subimos en dirección de Viladrau. Una cuesta bonita, fresca y agradable nos llevó hasta el pequeño y pintoresco pueblo posado en la cima de la montaña. Hicimos todo el camino hablando y felices. Aunque había tenido un gran día, me alegré de ver el Hogar al final de una tranquila calle. Olga, Mar, Yanna y Jordi nos estaban esperando, y nos dieron a todos una cálida bienvenida. Mientras Oz y yo hacíamos los estiramientos y nos hidratábamos, nos dimos cuenta que los kilómetros sí que habían pasado factura al pobre Pep. Parecía que él se había alimentado de mi energía mientras corría, pero ahora en la llegada, todo el peso de esos mismos kilómetros se le venía encima. Se derrumbó delante de nosotros, sin casi poder hablar. Frank, atento siempre en el tema de la recuperación, le preparó rápidamente una bebida isotónica, enriquecida con extra vitamina C y magnesio – nuestra mezcla especial. Él instó a Pep a que se la bebiera. Mientras lo bebía como un autómata, Frank le preparó otro litro. Le dimos un plátano para que se lo comiera entre las dos bebidas, y otro más, para que lo comiera después del segundo litro de poción isotónica. Unos 30 minutos más tarde de haber llegado, Pep parecía haber salido de su bajón. No hace falta decir que todos estábamos aliviados, y no menos que los demás, Pep mismo. Todos no reímos cuando nos dijo que suponía que se había dejado llevar por la excitación de haber participado en el desafío. Había corrido casi 30 kilómetros con nosotros. Admitió con vergüenza, que nunca antes había pasado de correr más de 12 kilómetros, algo que explicaba su colapso al llegar al final.

Tuvimos la visita de un reportero del periódico local El Nou 9, para entrevistarme mientras hacía la recuperación. Ayudó a Pep a encontrar un taxi desde el pueblo más cercano, ya que no encontraba nada en Viladrau mismo. Todos suspiramos al ver que nuestro nuevo amigo podía volver a su casa sin problemas, tras su aventura. Para todos fue un día memorable, uno que nunca vamos a olvidar.

Además de haber compartido unos kilómetros con él, aquel día hice un nuevo amigo, Pep. Resulta que él vive en un pueblo vecino al nuestro. En el último año y medio, nos hemos conocido mejor y a su familia y la amistad continua creciendo a pesar de nuestros apretados calendarios.

Lo único que no funcionó fue el nuevo GPS. No habían tenido tiempo de probar ese prototipo del nuevo dispositivo, y parecía que no había emitido ninguna señal. Habíamos llamado a Jorge para que nos trajera el viejo otra vez. Jorge seguía con fiebre debido a la gripe. A pesar de que yo me había encontrado bien durante toda la jornada, era importante que siguiera así, así que Frank le pidió a Jorge que se mantuviera alejado de mí, para no contagiarme. Nos reímos cuando el pobre Jorge llegó, aparcó a unos 200 metros, e hizo el intercambio del GPS como si fuera un furtivo intercambio de drogas. Me saludó y me animó desde lejos, y yo hice lo propio. Lo sentía por él porque estaba claro que él se sentía mucho peor que yo.

La enfermedad es algo que evidentemente tenía que evitar a cualquier costa. Durante mis desafíos, y de hecho durante mis temporadas intensivas de entreno, tomo todas las medidas preventivas para poder protegerme de cualquier virus o microbios. El hecho de estar constantemente en un estado de bajas defensas, es importante tomar todas las precauciones posibles. Hay suficientes dificultades durante estos retos sin tener que añadir la enfermedad. Frank y yo casi siempre utilizamos solo métodos naturales para fortalecer nuestros sistemas inmunitarios: altas dosis de vitaminas naturales y minerales, ajo, jengibre y bicarbonato de sodio, entre otras cosas. No hay manera de evitar completamente el contacto con gente enferma, particularmente al tener que tratar con llegadas públicas y presentaciones.

Tengo gran cuidado en mantenerme sana y sin enfermedades, no solo en mis desafíos, sino también en mi vida diaria. Como dije en la introducción de este libro: no vivo para correr, corro para vivir. Mi vida y los seres con quienes la comparto, son lo primero. Soy vegetariana, y un 90% de mi dieta es ecológica. Casi no como ninguna comida preparada, o de paquete, aparte que algunos geles y barritas durante los desafíos. Aunque soy estricta, claro que me doy algún gusto cuando tengo algún antojo. He eliminado casi 100% de productos químicos nocivos de mi aseo personal y de limpieza de la casa. Esto no es un sacrificio, Frank y yo vivimos una vida completamente cómoda, incluyendo tiempo para disfrutar con nuestros amigos.

No hace falta decir que un cuerpo fuerte y sano necesita también una mente fuerte y sana, para poder conseguir su estado óptimo; cada día trabajo tanto en el bienestar interior como en el exterior. Desde que he tomado todas estas medidas, he notado una mejoría no solo en mi rendimiento deportivo y recuperación, sino que mi salud ha dado un gran salto hacia adelante también. Casi nunca me resfrío, ni tengo gripe, ni infecciones, simplemente, estoy bien. No he visitado una farmacia desde hace más de dos años, tan solo para comprar las tiritas que necesito para los desafíos, y al especialista para las vitaminas y minerales naturales. En relación a mis retos o desafíos, todo esto ha tenido un efecto muy positivo para mantenerme bien de salud durante los mismos. ¡Prometo profundizar sobre este tema en un futuro libro!

Me quedaban solo dos etapas más. Dos. Me di cuenta de esta realidad, y aun así parecía que no podía digerirla. Había estado en la carretera – literalmente – durante tanto tiempo, había pasado por tantas dificultades, había bloqueado todos los pensamientos del confort, del alivio y de casa, así que me era casi imposible imaginar que en dos días estaría por fin al final de este largo, abrasador y doloroso camino.

Los obstáculos no se habían terminado de ningún modo, estábamos haciendo todavía filigranas con los detalles y la logística, y la tensión estaba todavía en el ambiente. Pero, flotando justo detrás de la tensión, solo medio escondida entre las risas de nuestro pequeño grupo mientras todos íbamos preparándonos para ir a la cama, se notaba una tensión más alta, de creciente excitación: la realidad de que estábamos muy cerca de llegar al punto máximo, el pico de esta aventura.

Blog – 29ª Etapa

Hoy puedo decir que fue mi mejor día de momento. No tenía ninguna sensación de agotamiento, no he tenido ningún bajón en todo el día, y aunque hacía calor, no fue ni de cerca lo que he tenido que aguantar en los últimos 6 días. Estaba con compañía estupendo, una ruta muy bonita, y voy a llegar a BCN pasado mañana – ¡PASADO MAÑANA! Parece increíble.

Por la mañana, llegaron Oz, Jordi, Mar y Olga, y 2 kms después de empezar, vino Pere Pujol otra vez para acompañarme unos kms. Oz me acompaño en bici y luego hizo los últimos 25 kms conmigo kilometrando. Nos dejó Pere, y unos 10 minutos más tarde vino un ciclista que con casco y pelo recogido. No le reconocí hasta que miré un poco mejor – era Carlos (krlos) de corredors.cat. Nos acompaño unos cuantos kilómetros hasta que se fue a entrenar, y a su vuelta, volvió para acompañarnos un poco más.
Un poco más tarde, estaba esperando Manel que había venido como aventurero a buscarme. Vino kilometrando, ufff no se, unos 30 y algo kms, hasta que le recogió su mujer unos 11 kms fuera de Viladrau.

La última nueva cara fue la de Pep, que vino desde Llavaneres para acompañarme, kilometrando más kilometros que había hecho en su vida, cerca de 30 kms.
Frank después de haber encontrado un buen sitio para la autocaravana, bajó con la bici para hacer la última larga cuesta con nosotros.

¡Que compañerismo, que conversaciones, que placer, el tiempo fue volando! Y eso no lo puedo decir de muchos momentos, ni días hechos en esta Odisea.

Pep menos mal que encontró por fin un taxi, con la ayuda de Jordi, el periodista del Nou 9, para volver a reencontrar su coche y volver con su familia en Llavaneres.

Ahora necesito concentrarme mucho y tener mucho cuidado entre hoy y mañana en todo, y sobre todo no bajar la guardia. Solo quedan 2 días pero hasta BCN hay muchos kilómetros todavía. Seguro, pase lo que pase, sé que voy a disfrutar mucho de la compañía estupendo del equipo que me rodea.

¡A Kilometrar!

¡Mañanamañanamañana!

30ª Etapa

Domingo, 5 de julio

Viladrau – Lloret de Mar

70 km

10 horas 51 minutos

530 m desnivel positivo

1.315 m desnivel negativo

36° C

1.937,90 km recorridos en total

71,13 km por recorrer

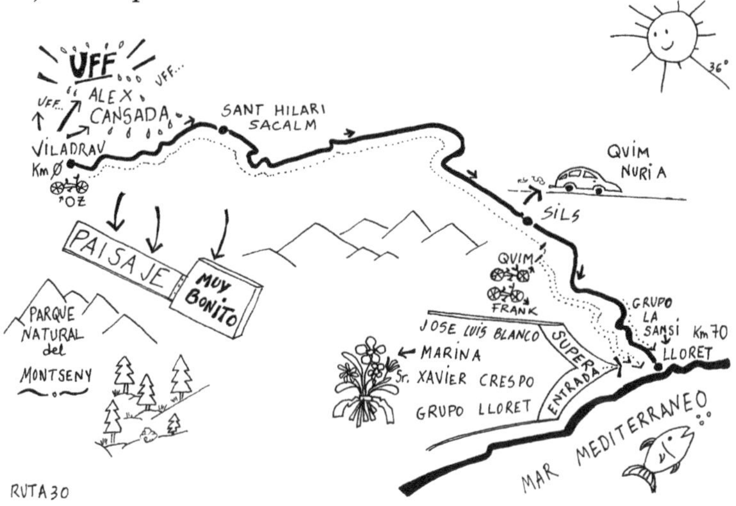

Al sonar el despertador un poco antes de las primeras luces del día, me desperté sobresaltada con una sensación de temor. Todas las fuerzas del día anterior me habían abandonado, y ni pensar que solo me quedaban dos etapas para acabar, me ayudaba. Esta es otra de las cosas que he aprendido de un desafío de varias etapas; nunca sabes cuándo vas a tener un día bueno o malo. Puedes planificarlo todo cuanto quieras, puedes suponer que cuanto más cerca del final estas, todo lo que queda será más fácil, pero nunca debes confiar en estas suposiciones. En estos desafíos tan duros hay tantos factores en juego, que hacen que en cualquier día o momento te puedas encontrar con problemas. Puedes estar eufórico cuando tienes todo contra ti, o bien caer en el punto más bajo cuando crees que estás seguro del triunfo.

De la misma manera que nada es seguro en la vida, tampoco nada es seguro en el ultrafondo, y el único enfoque inteligente es evitar siempre los planes demasiado definitivos o las suposiciones. Tienes que ser flexible hasta el último momento porque otra actitud puede llevarte a no conseguir un reto. Cuando hablo de no conseguir un reto, no me refiero a tener que abandonar por lesión. Me refiero a tener que hacerlo por estar desesperado, exhausto, o completamente exasperado debido a cualquier cantidad de impedimentos.

Siempre que empiezo cualquiera de mis desafíos en solitario, lo hago con un objetivo escrito en piedra: el de llegar sin lesiones y con buena salud. A menos que suceda un accidente, no abandonaré un reto por duro que sea, por mucho dolor que tenga, por la agotada que esté, o por cuantos problemas se me puedan presentar en el camino para quebrar mi determinación. A veces tal vez tendré que cambiar planes, tendré que adaptarme debido a circunstancias imprevistas, pero siempre con un objetivo en mente: finalizar con éxito mi reto y llegar bien a la línea de meta. Mi resolución para conseguirlo me ha llevado a poder cumplir con éxito todos mis desafíos hasta este momento. Salgo para conseguir mi Arete, mi excelencia personal. Hablo aquí simplemente de hacerlo lo mejor posible; sin importarme cuán desamparada o desmoralizada pueda sentirme.

Siendo este el caso, no era precisamente una sorpresa que aquel domingo por la mañana, cuando todo el mundo daba por hecho que yo estaría volando y cantando "¡Está chupado! ¡Está chupadísimo!", yo apenas podía salir del nido. Por supuesto, estaba desilusionada al no poder encontrar por ninguna parte mi deleite por haber llegado a la penúltima etapa. Pero en lugar de dejarme ahogar más aun, simplemente me arrastré por la escalerilla hacia abajo, temiendo los 70 kilómetros que tenía por delante, y puse mi mirada no en el Estadio Olímpico de Barcelona, sino en Lloret de Mar y en José Luís Blanco que estaba organizando la llegada.

La tarde anterior Frank y yo habíamos tenido una discusión sin importancia, debido probablemente más al estrés y al cansancio que habíamos estado llevando durante todos estos 29 días. Esto seguramente había provocado mi lamentable estado aquella mañana. Cuando se está bajo un gran sufrimiento físico, la más insignificante de las cosas puede tener un efecto enorme sobre tu estado tanto físico como mental. Un desacuerdo normal entre una pareja puede estallar de manera desproporcionada, como fue el caso de aquella tarde. Desgraciadamente tuve el "placer" de vivirlo una vez más.

Así que en vez de ponerme de camino esa mañana desde el pintoresco pueblo de montaña, llena de energía, fresca y contenta por estar en la recta final, empecé arrastrándome, con dolor y con miedo de cada kilómetro que quedaba hasta Lloret. Salí lentamente tratando de concentrarme en el fabuloso paisaje en lugar de hacerlo en mi desgraciado estado. Me ayudó enormemente tener la compañía de Oz, Jordi, y Mar, y de Frank y Yanna que también estaban haciendo todo lo posible para levantarme el ánimo.

Mi madre había sido una torre de fortaleza y de aliento en los días anteriores, a pesar de que era palpable su cansancio. Nunca había manifestado su preocupación o inquietud ni durante mis peores momentos. Daba por descontado que cualquier expresión de estas dos cosas me añadiría angustias y problemas. A pesar de que la mayor parte del tiempo yo estaba demasiado destrozada para decir algo, era consciente del esfuerzo que ella estaba haciendo y se lo agradecía por la ayuda que me daba constantemente. Sé que una cohabitación en una autocaravana puede ser difícil, con lo cual es todavía más de agradecer de su parte en esta aventura.

La mañana transcurría lentamente con el calor y la humedad que no hacían más que subir. El sufrimiento y la monotonía eran rotos de vez en cuando por los acompasados avituallamientos con Jordi y Mar; ambos me animaban con más energía y alegría de lo que parecía posible para sólo dos personas. Oz pedaleaba a mi lado, alentándome tranquilamente o en voz alta según como me veía. Frank y Yanna tuvieron tiempo de ocuparse de los trabajos de la autocaravana, para después unirse al animado grupo de amigos.

Aunque estaba sufriendo físicamente, estaba de buen humor debido al constante apoyo del equipo capitaneado por Frank. Nos sorprendió la visita de un grupo de ciclistas, entre los que había un viejo amigo corredor, Jordi Granell, al que había conocido muchos años antes durante los entrenos por la Carretera de les Aigües, en Barcelona. Su aliento me impulsó todavía más. Con Oz entramos y atravesamos Sant Hilari, una villa conocida por sus aguas minerales, al igual que Viladrau, cuya cordillera de montañas proporciona manantiales naturales a muchas empresas de agua embotellada. A unos cuantos kilómetros a las afueras de Sant Hilari al doblar una curva tras un prolongado descenso, fuimos acogidos por fuertes y estridentes silbidos. Vimos un poco más adelante todo el grupo, cada uno con un silbato de color en su boca. Parecía que se habían tomado su trabajo de apoyo muy en serio. Al verles no me pude controlar; me detuve para arrodillarme frente a ellos, riendo agradecida por esta bienvenida tan maravillosa. Físicamente estaba sufriendo, pero ellos me remontaron psicológicamente para volar el kilometraje.

Y así avanzaba el día, siendo más húmedo y más caluroso con el paso de los kilómetros. Pronto Mar optó por su bikini. La encontraría junto con Jordi, esperándonos en los más improbables lugares, animándome, ella guapísima con su bikini y Jordi en sus pantalones cortos, y ambos irradiando su contagiosa energía. En una parte de la carretera escribieron mi nombre con unas ramitas, y durante todo el recorrido no pararon de cantar, bailar, marchar en formación y silbar.

Toda esta energía positiva disolvió el dolor y la desesperación. En algún lugar cerca de Sils encontramos a nuevos miembros del "clan" de los Massana. Quim, el hermano gemelo de Oz y su novia de entonces, Nuria, nos adelantaron, saludándonos con alegría desde las ventanillas y con golpes de bocina. Al llegar a la siguiente parada de avituallamiento, Quim me envolvió en un largo y efusivo abrazo. Su apretón disolvió todo resto de sufrimiento. Aunque Quim es muy diferente de su gemelo, no por ello es menos adorable, ni menos entusiasta. Cada Massana lleva consigo su particular combinación de alegría, y cada uno es igual de entrañable que el otro, aunque de una manera diferente.

Quim decidió relevar a Oz en la bici, y tan pronto como se había puesto la camiseta naranja del equipo, enfilamos la larga recta que nos conduciría hasta

Lloret de Mar. Fue estupendo ver a Quim; su aparición fue una sorpresa total, aunque siempre es así. A Quim no le gusta comprometerse con visitas, prefiere ir a su aire, apareciendo de la nada. Me ha deleitado en muchas más ocasiones de las que había esperado durante mis ya varios desafíos. Siempre lleva con él la marca de la casa; su fuerte y cariñoso abrazo.

Iban transcurriendo los kilómetros, y pronto vimos la última cuesta frente a nosotros. ¡Una más y por fin vería de nuevo el mar, después de este largo y laborioso mes! Con las energías renovadas aceleré mi paso un poco, fijando la vista hacia adelante mientras corría. En breve vimos la familiar figura de Frank, volando hacia nosotros con la otra bici. Había dejado el Hogar en Lloret, había visto a José Luis y había decidido volver, para acompañarme en la subida, pasar el túnel, y bajar hacia el mar. Nos dijo que pronto encontraríamos a un grupo que había organizado José Luis, de corredores pertenecientes a su club, que se nos unirían para hacer los kilómetros finales. El mismo José Luis, que padecía una pequeña lesión, se nos uniría muy hacia el término de la etapa.

José Luis Blanco es un corredor español de medio fondo, especializado en los 3000 metros obstáculos y en el campo a través. En los Campeonatos de Europa celebrados en Gotemburgo en el 2006, ganó la medalla de plata, y ahora su vista estaba puesta en otra medalla en los mismos Campeonatos a celebrar en Barcelona el 2010; el mismo evento que yo estaba promocionando con este reto. Blanco ha ayudado a dar notoriedad a su ciudad natal, Lloret de Mar, más allá de ser solo un destino turístico, al organizar La Sansi, una carrera de gran éxito popular, dentro de las clásicas San Silvestres. Estas pruebas son muy conocidas en España, y generalmente, se disputan en fin de año el día de San Silvestre. La Sansi ha llegado ser una de las favoritas en Catalunya, debido en gran parte al enérgico y exuberante carácter de José Luis, que se desborda en todo lo que él hace. Destaca entre otros atletas no solo por su calidad deportiva, sino también por su generosidad. Conozco a pocos atletas de su calibre, que ayuden y animen a los otros como lo hace él, al mismo tiempo que se centra en sus propios objetivos. Había mostrado gran entusiasmo por mi desafío desde el principio, así que cuando le llamé para decirle que Lloret sería el final de mi penúltima etapa, puso todos los registros en marcha para organizar una llegada especial. Nos ofreció habitaciones de hotel, comidas y todo lo que pudiéramos necesitar, y a pesar de que la falta de tiempo para descansar no nos permitiría estos lujos, nos sentimos emocionados y encantados por su soporte. Tenía ganas de verle, especialmente en esta etapa que había sido mucho más difícil de lo que había imaginado.

Un poco después de que se nos uniera Frank, vimos a dos corredores que se acercaban. Nuestro pequeño grupo iba creciendo cuanto más nos aproximábamos a este conocido centro turístico costero. A unos pocos kilómetros a las afueras de Lloret, nuestro cada vez más numeroso y animado grupo encontró a todo el equipo esperándonos en una rotonda para darnos la bienvenida. Al acercarnos, me di cuenta que el piso de la rotonda estaba lleno de escritos y dibujos hechos con tiza, y que Jordi sostenía un pesado bloque de cemento con más escritos. Mar y los demás habían dibujado y escrito palabras de ánimo y de aliento (¡como si su propia presencia no hubiera sido suficiente!) por todo la superficie. Mi corazón brillaba, y mis ojos se llenaron de lágrimas por esta demostración de amor, cariño y apoyo. Estos son los momentos que borran todo el dolor, y todas las penalidades; momentos que resplandecen en la oscuridad, momentos que hacen que todo tenga un sentido más allá de solo la suma de 2010 kilómetros.

Cuando llegué a su altura, todos ellos alineados orgullosamente, exhibiendo su trabajo, se me escapó más de una lágrima. Como sucede muy a menudo con estos queridos amigos, me impactó ser tan afortunada. Tener tanta gente maravillosa en mi vida, esté cerca o lejos, es mucho más de lo que puedo pedir. Ser rica por las personas con quienes compartes tu vida es uno de los regalos más preciados que en mi opinión se pueden tener.

Quim, Alex, Mar, Núria y Jordi

Después de unas fotos en grupo, continuamos corriendo hacia Lloret, Frank y Quim pedaleando al lado y el resto en sus coches con los cláxones sonando, los silbatos pitando, y un cuerno bramando cada pocos minutos ¡Lo único que faltaba eran las vuvuzelas! Así nos encontramos con José Luis, a un kilómetro más o menos de donde había aparcado Frank – todo un grupo de gente muy alegre – siendo yo la más feliz, por haber llegado al fin de la etapa.

Esperando al lado del Hogar había todavía más gente. José Luis había reunido un grupo, y al frente del mismo estaba Marina, una vieja amiga de JMA, que me había estado escribiendo durante el desafío, manteniendo mis ánimos en alto, cuando flaqueaban. Ella sostenía un gran ramo de buganvillas de su propio jardín; su abrazo fue cálido, y resultó magnífico que al fin nos encontráramos. Después de intercambiar besos y abrazos con todos, hicimos varias fotos antes que empezar mi recuperación.

Equipo junto con José Luís, Marina y club La Sansi

Mientras estiraba y hacía la ya automática rutina, charlaba con José Luis y el grupo de gente. Fue una animada discusión, y todos se quedaron un buen rato después de la llegada. Al subir a la camilla, José Luis se acercó riéndose, señalando mis piernas. Tocó mis gemelos y entonces los comparó con los suyos, que eran la mitad de los míos, para añadir que ahora comprendía un poco mejor cómo yo podía correr las distancias que hacía. José Luis tiene los músculos finos y estructurados de los medio fondistas; ligeros, delgados, y rápidos, mientras que mi musculatura está mucho más desarrollada. Todos nos reímos con la comparación, mientras seguíamos hablando de las experiencias de este largo mes, que casi estaba ya detrás de nosotros.

Al poco tiempo de empezar el masaje, vino Xavier Crespo, el alcalde de Lloret, para saludarme y charlar un rato. Parece que Xavier está muy interesado en el mundo del atletismo, ya que en su ciudad tienen dos clubs, y que Lloret ha llegado a ser asociado con la carrera a pie, debido principalmente a José Luís Blanco y su Carrera La Sansi. Xavier se quedó al menos una hora, hablando y riendo. Estaba totalmente fascinado con lo que había hecho. No podía llegar a entender, primero, cómo había corrido tantos kilómetros, y sobrevivido al terrible calor en pleno verano, y segundo, cómo, después de todo lo que había pasado, podía estar allí tumbada, riendo y hablando, mientras Frank machacaba mis pobres y doloridas piernas. Quería saber todos los detalles de mi preparación física y mental, de la logística del desafío en sí, y de todo lo referente a la comida, bebida y de las paradas que hacía durante cada etapa.

Durante todo esto, Yanna estaba en el interior de la autocaravana, trajinando en la cocina. Sentía que no pudiera estar afuera con nosotros, aunque al menos estaba siguiendo los tejemanejes con la ventana abierta. Hacia el final del masaje, el olor delicioso de su salsa para la pasta vino flotando hacia nosotros, haciéndome dar cuenta que tenía mucha hambre. De hecho, creo que hizo recordar a todos que también ellos tenían apetito, porque pronto el pequeño grupo se dispersó en busca de sus cenas respectivas. Los últimos en marcharse fueron los Massanas, que lo hicieron tras los abrazos y besos de despedida, con la promesa de que volverían el día siguiente.

Aquella noche, la cena fue una ocasión muy alegre. Era nuestra última noche, y pasara lo que pasara el día siguiente, sabía que llegaría a Barcelona. Tenía el presentimiento de que sería un buen día, con poco que padecer. Aunque no lo celebramos, sentimos todo el peso del mes entero ceder un poquito. Simplemente sabiendo que en menos de 24 horas todo habría acabado, me dejó caer en el nido aquella noche, más aliviada, sin miedo, solo exhausta.

Blog – 30ª Etapa

Después de una noche perseguida por mosquitos gigantes, me desperté a las 5:30, sintiéndome bastante mal.

La primera parte del día fue muy, muy dura. Estaba agotada, un poco estresada, y aunque sabía que mañana (mañanamañanamañana) llegaré a BCN, era muy duro seguir avanzando. Era un día abrasador; el asfalto nuevo radiaba humedad y calor. Menos mal que la ruta era muy bonita, y la compañía de Frank, Mami, y los Massanas fue estupenda, ayudándome a seguir kilometrando hasta Lloret a pesar del sufrimiento.

Cuando Quim Massana y Nuria aparecieron (los Massanas, sus parejas y amigos son como los Gremlins – en vez de agua les pones unos kilómetros y empiezan a multiplicarse), empecé a sentirme más fuerte y mucho más alegre.

Acercándonos a Lloret de Mar nos esperaban unos atletas del club de atletismo La Sansi para acompañarme hasta Lloret. Cada 3 kilómetros parecía que se añadían más de sus atletas. Los últimos metros vino también Jose Luís Blanco (con un poco de lesión – por eso no podía hacer muchos kilómetros), y con mucho alegría acabé esta penúltima etapa. Esperando con un ramo de buganvillas y un abrazo fuertísimo estaba Marina Hoernecke. Había estado esperando esta etapa con muchas ganas desde hace semanas, y Marina, su abrazo y las flores, fueron una sorpresa añadida.

Gracias a José Luís, Marina y a todos quienes habían corrido conmigo o habéis estado esperando para darme esta bienvenida tan cálida: Quim Arti, Federico Guic, Victor Martínez, Esteban Gimenez, Eva Arias, Javi Mula, y Paula. Durante el masaje vino el Alcalde, Xavier Crespo, y charlamos muy cómodos (entre gritos míos del masaje), mientras Frank iba sacando la tensión de mis músculos doloridos. Fue un gran placer y honor.

¡Mañanamañanamañana! Ultimo día – casi no me puedo creer que ya estoy aquí diciendo ¡mañanamañanamañana!

*Para todos que vais a venir a la llegada mañana (que estoy esperando veros con más ganas de las que puedo expresar), se hará dentro del Estadi Olimpic, Lluís Companys, en Montjüic. No se entra por donde entran los turistas. Hay que dar la vuelta al estadio y entrar por la parte de atrás, donde están los despachos de Barcelona **2010**. La entrada es la Puerta de Maratón de los Olímpicos de '92.*

*La hora prevista de llegada es a las **18:00**. Espero no llegar mucho más tarde, pero como siempre, lo mejor es seguir el GPS de Veosat para tener una mejor idea. Cuidado mañana porque si estoy fuerte pasando las tres chimeneas de Badalona y entrando en Barcelona, espero poder subir mi ritmo, y cuando más me acerco a la Montaña Mágica de Montjüic (como la llamó alguien ayer en un e-mail) espero poder seguir subiendo mi ritmo y subir al estadio volando.*

Tengo tanto que decir, pero mejor decirlo todo mañana a la llegada, y mejor ahora cenar, descansar y soñar de ¡mañanamañanamañana!

Alex!
Alex!
Alex!
Alex!
Alex!
Alex!
05/07/2009 17:23
Fotografo: Frank Jensen

La luz al final del túnel

31ª Etapa

Lunes, 6 de julio
Lloret de Mar – Estadio Olímpico de Barcelona
78,71 km
11 horas 26 minutos
275 m desnivel positivo
183 m desnivel negativo
39º C
2.016,61 km recorridos en total
0 km por recorrer

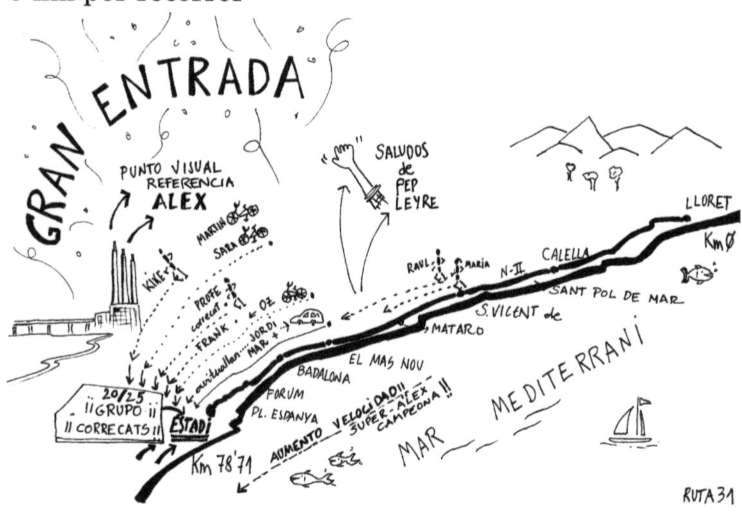

Blog – 31ª Etapa

*Salí a las 7:10 de la mañana, un poco más tarde de lo habitual, y a pesar de tener **10** kms más que lo normal hoy, sabía que estaría llena de energía, y correría más rápido. No estaba equivocada.*

Desde las primeras zancadas, y durante todo el camino hasta Barcelona, iba kilometrando por las rutas en donde me ha había entrenado para este reto y el anterior, él de los 220 kms para el Maratón de Barcelona. Por fin estaba en mi propio territorio. Tras 30 días de kilometrar por lugares totalmente desconocidos, estaba en casa. Cada curva, cada piedra, cada árbol lo tenía grabado en mi mente. Kilometraba automáticamente, sin pensar a donde tenía que ir, no tenía que mirar el mapa – la verdad es que ni lo llevaba conmigo. Kilometraba igual de fresca como cualquier día normal de entrenamiento. No sentía el cansancio. Me sentía llena de júbilo.

Era la sensación más extraña, estar normal, de rutina diaria, como cualquier otro día. La fuente de energía llena, la cual parecía que había disuelto el forcejeo de los 30 días anteriores, evidentemente era por una parte debido al hecho que estaba al punto de alcanzar este desafío con éxito, pero también parecía venir del hecho de que estaba trotando feliz por mi propio patio trasero, para entendernos. Me vino como una gran sorpresa, el hecho que no pareciera un día clave para mí; un día que pasaría a mi historia personal como uno de los días más memorables de mi carrera como corredora, y de hecho, de mi vida.

Me resultaba muy difícil digerir el hecho que estaba terminando el más duro, el más agónico mes de mi vida. ¿Cómo podía asimilarlo? Por primera vez en un mes no tenía ningún mapa entre mis manos; iba ligera como una pluma, flotando hacia Barcelona.

Y si que flotaba. Pasé Blanes, dejando la carretera nacional en Malgrat de Mar, para seguir por la ruta de la costa a través de Santa Susanna. Me paré en Pineda del Mar, en nuestro café preferido, "Nico & S", y allí estaban, Frank y Yanna con Nico y Sonia, seguidores de mi blog, y lo más importante; amigos. Nos abrazamos embargados por la emoción; sentía de verdad que estaba casi en casa.

Sabiendo muy bien que a lo largo de este tramo de la costa, no abundan ni los árboles ni los arbustos, me fui para utilizar el baño. Saliendo anuncié "Éste es el primer baño que utilizo en un mes, que no sea el de la autocaravana o bien detrás de un árbol"! Son las actividades normales del día a día que cambian tan drásticamente, y que tanto les echo a faltar: un baño como Dios manda, una ducha de verdad, mi propio cama y nuestro sofá – ¡oh cuánto anhelo estirarme en mi querido sofá en forma de L!

Fue estupendo ver a Nico y Sonia, me llevó más cerca aun de casa en mi corazón, y lo cierto es que ya tengo ganas para volver a mi rutina diaria – ¡he tenido bastante aventura por un buen rato ya! Tengo ganas de volver a pasar por su café, sin sudar, sin calzar zapatillas de correr, simplemente para tomar un bocado, un café y reírme un poco con ellos. Necesito con urgencia volver a la vida normal.

*Al llegar a Sant Vicenç de Montalt (nuestro hogar), tuve una pequeña recepción organizada por el Ayuntamiento. El Concejal de Deportes, el de Cultura y Anna del Departamento de Prensa y Comunicación, bajaron hasta la Carretera Nacional para saludarme mientras pasaba, al igual que un grupo de amigos y vecinos. Crucé la calzada y me paré casi en frente de mi casa, para encontrarme rodeada por caras sonrientes y conocidas. De repente Jaime se nos unió. Había venido para seguir y tomar fotos de esta última etapa. Mi mirada se clavó en Vito, que venía corriendo hacia mí. No le había visto en un mes, así que mientras le abrazaba, las lágrimas amenazaban en desbordarse. Eché un vistazo hacia nuestro piso, y en eso momento, quería nada mas, que solo pararme allí mismo, simplemente subir a casa, a mi verdadera línea final. Pero la realidad me despertó rápidamente de mis sueños, y alejé mi mirada de casa, dejé a Vito, y después de decir gracias a todos, giré hacía otra meta – Barcelona y el Estadio Olímpico. Todavía no había cumplido mi Odisea, ni mi promesa con **B10**, la Maratón de Barcelona, con mis amigos y seguidores, y lo más importante, conmigo misma.*

Dejando Sant Vicenç estaba acompañada por María, que vive muy cerca, y por Raúl un amigo de ella y un seguidor de esta Odisea. María nos dejó justamente al pasar Mataró, pero Raúl siguió kilometrando hasta casi El Masnou. Él vive en Vitoria, y se había perdido mi llegada allí, ya que aquel día no estaba en su ciudad. Decepcionado por no haber podido compartir unos kms entonces, cuando le salió la oportunidad de acercarse a Barcelona aquel fin de semana, la agarró, quedándose hasta el lunes, para poder compartir una parte de éste último día, kilometrando conmigo por la costa. Íbamos charlando mientras avanzamos por la transitada carretera. Miraba a Barcelona haciéndose más grande a medida que pasaban los kms. No me acuerdo mucho de nuestra conversación, tan concentrada que estaba en el horizonte, en los altos edificios, los puntos de referencia de la ciudad emergían de entre la neblina, como si me hicieran señas para que me acercara a ellos.

Por mi cabeza pasaban imágenes de este último mes, como si fuera de una película. Me pasaban muy deprisa, un poco borrosas, pero las sensaciones, el dolor, la lucha, los obstáculos, y también la sensación de haberlos superados, eran fuerte y clara. Revivía la alegría y la desesperación, la rabia y la calma, las decisiones tomadas y la lucha para tomar estas decisiones. Durante todo nuestras vidas siempre encontramos lucha – éste es uno de los inevitables hechos de estar vivos. Nos encontraremos con el conflicto, el dolor y con las disputas, y sin lugar a dudas nos encontramos en situaciones en las cuales tendremos que tomar decisiones radicales si queremos seguir adelante.

Todo en la vida es una decisión, y las nuestras, muy a menudo están marcadas, no por las decisiones mismas, sino por nuestra actitud después de haberlas tomado. A veces no es ni el hecho de tomar la decisión, a veces es sencillamente el hecho de nuestra actitud, de cómo enfrentamos y de cómo tratamos los obstáculos y las situaciones que la vida nos lanza ante nosotros.

No todos los obstáculos o problemas, si los prefieres llamar de esta manera, son iguales. Claro que no. Algunos son meras piedrecitas en el camino de la vida, y otros son grandes rocas, que parecen bloquear cualquier posible avance. La mayoría de las veces, si dejamos de echar la culpa, y examinamos detenidamente las herramientas que tenemos a nuestra alcance, podemos encontrar soluciones a estos problemas; medios para superar los obstáculos. Pero algunas veces no hay soluciones. Es entonces cuando nuestra actitud dictará qué clase de futuro tendremos. Una actitud negativa nos puede llevar a un sombrío y estancado sendero delante nosotros, mientras que una actitud positiva nos puede abrir un mundo nuevo de posibilidades, que antes ni siquiera habíamos contemplado. Es entonces cuando debemos aprender a aceptar la nueva situación y enfrentarnos a lo que está por venir, centrándonos en lo positivo, en lo que tenemos, asumiendo lo que nos falta. Solo entonces podemos avanzar lejos del estancamiento, y así enriquecer nuestras vidas, y las de los demás.

Este desafío ha sido uno de estos esfuerzos, plagado de obstáculos, situaciones y problemas. A veces los había superado sencillamente, con facilidad, y en otras había luchado para encontrar una solución. Cuando el dolor, el cansancio, y las situaciones extremas están presentes, se me hacía más difícil pensar con claridad, y a veces, las decisiones son tomadas por una pura reacción o instinto, más que por lógica y puro pensamiento. Estaba en el proceso de realizar lo que me había propuesto, lo que indicaba que había elegido o reaccionado bien. Mientras miraba la película pasar en mi mente, reviví muchos de aquellos momentos – me sentí llevada atrás al abrasador calor, al polvo y la discordia de nuevo.

Aunque no todas las decisiones habían sido fáciles o agradables, me di cuenta que había tomado las correctas, por más duras que fueran de tomar. Sin duda, en algunas ocasiones, mis reacciones estaban lejos de ser perfectas, quizás habían sido precipitadas o severas. Pero estas también las acepté, sabiendo que mis condiciones físicas y mentales, habían a veces bloqueado mi comportamiento normal, por el instinto de sobrevivir.

Así que allí, mientras kilometrábamos por la costa charlando, yo seguí con mi propio inventario de los ***2010*** *kilómetros. Iba cerrando los borradores de cada partida, aceptando todo lo que había pasado, las decisiones que había tomado, las acciones, reacciones y sus consecuencias. Físicamente y mentalmente lo había hecho de la mejor manera posible, dadas las circunstancias en las que me había encontrado. A pesar de que algunas de las consecuencias no fueran las que hubiera deseado al comienzo del desafío, y aunque algunas de mis reacciones no habían sido como me hubiera gustado, sabía que habían sido las mejores que podía haber tomado entonces. Había vivido con mi Areté; había luchado por la excelencia personal durante todo este reto, siempre intentando dar lo mejor que podía ofrecer en cada momento. Estaba satisfecha con este conocimiento. Había logrado lo que me había propuesto; no solo de promocionar el Campeonato de Europa y la Maratón de Barcelona, así como otros patrocinadores, sino y más importante a un nivel profundamente personal, había mantenido mi Arete, a pesar de las extremas y adversas condiciones. Aunque había caído varias veces, nunca había dejado cortar mi determinación, mi resolución para seguir adelante.*

Seguí kilometrando, de nuevo completamente en el presente, disfrutando de la cálida compañía, entusiasmada en ver en el horizonte la silueta conocida de Barcelona llamándome.

Poco antes de llegar a El Masnou, a unos 22 kms del Estadio Olímpico, Lluís Companys, Oz, Jordi y Mar se reencontraron con Frank y Yanna, dejándoles a estos continuar directamente hasta Barcelona. Pep y su esposa Leire (él de los ***30*** *últimos kms en la etapa de Viladrau), también se pararon para animarme. Iban a recoger a su hijo Ander, y seguirían hasta el estadio. Oz me acompañó en su bici desde El Masnou. Estaba encantada poder compartir esta etapa con él. Era como cerrar el círculo – que en realidad es lo que* *había hecho. Me sentía rodeada y apoyada por tanta gente, y allí me encontraba, a punto de la llegada, kilometrando hacia otro hito en mi vida; uno que podía compartir con mis seres queridos y amigos, cercanos o lejanos.*

A cada paso, la anhelada visión de Barcelona se engrandecía y lo mismo que mi euforia: las 3 chimeneas de Badalona, la Torre Agbar, la Sagrada Familia y lo mejor de todo, la Montaña Mágica – Montjüic.

Fotógrafo: Jaime Agustí

*Me habían pedido que no llegara antes de las **6** de la tarde, y por tanto había kilometrado muy lentamente durante todo el día, marcándome yo misma el ritmo, sabiendo que si me dejaba llevar por las emociones, iba a llegar horas antes de la prevista. Una parte de mi quería dejar los limitaciones de tiempo, y correr fuerte y rápido, algo que no había podido hacer en todo el mes anterior. Pero mi desafío no era una cosa que solo me atañía a mí, sino a muchos más. **B10** y la Maratón de Barcelona me había seguido, apoyado y animado, así como todos los corredores y amigos que querían darme la bienvenida en Barcelona.*

*Ya que no podía ir a tope hoy, había decidido que correría de manera lenta, y entraría a la capital un poco justa de tiempo – así obligándome a correr los últimos **10** kms a todo ritmo. De esta manera, al menos, sentiría que había corrido **2010** kms, y no que justo había acabado una sesión larga de entrenamiento.*

*Con esto en mente, ajusté el ritmo y pasé las **3** chimeneas tal y como había planeado, a las **5** de la tarde, y el Forum a las **5,15**. A Oz y a mí se nos unió un corredor de Corredors.cat, "El Profe", y así a cada kilómetro que pasaba, nuestro pequeño grupo iba en aumento, con la adición de Kike, nuestros queridos amigos Martín Lemche y Sara Álvarez, en bici, junto a otra mujer en bici también. La cháchara y las risas eran abundantes; les había contagiado mi euforia.*

*Frank llegó cuando yo ya llevaba un km más o menos en el término municipal de Barcelona. Había dejado a mi madre en las buenas manos de Oscar Gallego, jefe de marketing del **B10**, y había bajado en bici para acabar esta Odisea a mi lado. También se nos unió otra vez Quim. Éramos un ruidoso y alegre pelotón que se iba comiendo los kms que restaban.*

Al dejar el Forum les advertí a todos que iba a cambiar de marcha muy pronto. Así que durante más o menos un km, pasé del trote cansino que había llevado hasta entonces, a un ritmo más elevado. Me giré hacía Frank y le pedí que estuviera pegado a mí lado, y si fuera necesario, que parará el tráfico de los laterales, para de este modo seguir kilometrando sin tener que detenerme. Esperábamos una escolta policial, posiblemente en la plaza de Colon. Después de venir de tan lejos y por tanto tiempo, quería que mi llegada estuviera libre de obstáculos. Frank más entusiasmado y animado que nunca, por la emoción de la llegada, se tomó su trabajo a fondo, y silbato en boca, salía disparado en cada cruce, colocando su bici en el medio, pitando con todas sus fuerzas, y haciendo parar a todos los vehículos hasta que el grupo hubiera pasado.

Frank se marchó directamente hacia Plaza Colon para alertar a la policía, pero al no encontrar a nadie allí, se dio cuenta que había habido algún problema de coordinación. Decidimos continuar tal y como lo habíamos hecho desde el Forum. Parecía encantado de seguir con su rol de policía de tráfico, y Oz y Martin tomaron papel como ayudantes. Así que sin tener que parar ni un segundo, todos seguimos, dejando la costa y marchando hacia el interior. Les anuncié entrecortadamente que subiría directamente por la Avenida del Paral.lel, la transitada vía que lleva a la Plaza España, en donde finalmente comenzaríamos nuestro ascenso hasta el estadio.

Con estridentes pitidos para atraer la atención, Frank se jugó el físico para dejarme el camino libre. Dirigiéndose por el intenso tráfico de la tarde, consiguió, aparentemente sin temor, detener todo el tráfico en los cruces e intersecciones tan transitados, permitiéndome subir toda la avenida totalmente despejada.

Corría completamente centrada, sin poder hablar, con mi respiración a intervalos cortos, con agudos jadeos. Interiormente por un lado me reía, y por el otro era consciente de la situación peligrosa en donde nos encontrábamos. Representábamos un extraño y bastante divertido escenario mientras avanzábamos, dentro del tejido del tráfico que nos rodeaba, camino de la Plaza de España. Mis ojos estaban clavados en las dos torres venecianas que se iban acercando a mi vista. Tan reminiscente de la Maratón de Barcelona, donde hace 5 años, había llegado en el segundo lugar, y hace solo unos meses había acabado mis 220 kms, así que parecía muy adecuado que estos dos magníficos centinelas iban a anunciar mi retorno a la ciudad, tras correr durante 31 días y completar 2010 kms.

Es una lástima que nadie hubiera filmado esta parte. Estoy segura que hubiera sido divertidísimo. De vez en cuando rompía mi silencio para dar paso a mi grito de guerra "¡No hay dolor, no hay cansancio! ¡A kilometrar!", y el equipo gritaba en voz alta a coro cada vez. Con cada cruce y con cada grito, avanzaba hacia la Plaza España; cada paso acercándome a mi destino final.

Al girar a la izquierda, pasando por en medio de las Torres Venecianas, vi a lo lejos a un grupo vestido con las camisetas negras del B10. Me di cuenta que eran mis amigos, los corredores de Corredors.cat. Mis emociones se desbordaron y por fin empecé a llorar. El peso de los 31 días caía sobre mí como una ola gigantesca. Viéndoles allí, sonrientes y animándome, con las zapatillas que ya se movían con anticipación para acompañarme en los últimos kms de Montjüic, me hizo llorar más fuerte aún.

A medida que me aproximaba, me impuse a mí misma dejar de llorar, dándome cuenta que si quería subir la montaña sin bajar mi ritmo, mejor dejar las lágrimas para el final, la meta. Las lágrimas no ayudan a tu respiración, como había visto varias veces durante mis desafíos – y por supuesto no quería terminar la Odisea andando por no poder respirar. Al llegar al grupo, rugió un fuerte grito de ánimo, y uno por uno se colocaron a un paso detrás de mí. Girando a la derecha, y sin bajar el ritmo, los últimos 3 kilómetros hacia el Estadio.
Cada vez que el agotamiento me amenazaba en vencerme, Frank comenzaba a animarme, y cada vez que lo hizo, se juntaron todo el grupo, animándome fuerte y aplaudiendo al ritmo de mis pasos. Mentalmente me agarré al ritmo que marcaban con sus palmadas, y así mantenía mi velocidad constante. ¡Qué solidaridad, que apoyo, y que bienvenida! Subí la montaña volando.

Antes de darme cuenta de ello, estábamos rodeando la última rotonda, y allí estaba a mi derecha, el Estadio Olímpico. Tantos días, tanta sudor, tanto dolor, tantas lágrimas y agonía, y sí, tantas sonrisas también, y al fin allí estaba, a solo unos metros. Era como un sueño. No, no ***como*** *un sueño.* ***Era*** *un sueño, uno que por fin se estaba realizando.*
Tragándome más lágrimas, rodeé el estadio por el exterior, casi ajena al numeroso grupo que me seguía, el cual también jadeaban, intentando mantener la respiración. Casi no podía

creérmelo que estuviera allí, consiguiendo el más difícil de los desafíos de mi vida. La ruta continuaba dando la vuelta al estadio, llevándonos hacia abajo ahora, camino de la histórica puerta.

Tras pasar por delante de las oficinas del B10, giré a la derecha, y frente a mí estaba el túnel del Maratón de los Juegos Olímpicos del 92. Allí es cuando me impactó. Tres años después de haberse desvanecido el sueño de entrar en el Estadio Olímpico como corredora de maratón, me encontraba finalizando algo mucho más duro, y para mí, mucho más profundamente importante que un maratón hubiera sido. Estaba entrando en el Estadio Olímpico con Barni, la mascota del B10 todavía a mis espaldas, con tanta gente a mi lado, y mucha más dentro del estadio, justo al final del túnel, esperando para saludarme. Estos pasos unían mi pasado con mi presente, y unían el pasado de Barcelona 92 con el futuro, los Campeonatos de Europa del 2010. Mi sonrisa apareció de entre las lágrimas, como el sol emergiendo tras la tormenta. A veces los sueños se realizan de la manera menos imaginable.

¡A Kilometrar!

Vuelta de honor

Llegada de 31ª Etapa

Lunes, 6 de julio

Estadi Olímpic Lluís Companys – Barcelona

6.36 de la tarde

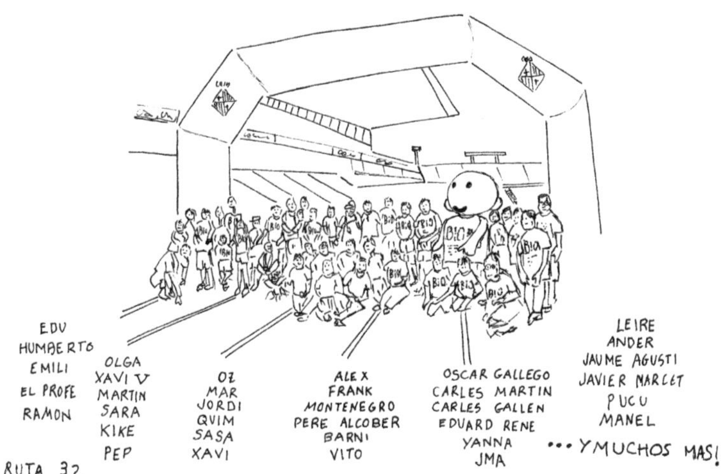

Al pasar a la entrada del túnel por delante del clan Massana, las lágrimas volvieron aflorar, y más lo hicieron cuando más adelante, vi a Carlos Martín del B10, esperándome con su sonrisa y los brazos abiertos. Quizás al ver su cara fue cuando tuve plena consciencia de lo que había hecho, que finalmente, era verdad que había llegado a Barcelona. Él había tenido mucho que ver con esta Odisea desde lejos, y la había compartido con nosotros, y no había dejado pasar ni un día sin llamarme. Aunque había estado espiritualmente a nuestro lado, no le habíamos visto desde la salida, y fue su presencia allí en el túnel, lo que me dijo al final: ¡Alex, has llegado!

Con un sol todavía resplandeciente, salí del túnel volando, y entré en el estadio con Frank a mi lado. Al pasar a un Barni de medidas humanas, todo el mundo empezó a gritar. Con lágrimas en los ojos y una sonrisa en mi rostro, empecé estos últimos 400 metros de los 2010 kilómetros – mi vuelta de honor – cada paso cerrando una puerta del sufrimiento que había soportado durante el último mes.

Frank no cesaba de animarme. "¡Alex, eso es, lo has hecho, hemos llegado!". No paraba ni un momento, su emoción iba en aumento en cada aliento. Frank había sufrido igual que yo en algunos momentos, durante los 31 días. Había vigilado mis penalidades, día tras día, viendo cómo superaba cada obstáculo que se interponía en mi camino, y a veces, sin poder hacer nada más que animarme. Seguro que tenía momentos en los que se sentía incapaz de poder ayudar a la persona que ama. Las noches habían sido interminables; me había despertado cada hora quejándome de dolor, y él, siempre había estado siempre alerta, leyendo para que pudiera dejar atrás aquel infierno en el que me había metido, y volver a dormirme. Frank tampoco se había relajado ni un momento durante un mes, y ahora estaba extasiado, igual que yo. Yo lo había logrado, nosotros lo habíamos logrado, y juntos habíamos podido con todo. Yo no había tenido ningún problema físico serio, había sido un éxito total, y él sabía que por fin, todo mi sufrimiento había terminando. Este último mes había sido más importante para nosotros que lo que cualquiera pueda imaginarse. Superarlo todo, juntos, ha sido una de las pruebas más verdaderas a que pueda someterse un equipo, un atleta o una pareja.

Fotógrafo: Jaime Agustí

Desde las terrazas de la entrada principal, los turistas observaban la escena, uniéndose con sus aplausos a estos 100 metros que me separaban de la meta. Casi todos los espectadores lucían las camisetas negras de B10, menos nuestros amigos y familiares, que llevaban las de color naranja fluorescente. Por encima de los aplausos, oí la voz de Alberto Montenegro, y por fin le vi, esperándome debajo del arco rojo, micrófono en mano y sonrisa franca. Alberto ha seguido mi carrera desde mi primer desafío en solitario, y se ha convertido en un buen amigo. Yo había soñado con este momento, había anhelado oír su voz llamándome hacia la meta. Y por fin estaba allí, pero demasiado emocionada para tener idea de lo que estaba diciendo, o de saber que música sonaba por los altavoces. Corría como si lo hiciera en cámara lenta, quedándome con cada sonrisa, y con la emoción que, como un torrente, fluía en mis oídos al mezclarse con los vítores y aplausos de esta bienvenida increíble.

Así completé los últimos minutos de mi Odisea, con Frank a mi lado, esprintando hasta el arco de la línea de llegada, entre las voces de apoyo. Esperando debajo del mismo junto a Alberto estaba mi madre – para la que los últimos 10 días también había sido una prueba de fortaleza y amor –, Barni, Pere Alcocer, todos nuestros amigos, y los corredores que me habían acompañado desde la Plaza de España. Las sonrisas estaban dibujadas en cada cara, y muchos ojos estaban humedecidos por las lágrimas. Con Frank crucé por debajo del arco, y por fin paré de correr. 2010 kilómetros y tantos pasos, me habían llevado en un rodeo por media España, y ahora cerraba el círculo en el Estadi Olímpic a las 18.35 horas.

Pere volvió a abrazarme 31 días después de que hiciera lo mismo, en los límites de la ciudad de Barcelona, abriendo otra vez el grifo de mis lágrimas. Lloré más aun cuando por fin me volví y caí en los brazos de Frank. Dejé ir las lágrimas sin control, totalmente ajena a lo que me rodeaba. Por fin dejé derrumbarse la pared que había construido un mes antes. Por primera vez en tantas semanas bajé la guardia y dejé que toda la emoción me embargara, sin preocuparme si después me iba a quedar débil. Había mantenido mi fuerza durante 31 días, y me había llevado a cerrar el círculo, y ahora podía soltarla.

Lentamente y llorando, me deshice de los brazos de Frank, dándome cuenta de repente de la multitud de sonrisas que me rodeaban. Me giré y empecé a saludar a la gente. Con cada beso y con cada abrazo, mi corazón se hinchaba más. Cuando las lágrimas desaparecieron, levanté la cabeza y lentamente me giré en un círculo, marcando el momento en mi corazón. Estudié los rostros, uno por uno, intentando asimilar, respirar, y grabar cada cara, cada sonrisa, cada lágrima, mientras me alimentaba de la energía positiva que fluía alrededor mío. Nunca olvidaré aquel momento; absorbía todo lo que había delante mío para grabarlo en mi alma para siempre.

Había tantas caras. Vi las caras de los corredores que me habían acompañado durante los últimos kilómetros. Vi las de otros que había conocido durante los 31 días, las de mis más queridos amigos, las del equipo del B10 y también las del IBE. Vi también las caras de la prensa, las cuales son ahora mucho más que solamente caras conocidas; después de tantas aventuras, en las cuales me habían animado, ellos también habían encontrado un lugar en mi corazón. Las vi a todas, y con cada una de ellas mi corazón se hacía más grande. Vito vino corriendo hacia mí portando una de nuestras camisetas. Me arrodillé allí en la pista, abrazándole fuertemente, respirando su suave olor, dejándolo ayudar a llevar las dificultades del largo mes.

Pere me entregó un gran ramo, diciéndome que nunca olvidaría lo que había estado haciendo durante este último mes. Había 31 rosas, una por cada uno de los días que había corrido. Alberto me abrazó y me pasó el micrófono; continúe durante unos segundos embebida con las caras que me rodeaban, antes de girar, por fin lista para contestar a sus preguntas. Tenía a Frank a un lado, mi madre en el otro, y Vito a mis pies. Respiré el momento. No era solo una meta, una línea de llegada; era la última página de un libro angustioso, terrible, y precioso, un libro lleno de experiencias y lecciones que me habían hecho más fuerte. Era un libro, que una vez comenzado, tenía que acabarlo. Su lectura, me había conducido a buscar dentro de mí misma, y a dar lo mejor que podía. Era un libro que me había cambiado.

Llena de alegría y emoción di las gracias a todos. Me salía del corazón. Vi mi propia emoción reflejada en las caras que me rodeaban. Era más que una bienvenida, era un regalo más grande que nadie allí jamás podía imaginar.

Tras discursos, preguntas, tras entrevistas con la prensa, y fotos, era el momento de salir del estadio. Era la hora de asimilar todo, de darme cuenta de todo lo que había hecho, de analizar todo lo que me había ayudado a conseguir este reto con tanto éxito. Esta aventura ha sido la prueba final de todos los cambios que habíamos hecho Frank y yo, en mis entrenamientos y mi nutrición. Había sido también, una vez más, una prueba de mi fuerza interior, mi resistencia, mi dedicación, y mi determinación. Era la hora de poner en orden todo lo que había aprendido después de haber superado lo indecible; de darle forma y poder pasarlo a los demás.

La ola de agotamiento me inundó, después de haberlo mantenido a raya durante tanto tiempo. Necesitaba relajarme, y dejar que el tremendo cansancio se asentara en mí silenciosamente. No se puede vencer un reto tan descomunal, sin pagar con la extenuación. Necesitaba respetar esta extenuación, no luchar contra ella. Era tiempo de descanso.

Es difícil poner final a una Odisea. En realidad, no acabó allí en el estadio. Ahora forma parte de mí; está en mi alma, en mi corazón, y está grabada en mi memoria para siempre. Vive en Frank y en mi madre, y en nuestros amigos. Se queda también en la historia de Barcelona 2010, en la Maratón de Barcelona y en la ciudad misma. Continua en los recuerdos de todos los que estaban allí en el estadio aquella tarde del lunes, día 6 de julio 2009, y en todos los que participaron en ese desafío durante los 31 días. Ahora vivirá para siempre en las páginas de este libro.

¡A Kilometrar!

B10
BARCELONA 2010
Fotógrafo: Javier Marce

En retrospectiva

Viernes 25 de marzo 2011, Sant Vicenc de Montalt

Mirando hacia atrás ahora mientras estoy escribiendo este último capítulo, mi Odisea esta todavía igual de fresca en mi memoria y en mi corazón, como estaba durante cada uno de esos 2010 kilómetros, y como estaba allí en el Estadio Olímpico en Barcelona aquella tarde de julio en 2009. El tiempo no ha apagado las imágenes, las sensaciones, el calor, el dolor, o la desesperación, pero tampoco ha apagado las emociones increíbles, la alegría buena, o la calidez de las amistades que me llevaron tras los 31 días.

Han ocurrido muchas cosas desde mi desafío, tanto en el plano nivel personal, como en las organizaciones y en la gente que participaron el ello. En el verano de 2010 Barcelona fue la sede de los Campeonatos Europeos de Atletismo, un éxito rotundo. Tanto los atletas, como el público y la prensa, estaban todos de acuerdo de que el equipo de B10 hizo un trabajo fenomenal. Después de haber llevado a Barni en mi espalda durante aquellos aparentemente eternos kilómetros, y de haber sufrido tanto, mi llegada fue una verdadera celebración para mí. B10 tuvo su propia celebración durante los Campeonatos Europeos: ellos consiguieron superar su propio desafío de ultrafondo.

La Maratón de Barcelona ha crecido desde que llegué al estadio aquel lunes, y sigue haciéndolo. Este año cerraron inscripciones con un record de 15.000 corredores. Desde hace años esta carrera ha sido una de mis favoritas, y desde que me vinculé personalmente con ellos con mis 220 kilómetros, y por supuesto, con mis 2010 kilómetros, sentí aún más cariño por ella. Así como estoy encantada con el éxito del equipo de B10, los éxitos y el desarrollo del equipo de RPM, organización de la Maratón.

En octubre del año pasado en Atenas, Paco Borao, el amigo de JMA que vino a darme la bienvenida en Valencia, fue elegido presidente de AIMS (Asociación Internacional de Maratones). JMA, Frank y yo tuvimos la alegría de estar allí para felicitarle y de poder celebrar en un día tan importante para él.

Desde aquel verano de 2009 mis amistades han crecido y desarrollado, y siguen haciéndolo, algo que me enriquece mi vida enormemente. Los placeres sencillos de la amistad se pueden disfrutar por donde sea; no necesita complementos, ni decoraciones, o aditivos, y tampoco necesitan un lugar particular para poder crecer. La distancia no disminuye la amistad, y tampoco lo hace el tiempo; si es auténtica, ninguna de estas cosas importa. Durante mi Odisea hice nuevas amistades y fortalecí las relaciones que tenía con los antiguos. Y aunque cada nueva etapa de mi vida me lleva nueva gente, aquellos 31 días fueron especiales.

Desde entonces he hecho otros dos desafíos para una causa, y he conseguido ambos con éxito. Pero nada jamás empañará el impacto que provocó correr aquellos 2010 kilómetros, y tampoco tiene que hacerlo. Porque es precisamente este impacto, las lecciones aprendidas, las elecciones elegidas, y las decisiones tomadas las que me han cambiado. Para mí, los desafíos no son solo un tema de conseguir mis retos como atleta, son mucho más que eso.

Tras mis aventuras me desarrollo como persona, aprendo de mis experiencias, de mis errores, de mis éxitos, mis puntos altos y de mis bajones. Aprendo a afrontar mis miedos, y a apartarles, confiando en la fuerza de mi cuerpo, mente y alma. Durante mis desafíos, pongo a prueba todo sobre lo que escribo en mi blog y en artículos, todo sobre lo cual hablo durante mis charlas y conferencias, y todo lo que intento alcanzar cada día. Cada vez que me encuentro contra una pared o frente un obstáculo, que puede en aquel momento parecer infranqueable, pongo toda mi fuerza, determinación, perseverancia, y resistencia a prueba. El hecho de superar cada impedimento, cada barrera, y por supuesto, cada desafío mismo, me hace un poco más fuerte cada vez.

Cada desafío ofrece una oportunidad no solo para la aventura, sino también para el crecimiento personal y para la introspección. Aunque desde fuera puede parecer que mi deporte elegido es un deporte muy solitario, es todo lo contrario. Para mí es un gran deporte de equipo. Trabajo estrechamente con mi equipo, durante mis entrenos más duros, por la logística, para la comunicación, y claro, durante los desafíos mismos. Mi equipo es mucho más que una unidad humana de apoyo; son mis amigos. Aunque dispersados por varios puntos de España, somos un grupo muy unido, conectados a un nivel más profundo de lo que permiten los kilómetros. Los desafíos nos han unido, pero ahora nuestra amistad va mucho más allá que los límites de las mismas aventuras.

Para Frank y para mí, como pareja, los 2010 kilómetros fueron una experiencia de crecimiento, una que pocas parejas son capaces o desean experimentar. Juntos capeamos cada temporal, superamos cada impedimento y resolvimos cada problema que se nos presentó, y hacer todo eso con éxito, ha conseguido fortalecernos como pareja, igual que a mí lo hizo como mujer.

Durante los 31 días, igual que en cualquier desafío de la vida, cometí errores. También hice muchas cosas bien; hice muchas buenas evaluaciones y tomé muchas buenas decisiones. Lo importante después de cualquier gran experiencia, es analizarla bien y aprender de ella; aprender de los errores igual que de los éxitos. Una vez hecho, es la hora de dejar de concentrarse en lo negativo y enfocar solo lo positivo. Siempre es más sabio centrarte en lo que tienes, no lo que te falta.

¡Aprendí tantas cosas durante las interminables y abrasadoras horas por aquellas largas carreteras! Todas lecciones que me han servido mucho para mis siguientes desafíos, como en la vida misma. Son las lecciones de la vida las más importantes. Solo tenemos una vida, y tenemos que aprender a vivirla al máximo pero con sabiduría, mientras la tenemos. Estas experiencias son perfectas para fortalecer los valores de cada uno y para ordenar las prioridades. Ninguna lección o afirmación se puede encontrar mientras estas tomando la ruta más fácil, mientras estas viviendo en la zona de confort. Son los momentos difíciles, las luchas, la desesperación y la perseverancia las que nos ayudan a crecer.

Aunque mis desafíos pueden parecer para muchos demasiado extremos, me han dejado crecer como individuo de una manera que antes no podía alcanzar. Mi actitud positiva, y mi carácter optimista han crecido enormemente tras superar todas mis dificultades. Mis horas de sufrimiento me han dejado sabiendo apreciar la vida muchísimo; no solo los puntos altos, los triunfos y las celebraciones, sino también los momentos pequeños, las cosas sencillas, las cosas que al final del día, importan más. Con cada nueva aventura crece mi paciencia, igual que mi paz interior, y mi capacidad para evaluarme a mí misma. Y lo que quizás crece más que todo con cada dificultad que consigo superar, es mi sonrisa, tanto la que tengo en mi cara, como la que esta en mi alma.

Mi alegría por la vida es la más fuerte que jamás he tenido: alegría en mi vida compartida con Frank y con nuestros perros, con mi familia, mis amigos; y alegría en casi cada cosa que hago. Nunca es tarde para aprender vivir con alegría, para luchar por tus sueños, y para realizarlos. Incluso durante los momentos más sombríos, cuando he estado lo más desesperada, lo más abatida, he sentido mi punto más débil, y cuando me he sentido más sola, mi sonrisa ha aguantado. No miro todo lo que falta en mi vida; miro todo lo que tengo, cuando lo tengo. Con una actitud positiva puedes superar todas las formas de dificultades, físicas, mentales y emocionales, y las puedes compartir. El hecho de compartir, quita un poco del peso de los momentos más oscuros y amplifica la alegría en los momentos más brillantes, los de celebración. Pero para poder llegar a estos momentos de celebración y triunfo, a veces tienes que pasar por las horas más difíciles de la noche. Una sonrisa no tiene que apagarse porque los tiempos son difíciles, no se puede eliminar, no importa cuantas lágrimas han caído, nadie te la puede quitar. Una sonrisa te puede ayudar a iluminar la hora más oscura y te puede llevar por la oscuridad hasta que llegues a la luz al final de túnel. Una sonrisa puede capear cualquier temporal, no se puede encarcelar y no se puede vencer. Una sonrisa puede aguantar días de sufrimiento, y noches tortuosas, y por supuesto, una sonrisa puede aguantar interminables kilómetros. Una sonrisa supera.

¡A Kilometrar!

1- Barcelona
2- Vilafranca del Penedès
3- Tarragona
4- L'Ampolla
5- Benicarló
6- Castellón
7- Valencia
8- Altura
9- La Puebla de Valverde
10- Teruel
11- Escucha
12- Belchite
13- Zaragoza
14- Ribaforada
15- El Villar de Arnedo
16- Logroño
17- Vitoria - Gasteiz
18- Bergara
19- Urbasa y Andina
20- Tafalla
21- Navardún
22- Murillo de Gallego
23- Huesca
24- Antillón
25- Esplús
26- Lleida
27- Agramunt
28- Vallmanya, Pinos
29- Santpedor
30- Viladrau
31- Lloret de Mar

Agradecimientos

Este libro ha sido de verdad una obra de amor y amistad. Igual que en muchas de las cosas que hago, aunque solitarias en esencia, llevan detrás un gran equipo; este libro no es diferente. Sin toda la ayuda, apoyo, amor y dedicación, no hubiera podido hacerlo.

Doy las gracias a todos los que he nombrado en este libro. La mayoría de vosotros habéis jugado un papel, pequeño o grande, que me ha permitido escribirlo. Los agradecimientos también van para toda la gente que me habéis animado tanto durante todos estos años, desde cerca o lejos; vuestra ayuda ha sido increíble. Gracias por haber compartido mi desafío conmigo – ahora es el momento de compartir mi libro con todos vosotros.

Me han ayudado demasiadas personas para agradecérselo a todas una por una, pero sabéis quienes sois, y como me habéis ayudado para llegar a ser la mujer que soy hoy. Algunos necesitan una mención especial:

Antes que nada, un afectuoso agradecimiento para **Frank**. Compartes mi casa, mi corazón y todos mis desafíos. Tu amor y apoyo han sido constantes, no solo en mis retos, sino también desde la primera página hasta la última de este libro. Tu propio trabajo en ayudarme para poder escribir este libro, igual que en la publicación, ha sido invalorable.

JMA (Josep Mª Antentas): Mis gracias para ti vienen desde mi corazón – tu traducción me dejó una base, sobre la cual podía trabajar. Tu apoyo infatigable en mis desafíos, entrenamientos y escritura, y tu humor tan agudo me han ayudado a seguir adelante durante todo el tiempo. Eres un amigo estupendo para Frank y para mí.

Carmen Botella: Mi maravillosa "Correctora" y amiga – sinceras gracias van para ti por tu incansable y desinteresada ayuda. Tus saludos matinales me mandaron luz hacía mis sesiones de edición pre amanecer – dándome el empuje que necesitaba para seguir trabajando horas eternas.

Estefi Climent: "Amiga mía" decirte gracias nunca es suficiente por todo lo que me das. Tu amistad ha añadido muchísimo a mi vida y tu presencia en mi equipo ha sido estupenda. Tu oferta de ilustrar mi libro con tus mapitas fue un regalo de verdad, y los mapas mismos han añadido el toque personal que faltaba. Participaste en el desafío, y el hecho que tu mano ha tocado el libro y nuestros corazones en amistad es más de lo que hubiera podido esperar cuando nos conocimos en aquel tramo de asfalto abrasador en Lleida en junio de 2009.

Lluís Vila Prat (Vilaprat): Tu ayuda generosa y amistad ha iluminado más aun nuestra vida. Gracias por tu ayuda, apoyo y compañía. Tu participación en este libro ha sido crucial, gracias. Tanto Frank como yo contamos en seguir con nuestras sesiones de croissant y de "brainstorming" a largo plazo, y esperamos seguir avanzando con nuestra creciente colaboración profesional también.

Kate Bielinsky: ¿Quién pensaría hace veintitrés años cuando dejamos Columba's, que no solo seríamos todavía amigas, pero que, además, tu estarías editando mi libro? Fuiste una de mis mejores amigas durante nuestros años escolares, y es de verdad estupendo saber que, aunque los años y la distancia nos han separado, nuestra amistad queda todavía. Gracias por ser parte de este libro, es una maravilla haber trabajado contigo, tu ayuda ha sido inestimable.

Ana Rey y **Joan Redolad** de Tactilestudio Comunicación Creativa: Trabajando con vosotros en mi web, mis desafíos y, claro, con este libro ha sido puro placer desde el comienzo. Conseguís meter corazón y alegría en todo vuestro trabajo sin perder eficiencia y profesionalidad. Espero disfrutar de muchos más años de colaboración.

Pedro Sierra: Gracias por toda tu ayuda y ánimos en este libro, y en todos los aspectos de mi dirección futura. Espero una amistad larga, y una colaboración fructífera juntos.

Jaime Agustí: Sin tu fotografía preciosa, no tendríamos una portada tan estupenda. Gracias por todo el cariño y apoyo que me has enseñado durante todos estos años.

Peter Diinhoff Henningsen: Tu participación en este libro no ha pasado desapercibida – muchas gracias.

Marta H: Tu ayuda ha sido más que bienvenida en el repaso final del libro. Gracias.

Pere Alcober: Tú has creído en mí desde el primer día que nos conocimos – casi antes que nadie, y me has apoyado personalmente y con el Ayuntamiento de Barcelona y B10, más de lo que hubiera podido esperar. Despeñaste un papel importante en este libro – tú y tu equipo estupendo tenéis mis sinceras gracias. Valoro mucho nuestra amistad, y espero poder seguir compartiendo kms y proyectos contigo por muchos más años.

Juan Porcar: Gracias por creer tanto en mí como para dejarme el honor de poder representar la Maratón de Barcelona – tu apoyo y ánimos han sido de verdad maravillosos.

Martín Fiz: Los kilómetros que compartimos en Vitoria quedarán para siempre en mi memoria, igual que tu recibimiento tan cálido – gracias por todo tu respaldo y ánimos.

Abel Antón: Gracias por tu apoyo – lo aprecio más de lo que puedas imaginar.

Raúl Rubio: Gracias por inspirar el título de este libro a través de tu artículo del día 11 de junio de 2009 en el periódico Las Provincias.

Jose Rodríguez de Almería: He apreciado tus ánimos, tu humor y tus ofertas de ayuda, por no hablar de nuestra amistad a distancia.

Mark Elling: Muchas gracias por las ofertas de ayuda, significa mucho para mí. Tanto Frank, como yo estamos esperando con ganas preparar nuestro desafío del Reino Unido para Foodbank en 2012.

Jacques: Muchas gracias por toda tu ayuda en el desafío. Enhorabuena por tu tesis – nos alegró mucho saber que fue todo un éxito.

Roman Cuyas: Gracias por tus palabras tan sabias y consejos en ayudarnos a decidir publicar este libro, tu apoyo me ha ayudado mucho.

Oscar Gallego, Carlos Martín, Monica Barras, Mar Sanromà, y mi querido amigo **Alberto Montenegro**, junto con todo el equipo de **B10**: Gracias y cariño para todos por nuestro desafío estupendo, sin lo cual, este libro no hubiera sido escrito. Habéis formado un gran equipo.

Barni: Juntos compartimos 2010 km, y siempre tendrás un sitio especial en mi corazón.

Eduard Rene: Durante todos estos años, tu ayuda y apoyo han sido constantes – te agradezco desde mi corazón todo lo que has hecho para mí.

Jaime Grau y **Zona Vip Events**: Gracias Jimmy por todo lo que hiciste para este desafío – y por todo el apoyo que me has dado y que sigues dándome.

Frank Portzgen de Runnersworld Barcelona: Gracias por toda tu ayuda para los 2010 km. Somos amigos desde hace tiempo, y es un gran placer saber que la amistad sigue creciendo.

Javier Marcet: Tú me has apoyado generosamente con tu amistad y tu fotografía desde que empecé mi carrera de ultrafondo. Tu trabajo sale en este libro y mi agradecimiento viene desde mi corazón.

Mi equipo estupendo – **Oz, La Pequeña Mar, Jordi y Xavier V**: Decir gracias nunca es suficiente para expresar mi amor y gratitud para todo lo que me aportáis.

Adolfo Aguilar Olloqui: Me animaste a correr mi primera carrera de 24 horas, y de allí cogí la inspiración que me llevó a mi carrera de desafíos solitarios – gracias.

Corredors.cat: No se puede pedir un grupo de gente más cálido y que apoye más que vosotros. Estoy orgullosa de formar parte de eso. Gracias por vuestro apoyo y ánimos tan constantes.

Para todos vosotros, mi familia, mis amigos de Grecia, mis viejos amigos de la escuela y la universidad, y todos mis amigos de aquí: Vosotros sois los que me ayudais a avanzar en los momentos más duros.

Mary Tierney (Mare): Durante toda mi vida has sido constante con tu apoyo y cariño. Aunque durante muchos años yo no creía en mí misma, tú siempre lo has hecho.

Julian Girdham de Columba's Colegio en Irlanda: Tus ánimos y apoyo como mi profesor de inglés, alimentaron mi pasión para escribir. Me diste suficiente confianza en mí misma para crecer interiormente hasta que encontré mi propio camino.

Y para **Guy Backus** de Webster University en Ginebra: Me enseñaste el poder de mi mente y de la razón, me animaste para querer conseguir un objetivo y me diste la auto confianza que necesitaba para llegar donde estoy hoy. Gracias desde mi corazón.

Por último, si bien no menos importantes – mi padre y mi madre:

Paris Panayotou: Gracias por haberme inculcado el amor a la aventura y al aire libre, y de haberme animado incansablemente en todos los deportes hasta donde puedo recordar. Tus historias maravillosas de tu vida en Africa y de tus años como alpinista, sin duda han sido la base sobre la cual he construido mis propias aventuras.

Yanna Vrettou: Gracias profundas por tus ánimos infinitos y tu apoyo, a pesar del hecho que a veces, seguro, que has estado muy preocupada por mi bienestar. Gracias por nunca mostrarme tu preocupación, solo tu amor. Tu parte en este desafío se quedará en mi corazón para siempre.

Sobre el autor

Alexandra Panayotou nació en Dublín, Irlanda y creció en Grecia. Volvió a Irlanda con once años para ir como interna a la escuela. Fue a la universidad en Ginebra, Suiza, donde estudió psicología, filosofía y sociología, graduándose con matrícula de honor en 1992.

Empezó a correr como maratoniana cuando tenía treinta años, pero desde 2007 se ha dedicado al ultrafondo. Desde 2008 se ha especializado en desafíos de ultrafondo en solitario, casi siempre para causas solidarias.

En 2010, ganó el primer premio de literatura por su relato de correr el Camino de Santiago: Corriendo mi camino, que ha sido publicado en el libro “Peregrinas por el Camino de Santiago”. Es columnista en varias revistas.

Ha vivido en Catalunya, España, desde el 2003. Durante cinco años tuvo una empresa de organización de eventos. Ahora vive por la Costa del Maresme con su pareja Frank y sus dos perros. Alex se dedica a correr, a escribir, a dar charlas motivacionales para ejecutivos, estudiantes y el público en general. Ofrece seminarios de preparación para atletas, además de entrenar a corredores.

Este es su primer libro.

Para más información, visita
www.alexandrapanayotou.com

www.ingramcontent.com/pod-product-compliance
Ingram Content Group UK Ltd.
Pitfield, Milton Keynes, MK11 3LW, UK
UKHW040004200726
13854UKWH00001B/34

9 788461 498307